자바 프로그램과 상자도를 활용한 자료구조

변상용 / 이재완 / 김행곤 지음

홍릉과학출판사

머리말

자료구조는 컴퓨터 공학 및 컴퓨터 과학 분야에서 아주 중요한 기초 과목이다. 소프트웨어 공학, 운영 체제, 데이터베이스, 컴파일러, 각종 프로그램 작성 등에서 자료 구조에 대한 개념과 이론이 많이 활용되고 있다. 그렇기 때문에 자료구조의 중요성은 아무리 강조해도 지나치지 않는다.

컴퓨터 소프트웨어는 크게 자료와 그 자료를 처리하는 연산으로 구성된다. 각 응용 소프트에어에 따라 적합하게 사용되는 자료가 있으며, 그에 따른 독특한 연산들도 있게 된다. 따라서 각 응용에 적합한 자료구조를 선택하며, 선택된 자료구조에 대한 연산을 식별하고, 식별된 연산을 알고리즘으로 표현하고 분석하는 것은 매우 중요하다.

이 책은 여러 가지 자료구조 중에서 많이 사용되는 배열, 문자열, 스택, 큐, 연결 리스트, 트리, 그래프 등에 대해서 중점적으로 기술하고 있다. 좀 오래된 개념들도 있으나, 건널 뛸 수 있다. 매 장마다 자료구조에 대한 개념과 그 자료구조에 적용되는 연산들을 추상 자료형으로 설명하고, 자료구조 및 연산에 대한 알고리즘은 상자도로 표현하며, 뒷부분에서는 각 자료구조의 활용 예를 들고 있다. 구현할 때에 각 자료구조가 어떤 형태로 나타나는 지와 알고리즘의 실행 과정에 대해서도 상세히 다루었다. 그리고 각 장의 끝에는 연습 문제를 두어 그 장에 대한 복습을 겸하도록 하였다.

자료구조에 대한 정확한 이해는 매우 중요하다. 자료구조와 그에 대한 연산(알고리즘)을 개념적으로 정확하게 파악했을 때, 많은 시간이 흘러도 기억해 낼 수 있으며, 여러 상황에 맞게 활용할 수 있는 능력을 기를 수 있다. 자료구조와 그에 대한 연산을 특정 프로그래밍 언어로 공부하면, 자료구조와 그 알고리즘에 대한 개념을 정확하게 파악하기 어렵다. 우선 해당 프로그래밍 언어의 구문을 알아야 하는 문제가 있고, 자료구조나 그에 대한 연산에 대해 너무 구체적으로 표현해야 하기 때문에 전체를 파악하는데 방해가 되는 문제가 있다. 즉, 프로그래밍 언어로 자료구조와 알고리즘을 설명하면, 추상화 수준이 떨어져, 이해하는데 별로 필요하지 않은 부분에 많은 신경을 쓰게 되고, 그로 인해 핵심적인 부분을 놓치는 잘못을 저지르게 된다.

이 책에서는 자료구조는 그림으로, 자료구조에 대한 연산에 대한 알고리즘은 상자도를 이용하여 표현하고 있다. 상자도는 순차, 선택, 반복이라는 제어 구조를 일종의 그림으로 표현한다. 상자도는 문서적 표현에 비해 강력한 표현력을 가지기 때문에, 알고리즘이 포함하는 논리를 한 눈에 파악할 수 있는 장점을 갖는다. 따라서 상자도를 이용하여 자료구조에 대한 알고리즘을 공부하면, 알고리즘 자체의 논리를 쉽게 파악할 수 있기 때문에, 자료구조와 그에 대한 알고리즘의 의미를 개념적으로 파악할 수 있게 된다. 물론 상자도를 접해보지 않은 독자는 상자도에 대해 부담을 느낄 수도 있을 것이다. 하지만 1장에서 상자도에서 사용하는 몇 가지의 제어구조 표현과 어떤 문제에 대한 실제적인 상자도 표현 예들을 접한다면, 상자도에 대해 상당히 쉽게 접근할 수 있으리라 생각한다.

이 책은 컴퓨터 과학 및 공학에 입문하여 자료구조를 처음 접하는 사람들에게 입문서, 자료구조와 알고리즘을 체계적이면서 개념적으로 이해하고자 하는 사람, 자료 구조와 알고리즘에 대한 이해를 통해 효율적이고 효과적인 소프트웨어를 개발하려는 사람 등을 위한 의도로 편찬되었다.

이 책의 1 장에서는 자료구조의 종류들을 개략적으로 설명하고, 알고리즘을 묘사하는데 필요한 상자도와 실제적인 적용, 알고리즘의 복잡도 분석을 다룬다. 2장에서는 배열과 순차 리스트에 대해서 다루며, 3장에서는 스택과 큐에 대해서 설명한다. 4장에서는 여러 가지 연결 리스트에 대해서, 5장에서는 이진 트리등의 트리에 대해서, 6장에서는 그래프, 7장에서는 탐색, 해싱, 내부 정렬에 대해서, 8장에서는 외부 정렬에 대해서, 9장에서는 탐색 트리에 대해서 다룬다.

각 장의 끝에는 자바로 작성된 프로그램을 첨부하였는데, 물론 모든 알고리즘을 구현한 것은 아니다. 각 장의 자료구조 및 핵심이 되는 알고리즘을 자바 프로그램 작성 언어로 구현하였다. 프로그램이 완벽하진 않겠지만, 스스로 구현하고자 하는 학생 및 자료구조와 알고리즘을 좀 더 상세히 이해하고자 하는 독자들에게 도움이 될 것이다.

이 책은 학부 학생 수준의 학 학기용으로 구성되었다. 이 책을 공부하기 위해서는 어떤 언어로든 프로그램을 작성해 본 경험이 있으면 많은 도움이 될 것이다. 또한 이산 수학에 대한 지식이 있으면 도움이 될 것이다. 하지만 이러한 분야에 대해서 많은 지식을 요구하는 것은 아니다. 학부의 보통 과정이라면, 이 책의 1장에서부터 7장까지를 다루면 될 것이다. 8장의 외부 정렬과 9장의 탐색 트리는 파일 처리를 다루는 과목에서도 다룰 수 있기 때문이다.

마지막으로 이 책을 만드는 데 도움을 준 여러분에게 감사한다. 특히 제주 대학교 컴퓨터 공학 전공의 학생 여러분, 군산 대학교와 대구 카톨릭 대학교의 여러분, 홍릉과학출판사의 사장님과 부장님 이하 편집부 직원들에게도 감사드린다.

2017. 8

한라산 기슭에서 저자 대표 씀

차례

Chapter 01 자료구조 소개

Chapter 02 배열과 문자열

Chapter 03 스택과 큐

Chapter 04 연결 리스트

Chapter 05 트리(Tree)

Chapter 07 탐색과 내부 정렬

Chapter 08 외부 정렬

Chapter 09 탐색 트리(search tree)

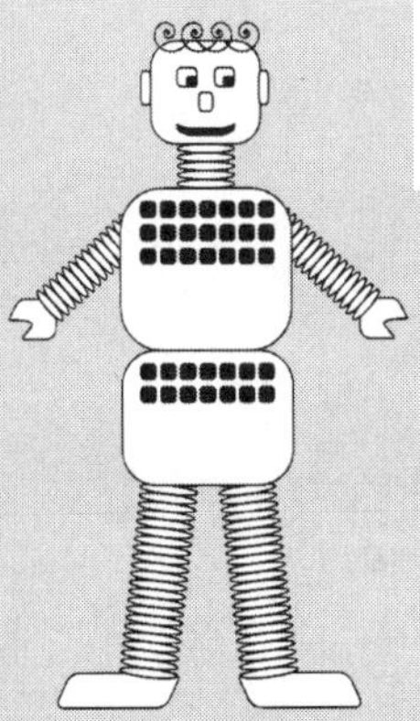

Chapter 01 자료구조 소개

이 장에서는 자료구조에 대한 정의, 소프트웨어 생명 주기상에서의 자료구조의 의미, 자료구조의 추상자료형 표현, 알고리즘의 정의 및 묘사 방법, 알고리즘의 성능 표현 등에 대해서 살펴본다.

1-1 개요

자료구조에 대한 정의를 살펴보기 전에, 자료와 정보에 대한 차이를 알아보기 위해, 우선 실세계와 컴퓨터 세계의 관계를 나타내는 〈그림 1.1〉을 살펴보자. 실세계는 컴퓨터 세계에 원하는 작업을 이행하는데 필요한 입력 자료를 제공한다. 컴퓨터 세계는 실세계의 입력 자료를 받아들여, 처리하고 가공하여 다시 실세계로 출력 자료를 제공한다. 이때 자료의 양이 많고 일시적인 자료저장이 필요하다면 주기억장치 외에 보조기억장치를 이용한다. 실세계는 컴퓨터 세계가 제공한 출력 자료를 관심 영역에 따라 적절히 사용한다.

컴퓨터 세계에는, 입력 자료를 출력 자료로 변환하기 위한, 프로그램(또는 소프트웨어)이 존재해야 한다. 컴퓨터 세계에서의 프로그램과 소프트웨어는 엄밀하게 말한다면 구분되어야 하지만, 이 책에서는 호환하여 사용하고 주로 프로그램이라 한다. 또한 컴퓨터 세계는 자료 저장 공간의 효율성과 자료에 대한 연산의 빠른 실행을 위해 자료들을 관리해야 한다.

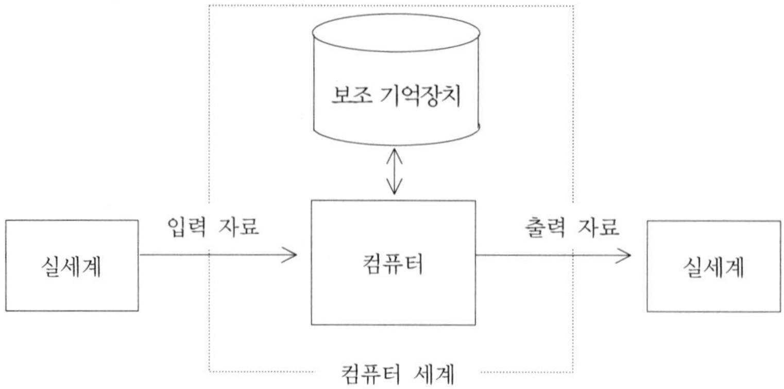

**그림 1-1 실세계와 컴퓨터 세계

자료(data)는 현실 세계로부터 단순한 관찰이나 측정을 통해서 수집된 어떤 사실이나 개념의 값들의 집합을 의미하며, 정리되지 않은 상태를 전제로 한다. 예를 들어, 어떤 사람의 이름이 "홍길동", 어떤 사람의 키가 175cm, 어떤 사람의 몸무게가 70Kg이라는 것을 알았을 때의 "홍길동", 175, 70과 같은 값들이 자료이다. 반면에 정보(information)는 설정된 어떤 기준에 따라서 자료가 처리되어, 어떤 조직체에 의미가 있고, 적절히 사용될 수 있는 형태로 변형된 것을 의미한다. 예를 들어, 위의 관찰 결과로부터 "홍길동의 키는 175cm이고, 몸무게는 70kg이다"라고 했을 때는 자료를 처리하여 의미있게 만들었기 때문에, 이러한 사실에 흥미를 가지는 누구에겐 가는 정보라 할 수 있다.

이런 관점에서 자료와 정보를 본다면, 〈그림 1.1〉에서의 입력 자료는 자료라 할 수 있으며, 출력 자료는 정보라 해도 된다. 〈그림 1.2〉에서 보는 바와 같이 컴퓨터 시스템(특히 소프트웨어)은 자료를 정보로 변환하는 역할을 한다.

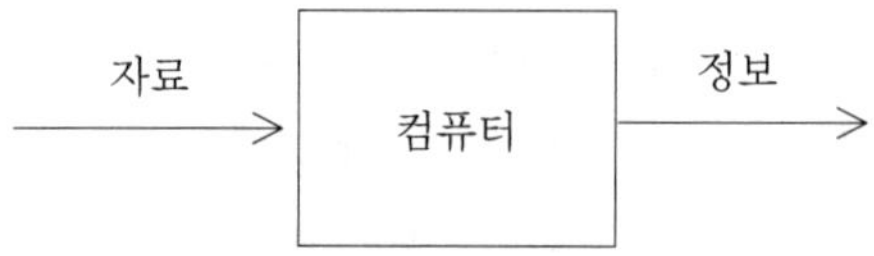

**그림 1-2 컴퓨터의 역할

자료구조는 실세계의 정보 구조에 대한 컴퓨터 세계의 표현이다. 실세계의 정보 구조는 여러 가지 형태로 나타날 수 있다. 단순히 어떠한 사실이나 값을 이야기 할 수도 있고, 여러 사실이나 값들의 집합일 수도 있으며, 사실이나 값들 사이에 특정한 관계가 존재할 수도 있다. 자료구조는 실세계의 정보 구조를 컴퓨터 세계로 사상한 것이기 때문에 정보 구조가 갖는 관계등을 그대로 보존해야 한다. 자료구조에 대한 자세한 사항은 다음 절 이후에 설명한다.

1-2 소프트웨어의 개발과정과 자료구조

실세계에 존재하는 문제를 컴퓨터(특히 소프트웨어)를 이용하여 해결하는 것이 그리 쉬운 일은 아니다. 특히 문제가 복잡해질 수록 문제 해결은 더욱 복잡해진다. 따라서 문제 해결을 위한 단계들이 필요하게 된다. 여기에서는 소프트웨어의 개발과정을 간략히 소개하고, 자료구조가 소프트웨어 개발 과정에서 어떤 역할을 하는 지에 대하여 설명한다. 소프트웨어를 개발하기 위해 어떤 개발과정 모형이 선택되던 지에 상관없이 일반적인 골격 활동(frame work activities)들이 존재하게 된다. 골격 활동들은 〈그림 1.3〉에서 나타나는 대화, 계획, 모형작성, 건조, 배치들로 구성된다.

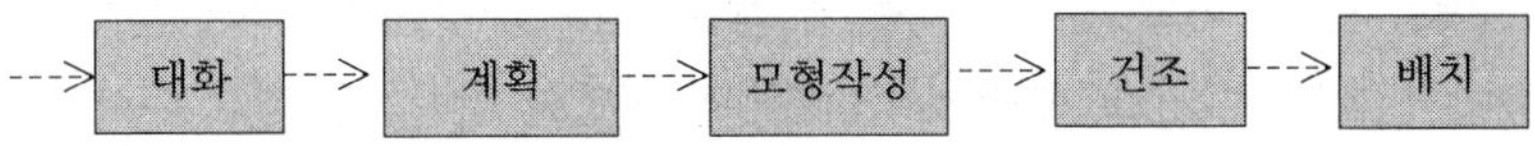

**그림 1-3 소프트웨어 개발과정의 골격 활동들

(1) 대화(Communication)

소프트웨어 공학인이 고객이나 관심자들과의 대화와 협력을 통해서 관심자의 필요를 이해하며, 개발될 소프트웨어에 대한 요구사항들과 제약사항 등을 파악한다.

(2) 계획(planning)

소프트웨어 공학 적업들을 정의하는 것을 포함하는 계획을 수립한다. 수행될 기술적인 과업들, 있음직한 위험들, 요구될 자원들, 생성될 작업산물들, 따를 작업 일정 등을 나타낸다.

(3) 모형작성(modeling)

개발자와 고객이 소프트웨어에 대한 요구 분석 및 설계를 더 잘 이해할 수 있도록 하는 모형들을 만들어낸다. 즉, 분석 모형과 설계 모형을 만들어낸다.

(4) 건조(construction)

설계된 대로 소프트웨어를 실현하기 위해, 적절한 프로그래밍 언어를 선택하여 코드를 작성하며, 코드 속에 존재할 지도 모르는 오류들을 찾아내기 위해 시험(test)을 행한다.

(5) 배치(deployment)

전체 또는 부분적으로 완성된 소프트웨어를 고객에게 인도하고, 고객의 평가의견을 받는다.

이상의 소프트웨어 개발과정에서 본다면, 자료구조는 소프트웨어 모형작성 중의 설계 모형화에서 다루어진다. 소프트웨어 설계는 개발자의 창의성이 가장 두드러지게 나타나는 단계로서, 여기에서 해당 문제를 해결하기 위해 어떤 자료구조와 알고리즘을 선택하느냐에 따라 소프트웨어의 품질, 개발, 지원에 중대한 영향을 미친다. 자료구조와 알고리즘을 해당 문제에 맞춰 적절하게 선택했다면, 소프트웨어의 개발이 용이하며 차후의 지원이 쉬워진다. 하지만 자료구조와 알고리즘을 적절하게 선택하지 못했다면 개발 활동도 어렵거니와 지원 활동은 악몽을 꾸는 것과 같을 것이다.

실세계의 정보 구조를 컴퓨터 세계에서 표현한 것이 자료구조인데, 정보 구조를 표현하는 데에는 여러 자료구조가 후보로 나타날 수 있다. 이 때 가장 적합한 자료구조를 결정하는 것이 매우 중요하다. 예를 들어 "족보 관리 시스템"을 개발하면서 트리라는 자료구조를 선택했다면 개발과 유지 활동이 효율적이지만, 배열을 선택했다면 상당한 어려움을 겪고 나서야 개발과 지원 활동을 마무리 지을 수 있을 것이다.

1-3 자료구조와 추상자료형

실세계의 문제를 컴퓨터 (특히 소프트웨어)를 이용하여 해결하는데 있어서, 자료구조 관점에서 본다면 다음과 같은 과정을 거칠 것이다.

- 문제에 적합한 자료구조와 자료구조상의 연산들 결정
- 자료 표현 및 연산에 대한 알고리즘 결정
- 자료 표현 및 알고리즘 구현

1.3.1 자료구조

자료 객체(data object)는 자료원소들의 집합을 지칭한 것이다. 예를 들어

정수 = { ⋯, −2, −1, 0, 1, 2, ⋯ }

는 −2, −1, 0, 1, 2 등의 자료원소들을 모아 집합으로 만들고 그 집합의 이름을 '정수'라 한 것이다. 이 때의 '정수'를 자료 객체라 한다.

컴퓨터 세계에서는 이러한 자료 객체들이 값들의 모임인 형 (type)과 대응된다. 컴퓨터 세계에서 나타나는 형은 정수형, 실수형, 문자형, 논리형, 복합형 등이 있는데, 정수형은 다음과 같이 나타낼 수 있다.

정수형 = { ⋯, −2, −1, 0, 1, 2, ⋯ }

자료형 (data type)은 형을 조작하는 연산들의 모임을 함께 정의하는 형을 의미하며, 보통은 프로그램 작성 언어에서 변수가 취할 수 있는 자료의 종류를 말한다. 예를 들어, 정수형 변수 및 상수는 정수 자료형의 원소이며, 이때의 나눗셈은 정수 자료형에서 동작되는 연산으로서 결과는 정수형이 된다.

자료항 (data item)은 하나의 정보 혹은 레코드로서 그 값은 형에서 추출되며, 자료형의 원소이다. 예를 들어, 정수는 부분적인 항을 포함하지 않기 때문에 단순 자료항이며, 주민등록번호는 생년, 생월, 생일과 같은 여러 정보들을 포함하기 때문에 총체 자료항이라 한다.

자료구조 (data structure)는 자료 객체들의 집합 뿐만 아니라 그들간의 논리적 관계까지 묘사한 것이다. 여기에서의 논리적 관계는 실제 컴퓨터 세계에서 나타나는 관계가 아니라, 실세계에서 인간이 인식하는 관계이다. 논리적 관계에는 전후 관계 (선형 관계), 상하 관계 (계층 관계) 등이 있다.

예를 들어, 한 학급에 40명의 학생들이 있다면, 어떤 과목에 대한 학생들의 점수는 일반적으로 순차적 리스트를 사용하여 선형 관계로 나타내는데, 〈그림 1.4(가)〉는 이러한 것을 보이고 있다. 학번 (또는 이름)이 앞선 학생의 점수가 앞에 나타나고, 학번 (또는 이름)이 뒤인 학생의 점수는 뒤에 나타나는 형태이다.

한편, 일반적인 수식, 부모와 자식, 상사와 부하 등의 관계를 선형 구조로 표현하는 것은 비효율적이므로, 보통 이러한 것들은 계층 구조를 이용하여 표현한다. 〈그림 1.4(나)〉는 '(A + B) * C' 라는 수식을 계층 구조로 나타낸 것이고, 〈그림 1.4(다)〉는 대학 조직을 계층 구조로 나타낸 것이다.

1	2	3	· · ·	40
84	92	70	· · ·	95

(가) 학생 점수에 대한 순차적 표현

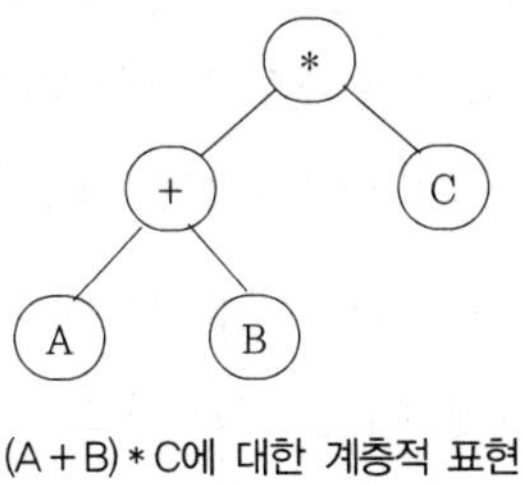

(나) (A + B) * C에 대한 계층적 표현

**그림 1-4 자료 표현 예 (계속)

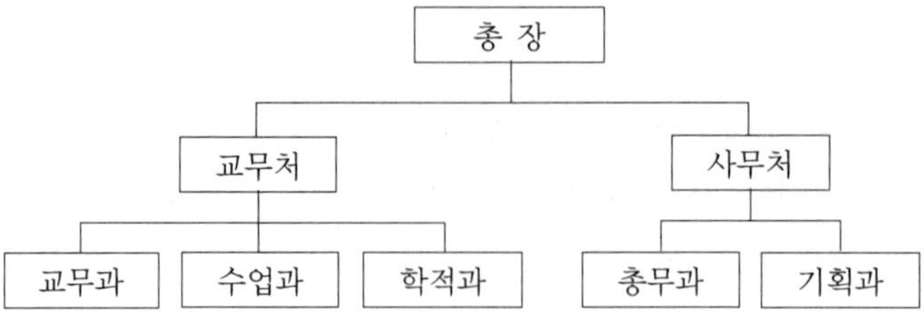

(다) 대학 조직에 대한 계층적 표현

그림 1-4 자료 표현 예

컴퓨터 세계에서 사용되는 자료구조는 크게 컴퓨터 내부인 주 기억 장치와 컴퓨터 외부인 보조 기억 장치에서 다루는 것들로 분류된다. 〈표 1.1〉은 여러 가지 자료구조를 보이고 있다.

▌표 1-1▐ 자료구조들

주 기억 장치에서의 자료구조					보조 기억 장치에서의 자료구조
원시 자료구조		비원시 자료구조			
단순	복합	단순	복합		
			선형	비선형	
정수 실수 문자	문자열	배열 레코드	스택 큐 데크 연결 리스트	일반 트리 이진 트리 이진 탐색 트리 M_원 탐색 트리 B_트리, B* 트리 B^+ 트리 트라이 그래프	순차 파일 구조 상대 파일 구조 색인된 순차 파일 구조 기타 파일 구조

원시 자료구조는 더 이상의 분해가 의미가 없는 자료구조이며, 일반 프로그램 작성 언어가 제공하는 가장 간단한 자료구조이다. 이에는 정수(integer), 실수(real number), 문자(character) 등의 단순 원시 자료구조와 문자들로 구성되는 문자열(string) 등의 복합 원시 자료구조가 있다.

비원시적 자료구조는 원시적 자료구조들의 결합, 또는 비원시적 자료구조 자체내에서 단순 자료구조들의 결합으로 구성된다. 비원시적 자료구조에서의 단순 자료구조에는 일반 프로그램 작성 언어가 제공하는 배열과 COBOL, C, Pascal 등에서 제공하는 레코드(또는 구조체) 등이 있다.

복합 자료구조는 선형과 비선형으로 나뉘는데, 선형 자료구조는 첫 원소와 마지막 원소 사이에 나머지 원소들이 존재하는 반면에, 비선형 자료구조는 그렇지 못하다. 다시 말해서, 선형 자료구조에 있는 원소들은 인접되게 표현될 수 있는 반면에, 비선형 자료구조에 있는 원소들은 인접되게 표현할 수 없는 원소들이 존재하게 된다.

선형 자료구조에는 순차적인 관계를 가지는 자료들을 나타낼 수 있는 연결 리스트(Linked List), 후입선출의 스택(Stack), 선입선출의 큐(Queue), 스택과 큐의 특징을 취한 데크(Deque) 등이 있다. 비선형 자료구조는 트리(Tree)와 그래프(Graph)로 나눌 수 있는데, 트리는 그 특성에 따라 일반 트리, 이진 트리, 탐색 트리 등으로 나눌 수 있다.

보조 기억 장치에서의 자료구조는 파일 구조이다. 수록된 순서로 자료를 읽을 수 있는, 혹은 읽을 순서로 자료를 수록하는 순차 파일(Sequential File) 구조, 레코드가 가지는 키값으로 원하는 자료를 직접 접근하는 직접(또는 상대, Direct or Relative) 파일 구조, 순차 파일 구조와 직접 파일 구조의 장점을 취하고, 자료들의 색인을 이용하여 순차 또는 직접 액세스할 수 있는 색인된 순차(Indexed Sequential) 파일 구조 등이 있다.

1.3.2 추상자료형(ADT : Abstract Data Type)

추상자료형은 형과 그 형에서 동작하는 연산들의 모임으로 정의하는 자료형으로서, 자료형의 명세와 그 자료형에서의 연산의 명세가 그 자료형의 표현과 그 연산의 구현으로부터 분리된 자료형이다. 추상자료형을 사용함으로써 자료형과 연산에 대해 구현으로부터 독립된 표현을 제공할 수 있다. 예를 들어, 스택이라는 자료구조가 있다면, 스택이 컴퓨터 세계에서 어떻게 표현되는지, 스택에 항목을 넣거나 꺼내는 연산이 어떻게 구현되는 지에 대해서는 신경을 쓰지 않고, 단지 스택에 항목을 넣거나 꺼내는 것에 대해서만 관심을 가지면 된다.

추상자료형의 명세는 연산들에 대한 명세와 공리들에 대한 명세로 구성된다. 연산들에 대한 명세는 연산 이름, 연산의 매개 변수, 연산의 결과로 구성되며, 공리들에 대한 명세는 연산에 대한 의미론적 설명이다.

예를 들어 자연수를 추상자료형으로 명세한다면 〈리스트 1.1〉과 같다. 1번에서 5번까지의 문장들은 연산의 이름, 매개 변수(입력 자료), 출력을 가지고 자료구조에서 가능한 연산을 명세한 것이고, 6번에서 12번까지의 문장들은 공리로서 연산의 의미를 설명하는데, 구현과는 분리되었다. 즉, 이 추상자료형 표현에서는 자연수가 어떻게 표현되는지, 연산들이 어떻게 수행되는 지에 대해서는 말하지 않고 생략한다. 자연수가 이진수 또는 10진수로 표현될는지, 2바이트의 기억장소에 표현될는지, 두 자연수가 같은 지에 대한 비교가 뺄셈에 의해서 수행될는지는 설계의 나중 단계나 코딩 단계에서 결정되는 것이고, 이 단계에서는 관심을 두지 않는다.

```
자료구조  자연수

선언
  1   영()                              → 자연수
  2   영?(자연수)                       → 진위
  3   후속자(자연수)                    → 자연수
  4   더하기(자연수, 자연수)            → 자연수
  5   동일?(자연수, 자연수)             → 진위

모든 자연수 x와 y에 대해
  6   영?(영())                         ⇒ 참
  7   영?(후속자(x))                    ⇒ 거짓
  8   더하기(영(), y)                   ⇒ y
  9   더하기(후속자(x), y)              ⇒ 후속자(더하기(x, y))
  10  동일?(x, 영())                    ⇒ if 영?(x) then 참 else 거짓
  11  동일?(영(), 후속자(y))            ⇒ 거잣
  12  동일?(후속자(x), 후속자(y))       ⇒ 동일?(x, y)
종료 자연수
```

리스트 1-1 자연수의 추상자료형 명세

〈리스트 1.1〉에 대해 설명하자면, 연산의 명세에서, '영( )'은 자연수 '0'를 생성한다. '영?(자연수)'는 자연수가 0인지 묻는 것이고, '후속자(자연수)'는 현재 '자연수'의 다음 자연수를 돌려준다. 예를 들어, '후속자(5)'의 결과는 6이다. '더하기(자연수, 자연수)'는 두 개의 자연수를 더하라는 것이고, '동일?(자연수, 자연수)'는 두 개의 자연수가 같은 지를 묻는 것이다.

공리의 명세에서, '영?(영( ))'은 생성된 0이 0이냐고 묻는 것이기 때문에 당연히 참이 되고, '영?(후속자(x))'는 어떤 자연수 x의 다음 수가 0이냐고 묻는 것이기 때문에 거짓이 된다. 또한 '더하기(후속자(x), y)'는 '후속자(더하기(x, y))'와 같은 의미이고, '동일?(x, 영( ))'은 x가 0이면 참이고 아니면 거짓이다. '동일?(영( ), 후속자(y))'에서 후속자(y)가 0이 될 수 없으므로 거짓이다. 또한 '동일?(후속자(x), 후속자(y))'는 '동일?(x, y)'와 같은 의미이다.

이 책에서는 자료구조와 그에 대한 연산을 추상자료형으로 명세하는데, 자료구조는 추상자료형의 실질적 구현이라고 보면 된다. 각 연산의 이름, 매개 변수 (입력), 결과 (출력), 기능은 분명하나 자료형의 내부적 표현과 연산의 구현 방법은 명시하지 않는다. 또한 자료형의 형 표현에 대한 구체적인 내용을 사용자에게 알리지 않으며, 사용자는 제공되는 연산을 통해서만 형을 처리할 수 있다. 따라서 외부 접촉 interface을 변경시키지 않는 한, 형에 대한 표현과 구현 내용의 변경은 외부에 영향을 미치지 않는다. 추상자료형은 추상화를 통해 복잡한 것을 관리하는데, 중

요한 사실에만 집중하고 불필요한 부분은 무시한다.

추상자료형에 의한 자료항의 정의는 논리적이며, 자료구조내에서 자료항의 구현은 물리적인데, 〈그림 1.5〉가 이러한 것을 나타내고 있다.

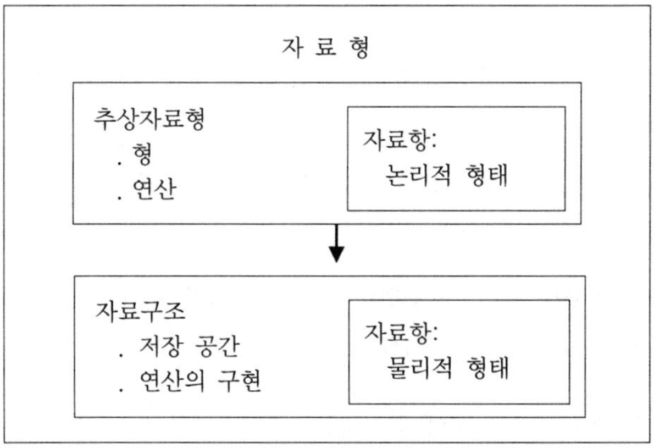

**그림 1-5 자료형의 정의와 구현

1-4 알고리즘 (algorithm)

1.4.1 알고리즘이란?

컴퓨터 세계에서의 알고리즘은 특정한 문제를 해결하기 위한 일련의 명령들의 유한 집합이다. 예를 들어, “코끼리를 냉장고에 집어넣는” 알고리즘은 다음과 같이 작성할 수 있다.

❶ 냉장고 문을 연다.

❷ 코끼리를 냉장고 속으로 집어넣는다.

❸ 냉장고 문을 닫는다.

하나의 문제에 대해서 여러 개의 알고리즘이 존재할 수도 있는데, 이때에는 각 알고리즘마다의 효율성이 존재한다. 또한 자료구조에 따라 적용이 가능하거나 불가능한 연산들이 결정된다. 예를 들어, 자료들이 배열로 표현했을 때와 레코드로 표현했을 때 적용되는 연산이 달라지고, 자료들이 배열과 연결 리스트로 표현되었을 때 적용되는 연산이 달라지며, 배열과 스택에서 적용되는 연산이 다르다. 알고리즘은 자료구조의 연산을 수행하기 위한 절차로 간주될 수 있으며, 자료구조가 변하면 그에 따라 알고리즘도 변하게 된다.

1.4.2 알고리즘의 조건

알고리즘은 다음과 같은 다섯 가지 조건들을 만족해야 한다.

❶ 입출력 : 외부에서 제공되는 자료가 있을 수 있으며, 적어도 하나 이상의 결과를 출력해야 한다.

❷ 명확성 (definiteness) : 각 명령들이 모호하지 않고, 누구라도 똑 같이 해석하도록, 명확하게 묘사되어야 한다.

❸ 유한성 (finiteness) : 모든 경우에 대하여, 묘사되는 한정된 단계를 처리한 후에 반드시 종료되어야 한다.

❹ 유효성 (effectiveness) : 모든 명령들이 수행 가능해야 한다.

❺ 정확성 (correctness) : 오류가 없어야 한다.

위에서 이야기한 "코끼리를 냉장고에 집어넣는" 알고리즘을 이 조건들에 따라 살펴보면, 다른 조건들이 모두 만족된다 할 지라도, 코끼리가 들어갈 만한 큰 냉장고가 존재하지 않는다면 유효성 조건을 위배하기 때문에 알고리즘이 아니다. 그리고 운영 체제의 감시 프로그램은 사용자가 종료시키거나, 컴퓨터 하드웨어가 고장나거나, 전원을 끄지 않는 한 계속해서 반복 수행되기 때문에 (유한성 조건을 위배하기 때문에) 알고리즘으로 볼 수 없다. 컴퓨터 프로그램은 알고리즘을 특정 프로그램 작성 언어로 구현한 것이지만, 알고리즘의 유한성 조건이 만족되지 않아도 된다.

1.4.3 알고리즘의 묘사방법

어떤 문제를 풀 수 있는 알고리즘이 존재한다는 것은 주어진 입력 자료를 가지고 유한한 시간 동안에 일련의 명령을 수행하여, 원하는 결과를 출력하는 컴퓨터 프로그램이 존재한다는 것을 의미한다. 알고리즘을 알기 쉽게 표현하는 서술 방식이 필요한데, 이는 컴퓨터 입장에서 보다는 사용자에게 친근한 형태로 서술되어야 하며, 서술 방식은 다소 비정형적일 수 있다.

알고리즘을 묘사하기 위해 우리가 일상적으로 사용하는 자연어 (natural language)를 이용한다면, 묘사 방법을 익히기 위해 특별한 교육이 필요하지 않아서 좋다. 하지만 말의 분량이 많고, 모호한 표현이 되어 정보를 정확하게 전달하기 어려울 수 있다. 모호하다는 것은 사람에 따라 달리 해석될 수 있다는 것으로, 알고리즘 조건의 명확성을 위배한다. 예를 들어, "그 사람이 예뻐 죽겠다"라는 표현은, 사람에 따라 해석이 달라질 수 있다. 그래서 알고리즘을 자연어로 묘사하는 경우는 매우 드물다.

흐름도 (flow chart)를 사용하여 알고리즘을 묘사한다면, 알고리즘 논리를 그림으로 표현하기 때문에, 알고리즘의 논리를 한 눈에 간파할 수 있도록 한다. 하지만 복잡한 알고리즘에는 화살

표들이 교차될 수 있고, 화살표가 어느 곳이고 가리킬 수 있기 때문에, 복잡하여 적용하기 어렵다. 알고리즘을 전문적으로 묘사하기 위한 알고리즘 묘사 언어를 사용할 수 있는데, 알고리즘 묘사 언어는 프로그램 작성 언어와 유사하나 특정 프로그램 작성 언어와는 독립적이며, 자연어의 모호성을 회피할 수 있다. 하지만 언어의 표현력은 그림에는 미치지 못하기 때문에 알고리즘을 이해하는 데에는 불편할 수 있다.

그림의 표현력을 이용하면서 흐름도의 복잡성 문제를 해결한 것이 상자도(box diagram 또는 N-S 도표)이다. N-S 도표는 I.Nassi와 B.Scheniderman이 제안한 것으로서, 알고리즘을 구조화시켜서 표현하기 때문에 알고리즘의 복잡성을 완화하며, 다른 묘사 방법의 유지 문제점을 보완한다. 이 책에서 사용하는 상자도는 하나의 입구와 하나의 출구를 가지는 논리 구조를 나타내는데 편리하며, 순차, 선택, 반복 구조 등의 제어 구조를 사용한다. 흐름도에서는 내포(nesting), 순환(recursion) 등의 구조에 대한 표현에 어려움이 많았으나 상자도로는 이것이 가능하다. 또한 이들을 프로그램 코드로도 쉽게 변환할 수 있다.

상자도는 프로그램 단위의 논리를 나타내는 사각형(상자)으로 구성되며, 복잡성을 회피하기 위해, 상자도의 상자는 가능한 한 한 쪽(page)내에 채워지는 것이 좋다. 그러므로 상자도가 너무 커지면 부 프로시저들로 분리하여 다른 상자도에 그려야 한다. 이것은 하향식 또는 단계적 정제화(stepwise refinement)기법 에 맞게 작성하는 것이다. 여러 가지의 구조가 상자도 내부에 첨가되어서 처리 논리를 표현할 수 있다.

원래의 N-S 도표에서는 무조건 분기 명령을 허용하지 않았지만 알고리즘을 쉽게 작성하고, 이해하기 쉽도록 하기 위해서 사용될 수 있다. 이 책에서는 N-S 도표를 근간으로 하면서 부가적인 것들을 가지도록 저자가 보완한 상자도를 사용하여 알고리즘을 묘사한다.

1.4.4 알고리즘의 제어 구조

알고리즘을 묘사하면서 사용되는 기본 제어 구조에는 순차, 선택, 반복이 있으며, 어떠한 복잡한 논리적 표현도 기본 제어 구조만으로 표현될 수 있다. 여기에서는 기본 제어 구조를 소개하고, 알고리즘의 이해를 용이하게 하는 부가적인 제어 구조들을 설명한다.

1) 순차(sequence) 구조

순차 구조는 명령들을 나타난 순서대로 실행하는 구조로서, 상자도는 〈그림 1.6〉의 (가)와 같이 처리 사각형(상자)을 수직으로 쌓아 놓음으로써 나타내며, 알고리즘 언어로는 (나)와 같다.

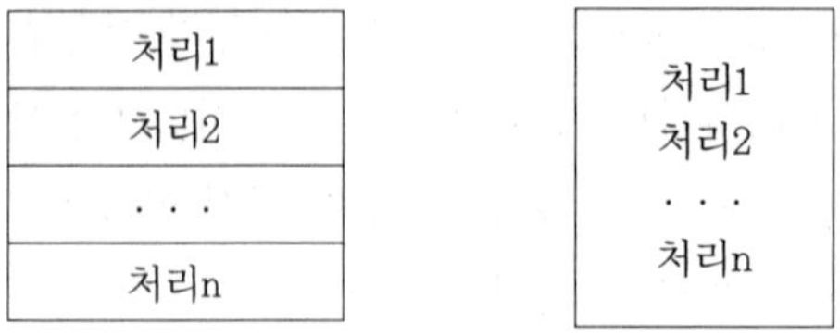

(가) (나)

**그림 1-6 순차 구조

2) 선택 (selection) 구조

선택 구조는 조건에 따라 두 개의 실행문 중 하나를 선택하여 실행하는 구조로서, 상자도는 〈그림 1.7〉의 (가)와 같이 나타내며, 알고리즘 언어로는 (나)와 같다.

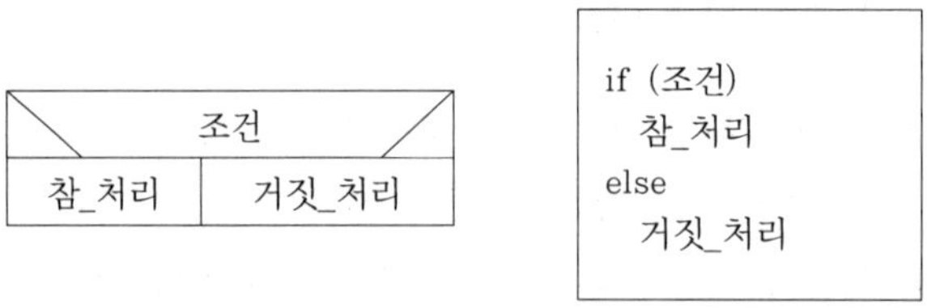

(가) (나)

**그림 1-7 선택 구조

선택 구조는 처리 사각형을 다섯 개의 부분으로 나누는데, 상단 부분은 다시 세 부분으로 나누어 진다. 한 가운데에는 점검해야 할 조건을, 다른 두 개의 삼각형은 그 조건이 참 또는 거짓인 경우에 해당한다. N-S 도표에서는 조건 상자 삼각형 속에 참을 나타내는 T와 거짓을 나타내는 N을 붙이지만, 본 교재에서의 선택 구조는 편의상 왼쪽에 항상 참을, 오른쪽에 항상 거짓을 나타낸다. 하단의 상자 두 개 중에서 왼쪽 상자는 참일 때의 처리를, 오른쪽 상자는 거짓일 때의 처리를 나타낸다. 그리고 필요에 따라서 왼쪽이든 오른쪽이든 생략할 수 있다. 즉, '참_처리'나 '거짓_처리'가 나타날 부분이 공란일 수도 있다.

3) 반복 (iteration) 구조

반복 구조는 조건에 따라 명령문들을 반복 실행하는 구조로서 반복 제어부와 반복 몸체(loop)로 구성된다. 반복 제어부는 반복을 계속할 것인지 아니면 반복 몸체를 건너뛸 (반복을 종료할) 것인 지를 결정하며, 반복 몸체는 반복하여 실행될 수 있는 명령문들의 집합이다.

❶ while 구조

while 구조는 반복의 기본 구조로서, 반복 제어부에 나타나는 조건이 참이 되면 반복 몸체를 실행하고, 거짓이면 반복 몸체를 수행하지 않고 건너뛴다. 상자도는 〈그림 1.8〉의 (가)와 같이 나타내며, 알고리즘 언어로는 (나)와 같다.

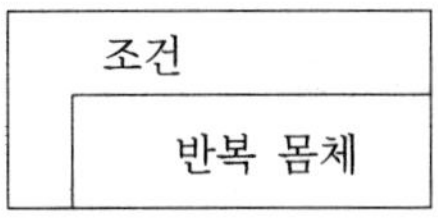

(가)

```
while 조건 do
   반복 몸체
end
```

(나)

그림 1-8 while 구조

❷ repeat 구조

repeat 구조는 적어도 한 번은 반복 몸체를 실행하는 구조로서, 조건이 만족되지 않을 때에 반복을 벗어난다. 상자도는 〈그림 1.9〉의 (가)와 같이 나타내며, 알고리즘 언어로는 (나)와 같다.

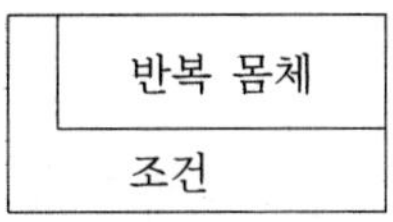

(가)

```
repeat
   반복 몸체
until 조건
```

(나)

그림 1-9 repeat 구조

❸ loop 구조

loop 구조는 N-S 도표에서는 제공되지 않는데, 이유는 무조건 분기가 존재하여 나타내지 못했기 때문이다. 이 구조는 반복 제어부가 따로 없고, 대신에 반복 몸체 속에 반복을 끝내는 조건 검사와 반복 몸체 밖으로의 무조건 분기하는 분기문이 있어야 한다. 상자도는 〈그림 1.10〉의 (가)와 같이 나타내며, 알고리즘 언어로는 (나)와 같다. 참고로 자바에서의 무조건 분기문은 break, continue, 표지를 붙인 break 및 continue 문이 있다.

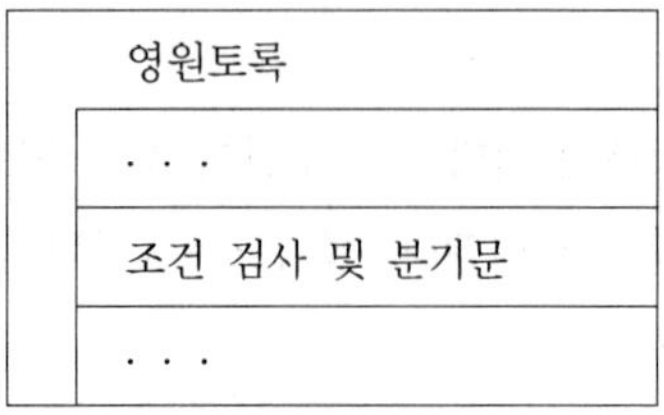

(가)

```
loop
   . . .
   조건 검사 및 분기문
   . . .
forever
```

(나)

**그림 1-10 loop 구조

❹ for 구조

for 구조는 반복 횟수를 미리 결정할 수 있을 때 많이 사용되는 구조로, 반복 여부를 결정하기 위한 값을 저장하는 제어 변수, 제어 변수의 초기치, 반복 여부를 결정하는데 사용되는 최종치, 반복마다 일정한 값 만큼 변하는 증가치로 구성된다. 상자도는 〈그림 1.11〉의 (가)와 같이 나타내며, 알고리즘 언어로는 (나)와 같다. 증가치가 1일 때에는 증가치를 생략할 수 있다.

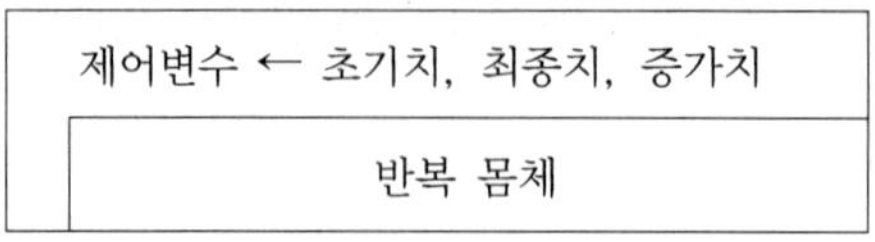

(가)

```
for 제어변수 <- 초기치 to 최종치 by 증가치 do
   반복 몸체
end
```

(나)

**그림 1-11 for 구조

4) CASE (Switch) 구조

여러 개의 상호 배타적인 조건 중에서 하나를 선택하는 조건 구조는 다중 선택 구조 (CASE 또는 Switch)로 표현하면 좋다. 이 구조는 여러 개의 선택문을 사용해야 하는 경우에 편리하게 사용할 수 있는 구조이다. 상자도는 〈그림 1.12〉의 (가)와 같이 나타내며, 알고리즘 언어로는 (나)와 같다.

이 구조는 n개의 조건들 중 어느 하나가 만족되면, 그에 해당하는 실행문 하나를 수행한다. 나열된 어느 조건도 만족되지 않으면 '문n+1'을 실행한다. (가)와 같이 작성해서는 가로 공간이 부

족할 때에는 (다)와 같이 세워서 작성할 수도 있다. (나)의 알고리즘 언어에서는 n개의 조건들 중 어느 하나가 만족되면, 그에 해당하는 실행문 하나를 수행하고 나서 다음 조건으로 넘어간다. 다음 조건들을 건너뛰고 싶은 경우에는 무조건 분기문(대표적으로 break 문)을 사용한다.

CASE				
조건1	조건2	· · ·	조건n	기타
문1	문2	· · ·	문n	문n+1

(가)

```
case
   조건1 : 문1
   조건2 : 문2
   · · · · ·
   조건n : 문n
   기타  : 문n+1
end
```

(나)

CASE		
	조건1	문1
	조건2	문2
	· · ·	· · ·
	조건n	문n
	기타	문n+1

(다)

**그림 1-12 CASE 또는 Switch 구조

5) 프로시저(procedure) 호출

상자도는 알고리즘을 구조화시켜서 나타내는데, 알고리즘의 일부가 반복되던지, 알고리즘의 일부가 복잡한 경우에는 그 부분을 프로시저로 분리하여 만들어서 호출한다. 또한 알고리즘을 한 쪽에 다 나타내지 못할 때, 알고리즘의 일부를 다른 쪽에 분리하여 나타내고, 그를 호출하게 할 수 있다. 이리하면, 알고리즘의 이해를 도울 수 있다. 다른 프로시저를 호출하는 주 프로시저와 호출되면 그 내용을 실행하는 부 프로시저에 대한 상자도가 〈그림 1.13〉에 나타나 있다. 다른 프로시저 호출은 세 칸으로 구분되는 상자를 이용하는데, 가운데 칸에 호출할 프로시저 이름과 필요한 매개변수 목록들을 기재한다.

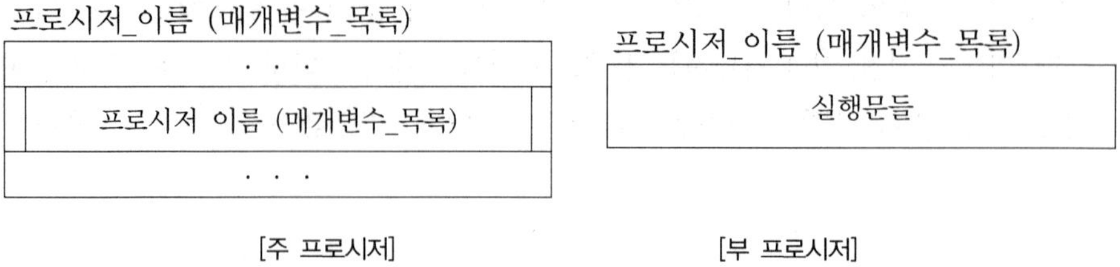

그림 1-13 프로시저 호출

부 프로시저는 실행을 마친 후에 선택적으로 '반환(반환값)' 또는 '반환값 반환' 이라는 명령으로 반환 값을 주 프로시저로 전달할 수 있다.

6) 알고리즘 명세 예

n개의 수치를 읽어 들여서 그 중에서 가장 큰 값을 찾아내어 출력하는 알고리즘이 〈알고리즘 1.1〉에 나타나 있다.

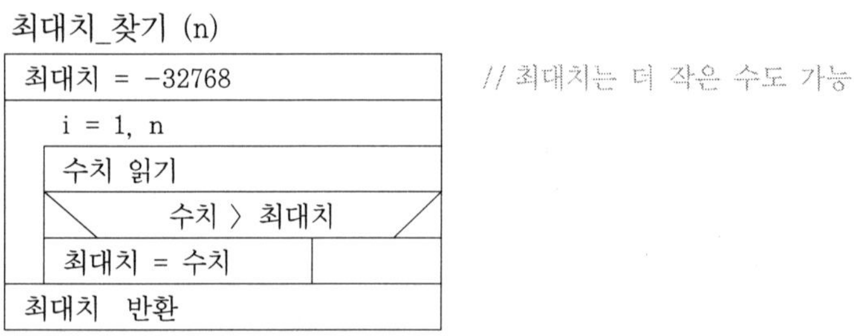

알고리즘 1.1 최대치 찾기 알고리즘

'최대치 = -32768'은 읽어 들인 n개의 수치들 중에서 최대치를 갖게 될 변수 '최대치'가 가질 수 있는 가장 작은 값으로 초기화하는 것이다. 이것은 첫 번째로 읽어 들인 수치를 '최대치'라는 변수에 들어갈 수 있도록 한다. n회를 반복하면서 '수치'를 읽어 들이는데, 읽어 들인 수치가 지금까지의 최대치와 비교하여 크면 최대치를 읽어 들인 수치로 변경한다. 반복이 종료된 후에는 '최대치'에 들어있는 값을 반환한다.

프로시저를 호출하는 것은 나중에 다루기로 한다.

1.4.5 순환(recursion)

순환을 사용하면 반복을 사용할 때 보다 알고리즘을 단순하게 표현하며, 순환을 사용한 알고리즘은 반복을 사용한 알고리즘 보다 이해하기 쉬운 경우가 많다. 특히 문제 자체가 순환적으로 정의되는 경우에는 더욱 그러하며, 어떤 문제에 대해서는 순환 이외의 다른 방법으로 알고리즘을 표현하기 힘들다. 순환에는 직접 순환과 간접 순환이 있다. 직접 순환은 〈그림 1.14〉의 (가)와 같이, 프로시저가 실행되면서 자기 자신을 호출하는 것이고, 간접 순환은 (나)와 같이, 호출된 프로시저가 호출한 프로시저를 호출하는 것을 말한다.

순환은 내부적으로 스택을 사용하기 때문에 반복을 사용하는 것 보다 과부하가 심하다는 단점이 있다.

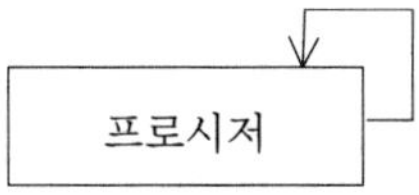

(가) 직접 순환

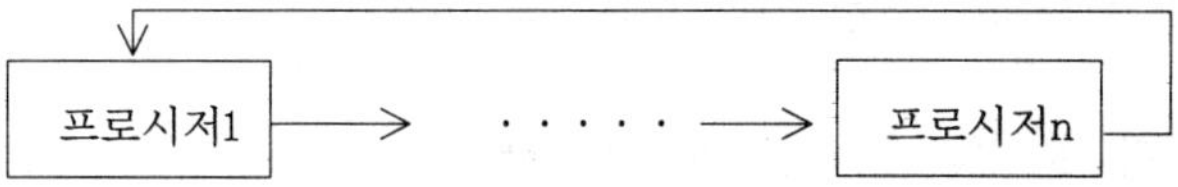

(나) 간접 순환

**그림 1-14 순환

예를 들어 어떤 수 n의 계승 값을 구하는 알고리즘을 생각해 보자. n의 계승 값을

$$n! = n * (n-1) * \cdots * 2 * 1$$

과 같이 구한다면 반복적으로 구하는 것이고,

$$n! = n * (n-1)!$$

과 같이 구한다면 순환적으로 구하는 것이다. 왜냐하면 계승 값을 구하는데 계승 계산을 이용하고 있기 때문이다. 〈알고리즘 1.2〉의 (가)에는 반복을 사용한 알고리즘을, (나)에는 순환을 사용한 알고리즘을 나타내고 있다.

조합 값을 구할 때에도 순환을 적용할 수 있는데, 조합 값을 구할 때 다시 조합 계산을 이용한다. 예를 들어,

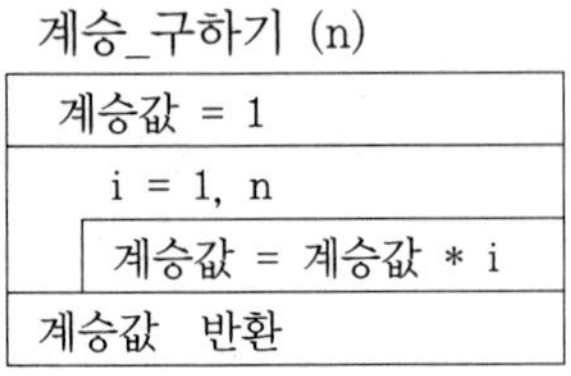

(나) 반복 알고리즘

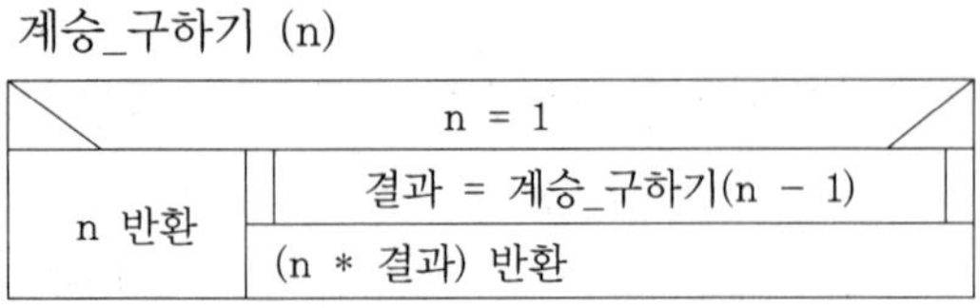

(가) 순환 알고리즘

알고리즘 1.2 계승 값 구하기

$$\binom{n}{m} = \frac{n!}{m!(n-m)!}$$

와 같이 조합 값을 구할 수 있지만,

$$\binom{n}{m} = \binom{n-1}{m} + \binom{n-1}{m-1}$$

와 같이 순환 계산을 사용하여 조합 값을 구할 수도 있다.

다른 예를 살펴보자, 문자열 S가 다음과 같을 때

S = "x_1 ⋯ x_n"

S의 역순의 문자열을 만드는 순환 알고리즘을 생각해 보자. 'R'은 문자열을 역순으로 만드는 연산자이고, '‖'은 앞의 문자열과 뒤의 문자열을 접속시키는 연산자라 가정하면,

S^R ⇒ 'abcd'^{R} ⇒ 'bcd'^{R} ‖ a ⇒ ('cd'^{R} ‖ b) ‖ a ⇒ (('d'^{R} ‖ c) ‖ b) ‖ a

와 같은 과정을 거쳐 문자열 S를 역순으로 만들 수 있고, 상자도를 이용하여 알고리즘으로 나타내면, 〈알고리즘 1.3〉과 같다.

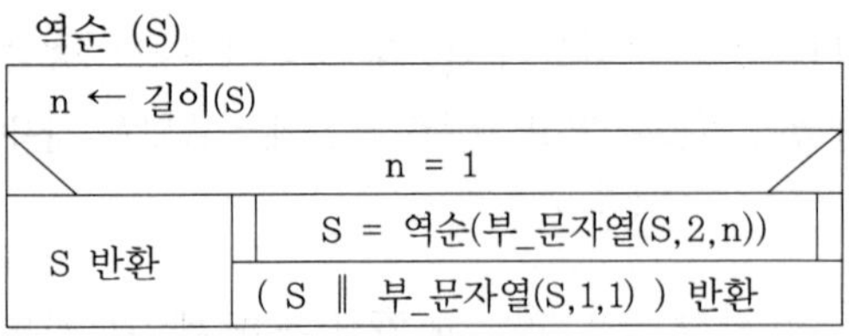

알고리즘 1.3 순환 알고리즘을 사용하는 문자열 역순화

여기에서 '길이(S)'는 문자열 S의 길이를 구하는 프로시저이고, '부_문자열(S,i,j)'는 S라는 문

자열에서 i번째 부터 j번째까지의 부분 문자열을 추출하는 프로시저이다. 〈그림 1.15〉는 알고리즘의 수행 과정을 보이고 있다.

S	n	'역순' 호출	'‖' 호출	결과
abcd	4	(bcd)		
bcd	3	(cd)		
cd	2	(d)		
	1			d
			‖('cd',1,1)	dc
			‖('bcd',1,1)	dcb
			‖('abcd',1,1)	dcba

**그림 1-15 알고리즘 수행 과정

이제까지의 순환 알고리즘에서, 순환 알고리즘의 우수성은 느끼지 못하고, 오히려 반복 알고리즘에 비해 복잡하기만 하다고 할지도 모른다. 그렇다면 다른 예를 들어보자.

S = { a, b, c, d }

라 할 때 S의 순열 집합을 구해보자. 순열 구하기 알고리즘을 반복을 사용하여 작성하려면, 쉽게 착상이 떠오르지 않는다. 하지만 해결 과정을 다음과 같이 생각해보자.

```
a로 시작하는 (b,c,d)의 순열
   b로 시작하는 (c,d)의 순열
      c로 시작하는 (d)의 순열    ⇒ (a,b,c,d)
      d로 시작하는 (c)의 순열    ⇒ (a,b,d,c)
   c로 시작하는 (b,d)의 순열
      b로 시작하는 (d)의 순열    ⇒ (a,c,b,d)
      d로 시작하는 (b)의 순열    ⇒ (a,c,d,b)
   d로 시작하는 (b,c)의 순열
      b로 시작하는 (c)의 순열    ⇒ (a,d,b,c)
      c로 시작하는 (b)의 순열    ⇒ (a,d,c,b)
b로 시작하는 (a,c,d)의 순열
   . . . . . . . . . . . . .
c로 시작하는 (a,b,d)의 순열
   . . . . . . . . . . . . .
d로 시작하는 (a,b,c)의 순열
   . . . . . . . . . . . . .
```

이것은 순열을 구하는 과정에서 다시 순열을 구하기 때문에 순환적으로 해결하고 있다. 〈알고리즘 1.4〉의 (가)는 순열을 구하기 위한 순환 알고리즘인데, 교환(A, k, i)는 문자열 A의 k번째 문자와 i번째 문자열을 교환하는 것이다. (나)는 반복 알고리즘이다. 〈그림 1.16〉는 순환 알고리즘의 실행 과정을 보이고 있다. 여기에서 나타나는 "i 지역값"은 순환 호출에 따라 반복 제어 변수 "i" 변수가 지역 변수로 달라지고, 이에 따라 달라지는 값을 나타낸다.

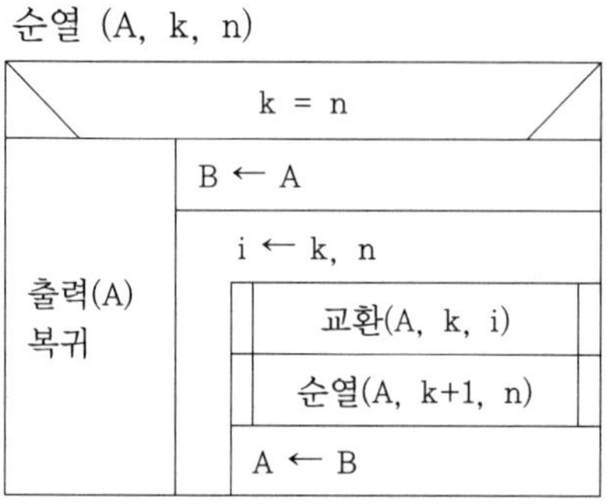

(가) 순환 알고리즘

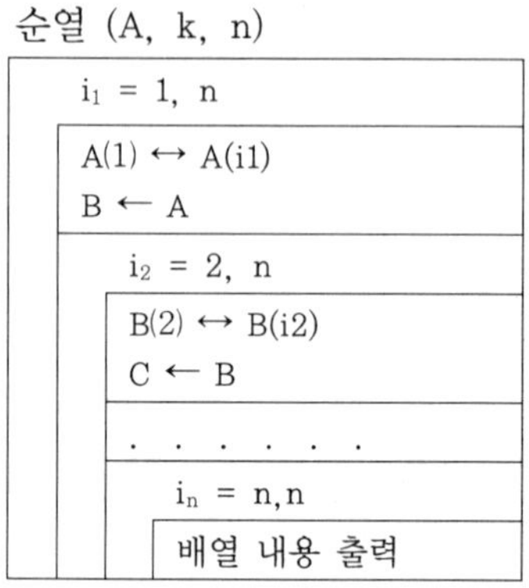

(나) 반복 알고리즘

알고리즘 1.4 순열 구하기

A	k	n	B	i 지역값	호 출	결과 출력	비 고
abcd					(A,1,4)		
abcd	1	4	abcd	i_1=1	(A,2,4)		
abcd	2	4	abcd	i_2=2	(A,3,4)		
abcd	3	4	abcd	i_3=3	(A,4,4)	abcd	출력 후 복귀
abcd							A값 회복
abdc	3	4	abcd	i_3=4	(A,4,4)	abdc	출력 후 복귀
abcd							A값 회복
abcd				i_3=5			반복 종료
acbd	2	4		i_2=3	(A,3,4)		
acbd	3	4	acbd	i_3=3	(A,4,4)	acbd	출력 후 복귀
acdb							A값 회복
acbd	3	4	acbd	i_3=4	(A,4,4)	acdb	출력 후 복귀
acbd							A값 회복
				i_3=5			반복 종료
acbd				i_2=4			

. . . .

**그림 1-16 순환 알고리즘의 실행 과정

1-5 알고리즘의 성능 분석

알고리즘의 우수성을 분석하는데 있어서 알고리즘의 이해, 코딩, 오류 수정 등의 용이성을 살펴볼 수 있으나, 여기에서는 컴퓨터 자원을 얼마나 효율적으로 사용하느냐에 관심을 가지고 논의한다. 이에 대한 기준은 공간 복잡도와 시간 복잡도이다. 공간 복잡도는 알고리즘을 수행하기 시작하여 완료할 때까지 필요한 기억공간이 얼마나 필요한 지를 나타내기 위한 것이고, 시간 복잡도는 알고리즘을 수행하기 시작하여 완료할 때까지 필요한 시간의 양을 나타낸다.

알고리즘의 성능을 분석하는 주요 목적은 알고리즘을 개선할 수 있는 방법을 모색하거나, 또는 동일한 문제에 대해 제안된 여러 알고리즘 중에서 가장 효율적인 것을 결정하기 위해서이다. 즉, 작성된 알고리즘의 수행시간을 예측하고 좀 더 빠른 시간내에 수행할 수 있는 알고리즘을 선택하기 위한 것이다.

1.5.1 성능측정 방법

알고리즘의 성능을 측정하기 위해서, 실제 컴퓨터에서 알고리즘을 실행시켜 성능을 측정하는 것이 바람직할 것으로 생각하지만 실제는 그렇지 못하다. 왜냐하면 하드웨어, 운영 체제, 프로그램 작성 언어, 프로그램 작성자, 컴파일러, 코드 작성 효율성 등의 문제가 발생하기 때문이다. 동일한 알고리즘이라도 누가 그에 대한 코드를 작성했으며, 어떤 프로그램 작성 언어로 변환했는가, 작성된 프로그램을 어떤 컴파일러로 번역했는가, 어떤 하드웨어에서 어떤 운영 체제를 사용하여 실행했는가에 따라 측정 결과가 달리 나타나기 때문이다. 본 교재에서는 알고리즘을 실행하는 컴퓨터 플랫폼에 상관없이 알고리즘의 수행시간과 필요 기억공간을 추산한다. 이렇게 함으로써 구현 독립적인 측정이 가능하다.

지금의 컴퓨팅 환경에서, 알고리즘을 수행하는데 필요한 기억공간의 사용으로 인한 비용은 무시할 수 있을 만큼 저렴하고, 수행시간에 대한 비용은 상대적으로 비싸다. 수행시간은 사람의 대기시간에 영향을 미치기 때문이다. 따라서, 이후의 논의에서는, 특수한 경우가 아니라면, 알고리즘의 수행시간 즉, 시간 복잡도를 측정하는데 초점을 맞춘다.

(1) 모든 명령의 실행 횟수 계산

알고리즘의 성능을 측정하기 위해, 알고리즘에 나타나는 모든 명령들의 실행 횟수를 계산할 수 있다. 이것은 다음과 같은 단계를 따라 이루어질 수 있다.

- 명령에 대한 단계 수 결정
- 명령이 수행되는 횟수(빈도수) 계산 비실행문은 빈도수가 0이다)

- 단계수와 빈도수를 곱하여 명령의 총단계수 계산
- 알고리즘 전체 명령에 대한 단계수 계산

명령에 대한 단계수는 명령이 수행되는데 몇 단계를 거치는 지를 나타내며, 명령의 수행 횟수는 명령이 몇 번이나 수행되는 지를 나타낸다. 예를 들어 〈그림 1.17〉에서 'x ← x + 1'의 실행 횟수는, (가)인 경우에는 1번, (나)인 경우에는 n번, (다)인 경우에는 n×n번, (라)인 경우에는 n + (n-1) + (n-2) + ⋯ + 1번 실행된다.

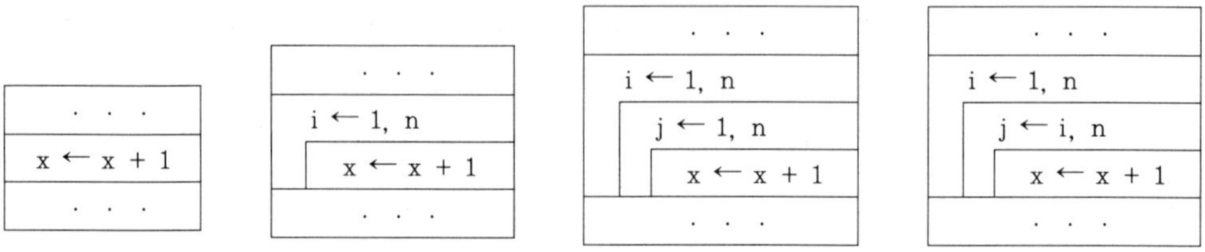

(가) (나) (다) (라)

그림 1-17 명령의 실행 횟수

명령의 실행 횟수를 계산할 때에 자주 등장하는 공식과 그 결과 값은 다음과 같다.

$$\sum_{i=1}^{n} 1 = n$$

$$\sum_{i=1}^{n} i = 1 + 2 + \cdots + (n-1) + n = \frac{n(n+1)}{2}$$

$$\sum_{i=1}^{n} i^2 = \frac{n(n+1)(2n+1)}{6}$$

일반적으로

$$\sum_{i=1}^{n} i^k = \frac{n^{k+1}}{k+1} + \text{저차수 항} \quad (k \geq 0)$$

인데, k = 2 라면

$$\sum_{i=1}^{n} i^2 = 1^2 + 2^2 + \cdots + (n-1)^2 + n^2$$

$$= \frac{n(n+1)(2n+1)}{6} = \frac{2n^3 + 3n^2 + n}{6} = \frac{n^3}{3} + (\frac{n^2}{2} + \frac{n}{6})$$

이다.

예를 들어 임의의 숫자 n을 받아 n번째 피보나치 수열을 구하는 알고리즘에서 모든 명령들의 실행 횟수를 계산해보자. 〈그림 1.18〉의 (가)에서는 주어진 숫자에 해당하는 피보나치 수열 값을 구하여 출력하는 알고리즘을 상자도로 나타내었고, (나)에서는 알고리즘 묘사 언어로 나타내었으며, (다)에서는 n이 2 이상일 때 (나)를 바탕으로 명령들의 실행 횟수를 계산한 것을 보여주고 있다.

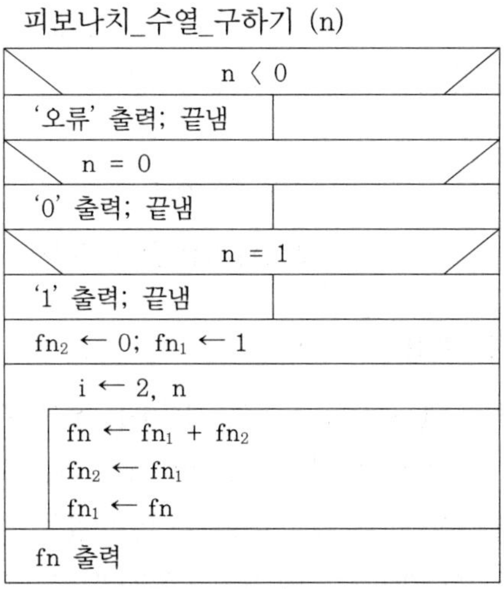

(가) 알고리즘에 대한 상자도 표현

```
procedure FIBONACCI (n)
  if n < 0 then [print('error'); stop]
  if n = 0 then [print('0'; stop]
  if n = 1 then [print('1'; stop]
  fn2 ← 0; fn1 ← 1
  for i ← 2 to n do
     fn ← fn1 + fn2
     fn2 ← fn1
     fn1 ← fn
   end
   print(fn)
end FIBONACCI
```

(나) 알고리즘에 대한 언어 표현

단계	빈도수	단계	빈도수
1	0	9	n
2	1	10	n-1
3	0	11	n-1
4	1	12	n-1
5	0	13	n-1
6	1	14	1
7	0	15	0
8	2		
총계 : 5n + 2			

(다) 실행 횟수 계산

**그림 1-18 명령의 실행 횟수 구하기

(2) 기본 연산의 실행 횟수 계산

알고리즘의 모든 명령들의 실행 횟수를 정확히 계산하는 것은 매우 어려울 수도 있다. 간단한 알고리즘이야 몇 분안에 간단하게 처리할 수 있지만, 알고리즘이 복잡하며, 순환이 포함되거나 다른 프로시저를 호출하는 경우에는, 알고리즘의 모든 명령들의 실행 횟수를 정확하게 측정하기란 여간 어려운 일이 아니다. 따라서 정확하지는 않지만 실제 알고리즘의 수행시간을 반영하면서, 보다 간단하게 알고리즘의 성능을 측정할 수 있는 방법이 필요하다.

각 알고리즘에는 기본 연산이 존재하는데, 이 기본 연산의 실행 횟수를 계산함으로써 알고리즘의 시간 복잡도를 측정할 수 있다. 기본 연산은 정형적으로 정의되지는 않으며, 주어진 문제에서 가장 기본적이며, 자주 실행되는 연산이다. 〈표 1.2〉는 각 예제 문제에 대한 기본 연산의 예를 나타내고 있다.

표 1-2 기본 연산 예

문제	기본 연산
이름 리스트에서 '홍길동'을 찾음	리스트의 원소와 '홍길동'의 비교
정수 값으로 된 두 개의 행렬을 곱함	두 행렬의 정수의 곱셈 (또는 덧셈)
수치 리스트를 오름차순으로 정렬	리스트내의 두 원소의 비교

여러 사람들의 이름을 가지는 이름 리스트에서 특정한 사람의 이름을 찾는 문제에서는, 이름 리스트의 각 이름과 찾고자 하는 사람의 이름을 비교하는 연산이 가장 기본적이면서 자주 실행되는 연산이다. 정수 값으로 이루어진 두 행렬을 곱하는 문제에 있어서는, 두 행렬의 대응하는 원소를 곱하여 누적하는 과정을 거치게 된다. 따라서 이 문제에서의 기본 연산은 곱셈 또는 덧셈이 되는데, 행렬 곱하기이니까, 곱셈을 기본 연산으로 잡을 수 있다. 수치 리스트를 원소들의

크기에 따라 오름차순 (또는 내림차순)으로 정렬하는 문제에서는, 리스트내의 원소들간에 크기 비교를 해야 하기 때문에, 비교 연산이 기본 연산이 된다.

동일한 문제에 대한 두 알고리즘에서 선택된 기본 연산이 다를 때에는 단순하게 기본 연산의 실행 횟수만 계산하는 것은 불합리하다. 예를 들어 행렬 곱하기 문제에서 한 알고리즘의 기본 연산은 곱하기라고 하고, 다른 알고리즘의 기본 연산은 더하기라고 할 때, 단순하게 이들의 실행 횟수만을 가지고 어떤 알고리즘이 우수하다고 말할 수 없다. 왜냐하면 곱하기 연산은 더하기 연산에 비해 실행 시간이 더 소요되기 때문에, 두 연산간에 가중치를 부여하여 균형을 맞춰줄 수도 있다.

1.5.2 복잡도의 표현

기본 연산의 수행 횟수를 전체 알고리즘이 수행하는 계산량으로 간주한다는 것은, 전체 알고리즘이 수행하는 계산량이 기본 연산의 수행 횟수에 대략 비례한다는 것을 전제로 한다. 만약에 어떤 알고리즘이 입력 i에 대해 T(i) 만큼의 기본 연산을 수행한다면, 전체적인 연산 횟수는 최대 cT(i)이며, 실제 컴퓨터 실행 시간은 c'T(i)초가 될 것이다 (여기서 c와 c'는 상수이다). 이들은 알고리즘과 그 알고리즘이 프로그램으로 작성되어 실행되는 컴퓨터에 좌우되는 것이지, 입력 i에 좌우되지 않으며, 따라서 입력 크기 n에 영향을 받지 않는다.

일반적으로, 기본 연산의 실행 횟수는 입력 크기에 따라 달라지므로, 기본 연산의 전체 실행 횟수를 입력 크기(n)의 함수로 표현할 수 있다. 〈표 1.3〉은 예제 문제에 따른 입력의 크기를 보이고 있다.

표 1-3 문제에 따른 입력의 크기

문제	입력의 크기
피보나치 수열 값 구하기	넘겨받은 숫자
이름 리스트에서 '홍길동'을 찾기	리스트내의 이름들의 개수
정수 값으로 된 두 개의 행렬을 곱하기	두 행렬의 차원 (크기)
수치 리스트를 오름차순으로 정렬	리스트내의 원소들의 개수

피보나치 수열 값을 구하는 알고리즘에서는 수열 값을 계산하는 것이 기본 연산인데, 몇 번째 수열 값을 구하느냐에 따라 기본 연산의 실행 횟수가 결정된다. 이름 리스트에서 특정인의 이름을 찾는 것은 이름 리스트내에 이름들이 얼마나 많이 있느냐에 따라 기본 연산인 비교의 실행 횟수가 결정된다. 두 행렬의 곱하기에서는 두 행렬의 차원 (크기)에 따라 기본 연산인 곱하기 또는 더하기의 실행 횟수가 결정된다. 리스트의 정렬은 리스트내의 원소들의 개수에 따라 기본

연산인 비교의 실행 횟수가 결정된다.

이러한 기본 연산의 실행 횟수는 최선의 경우와 최악의 경우, 그리고 평균인 경우로 나누어 생각할 수 있다.

(1) 최선의 복잡도

최선의 복잡도는 알고리즘의 기본 연산이 실행될 최소 횟수를 의미한다. 예를 들어, 이름 리스트에서 특정인의 이름은 찾을 때의 최선의 복잡도는 한 번의 비교로 원하는 특정인의 이름을 찾는 경우로, 비교 횟수는 1이 된다. 정수 값으로 된 두 개의 행렬을 곱하기에서 최선의 복잡도는, 기본 연산인 곱셈의 실행 횟수인, 첫 번째 행렬의 행의 수와 두 번째 행렬의 열의 수를 곱한 만큼 될 것이다.

(2) 최악의 복잡도

최악의 복잡도는 알고리즘의 기본 연산이 실행될 최대 횟수를 의미하며, 다음과 같이 계산한다.

$$W(n) = \max_{i \in S_n} T(i)$$

여기에서 T(i)는 입력 i에 대한 기본 연산의 실행 횟수이고, S_n은 n개의 입력에 대한 집합이다. 즉, 최악의 복잡도 T(i)는 입력 i에 대한 기본 연산의 실행 횟수 중에서 최대인 것으로 정한다.

예를 들어, 이름 리스트에서 특정인의 이름은 찾을 때의 최선의 복잡도는 1이지만, 최악의 복잡도는, 찾는 사람의 이름이 리스트의 제일 마지막에 나타나던지 아니면 리스트내에 없는 경우로서, 리스트내의 모든 원소와 비교를 해야 하기 때문에, 비교 횟수는 리스트의 원소의 개수만큼이다. 정수 값으로 된 두 개의 행렬을 곱하기에서 최악의 복잡도는 역시, 기본 연산인 곱셈의 실행 횟수인, 첫 번째 행렬의 행의 수와 두 번째 행렬의 열의 수를 곱한 만큼 될 것이다. 즉, 이 때에는 최선의 복잡도와 최악의 복잡도가 같다.

(3) 평균 복잡도 (average complexity)

평균 복잡도는 알고리즘의 기본 연산이 실행될 평균 횟수를 의미하며, 다음과 같이 계산한다.

$$A(n) = \sum_{i \in S_n} P(i) \times T(i)$$

여기에서 i는 입력, S_n은 n개의 입력에 대한 집합, P(i)는 입력 i가 발생할 확률, T(i)는 입력 i에 대한 기본 연산의 실행 횟수이다.

예를 들어, 이름 리스트에서 특정인의 이름은 찾을 때, 확률을 무시하면, 평균적으로 이름 리스트의 원소들을 반은 찾아보아야 될 것이다. 즉 평균 복잡도는 이름 리스트의 원소들의 개수의 반이 될 것이다. 자세한 것은 뒤에 나타나는 예제로 미룬다.

이상에서 살펴본 바와 같이 어떤 알고리즘의 수행시간을 측정하기 위해 최선, 최악, 평균 복잡도를 사용하지만, 최선의 복잡도는 보통 1과 같은 값으로 나타나기 때문에 별 의미가 없다. 평균 복잡도는 아주 중요한 개념이지만, 알고리즘에 따라서는 결과를 계산하는 것이 너무 어렵기 때문에 특별한 경우가 아니면 잘 사용되지 않는다. 따라서 이 책에서는 알고리즘의 수행시간을 측정하기 위해서 보통은 최악의 복잡도를 측정한다.

(4) 복잡도 표현 예

여기에서는 몇 개의 예제 문제를 제시하고 그에 대한 알고리즘의 연산 시간을 측정하여 입력의 함수로 표현한다.

❶ n개의 수치 원소들을 가지는 리스트 A에서, 원소들의 합을 구하는 알고리즘의 복잡도

이에 대한 알고리즘은 〈알고리즘 1.5〉에 나타나 있다.

```
합_구하기 (A, n)
합 ← 0
   i ← 1, n
      합 ← 합 + A(i)
합 반환
```

알고리즘 1.5 원소들의 합을 구하기

이 알고리즘은 리스트 A와 리스트내의 원소들의 개수인 n을 입력으로 받아서, 리스트내의 원소들의 합을 구한다. 기본 연산은 '합 ← 합 + A(i)'에 나타나는 '+'이다. 이 기본 연산은 반복 몸체 속에 있기 때문에 항상 n번 실행된다. 따라서,

$$A(n) = W(n) = B(n)$$

이고, 모두 n이다.

❷ n×n인 행렬 A와 B를 곱하여, 그 결과를 n×n인 행렬 C에 저장하는 알고리즘의 복잡도

이에 대한 알고리즘은 〈알고리즘 1.6〉에 나타나 있다.

```
행렬_곱하기 (A, B, n)
i ← 1, n
    j ← 1, n
        합 ← 0
        k ← 1, n
            합 ← 합 + A(i,k) * B(k,j)
        C(i,j) ← 합
```

알고리즘 1.6 행렬 곱하기

이 알고리즘은 n×n인 행렬 A와 B, 행렬의 차원인 n을 입력으로 받아들여 두 행렬의 곱을 구하고 있다. 기본 연산은 '합 ← 합 + A(i,k) * B(k,j)'에 나타나는 '*' (또는 +)이다. 이 기본 연산은 반복 몸체 속에 있기 때문에 항상 n^3번 실행된다. 따라서,

$$A(n) = W(n) = B(n)$$

이고, 모두 n^3이다.

❸ n개의 원소를 갖는 리스트 A에서 x값을 갖는 최초 원소의 위치를 찾는 알고리즘의 복잡도

이에 대한 알고리즘은 〈알고리즘 1.7〉에 나타나 있다.

```
원소_찾기 (A, 항목, n)
j ← 1
    j ≤ n
        A(i) = 항목
        [참] ('항목의 위치 :', j) 출력
             복귀
        [거짓] j++
'리스트내에 항목이 없음' 출력
```

알고리즘 1.7 원소 찾기

이 알고리즘은 원소의 수가 'n'인 리스트 A와 찾고자 하는 '항목'을 입력으로 받아들여, 리스트의 앞에 있는 원소에서부터 찾고 있다. 기본 연산은 'A(j) = 항목'에 나타나는 '=' 즉, 배열의 원소와 '항목'의 비교이다. 이 기본 연산은 선택 속에 있기 때문에 배열의 원소와 '항목'의 내용에 따라 비교 횟수가 달라진다.

최선의 복잡도는 '항목'이 리스트의 첫 번째 원소일 경우이며,

$$B(n) = 1$$

이다. 한편 최악의 복잡도는 '항목'이 리스트의 마지막 원소이거나 리스트에 존재하지 않을 경우이며,

$W(n) = \max \{ T(ij) : 1 \leq j \leq n \}$

이고, n이다.

평균 복잡도는 상당히 복잡하다. 이 문제에서 고려해야 할 입력의 크기는 '항목'이 리스트에 존재할 경우와 존재하지 않을 경우를 포함하여 n+1이다. '항목'이 리스트의 j번째 위치에 있을 경우를 i_j라 하고 ($1 \leq j \leq n$), 리스트에 없을 경우를 i_{n+1}이라고 하자. 또한 T(i)는 입력 i에 대해 수행되는 비교 횟수 (즉, 조건 'A(j) = 항목'의 실행 횟수)를 나타낸다고 하자. 그러면 $T(i_j) = j$ ($1 \leq j \leq n$)이고, $T(i_{n+1}) = n$이다. '항목'이 리스트에 존재할 확률은 q이며, 존재한다면 특정한 위치에 있을 확률이 동등하다고 가정하자. 그러면 $P(i_j) = q/n$, ($1 \leq j \leq n$)이고, $P(i_{n+1}) = 1-q$이다. 따라서 평균 복잡도는 다음과 같이 된다.

$$
\begin{aligned}
A(n) &= \sum_{j=1}^{n+1} P(i_j) * T(i_j) \\
&= \sum_{j=1}^{n} P(i_j) * j + P(i_{n+1}) * n \\
&= \sum_{j=1}^{n} (q/n) * j + (1 - q) * n \\
&= (q/n) \sum_{j=1}^{n} j + (1 - q) * n \\
&= (q/n) * \frac{n(n+1)}{2} + (1 - q) * n \\
&= q(n + 1) / 2 + (1 - q) * n
\end{aligned}
$$

만약 '항목'이 리스트에 존재한다는 사실을 알고 있다면 q = 1이므로,

$A(n) = (n + 1) / 2$

가 된다. 이는 평균적으로 리스트의 절반 정도는 검사해 보아야 한다는 뜻이다. '항목'이 리스트에 있을 확률이 50%라면,

$$
\begin{aligned}
A(n) &= (n + 1) / 4 + n / 2 \\
&\cong (3 / 4) * n
\end{aligned}
$$

이다. 이는 평균적으로 배열 원소의 3/4은 검사해야 한다는 뜻이다.

1.5.3 점근 표기법

피보나치 수열 값을 구하는 알고리즘에서와 같이, 알고리즘에 나타나는 명령들의 단계 수를 결정하여, 같은 기능을 수행하는 두 알고리즘의 시간 복잡도를 비교하거나, 바로 전의 예제와 같이 실례 특성의 변화에 따라 실행 시간의 변동을 예측할 수 있다. 하지만 명령의 단계 수를 정확히 결정하려는 것은 어렵고도 무의미할 수 있는 작업이다. 왜냐하면 단계의 개념 자체가 부정확하기 때문이다. 예를 들어 'x ← y'와 'x ← y + z + x / y * z'라는 명령이 있을 때, 둘 다 한 단계로 계산해야 하는지 아니면 뒤에 나타난 명령은 여러 단계로 계산해야 하는지, 그렇게 한다면 몇 단계로 결정해야 하는 지, '+'와 '*'에 대해서 차이를 두어야 하는 지에 대하여 명확하게 밝히기가 어렵다.

따라서 알고리즘의 성능을 측정하면서, 명령들의 단계 수를 정확히 결정하지 않고도 시간 복잡도를 결정할 수 있는 수단이 필요한데, 점근 표기법이 이와 같은 요구를 만족시켜 준다. 기본 연산의 실행 횟수는 다항식으로 나타나는데, 다항식의 차수가 중요하다. 점근 표기법은 기본 연산의 실행 횟수의 상한, 하한, 또는 상하한을 고려하여 표현한다.

(1) 상한 표기법

상한 표기법

모든 $n \geq n_0$에 대해 $|f(n)| \leq c|g(n)|$을 만족하는 두 개의 양의 상수 c와 n_0이 존재하기만 하면, $f(n) = O(g(n))$이다.

* '| |' 기호는 절대값을 나타냄

이 정의에서 f(n)은 어떤 알고리즘의 연산 시간, n은 입력 및 출력을 특징짓는 매개 변수이다. 예를 들어 n은 알고리즘에의 입력, 출력, 또는 입력과 출력 자료의 개수 또는 크기가 될 수 있다. 앞의 '피보나치 수열 구하기' 알고리즘에서의 f(n)은 '5n + 2'였다. 알고리즘의 연산 시간이 O(g(n))이라는 것은 수행시간이 g(n)의 상수 배 보다는 작다는 것을 의미한다. 실제 수행시간은 기계의 특성에 관계되므로 정확하게 계산할 수는 없다. 그러므로 알고리즘을 어떤 컴퓨터에서 수행할 때, 같은 종류의 자료에 대하여 연산 시간 f(n)의 상한선 g(n)을 찾아서 이를 O(g(n))이라 표기하고 알고리즘의 연산 시간으로 간주한다.

예를 들어, $n \geq 2$에 대해서, $f(n) = 3n + 2 \leq 4n$ 이므로, $f(n) = O(n)$ 이라고 표기할 수 있다. 즉, 알고리즘 연산 시간 f(n)은 n에 비례한다고 할 수 있다. 예를 들어 '피보나치 수열 구하기'

알고리즘에서의 $n \geq 6$에 대해서, $f(n) = 5n + 2 \leq 6n$ 이므로, $f(n) = O(n)$ 이라고 표기할 수 있다. 즉, '피보나치 수열 구하기' 알고리즘 연산 시간 f(n)은 n에 비례한다고 할 수 있다. $n \geq 5$에 대해 $f(n) = 10n^2 + 4n + 2 \leq 11n^2$ 이므로, $f(n) = O(n^2)$ 즉, 알고리즘 연산 시간은 n^2에 비례한다고 할 수 있다. $n \geq 4$에 대해서, $f(n) = 6 * 2^n + n^2 \leq 7 * 2^n$ 이므로, $f(n) = O(2^n)$ 즉, 알고리즘 연산 시간은 2^n에 비례한다고 할 수 있다.

$f(n) = O(g(n))$이라는 것은 $n \geq n_0$ 인 모든 n에 대해 g(n) 값은 f(n)의 상한 값이라는 것을 의미한다. $n \geq n_0$ 인 모든 n과 임의의 상수 c에 대해, $f(n) = 3n + 2 \geq c$ 이기 때문에 $f(n) \neq O(1)$이다. 하지만, $n \geq 2$에 대해서, $3n + 2 \leq 3n^2, 3n^3, \cdots$ 이므로, $f(n) = O(n), O(n^2), O(n^3), \cdots$ 으로 표기할 수 있지만, g(n)은 $f(n) = O(n)$이 되도록 가능한 작은 차수라야 한다. $f(n) = 10n^2 + 4n + 2 \leq 11n^2$에 대해서도, $f(n) = O(n), O(n^4), \cdots$ 으로는 표기하지 않는다.

g(n)은 다음과 같은 것들로 나타난다.

$$1, \log_2 n, n, n \log_2 n, n^2, n^3, 2^n, \cdots$$

일반적으로 알고리즘의 연산 시간은 다음과 같이

$$f(n) = c_k * n^k + c_{k-1} * n^{k-1} + \cdots + c_1 * n^1 + c_0$$

다항식으로 나타나는데, c_i가 상수, $c_k \neq 0$, n이 매개 변수라면,

$$f(n) = O(n^k)$$

으로 나타낸다. 이것은 알고리즘의 연산 시간을 나타내는 다항식에서 최고 차수 이외의 저차 항들은 모두 무시하며, 최고 차수의 항에서의 계수도 무시하는 것을 의미한다.

(2) 하한 표기법

하한 표기법

모든 $n \geq n_0$에 대해 $|f(n)| \geq c|g(n)|$을 만족하는 두 개의 양의 상수 c와 n_0이 존재하기만 하면, $f(n) = \Omega(g(n))$이다.

예를 들면 다음과 같다.

$n \geq 1$에 대해서, $f(n) = 3n + 2 \geq 3n \quad \Rightarrow f(n) = \Omega(n)$

$n \geq 1$에 대해서, $f(n) = 10n^2 + 4n + 2 \geq n^2 \quad \Rightarrow f(n) = \Omega(n^2)$

$n \geq 1$에 대해서, $f(n) = 6 * 2^n + n^2 \geq 2^n \qquad \Rightarrow f(n) = \Omega(2^n)$

$f(n) = \Omega(g(n))$은 $n \geq n_0$인 모든 n에 대해 g(n) 값은 f(n)의 하한 값이라는 것을 의미하기 때문에 g(n)은 $f(n) = \Omega(n)$이 되도록 가능한 커야 한다. 따라서 다음과 같이 표기하지는 않는다.

$f(n) = 3n + 3 \neq \Omega(1)$

$f(n) = 10n^2 + 4n + 2 \neq \Omega(1)$

$f(n) = 6 * 2^n + n^2 \neq \Omega(n^{100})$

$f(n) = 6 * 2^n + n^2 \neq \Omega(n^{50.2})$

$f(n) = 6 * 2^n + n^2 \neq \Omega(n^2)$

$f(n) = 6 * 2^n + n^2 \neq \Omega(n)$

$f(n) = 6 * 2^n + n^2 \neq \Omega(1)$

(3) 상하한 표기법

상하한 표기법

모든 $n \geq n_0$에 대해 $c_1|g(n)| \leq |f(n)| \leq c_2|g(n)|$을 만족하는 세 개의 양의 상수 c_1, c_2와 n_0이 존재하기만 하면, $f(n) = \Theta(g(n))$이다.

예를 들면 다음과 같다.

$n \geq 2$에 대해서, $3n \leq f(n) = 3n + 2 \leq 4n \qquad \Rightarrow f(n) = \Theta(\log\ n)$

$n \geq 5$에 대해서, $n^2 \leq f(n) = 10n^2 + 4n + 2 \leq 11n^2 \qquad \Rightarrow f(n) = \Theta(n^2)$

$n \geq 4$에 대해서, $2^n \leq f(n) = 6 * 2^n + n^2 \leq 7 * 2^n \qquad \Rightarrow f(n) = \Theta(2^n)$

$n \geq 100$에 대해서, $\log n \leq 10 \log n + 4 \leq 11 \log n \qquad \Rightarrow f(n) = \Theta(\log\ n)$

$f(n) = \Theta(g(n))$은 $n \geq n_0$인 모든 n에 대해 g(n) 값은 f(n)의 상한 값과 하한 값 모두를 가지기 때문에 다음과 같이 표기하지는 않는다.

$f(n) = 3n + 3 \neq \Theta(1)$

$f(n) = 3n + 3 \neq \Theta(n^2)$

$f(n) = 10n^2 + 4n + 2 \neq \Theta(n)$

$f(n) = 6 * 2^n + n^2 \neq \Theta(n^2)$

$f(n) = 6 * 2^n + n^2 \neq \Theta(1)$

이상의 세 가지 표기 중에서 상하한 표기가 가장 정확하지만, 일반적으로 상한, 하한, 상하한 표기법에 의한 결과가 같이 나타나므로, 이 책에서는 맨 처음 등장한 상한 표기법만을 이용한다.

(4) 증대급수의 종류

앞에서 등장한 g(n)을 증대 급수 (order of magnitude)라 한다. 만약 동일한 작업을 수행하는 두 알고리즘이 있는데, 각각의 연산 시간이 O(n)과 $O(n^2)$이라면, 일반적으로 O(n)의 연산 시간을 가지는 알고리즘이 우수한 것으로 취급한다. 왜냐하면 n 값이 증가함에 따라, $O(n^2)$의 증가 속도가 O(n)의 증가 속도보다 크기 때문이다. 예를 들어 O(n)과 $O(n^2)$의 연산 시간을 가지는 각 알고리즘의 상수를 10과 1이라 가정하면, n값의 증가에 따른 연산 시간은 〈표 1.4〉와 같이 나타날 것이다.

❙표 1-4❙ 알고리즘의 연산 시간

n	1	5	10	15	20	25	30
10n	10	50	100	150	200	250	300
n^2	1	25	100	225	400	625	900

n 값이 10이 넘어서면서, $O(n^2)$의 연산 시간을 가지는 알고리즘의 계산량이 상당히 증가되는 것을 알 수 있다. 또한 n 값이 30이라면, O(n)의 연산 시간을 가지는 알고리즘이 $O(n^2)$의 연산 시간을 가지는 알고리즘보다 3배 정도 빠른 것을 알 수 있다

〈표 1.5〉는 알고리즘 연산 시간을 측정하는데 나타나는 증대 급수들과 n의 크기에 따른 연산 시간 (횟수)을 보이고 있다.

❙표 1-5❙ 증대급수와 실행 횟수

		1	2	4	8	16	32
O(1)	상수형	1	1	1	1	1	1
$O(\log_2 n)$	대수형	0	1	2	3	4	5
O(n)	선형	1	2	4	8	16	32
$O(n \log_2 n)$	선형 대수형	0	2	8	24	64	160
$O(n^2)$	평방형	1	4	16	64	256	1024
$O(n^3)$	입방형	1	8	64	512	4096	32768
$O(2^n)$	지수형	2	4	16	256	65536	4294967296
O(n!)	계승형	1	2	24	40326	20922789888000	26313*10^33

❶ O(1)은 상수형 (constant)이라고 하는데, 복잡도가 입력 크기와 독립적임을 나타낸다.

❷ O(log n)은 대수형 (logarithm)이라고 하는데, 주로 주어진 문제를 어떤 상수 개의 작은 문제로 분할하여 해결하는 알고리즘에서 나타난다.

❸ O(n)은 선형 (linear)이라고 하는데, 각 입력마다 어느 정도의 연산을 처리해야 하는 알고리즘에서 나타난다.

❹ O(n log n)은 선형 대수형이라고 하는데, 주로 주어진 문제를 작은 문제로 분할하여 이를 독립적으로 풀고, 다시 이 해들을 통합함으로써 전체 문제를 푸는 알고리즘에서 나타난다.

❺ $O(n^2)$은 평방형(quadratic)이라고 하는데, 반복이 한 번 중첩되는(double nested loop) 알고리즘에서 주로 나타난다.

❻ $O(n^3)$은 입방형 (cubic)이라고 하는데, 주로 반복이 두 번 중첩되는(triple nested loop) 알고리즘에서 나타난다.

❼ $O(2^n)$은 지수형 (exponential)이라고 한다. 문제의 가능한 해를 일일이 검사하는 알고리즘에서 나타난다. 실용적이지 못한 알고리즘이지만 실제 문제에서 자주 나타난다.

❽ O(n!)은 계승형 (factorial)이라고 하는데, 실용적이지 못한 알고리즘이며, 실제 문제에서 자주 나타나지는 않는다.

대형 자료를 처리하는 알고리즘은 그 연산 시간이 O(n log n)보다 크면 실용적이 아니라고 판단한다. 지수형 또는 계승형 알고리즘은 극히 적은 입력에 대해서만 사용될 수 있다.

〈그림 1.19〉에는 입력 크기에 따른 복잡도를 그래프로 나타내고 있다.

		1	2	3	4	5	6	7	8	9	10
O(1)	상수형	1	1	1	1	1	1	1	1	1	1
$O(\log_2 n)$	대수형	0	1	–	2	–	–	–	3	–	–
O(n)	선형	1	2	3	4	5	6	7	8	9	10
$O(n \log_2 n)$	선형 대수형	0	2	–	8	–	–	–	24	–	–
$O(n^2)$	평방형	1	4	9	16	25	36	49	64	81	100
$O(2^n)$	지수형	2	4	8	16	32	64	128	256	512	1024

* 빈 칸은 정수가 아니라서 생략

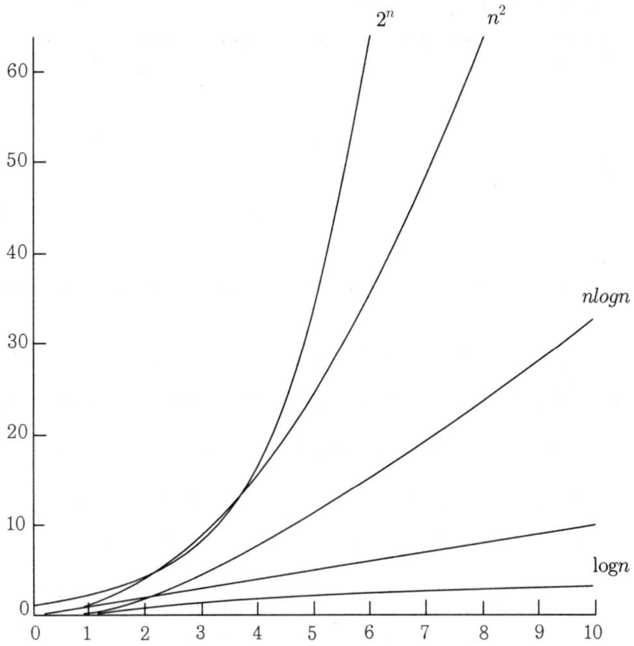

**그림 1-20 입력 크기에 따른 복잡도

〈표 1.6〉은 초당 10억 개의 명령을 처리하는 컴퓨터에서 n값의 변화에 따른 실행 시간의 변화를 나타내고 있다. 즉, 각 증대급수와 자료의 수에 따른 실행 시간 예를 보이고 있다.

표 1-6 n값에 따른 실행 시간

n \ f(n)	n	$\log_2 n$	n^2	n^3	n^{10}	2^n
10	.01μs	.03μs	.1μs	1μs	10초	1μs
20	.02μs	.09μs	.4μs	8μs	2.84시간	1ms
30	.03μs	.15μs	.9μs	27μs	6.83일	1초
40	.04μs	.21μs	1.6μs	64μs	121.36일	18.3분
50	.05μs	.28μs	2.5μs	125μs	3.1년	13일
100	.10μs	.66μs	10μs	1ms	3,171년	$4*10^{13}$년
1,000	1.00μs	9.96μs	1ms	1초	$3.17*10^{13}$년	$32*10^{283}$년

주어진 시간내에 더 빠른 컴퓨터를 사용할 때, 얼마나 더 큰 문제를 해결할 수 있을 지를 살펴보자. 새 컴퓨터가 옛 컴퓨터 보다 10배 빠르고, 예전 컴퓨터는 한 시간에 크기가 n인 문제를 해결했으며, 예전 컴퓨터는 한 시간에 10,000개의 기본 연산을 수행했다고 가정하자. 〈표 1.7〉은 이러한 경우에 대한 예를 보이고 있다.

표 1-7 새로운 컴퓨터로 인한 계산량의 변화

f(n)	n	n'	변경치	n'/n
10n	1000	10000	n' = 10n	10
20n	500	5000	n' = 10n	10
5n log n	250	1842	$10^{1/2}n' < 10n$	7.37
$2n^2$	70	223	$n' = 10^{1/2}n$	3.16
2^n	13	16	n' = n + 3	–

알고리즘의 연산 시간을 계산했다면, 이를 바탕으로 알고리즘의 성능 개선을 생각해 볼 수 있다. 알고리즘의 성능 개선은 우선 알고리즘 복잡도의 차수를 감소시키는 것을 생각할 수 있다. 예를 들어, 연산 시간이 $O(n^3)$이었던 알고리즘을 정제하여 $O(n^2)$의 연산 시간을 갖도록 했다면, 분명히 알고리즘의 성능을 개선한 것이다. 알고리즘 복잡도의 차수를 감소시키기 어려운 경우에는 알고리즘 복잡도의 차수에는 영향을 미치지 않으면서, 세부적인 계산량을 감소시키는 것도 알고리즘의 성능을 개선한 것이 된다. 예를 들어, 연산 시간이 $f(n) = 15n^2 + 4n - 7$인 알고리즘을 정제하여, 연산 시간을 $f(n) = 15n^2 + n + 3$ 이나 $f(n) = 5n^2 + 6n + 3$이 되도록 했다면, 셋 다 $O(n^2)$이지만, 두 번째와 세 번째 알고리즘이 첫 번째 알고리즘의 성능을 개선시킨 것이 된다.

자바 프로그램

```
import java.io.*;

public class c일장 {                                    // 제 1 장 프로그램 클래스
   c입력 입력;

   public c일장() {
      입력 = new c입력();                               // 입력 객체 생성
   }

   public int 최대치_찾기 (int 개수) {
      int 수치, 최대치, i;

      최대치 = -32768;

      for (i = 1; i <= 개수; i++) {
         수치 = 입력.정수_얻기();                       // 입력 객체를 이용한 정수 입력
         if (수치 > 최대치) 최대치 = 수치;
      }

      return 최대치;
   }

   public int 최대치_찾기 (int[] 정수들, int 개수) {
      int 최대치, i;

      최대치 = -32768;

      for (i = 1; i <= 개수; i++)
         if ( 정수들[i] > 최대치 ) 최대치 = 정수들[i];

      return 최대치;
   }

   public int 계승_구하기_반복 (int 숫자) {
      int 계승값, i;
      계승값 = 1;

      for (i = 1; i <= 숫자; i++)
         계승값 = 계승값 * i;

      return 계승값;
   }
```

```
public int 계승_구하기_순환 (int 숫자) {
   if (숫자 == 1 )  return 숫자;
   else            return 숫자 * 계승_구하기_순환 (숫자-1);
}

public String 문자열_역순화 (String 문자열) {
   int 길이;
   String S1, S2;

   길이 = 문자열.length();

   if ( 길이 == 1 ) return 문자열;
   else {
      S1 = 문자열_역순화 ( 문자열.substring (1, 길이) );
      S2 = 문자열.substring (0,1);
      S1 = S1 + S2;
      return S1;
   }
}

public void 순열_구하기_순환 (String 문자열, int 시작, int 끝) {
   if (시작 == 끝) {
      System.out.println(문자열);
      return;
   }
   else {
      int 길이;
      String 임시문자열;
      char 임시문자;
      char[] 문자배열;

      길이 = 끝 - 시작 + 1;
      임시문자열 = 문자열;

      for (int i = 시작; i <= 끝; i++) {
        문자배열 = 문자열.toCharArray();                      // 교환(A, k, i)
        임시문자 = 문자배열[시작-1];  문자배열[시작-1] = 문자배열[i-1];
                 문자배열[i-1] = 임시문자;
        문자열   = new String(문자배열);                     // 첨자는 1부터 시작
        순열_구하기_순환 (문자열, 시작+1, 끝);
        문자열 = 임시문자열;
      }
   }
}
```

```
    public int 합_구하기 (int[] 리스트, int 크기){
        int 합 = 0;

        for (int i = 1; i <= 크기 ; i++)
        합 = 합 + 리스트[i];

        return 합;
    }

    public int[][] 행렬_곱하기 (int[][] A행렬, int[][] B행렬, int 크기){
        int[][] 행렬 = new int[크기+1][크기+1];          // 첨자는 1부터 시작
        int 합;

        for (int i = 1; i <= 크기 ; i++) {
            for (int j = 1; j <= 크기 ; j++){
                합 = 0;
                for(int k = 1; k <= 크기; k++)
                    합 = 합 + (A행렬[i-1][k-1]* B행렬[k-1][j-1]);
                행렬[i][j] = 합;
            }
        }

        return 행렬;
    }

    public int 원소_찾기 (int[] 리스트, int 키값, int 크기){
        int 위치 = 0, i;

        for (i = 1 ; i <= 크기 ; i++){
          if ( 리스트[i] == 키값 ) {
                위치 = i;
                break;
          }
        }

        return 위치;
    }
}
```

```
import java.io.*;
import java.util.Scanner;

public class c입력 {                                    // 입력 클래스
  private Scanner sc;

  c입력() {
    sc = new Scanner (System.in);
  }

  public int 정수_얻기() {
    int 숫자;

    System.out.print("정수를 입력하세요. : ");
    숫자 = sc.nextInt();

    return 숫자;
  }

  public String 문자열_얻기() {
    String 문자열;

    System.out.print("문자열을 입력하세요. : ");
    문자열 = sc.nextLine();

    return 문자열;
  }

  public int[] 정수들_얻기(int 개수) {
    int[] 배열 = new int[개수+1];

    for (int i = 1; i <= 개수; i++) {
      배열[i] = 정수_얻기();
    }

    return 배열;
  }

  public int[][] 행렬_얻기(int 행,int 열) {
    int[][] 행렬 = new int[행+1][열+1];

    for (int i = 1; i <= 행; i++) {
      for (int j = 1; j <= 열; j++) {
        행렬[i][j] = 정수_얻기();
      }
```

```
      }
      return 행렬;
   }

   public char[] 문자들_얻기(int 개수) {
     char[] 배열 = new char[개수+1];

     for (int i = 1; i <= 개수; i++) {
       배열[i] = (char) sc.next().charAt(0);
     }

     return 배열;
   }
}

class c출력 {                                           // 출력 클래스
   public void 정수_출력(String 메시지, int 숫자) {
      System.out.println(메시지 + " " +숫자);


   public void 정수들_출력(String 메시지, int[] 배열, int 크기) {      // 0번째는 제외
      System.out.print(메시지 + " ");
      for (int i = 1; i <= 크기; i++)
         System.out.print(배열[i] + "  ");
   }

   public void 문자열_출력(String 메시지, String 문자열) {
      System.out.println(메시지 + " " +문자열);
   }

   public void 행렬_출력(String 메시지, int[][] 행렬, int 크기){
      int i, j;

      System.out.println(메시지);
      for (i = 1; i <= 크기; i++) {
         for (j = 1; j <= 크기; j++)
            System.out.print(행렬[i][j] + "  ");
         System.out.println();
      }
   }

   public void 위치_출력(int[] 배열, int 키값, int 위치, int 크기) {
      for (int i = 1; i <= 크기; i++)                                // 0번째는 제외
        System.out.print(배열[i] + "  ");
      System.out.print("에서 " + 키값 + "은 " + 위치 + " 번째 있습니다!");
   }
}
```

○ 연습문제_

1.1 세 개의 정수 x, y, z를 받아들여 내림차순으로 출력하는 알고리즘을 작성하시오.

1.2 임의의 양의 정수를 받아들여 그 수의 모든 약수를 출력하는 알고리즘을 작성하시오.

1.3 세 개의 기둥이 있고, 그중 첫 번째 기둥에는 지름이 서로 다른 64개의 원판이 지름이 큰 것이 아래에 있도록 쌓여 있다. 이제 모든 원판을 첫 번째 기둥에서 세 번째 기둥으로 옮기려 한다. 한 번에 한 개의 원판만을 다른 기둥으로 옮길 수 있고, 지름이 작은 원판만이 다른 원판 위에 놓일 수 있다. 이 작업을 수행하는 데 필요한 이동 순서를 출력하는 순환 알고리즘을 작성하시오.

1.4 다음과 같은 실행 횟수에 대하여 O 표기법으로 나타내시오.

① $1 + n$　　② $100n^2 + 2n^4$

③ $n! + 2^n$　　④ 5

⑤ $\log n + n$　　⑥ $n + n^{-2}$

1.5 〈알고리즘 1.6〉의 실행 시간을 구체적으로 설명하시오.

1.6 〈알고리즘 1.7〉의 실행 시간을 구체적으로 설명하시오.

1.7 〈알고리즘 1.8〉의 실행 시간을 구체적으로 설명하시오.

1.8 〈알고리즘 1.3〉의 실행 시간을 어떻게 구할 것인 지에 대하여 논하시오.

1.9 n×n 행렬의 각 란에 1에서 n2까지의 정수를 중복없이 넣어서 각 행과 열, 대각선의 숫자들 합이 모두 같은 마방진을 구성하는 알고리즘을 작성하고, 그 복잡도를 구하시오.

<규칙> 마직막 행의 중앙 열에 1을 넣는다. 오른쪽 대각선으로 내려가면서 비어있는 자리에 이전보다 1씩 큰 수를 넣는다. 행렬의 경계를 벗어나면 반대편 자리에서 계속한다. 즉, 하단을 벗어나면 같은 열의 최상단으로, 오른쪽으로 벗어나면 같은 행의 제일 왼쪽으로 이동한다. 이렇게 계속하다가 이동하려는 자리에 이미 숫자가 채워져 있으면 바로 위의 란으로 올라가서 계속한다.

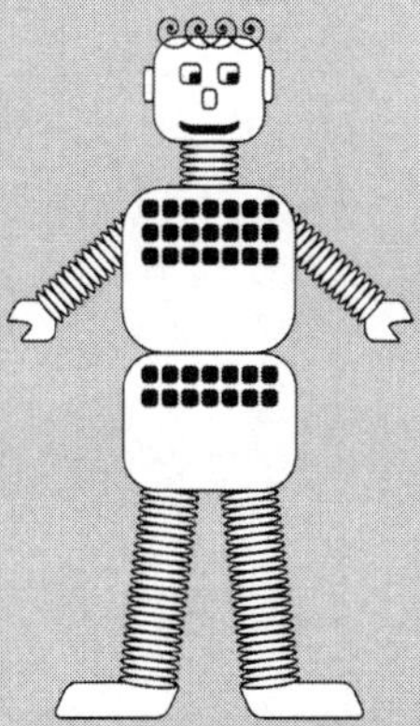

Chapter 02 배열과 문자열

이 장에서는 복합 자료구조를 만드는데 필요한 기본 구조인 배열을 살펴보며, 배열을 기억장소에서 저장하는 방법에 대해 살펴보고, 배열로 표현할 수 있는 순차 리스트를 다루고, 다항식의 표현에 대해 살펴보며, 희소 행렬에 대해 설명하고, 문자열에 대하여 다룬다.

2-1 배열 (Array)

2.1.1 배열의 정의

프로그램 작성 언어에서는 둘 이상의 자료원소들이 공통적인 성질을 가지고 있을 경우에, 이들 자료원소들을 기억공간에서 인접되게 저장하고, 임의의 색인(index)을 이용하여 하나의 변수로 처리할 수 있다. 하지만 자료구조에서의 배열은 자료원소들이 인접되게 나타나는 지에는 관심을 가지지 않고, 〈자료원소, 색인〉의 쌍들의 집합으로 정의된다. 배열에 대한 추상자료형 표현을 나타내면 리스트 2-1과 같다.

```
자료구조 배열
선언
    공백()                  → 배열
    검색(배열, 색인)         → 값
    저장(배열, 색인, 값)     → 배열

모든 A ∈ 배열, i, j ∈ 색인, v ∈값에 대해서
    검색(공백(), i)          ⇒ 오류
    검색(저장(A, i, v), j)   ⇒ if (i = j) then v else 검색(A, j)
종료 배열
```

리스트 2-1 배열의 추상자료형 표현

'공백( )'은 다차원 배열을 포함하여 공백 배열을 생성하며, '검색(배열, 색인)'은 '배열'에서 '색인'에 위치한 값을 돌려주는데, '색인'은 다차원 배열에 대한 것일 수도 있다. '저장(배열, 색인, 값)'은 '배열'에서 '색인' 위치에 '값'을 저장한다.

'검색(공백( ), i)'는 생성된 공백 배열에서 i번째 값을 꺼내려고 하기 때문에 오류를 발생시키고, '검색(저장(A, i, v), j)'는 배열 A에서 색인 i 위치에 값 v를 저장한 후에 색인 j 위치의 값을 꺼내는 것이기 때문에, i와 j 위치가 같다면 v를, 그렇지 않다면 배열 A에서 색인 j에 위치한 값을 돌려준다.

배열은 사용하는 색인의 개수에 따라 1차원, 2차원, 3차원 배열 등으로 구분한다.

(1) 1차원 배열

가장 단순한 형태의 배열은 1차원 배열(one-dimensional array 또는 vector)인데, 색인 또는 첨자를 하나만 갖는다. 〈그림 2.1〉에는 1차원 배열 A가 n개의 원소로 이루어져 있는 것을 나타내고 있다. A라는 배열이 n개로 구성된 경우 A(1)은 A의 첫 번째 원소이고, A(2)는 A의 두 번째 원소이며, A(i)는 A의 i번째 원소이며, A(n)은 마지막인 n번째 원소를 가리킨다. A와 같은 원소들의 묶음을 대표하는 이름을 배열명이라고 하며, 배열을 구성하는 각각의 변수 A(1), A(2), …, A(n)을 배열 원소라고 부른다. 1, 2, …, n과 같은 배열 원소의 색인(index 또는 subscript)은 배열 안에 정해진 원소들의 순서 중에서 그 원소의 위치를 표시한다. 첫 번째 배열 원소는 A(1)로 표시한다. 즉, 배열 원소는 그 자체의 이름을 갖지 않으며 배열명에 색인을 사용하여 배열 안에서의 그 원소의 상대적인 위치를 나타내도록 한다.

A(1)	A(2)	…	A(i)	…	A(n)

**그림 2-1 1차원 배열의 표현

1차원 배열 A의 색인이 ℓ부터 u까지의 값을 가질 때 A(ℓ:u)로 표시하고 ℓ을 하한치(lower bound), u를 상한치 (upper bound)라고 한다. ℓ은 일반적으로 1이지만 프로그램 작성 언어에 따라서는 0 또는 음이나 양의 정수일 수도 있다. 배열에 있는 원소 개수를 배열의 크기 (size), 길이 (length), 또는 범위 (range)라고도 하며 A(ℓ:u)의 크기는 u-ℓ+1이다. A(1:n)은 간단히 A(n)으로 표현하며 그 크기는 n이다.

(2) 다차원 배열

2차원 배열 (two-dimensional array 또는 matrix, table)은 1차원 배열이 중복되어 구성된다. 즉, 2차원 배열 A에 1차원 배열이 m개 있고, 각 1차원 배열에 n개의 원소가 있다면, 2차원 배열 A는 논리적으로 〈그림 2.2〉와 같이 m×n 행렬로 표현할 수 있다. 2차원 배열 A의 원소를 지정하기 위하여 두 개의 색인을 사용하여 A(i,j)와 같이 표시하며, 첫째 색인은 배열의 행 (row)을, 둘째 색인은 배열의 열 (column)을 나타낸다. 따라서 A(i,j)는 배열 A에서 i번째 행의 j번째 열에 있는 원소를 가리킨다.

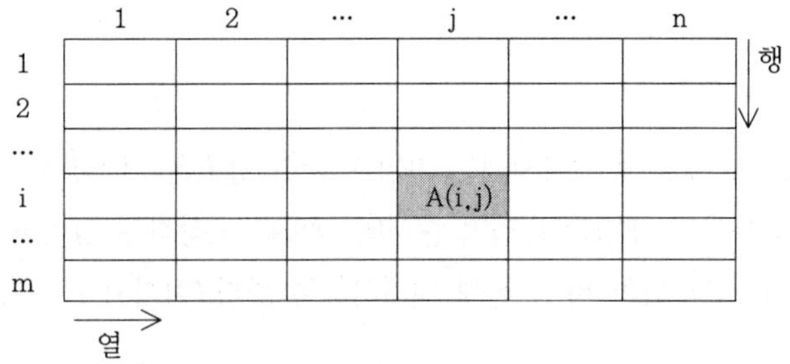

**그림 2-2 2차원 배열의 표현

2차원 배열을 하한치와 상한치를 사용하여 일반적으로 표시해 보자. 행 색인의 하한치와 상한치를 각각 ℓ, u1이라 하고, 열 색인의 하한치와 상한치를 각각 ℓ2, u2라고 하면, 2차원 배열 A는 A(ℓ1:u1, ℓ2:u2)와 같이 표현할 수 있다. A의 행의 개수는 u1-ℓ1+1이며, 열의 개수는 u2-ℓ2+1이다. 따라서 A의 전체 원소의 개수는 (u1-ℓ1+1)×(u2-ℓ2+1)이다.

3차원 (three-dimensional array) 이상의 다차원 배열도 1차원과 2차원 배열의 개념을 확대하여 정의할 수 있다. 〈그림 2.3〉은 3차원 배열을 나타내고 있다.

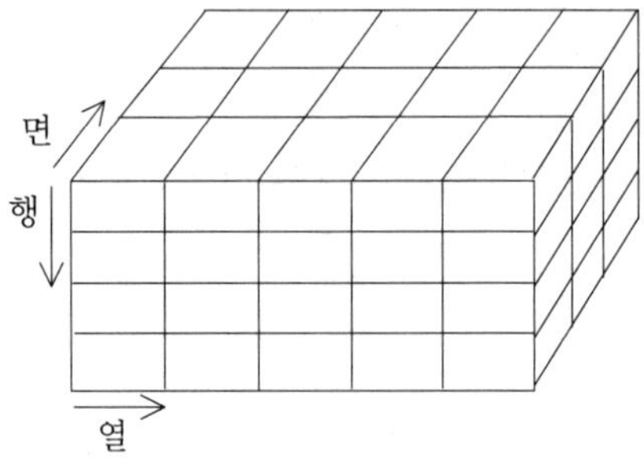

**그림 2-3 3차원 배열의 표현

일반적으로 n차원 배열에서 한 원소를 지정하기 위해서는 n개의 색인이 필요하다. n차원 배열을 하한치와 상한치로 표현하면 A(ℓ1:u1, ℓ2:u2, …, ℓn:un)과 같고, 전체 원소의 개수는 (u1 - ℓ1+ 1)×(u2 - ℓ2 + 1)× … ×(un - ℓn + 1)이다. 4차원 이상의 배열은 그림으로 표현하기 어렵다.

2.1.2 배열의 저장

배열은 대부분의 고급 프로그램 작성 언어에서 내장된 자료구조로 제공되고 있으므로, 프로그램 작성자가 저장 방법을 선택할 수 없다. 하지만 배열이 기억장소 내부에서 어떻게 저장되는지에 대해서 살펴볼 필요는 있다.

(1) 1차원 배열의 저장

1차원 배열을 기억장소에 저장시키는 가장 단순한 방법은 기억장소에 저장되는 물리적인 순서를 〈그림 2.1〉에 보인 배열의 논리적 순서와 같도록 저장하는 것이다. 즉, 원소 A(i + 1)의 저장 위치가 A(i)의 저장 위치 바로 뒤에 인접하도록 한다(여기서 i = ℓ , …, u - 1).

A(i) 원소가 시작되는 번지를 계산하기 위해서는 다음 사항들을 알아야 한다.

- 배열 A의 시작 번지
- 각 원소의 크기

배열이 시작되는 번지를 β라 하고 배열 원소의 크기를 S 바이트라고 가정하자. 만약 배열 A의 하한치가 1이라면 배열의 i번째 원소가 시작하는 번지는 β + (i - 1)×S로 계산된다. 이는 크기가 S인 i-1개의 원소가 i번째 원소보다 앞에 저장되기 때문이다. 만약 하한치 ℓ이 1이 아닌 일반적인 경우에 i번째 원소의 시작 번지는 β + (i - ℓ)×S로 계산된다. 예를 들어 A(-2:2)에서 A(1)의 시작 번지는 β + (1 - (- 2))×S인데 이것은 1 - (-2) 즉, 3개의 원소 A(-2), A(-1), A(0)이

A(1)의 앞에 오기 때문이다 (〈그림 2.4〉 참조).

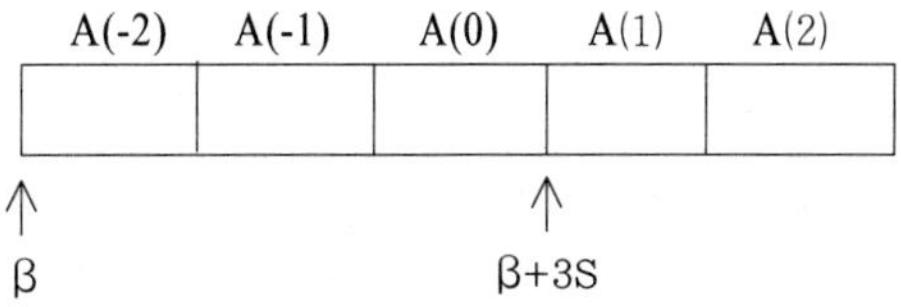

**그림 2-4 배열 A(−2:2)에서 A(1)의 시작 번지

중요한 점은 원소 A(i)의 위치를 위와 같이 계산할 수 있으며, 모든 i에 대해 그 계산 시간이 같고, 또한 계산된 번지로 직접 가서 그 원소를 처리할 수 있다는 것이다. 따라서 i가 크든 작든 A(i)를 검색할 때 소요되는 시간은 일정하다. 이것은 배열의 매우 중요한 특성이다.

(2) 2차원 배열의 저장

컴퓨터 기억장소는 0, 1, 2, … n 번지와 같이 선형적으로만 구성되어 있기 때문에, 〈그림 2.5〉(가)에 보인 2차원 배열의 논리적 표현을 직접 컴퓨터 기억장소로 사상시킬 수는 없고, 선형적 형태로 구성하여야 한다. 2차원 배열을 선형적 형태로 구성하는 방법은 〈그림 2.5〉(나)의 행우선, 또는 〈그림 2.5〉(다)의 열우선 방법이 있다.

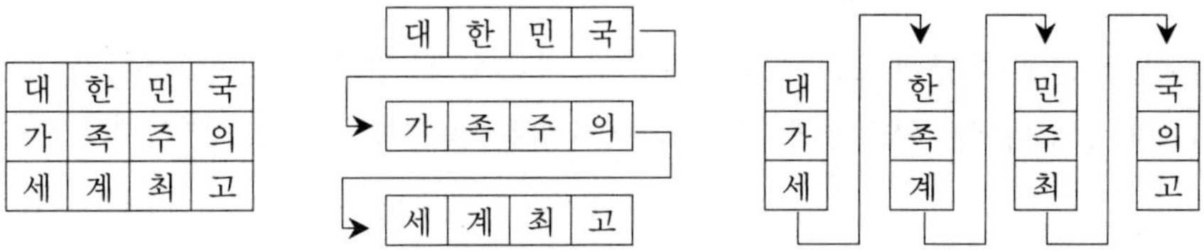

(가) 2차원 배열 (나) 행우선 사상 (다) 열우선 사상

**그림 2-5 2차원 배열의 사상

행우선 사상은 먼저 첫째 행, 둘째 행, 셋째 행의 순서로 저장하며, 열우선 사상은 첫째 열, 둘째 열, 셋째 열, 넷째 열의 순서로 저장한다. 행우선 사상 방법을 행우선 순서(row major order) 방법이라고 하며 C, COBOL, Pascal, PL/1 등의 프로그램 작성 언어에서 사용하는 배열 저장 방법이다.

예를 들어 〈그림 2.6(가)〉의 2차원 배열 A(1:m, 1:n) 즉, A(m,n)의 논리적 표현을 〈그림 2.6(나)〉에서와 같이 행우선 순서 방법에 의해 기억장소에서 물리적으로 저장할 때, A(i,j)의 번지를 계산하는 방법에 대해 알아보자.

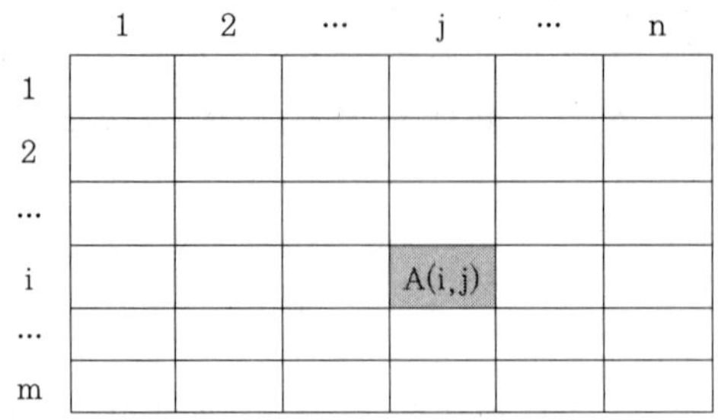

(가)

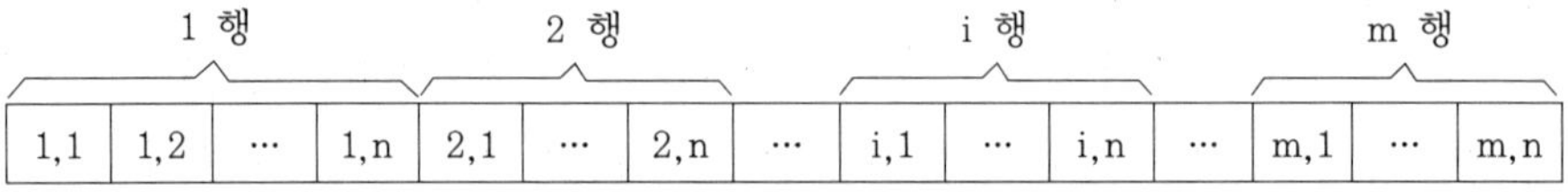

* 편의상 배열명은 생략하고 색인만 나타냄

(나)

**그림 2-6 2차원 배열의 행우선 방법에 의한 저장

2차원 배열 A(m,n)의 시작 번지를 β라 하고 각 원소의 크기를 S 바이트라 한다면, A(i,j)의 번지는 다음과 같이 계산된다.

$$\beta + (i - 1)\times n\times S + (j - 1)\times S$$

그 이유는 A(i,j)보다 앞에 오는 행의 개수는 I-1개이며, 각 행의 길이는 n×S이고, 또한 i행에서 A(i,j)보다 앞에 나오는 원소의 개수는 j-1개이기 때문이다. 예를 들어, A(5,6)에서 A(3,4)의 번지는

$$\beta + (3 - 1)\times 6\times S + (4 - 1)\times S = \beta + 15S$$

가 될 것이다.
이를 일반화하면 A(ℓ_1:u_1, ℓ_2:u_2)에서 A(i,j)의 번지는 다음과 같이 계산된다.

$$\beta + (i - \ell_1)\times(u_2 - \ell_2 + 1)\times S + (j - \ell_2)\times S$$

예를 들어, A(-3:3, 4:8)에서 A(1,6)의 번지는

$$\beta + (1 - (-3))\times(8 - 4 + 1)\times S + (6 - 4)\times S = \beta + 22S$$

가 될 것이다.

열우선 사상 방법은 열우선 순서(column major order) 방법이라고 하며, FORTRAN 등의 프로그램 작성 언어에서 사용하는 배열 저장 방법이다. 예를 들어 〈그림 2.7〉의 (가)와 같은 2차

원 배열 A(1:m, 1:n) 즉, A(m, n)에 대한 논리적 표현을 (나)에서와 같이 열우선 순서 방법에 의해 기억장소에서 물리적으로 저장할 때, A(i,j)의 번지를 계산하는 방법에 대해 알아보자.

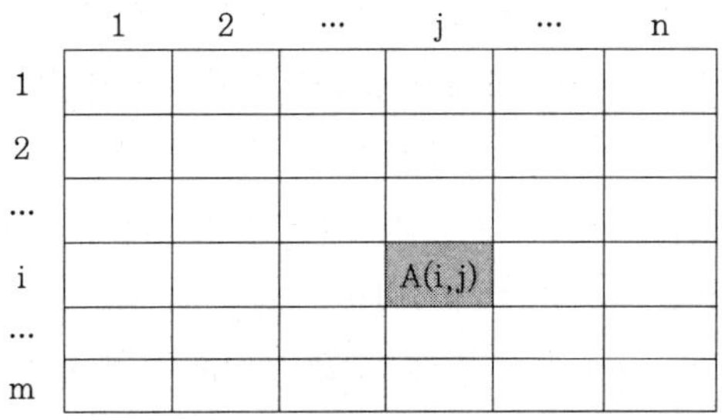

(가)

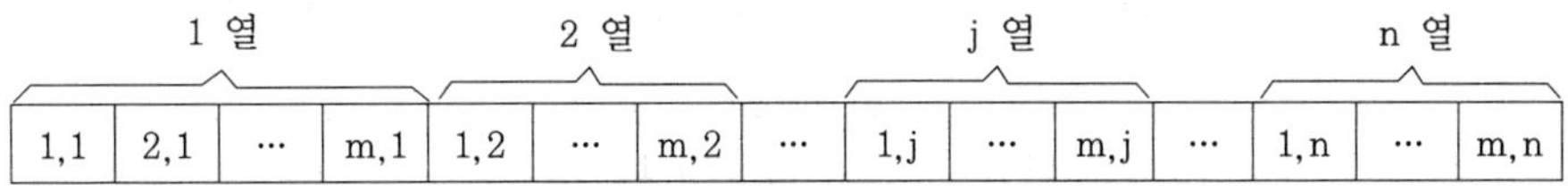

* 편의상 배열명은 생략하고 색인만 나타냄

(나)

**그림 2-7 2차원 배열의 열우선 방법에 의한 저장

β와 S를 앞에서와 같이 정하면, 열우선 순서 방법에 의한 A(i,j)의 시작 번지는 다음과 같이 계산된다.

$$\beta + (j - 1) \times m \times S + (i - 1) \times S$$

그 이유는 A(i,j)보다 앞에 오는 열의 개수는 j-1개이며, 각 열의 길이는 m×S이고, 또한 j열에서 A(i,j)보다 앞에 나오는 원소의 개수는 I-1개이기 때문이다. 예를 들어, A(5,6)에서 A(3,4)의 번지는

$$\beta + (4 - 1) \times 5 \times S + (3 - 1) \times S = \beta + 17S$$

가 될 것이다.

이를 일반화하면 A(ℓ1:u1, ℓ2:u2)에서 A(i,j)의 번지는 다음과 같이 계산된다.

$$\beta + (j - \ell_2) \times (u_1 - \ell_1 + 1) \times S + (i - \ell_1) \times S$$

예를 들어, A(-3:3, 4:8)에서 A(1,6)의 번지는

$$\beta + (6 - 4) \times (3 - (-3) + 1) \times S + (1 - (-3)) \times S = \beta + 18S$$

가 될 것이다.

(3) 3차원 배열의 저장

3차원 이상의 배열에서는 2차원 배열의 행과 열 이외의 것들이 더 추가되기 때문에 행우선 순서나 열우선 순서를 적용하기는 어렵고, 대신에 우첨자 우선 순서 (right subscript major order) 나 좌첨자 우선 순서 (left subscript major order) 방법을 사용한다. 3차원 배열의 우첨자 우선 순서는 가장 오른쪽 첨자, 즉 열첨자가 우선적으로 변하고, 다음에는 오른쪽에서 둘째 첨자, 즉 행첨자가 변하면서 저장된다. 〈그림 2.8〉은 3차원 배열 A(1:3, 1:4, 1:5) 즉, A(3,4,5)가 우첨자 우선 순서로 저장되는 것을 보이고 있다. (가)는 3차원 배열을 논리적으로 표현하기 위하여 3차원 배열의 첫째 색인을 면, 둘째 색인을 행, 셋째 색인을 열로 나타낸 것이며, (나)는 이 배열이 컴퓨터 내부에서 물리적으로 저장되는 것을 보이고 있다. 우선 1면에 속하는 1, 2, 3 행의 원소들이 저장된 후에, 2면에 속하는 원소들이 저장되며, 최종적으로 3면에 속하는 원소들이 저장된다.

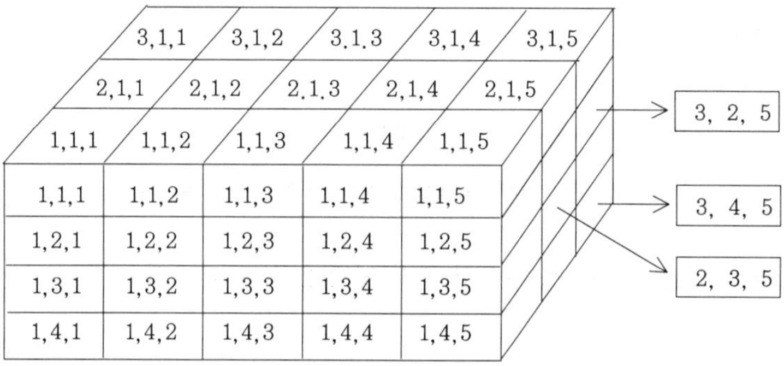

* 배열명은 생략하고 색인만 나타냄

(가)

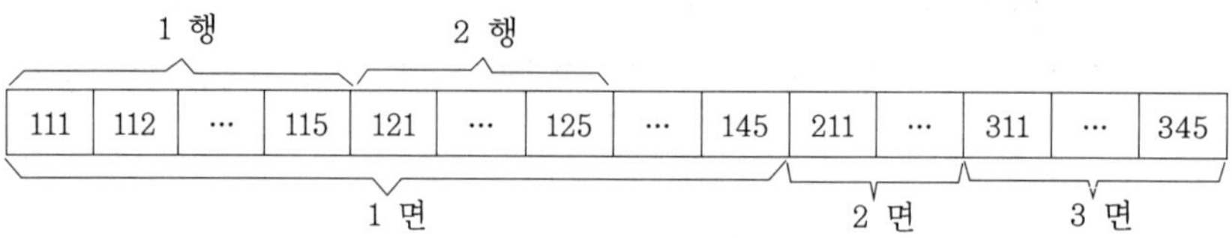

(나)

그림 2-8 3차원 배열의 우첨자 우선 순서 저장

우첨자 우선 순서의 3차원 배열에서 A(1,1,1)의 번지를 β, 각 원소의 크기를 S 바이트라 하면, 2면 3행 5열의 원소 A(2,3,5)는

$$\beta + (2-1)\times(4-1+1)\times(5-1+1)\times S + (3-1)\times(5-1+1)\times S + (5-1)\times S$$
$$= \beta + (2-1)\times 4\times 5\times S + (3-1)\times 5\times S + (5-1)\times S$$
$$= \beta + 34S$$

번지에 저장된다.

이를 일반화하여 $A(\ell_1:u_1,\ \ell_2:u_2,\ \ell_3:u_3)$에서 A(i,j,k)의 번지를 우첨자 우선 순서로 구하면

$$\beta + (i - \ell_1) \times (u_2 - \ell_2 + 1) \times (u_3 - \ell_3 + 1) \times S + (j - \ell_2) \times (u_3 - \ell_3 + 1) \times S + (k - \ell_3) \times S$$

가 된다.

그 이유는 A(i,j,k)보다 앞에 오는 면의 개수는 $j - \ell_1$이며, 각 행의 길이는 $(u_2 - \ell_2 + 1)$이고, 각 열의 길이는 $(u_3 - \ell_3 + 1)$이다. 그리고 j행에서 A(i,j,k)보다 앞에 오는 열의 개수는 $(j - \ell_2)$이며, 각 열의 길이는 $(u_3 - \ell_3 + 1)$이고, 또한 k열에서 A(i,j,k)보다 앞에 나오는 원소의 개수는 $(k - \ell_3)$이기 때문이다.

〈그림 2.9〉에서는 3차원 배열 A(3,4,5)가 컴퓨터 내부에서 좌첨자 우선 순서로 저장되는 것을 보이고 있다. 우선 1열에 속하는 1, 2, 3 행의 원소들이 저장된 후에, 2열에 속하는 원소들이 저장되며, 최종적으로 5열에 속하는 원소들이 저장된다.

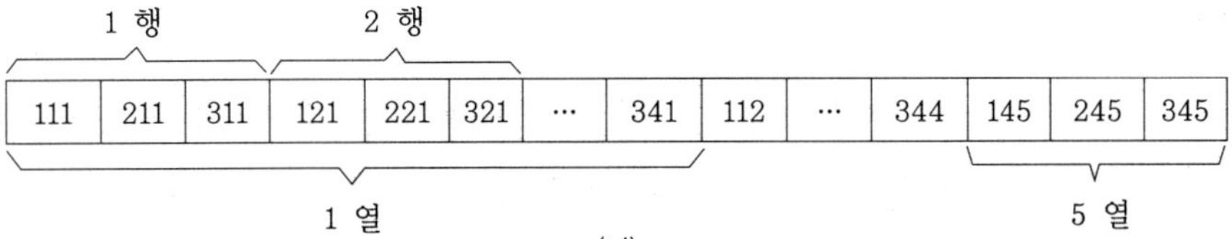

(나)

그림 2-9 3차원 배열의 좌첨자 우선 순서 저장

좌첨자 우선 순서의 3차원 배열에서 A(1,1,1)의 번지를 β, 각 원소의 크기를 S바이트라 하면, 2면 3행 5열의 원소 A(2,3,5)는

$$\begin{aligned}&\beta + (5-1) \times (3-1+1) \times (4-1+1) \times S + (3-1) \times (3-1+1) \times S + (2-1) \times S \\ &= \beta + (5-1) \times 3 \times 4 \times S + (3-1) \times 3 \times S + (2-1) \times S \\ &= \beta + 55S\end{aligned}$$

번지에 저장된다.

이를 일반화하여 $A(\ell_1:u_1,\ \ell_2:u_2,\ \ell_3:u_3)$에서 A(i,j,k)의 번지를 좌첨자 우선 순서로 구하면

$$\beta + (k - \ell_3) \times (u_1 - \ell_1 + 1) \times (u_2 - \ell_2 + 1) \times S + (j - \ell_2) \times (u_1 - \ell_1 + 1) \times S + (i - \ell_1) \times S$$

가 된다. 이러한 방식으로 n차원 배열에 대해서도 배열 원소의 번지를 계산할 수 있다.

지금까지 설명한 바와 같이 배열 원소의 번지는 계산에 의해 알게 되는데, 이러한 방법을 계산번지 방법(computed-address method)이라고 한다. 자료구조에서 한 원소의 위치를 알아내는

방법에는 계산번지 방법 이외에 지적자번지 방법(pointer-address 또는 link-address method)이 있다. 이 방법에서는 자료원소의 위치를 계산하지 않고 그 위치를 변수 즉, 지적자 또는 연결자가 기억하도록 하는 방법이다. 이 방법을 사용하는 자료구조에는 연결 리스트등이 있는데, 이후 장에서 다룬다.

2-2 1차원 배열의 응용

2.2.1 순차 리스트

순차 리스트(sequential list)는 자료원소들 사이에 순차 관계가 존재하는 리스트로서 순서 리스트(ordered list) 또는 선형 리스트(linear list)라고 부른다. 순차 리스트는 일반적으로 다음과 같이 집합으로 표현될 수 있다.

$A = (a_1,\ a_2,\ \cdots,\ a_n)$

여기서 a_i는 순차 리스트 A의 자료원소이며, 만약 $n = 0$이면, 순차 리스트 A는 비어있다(empty 또는 null)고 한다. 예를 들면, 다음과 같은 것들이 순차 리스트이다.

- 한 주의 요일 = (일요일, 월요일, 화요일, 수요일, 목요일, 금요일, 토요일)
- 각 월의 날 수 = (31, 28, 31, 30, 31, 30, 31, 31, 30, 31, 30, 31)
- 건물의 층 = (…, 지하 2층, 지하 1층, 1층, 2층, …, 127층)

순차 리스트의 자료원소는 어느 위치에서든 삽입과 삭제가 가능하며, 이에 따라 원소의 개수가 변할 수 있다. n개의 자료원소들을 가지는 순차 리스트에서 수행되는 연산은 다음과 같은 것들이 있다.

- 리스트의 길이를 구하라 즉, 리스트내의 원소들의 개수 (n)를 구하라.
- 리스트내의 원소들을 왼쪽에서 오른쪽으로 또는 오른쪽에서 왼쪽으로 읽어라.
- 리스트내의 원소들 중에서 i번째 원소를 검색하라. ($1 \le i \le n$)
- 리스트의 i번째에 새로운 값을 저장하라. ($1 \le i \le n$)
- 리스트의 i번째에 새로운 원소를 삽입하라. ($1 \le i \le n$)
  원래의 i, i+1, …, n번째에 있던 원소들은 i+1, i+2, …, n+1번째로 이동하라.
- 리스트에서 i번째 원소를 삭제하라. ($1 \le i \le n$)
  원래의 i+1, i+2, …, n번째에 있던 원소들은 i, i+1, …, n-1번째로 이동하라.
- 리스트내의 원소들을 오름차순 또는 내림차순으로 정렬하라.

· m 개의 자료원소들을 가지는 다른 순차 리스트와 합병하라.

· · · ·

따라서 순차 리스트를 표현할 때에는, 이러한 연산들이 효과적으로 수행될 수 있도록 하는 자료구조를 선택해야 한다.

순차 리스트를 표현하기 위해 기본적으로 두 가지의 자료구조가 사용된다. 가장 보편적인 자료구조는 배열이며, 리스트 원소 a_i를 배열의 색인 i와 연관시킨다. 즉, 원소 a_i와 a_{i+1} 간의 순차적인 관계를 배열 원소들간의 순차적인 위치 i와 i+1에 나타낸다. 〈그림 2.10〉은 '한 주의 요일'이라는 순차 리스트를 배열로 표현한 것이다.

	1	2	…	7
한 주의 요일	일요일	월요일	…	토요일

**그림 2-10 순차 리스트에 대한 배열 표현 예

리스트내의 특정 원소를 검색하거나 수정하는 것은 배열의 색인을 사용함으로써 쉽게 수행된다. 그러나 원소를 삽입하거나 삭제할 경우에는 배열의 순차적 구조가 적절하지 않다. 이것은 배열로 유지시키기 위하여 많은 원소들을 이동시켜야 하기 때문이다. 예를 들어 '한 주의 요일'이라는 순차 리스트에서 '월요일'과 '화요일' 사이에 '명요일'을 삽입하려면, 세 번째 이후의 자료들을 모두 뒤로 한 칸씩 이동시킨 후에 삽입할 수 있다. 또한 '월요일'을 삭제하려면, 세 번째 이후의 자료들을 모두 한 칸씩 앞으로 이동시켜야 한다. 이러한 단점을 해결하기 위하여 다른 방법이 사용되기도 한다.

순차 리스트를 표현하는 다른 한 방법은 리스트 원소들을 비순차적으로 저장하고 즉, a_i와 a_{i+1}을 순서 없이 임의적으로 저장하고, 지적자(또는 연결자)를 사용하여 원소들 간의 순차적인 관계를 유지하도록 한다. 이러한 자료구조가 4장에서 공부할 연결 리스트(linked list)이다. 연결 리스트의 구조에서는 자료의 이동 때문에, 배열에서 쉽지 않았던 삽입이나 삭제 연산이 효율적으로 수행될 수 있다.

순차 리스트의 자료구조를 선택할 때에는 어떤 연산이 주로 수행될 것인 지를 파악하여야 한다. 배열은 순회, 탐색, 정렬 연산이 매우 쉽게 수행될 수 있는 자료구조이므로 비교적 원소의 삽입이나 삭제 연산이 없는 경우에 사용되며, 삽입이나 삭제 연산이 빈번한 순차 리스트는 연결 리스트를 사용한다.

2.2.2 다항식의 추상자료형 표현

이제 순차 리스트를 필요로 하는 문제를 1차원 배열로 해결하는 상황을 살펴보자. 이 문제는 뒷 장에서 언급할 리스트 처리 기법의 필요성을 암시하는 예제이다. 이 문제를 해결하기 위해서는 기호로 표현된 다항식을 조작하기 위한 일련의 함수를 구축해야 한다. 수학적 관점에서 보면 다항식은 각 항이 ax^e의 형태로 이루어진 항들의 합이다. 여기서 x는 변수이고 a는 계수, e는 지수이다.

다음 두 다항식의 예를 보자.

$A(x) = 3x^{20} + 2x^5 + 4$

$B(x) = x^4 + 10x^3 + 3x^2 + 1$

다항식에서 가장 큰 지수를 그 다항식의 차수(degree)라 부른다. 계수가 0인 항은 생략하여 나타내지 않으며, 지수가 0인 항은 $x^0 = 1$ 이므로 변수를 생략한다.

다항식의 추상자료형의 정의에서부터 시작해 보자. 정의된 일부 연산들은 다항식의 조작을 위해 이후의 알고리즘에서 필요한 것들이다. 〈리스트 2.2〉는 다항식의 추상자료형 표현을 나타내고 있다.

'공백( )'은 공백 다항식을 생성하는 연산으로서 p(x) = 0이 된다. '공백?(다항식)'은 '다항식'이 공백 다항식인 지를 묻는 것으로서 참이 아니면 거짓이 된다. '계수(다항식, 지수)'는 '다항식'에서 '지수'의 차수를 갖는 항의 계수를 돌려주며, '최고차수(다항식)'은 '다항식'에서의 최고 차수의 지수를 돌려준다. '붙임(다항식, 계수, 지수)'는 '다항식'에 계수가 '계수', 지수가 '지수'인 항을 붙이며, '삭제(다항식, 지수)'는 '다항식'에서 지수가 '지수'인 항을 삭제한다. '항곱하기(다항식, 계수, 지수)'는 '다항식'에 계수가 '계수', 지수가 '지수'인 항을 곱한다. '더하기(다항식, 다항식)'은 두 다항식을 더하며, '곱하기(다항식, 다항식)'은 두 다항식을 곱한다.

```
자료구조 다항식

  선언
    공백()                                → 다항식
    공백?(다항식)                         → 진위
    계수(다항식, 지수)                    → 계수
    최고차수(다항식)                      → 지수
    붙임(다항식, 계수, 지수)              → 다항식
    삭제(다항식, 지수)                    → 다항식
    항곱하기(다항식, 계수, 지수)          → 다항식
    더하기(다항식, 다항식)                → 다항식
    곱하기(다항식, 다항식)                → 다항식

  모든 P, Q ∈ 다항식,  c, d  ∈ 계수,  e, f ∈ 지수에 대해서
    삭제(공백(), e)                       ⇒ 공백()
    삭제(붙임(P,c,e), f)                  ⇒
      if (e = f) then P else 붙임(삭제(P,f), c, e)
    공백?(공백())                         ⇒ 참
    공백?(붙임(P,c,e))                    ⇒
      if 계수(P,e) = -c then 공백?(삭제(P,e)) else 거짓
    계수(공백(), e)                       ⇒ 0
    계수(붙임(P,c,e), f)                  ⇒
      if e = f then c + 계수(P,f) else 계수(P,f)
    항곱하기(공백(), d, f)                ⇒ 공백()
    항곱하기(붙임(P,c,e), d, f)           ⇒ 붙임(항곱하기(P,d,f), c*d, e+f)
    더하기(P, 공백())                     ⇒ P
    더하기(P, 붙임(Q,d,f))                ⇒ 붙임(더하기(P,Q), d, f)
    곱하기(P, 공백())                     ⇒ 공백()
    곱하기(P, 붙임(Q,d,f))                ⇒ 더하기(곱하기(P,Q), 항곱하기(P,d,f))
종료 다항식
```

리스트 2-2 다항식의 추상자료형 표현

‘삭제(공백( ), e)’에서 지수가 e인 항을 삭제하는 것이므로 역시 공백 다항식이 되고, ‘삭제(붙임(P,c,e), f)’는 P라는 다항식에 계수가 c, 지수가 e인 항을 붙인 후에, 지수가 f인 항을 삭제하는 것이다. e와 f가 같다면, 원래의 P가 되고 그렇지 않다면 ‘붙임 (삭제(P,f), c, e)’와 같아진다. 공백?(공백( ))은 생성된 공백 다항식이 공백이냐고 묻는 것이기 때문에 참이 되고, ‘공백?(붙임(P,c,e)’는 원래 다항식에서 ‘계수(P,e)’가 -c이면 ‘공백? (삭제(P,e))’와 같고, 그렇지 않으면

거짓이다. '계수(공백( ), e)'는 공백 다항식에서 지수가 e인 항의 계수를 물었기 때문에 0이 되며, '계수(붙임(P,c,e), f)'는 e와 f가 같다면 c+'계수(P,f)'가 될 것이고, 그렇지 않다면 '계수(P, f)'와 같게 될 것이다. '항곱하기(공백( ), d, f)'는 공백 다항식에 계수가 d, 차수가 f인 항을 곱하는 것이기 때문에 공백 다항식이 되며, '항곱하기(붙임(P,c,e), d, f)'는 다항식 P에 계수가 c, 지수가 e인 항목을 붙인 다음에, 계수가 d, 지수가 f인 항목을 곱하는 것이기 때문에, '붙임(곱하기(P,d,f), c*d, e+f)'와 같게 될 것이다. '더하기(P, 공백( ))'은 다항식 P에 공백 다항식을 더하는 것이기 때문에 원래의 P가 되며, '더하기(P, 붙임(Q,d,f))'는 '붙임(더하기(P,Q), d, f)'와 같이 될 것이다. '곱하기(P, 공백( ))'은 다항식 P에 공백 다항식을 곱하는 것이기 때문에 공백 다항식이 되며, '곱하기(P, 붙임(Q,d,f))'는 '더하기(곱하기(P,Q), 항곱하기(P,d,f))'와 같이 될 것이다.

A, B, C가 다항식이라 할 때, 〈알고리즘 2.1〉은 A와 B를 더한 결과를 C에 저장하는 '더하기(A, B, C)'에 대한 알고리즘을 보이고 있다.

다항식_더하기 (A, B, C)

<table>
<tr><td colspan="3">C ← 공백()</td></tr>
<tr><td colspan="3">(!공백?(A)) & (!공백?(B)) // A와 B 모두에 항이 있을 때까지</td></tr>
<tr><td rowspan="3">CASE</td><td>지수(A) 〈 지수(B)</td><td>C ← 붙임 (C, 계수(B, 지수(B)), 지수(B))
B ← 삭제 (B, 지수(B))</td></tr>
<tr><td>지수(A) = 지수(B)</td><td>C ← 붙임 (C, 계수(A,지수(A)) + 계수(B,지수(B)), 지수(A))
A ← 삭제 (A, 지수(A))
B ← 삭제 (B, 지수(B))</td></tr>
<tr><td>지수(A) 〉 지수(B)</td><td>C ← 붙임 (C, 계수(A,지수(A)), 지수(A))
A ← 삭제 (A, 지수(A))</td></tr>
<tr><td colspan="3">A나 B에 남아있는 항들을 C에 삽입</td></tr>
</table>

알고리즘 2.1 다항식 더하기

2.2.3 다항식의 표현

다항식을 표현하는 방법은 순차 구조 방법과 비순차 구조 방법이 있다. 본 절에서는 순차 구조, 즉 배열을 이용한 다항식 처리에 대해 살펴본다. 일반적으로 다항식 $A(x)$는

$$A(x) = a_n x^n + a_{n-1} x^{n-1} + \cdots + a_1 x + a_0$$

와 같이 표현될 수 있고, $a_n \neq 0$인 경우, A의 차수는 n이 된다. 이와 같은 다항식을 배열로 표현할 경우 두 가지 방법이 있다. 첫째 방법은 길이 n+2인 1차원 배열을 이용해서 지수가 감

소되는 순서에 따라서 계수들만 나열하는 방법이다. 즉,

$A = (n, a_n, a_{n-1}, \cdots, a_1, a_0)$

으로 표현된다. 이때 n은 A의 차수이다. 예를 들어

$$A(x) = 10x^3 + 8x + 15$$

인 경우에

$$A = (3, 10, 0, 8, 15)$$

로 표현할 수 있다. 이 방법은 덧셈이나 곱셈 등의 연산에는 매우 간단한 반면에 기억장소의 낭비가 심한 단점이 있다. 즉,

$$A(x) = x^{500} + 2$$

인 경우에

$A = (500, 1, 0, 0, 0, \cdots, 0, 2)$

로 표현되는데, 기억공간은 502개가 필요하나 0의 개수가 쓸데없이 499개나 나타나고 있다. 이러한 것을 희소(Sparse) 상태라고 한다.

이러한 기억장소 낭비의 단점을 보완하기 위해서 계수가 0이 아닌 경우만 이용하는 방법을 고려할 수 있다. 즉, 위의 다항식 A(x)에서 0이 아닌 계수만 취하면, 다항식은 다음과 같이 m개의 항을 갖게 된다.

$$A(x) = b_{m-1}x^{e_{m-1}} + b_{m-2}x^{e_{m-2}} + \cdot \cdot \cdot + b_0x^{e_0}$$

b_i는 A의 0이 아닌 계수이고, 지수 e_i는 내림차순 $e_{m-1} > e_{m-2} > \cdots > e_0 \geq 0$ 이 된다. 만약 A의 모든 계수가 0이 아니면 $m = n + 1$, $b_i = a_i$가 된다 $(0 \leq i \leq m)$. 이와 같은 방식으로 위의 다항식을 표현하면 다음과 같이 된다.

$A = (m, e_{m-1}, b_{m-1}, e_{m-2}, b_{m-2}, \cdots, e_0, b_0)$

여기서 A의 전체 길이는 $2m + 1$이고, m은 0이 아닌 항의 수, e_i와 b_i는 각기 지수와 계수쌍이다 $(0 \leq i \leq m)$. 예를 들어

$$A(x) = 5x^3 + 4x + 15$$

인 경우에는

A = (3, 3, 5, 1, 4, 0, 15)

와 같이 표현되고,

$$A(x) = x^{500} + 2$$

인 경우에는

A = (2, 500, 1, 0, 2)

와 같이 표현된다. 여기에서는 지수가 먼저, 계수가 나중에 나타나는데, 계수가 먼저, 지수가 나중에 나타타도록 표현할 수도 있다.

이 방법은 기억공간을 절약할 수 있는 좋은 점이 있는 반면에, 맨 처음 공간이 크기를 나타내야 하고 계수를 처리하기 위해서 지수를 조사해야 하는 단점이 있다. 그리고 알고리즘이 복잡해지는 단점도 있지만 그렇게 심각한 단점은 아니다. 하지만 최악의 경우 즉, 차수가 n이고, n+1개의 계수 모두가 0이 아닌 경우에는 처음에 고려한 표현 방법보다 기억장소를 2배 가까이나 필요하게 된다. 예를 들어

$$A(x) = 5x^4 + 2x^3 + 4x^2 + 3x + 15$$

인 경우에, 첫 번째 방식으로 표현한다면

A = (4, 5, 2, 4, 3, 15)

와 같이 표현되어 여섯 개의 기억공간만 있으면 되지만, 두 번째 방식으로 표현한다면

A = (5, 4, 5, 3, 2, 2, 4, 1, 3, 0, 15)

와 같이 표현되어 열 한개의 기억공간이 필요하다. 하지만 일반적으로는 두 번째 방식이 기억공간을 절약하게 되므로, 앞으로 다항식을 표현할 때는 두 번째 방식을 사용한다.

다항식의 표현은 순차 리스트가 되기 때문에 1차원 배열을 이용하여 나타낼 수 있다. 예를 들어,

$$A(x) = 4x^5 + 5x^3 + 3x + 2$$

는 〈그림 2.5(가)〉와 같이,

$$A(x) = 3x^4 + 2x^3$$

은 〈그림 2.11(나)〉와 같이 나타낼 수 있다.

4	5	4	3	5	1	3	0	2

↑ A

(가)

2	4	3	3	2

↑ B

(나)

**그림 2-11 다항식의 1차원 배열 표현

두 개의 다항식을 따로 저장할 수도 있지만, 하나의 1차원 배열에 같이 저장할 수도 있는데, 〈그림 2.12〉가 이를 보이고 있다.

4	5	4	3	5	1	3	0	2	2	4	3	3	2	…
↑ A									↑ B					

**그림 2-12 두 다항식의 1차원 배열 표현

두 개의 다항식 A와 B를 더하여 C라는 다항식을 작성하는 알고리즘이 〈알고리즘 2.2〉에 나타나 있다.

```
다항식_더하기 (A, B, C)

m ← A(1);  n ← B(1)
p ← 2;  q ← 2;  r ← 2
p ≤ 2m & q ≤ 2n                          // A와 B 모두에 항이 남아있을 때까지
    CASE
    A(p) = B(q):
        C(r+1) ← A(p+1) + B(q+1)
        C(r+1) ≠ 0:
            C(r) ← A(p)
            r ← r + 2
        p ← p + 2
        q ← q + 2
    A(p) > B(q):
        C(r) ← A(p)
        C(r+1) ← A(p+1)
        p ← p + 2
        r ← r + 2
    A(p) < B(q):
        C(r) ← B(q)
        C(r+1) ← B(q+1)
        q ← q + 2
        r ← r + 2
p ≤ 2m                                   // A에 항이 남아있을 때까지
    C(r+1) ← A(p+1) ;  C(r) ← A(p)
    p ← p + 2 ;  r ← r + 2
q ≤ 2n                                   // B에 항이 남아있을 때까지
    C(r+1) ← B(p+1) ;  C(r) ← B(q)
    q ← q + 2 ;  r ← r + 2
C(1) ← r/2 - 1
```

알고리즘 2.2 다항식 더하기

이 알고리즘은 두 다항식 중에 어느 한 쪽이나 또는 둘 다 공백이 될(즉 항들이 다 처리될) 때까지 두 다항식의 항목을 비교해 가면서 작업을 한다. 비교를 수행해서 적당한 항을 새로운 다항식 C에 추가한다. 만약 어느 한 다항식이 공백이 되면(즉 항들이 다 처리되면), 공백이 아닌(즉 항들이 다 처리되지 않고 남아있는) 다항식의 나머지 항들을 C로 복사한다.

이제 '다항식_더하기' 알고리즘의 연산 시간을 분석해보자. A와 B에서 0이 아닌 항의 수는 시간 복잡도에서 가장 중요한 요소이므로 이를 기반으로 분석한다. m과 n을 A와 B에서의 0이 아닌 항의 수라 가정하자. 만약 m 〉 0이고 n 〉 0이면, 첫 번째 while 반복을 실행한다. 각 반복마다 p나 q, 또는 둘 다 그 값이 2씩 증가된다. p가 2m 보다 크거나, q가 2n 보다 크거나, 또는 두 조건이 다 만족되면 반복이 종료되므로 반복 횟수는 m+n-1의 한계를 갖는다. 최악의 경우는 두 다항식의 지수가 겹치는 않는 다음과 같을 때이다.

$$A(x) = \sum_{i=0}^{n} a_i x^{2i} \;,\quad B(x) = \sum_{i=0}^{n} b_i x^{2i+1}$$

여기에서 $a_i \neq 0$, $b_i \neq 0$ 이다. 따라서, 이에 대한 연산시간은 O(m+n)이다.

나머지 두 while 반복에 대한 연산시간은 O(m+n)이다. 왜냐하면, 첫 번째 while 반복은 m번 이상, 두 번째 while 반복은 n번 이상 반복되지 않기 때문이다. 따라서 이 알고리즘의 연산 시간은 O(m+n)이 된다.

2-3 2차원 배열의 응용

2.3.1 희소 행렬

본 절에서는 응용 분야에서 자주 발생하는 희소 행렬(sparse matrix)을 효율적으로 표현하는 방법에 대해 살펴본다. 희소 행렬이란 0 값을 갖는 원소가 비교적 많은 행렬 즉, 값이 0이 아닌 원소가 희소한 행렬을 말하는데, 어느 정도가 희소인 지에 대한 명확한 정의는 없다. 〈그림 2.13(가)〉의 행렬 A에는 전체 30개의 원소 중에서 7개만이 0이 아닌데, 이 행렬은 희소하다고 할 수 있다.

$$\begin{pmatrix} 0 & 13 & 0 & 27 & 0 & 0 \\ 0 & 0 & 0 & 0 & 8 & 31 \\ 0 & 0 & 0 & 2 & 0 & 0 \\ 0 & 0 & 0 & 0 & 0 & 0 \\ 15 & 73 & 0 & 0 & 0 & 0 \end{pmatrix}$$

(가) 희소 행렬

	행	열	값
0	5	6	7
1	1	2	13
2	1	4	27
3	2	5	8
4	2	6	31
5	3	4	2
6	5	1	15
7	5	2	73

(나) 희소배열

그림 2-13 희소 행렬의 예

희소 행렬의 원소 전부를 기억장소에 저장하는 것은, 별로 소용이 없는 자료인 0을 많이 저장해야 하므로 기억공간이 낭비된다고 할 수 있다. 따라서 희소 행렬에서 0이 아닌 원소만을 저장한다면 기억공간을 효율적으로 사용하는 것이 된다. 이를 위한 한 방법은 0이 아닌 각 원소를 〈행, 열, 원소값〉의 쌍으로 표현하여, 이들을 행의 오름차순으로 즉, 행의 값이 같으면 열의 오름차순으로 정렬하여 하나의 배열로 저장하는 것이다.

예를 들어 0이 아닌 원소의 개수를 t라 하고 〈그림 2.13〉 (가)의 희소 행렬은 (나)와 같이 배열 A(0:t, 1:3)에 나타낼 수 있다 (여기서 t = 7). A(0,1)에는 행의 개수, A(0,2)에는 열의 개수, A(0,3)에는 값이 0이 아닌 원소수가 들어간다. 이 저장 방법에서 하나의 원소를 표현하기 위해 값 이외에 행과 열에 대한 별도의 기억장소가 필요하지만, 많은 0 원소를 표현하지 않게 되므로 기억장소가 절약된다고 할 수 있다.

이 방법으로 희소 행렬을 표현하면 한 가지 단점이 있다. 즉, 이 배열에 0이 아닌 원소를 새로 추가한다든가 또는 0이 아닌 원소를 0으로 수정하게 되면, 〈그림 2.13(가)〉의 행렬에서는 단순히 그 원소 값을 그 자리에서 수정하면 되지만, 〈그림 2.13(나)〉의 희소배열 표현에서는 원소의 순서까지 수정해야만 한다. 예를 들어 A(1,4)의 27을 0으로 수정하게 되면, 희소배열의 2번 행이 삭제되므로, 기존의 3번 행부터 7번 행을 위로 이동시켜 2번 행부터 6번 행이 되도록 해야 한다. 마찬가지로 A(3,1)의 0을 9로 수정하게 되면, 희소배열의 5번 행에 (3,1,9)가 새로 삽입되어야 하므로, 기존의 5번 행부터 7번 행이 아래로 이동하여 6번 행부터 8번 행으로 되어야 한다.

이러한 희소배열의 단점은, 앞 절에서 설명한 바와 같이, 배열이라는 자료구조의 일반적인 단점이다. 이러한 단점을 해결하기 위해 희소 행렬을 연결 리스트 자료구조를 사용하여 표현할 수 있는데, 이에 대해서는 4장에서 다룬다.

이제 희소배열을 이용하여 원래 행렬의 전치행렬을 구해보자. 행렬을 전치하기 위해서는 각 원소의 행과 열을 바꾸어야 한다. 이것은 원래 행렬의 각 원소 A(i,j)가 전치행렬에서는 원소 B(j,i)가 된다는 것을 의미한다. 다음은 희소배열에 대한 전치배열을 구하는 알고리즘을 간략하게 보이고 있다.

각 행 i에 대해	
	원소(i, j, val)을 취함
	전치배열의 (j, i, val)에 저장

이러한 알고리즘을 이용하여 전치행렬을 구한다면, 〈그림 2.14〉의 (가)와 같은 희소배열에 대해 (나)와 같이 될 것이다. 결과에서 보듯이 열 순서는 원하는 대로 되었지만 행 순서가 엉망이 되었다. 이것을 바로 잡아 원소들이 제위치를 찾으려면 많은 자료들이 이동되어야 한다.

	행	열	값
0	5	6	7
1	1	2	13
2	1	4	27
3	2	5	8
4	2	6	31
5	3	4	2
6	5	1	15
7	5	2	73

(가) 원래의 희소배열

	행	열	값
0	6	5	7
1	2	1	13
2	4	1	27
3	5	2	8
4	6	2	31
5	4	3	2
6	1	5	15
7	2	5	73

(나) 전치된 희소배열

그림 2-14 희소배열의 전치

원래의 희소배열에서의 행과 열은 전치되면 각기 열과 행으로 바뀌며, 행 순서로 정돈되기를 바란다면, 원래 희소배열에서 행 순서로 전치시키는 것 보다는 열 순서로 전치시키는 것이 한 방법이 될 수 있다. 원래 희소배열에서의 행 순서는 오름차순으로 되어있기 때문에, 전치했을 때의 열 순서는 오름차순으로 될 것이다. 다음의 알고리즘이 이러한 방법을 간략하게 나타내고 있다.

j 열에 있는 모든 원소에 대해	
	원소(i, j, val)을 취함
	전치배열의 (j, i, val)에 저장

이러한 알고리즘을 구체화시킨 것이 〈알고리즘 2.3〉이다.

```
행렬_전치 (A, B)
                // A : 희소행렬, B : 전치된 행렬
m ← A(0,1);  n ← A(0,2);  t ← A(0,3)
B(0,1) ← n;  B(0,2) ← m;  B(0,3) ← t
t > 0
  q ← 1
  col ← 1, n
    p ← 1, t
      A(p,2) = col
        B(q,1) ← A(p,2)
        B(q,2) ← A(p,1)
        B(q,3) ← A(p,3)
        q ← q + 1
```

알고리즘 2.3 행렬의 전치 알고리즘

이 알고리즘에 의한 결과는 〈그림 2.15〉에 나타나 있다.

이번에는 이 알고리즘의 연산 시간을 구해보자. 이 알고리즘의 최악의 경우의 연산 시간은 중첩된 for 반복 속에 있는 조건이 만족될 때의 문장들에 좌우된다. 중첩된 for 반복이 n×t번 수행되므로, 이 알고리즘의 연산 시간은 O(nt)이다. 여기에서의 n은 원래 행렬에서의 열 수이고, t는 원래 행렬에서의 0이 아닌 원소들의 개수이다. 그런데 원래 행렬에서의 모든 원소들이 0이 아닐 수도 있기 때문에, t는 최대 m×n이 된다. 따라서 최악의 경우의 알고리즘의 연산 시간은 O(nmn) 즉, $O(mn^2)$이다.

	행	열	값
0	5	6	7
1	1	2	13
2	1	4	27
3	2	5	8
4	2	6	31
5	3	4	2
6	5	1	15
7	5	2	73

(가) 원래의 희소배열

	행	열	값
0	6	5	7
1	1	5	15
2	2	1	13
3	2	5	73
4	4	1	27
5	4	3	2
6	5	2	8
7	6	2	31

(나) 전치된 희소배열

**그림 2-15 희소배열의 전치

원래의 행렬을 2차원 배열로 표현하고, 다음과 같이 단순한 전치 알고리즘을 사용한다면,

```
j ← 1, n
    i ← 1, m
        B(j,i) ← A(i,j)
```

이 때의 연산 시간은 O(nm)이 될 것이다. 행렬_전치 알고리즘의 연산 시간은 일반 배열을 사용할 때 보다 더 나쁜데, 결국 기억장소를 절약하려고 시간을 낭비한 꼴이 되었다.

이제 '행렬_전치' 알고리즘을 개선할 수 있는 지를 살펴보자. 문제는 희소배열의 각 열에 대해서 전치시키는 작업을 t 만큼 반복해서 수행하려 했다는 데에 있다. 즉, 1열에 대해서 t번 조사하고, 2열에 대해서 t번 조사하고, …, n열에 대해서 t번 조사하기 때문에 연산 시간이 n×t에 비례하게 되었다. 따라서 희소배열의 t행을 한 번만 지나가면서 전치시킬 수만 있다면, 알고리즘의 연산 시간을 개선시킬 수 있다.

이에 대한 해결은 원래 희소배열의 원소에 대해, 전치배열에서의 위치가 미리 결정된다면 가능하다. 즉, 원래의 희소배열 A에서 같은 열에 속한 원소의 개수를 계산하여, 희소배열 A에 있는 원소들이 전치배열 B의 몇 행 부터 저장될 것인가를 미리 결정하는 것이다. 이러한 것을 이용하는 알고리즘이 〈알고리즘 2.4〉에 보이고 있다.

```
신속한_행렬_전치 (A, B)
m ← A(0,1),  n ← A(0,2),  t ← A(0,3)
B(0,1) ← n,  B(0,2) ← m,  B(0,3) ← t
t ≤ 0
    i ← 1, n
        S(i) ← 0                                  // 각 열의 개수 초기화
    i ← 1, t
        S(A(i,2)) ← S(A(i,2)) + 1                 // 각 열의 개수 계산
    T(1) ← 1
    i ← 2, n
        T(i) ← T(i-1) + S(i-1)                    // 각 열의 시작 위치 계산
    i ← 1, t
        j ← A(i,2)                                // 각 원소의 전치 실행
        B(T(j),1) ← A(i,2)
        B(T(j),2) ← A(i,1)
        B(T(j),3) ← A(i,3)
        T(j) ← T(j) + 1
```

알고리즘 2.4 신속한 행렬 전치 알고리즘

〈그림 2.16〉의 (가)는 전치되기 전의 희소배열, (나)는 전치 과정에서 사용되는 각 열의 개수(S)와 전치배열에서의 위치(T), (다)는 전치된 희소배열을 나타내고 있다.

	행	열	값
0	5	6	7
1	1	2	13
2	1	4	27
3	2	5	8
4	2	6	31
5	3	4	2
6	5	1	15
7	5	2	73

(가) 원래의 희소배열(A)

	1	2	3	4	5	6
S	1	2	0	2	1	1
T	1	2	4	4	6	7

(나) 열의 개수와 전치위치

	행	열	값
0	6	5	7
1	1	5	15
2	2	1	13
3	2	5	73
4	4	1	27
5	4	3	2
6	5	2	8
7	6	2	31

(다) 전치된 희소배열(B)

**그림 2-16 희소배열의 전치

B에서의 i (i〉1) 행의 시작점은 T(i-1) + S(i-1) 과 같이 계산되는데, T(i-1)는 i-1 행의 시작 위치이고, S(i-1)는 B에서의 i-1 행의 원소 수이다.

이 알고리즘의 연산 시간은 O(n + t)가 되는데, 각 열의 개수를 초기화하는 반복이 n번, 각 열의 개수를 계산하는 반복이 t번, 원래 희소배열에서의 열이 전치 희소배열에서의 시작 위치를 계산하는 반복이 n번, 실제로 전치시키는 반복이 t번 수행되기 때문이다. 최악의 경우는 t = nm일 때이며, 이 때의 연산 시간은 O(n + nm) ⇒ O(nm) 이다. 이렇게 개선된 '신속한_행렬_전치' 알고리즘은 일반적으로는 일반 배열을 사용한 경우 보다 시간과 공간의 절약을 절약하기 때문에 훨씬 우수하다고 할 수 있다.

2.3.2 피보나치 다항식

2.2.3절에서 여러 순차 리스트를 일차원 배열로 나타나는 것을 다루었는데, 이들 리스트들을 2차원 배열을 이용하여 나타낼 수도 있다. 즉, 2차원 배열의 한 행에 순차 리스트 하나를 나타낸다면, m행의 2차원 배열에는 m개의 순차 리스트를 나타낼 수 있다. 하지만 다음과 같이 크기가 일정치 않은 많은 리스트를

$$(a_{11},a_{12}, \cdots, a_{1n_1}), (a_{21},a_{22}, \cdots, a_{2n_2}), \cdots, (a_{m1},a_{m2}, \cdots, a_{mn_m})$$

2차원 배열로 표현한다면, 행의 크기야 m으로 잡으면 되겠지만, 열의 크기는 max $\{n_1, n_2, \cdots, n_m\}$으로 잡아야 모든 리스트의 원소들을 수용할 수 있다. 이렇게 되면 기억장소의 낭비가 예상되는데, 예를 들어 피보나치 다항식을 나타내는 것을 살펴보자.

피보나치 다항식은 다음과 같은 조건을 가지는 다항식이다.

$F_0(x) = 1, \quad F_1(x) = x$

$F_n(x) = xF_{n-1}(x) + F_{n-2}(x), \quad n \geq 2$

이러한 피보나치 다항식을 처음서부터 5개만 나타내 본다면 다음과 같다.

$F_0(x) = 1$

$F_1(x) = x$

$F_2(x) = x^2 + 1$

$F_3(x) = x^3 + 2x$

$F_4(x) = x^4 + 3x^2 + 1$

이들을 2차원 배열로 나타내기 위해서, 각 다항식을 2.2.3절의 (지수와 계수를 이용하는) 두 번째 방식으로 나타내기로 한다면, 〈그림 2.17〉과 같이 5행 7열짜리 배열을 마련해야 한다.

1	0	1				
1	1	1				
2	2	1	0	1		
2	3	1	1	2		
3	4	1	2	3	0	1

**그림 2-17 피보나치 다항식의 표현

이러한 표현에서 필요한 총 기억공간은 35개이지만, 실제로 사용되는 기억공간은 23개 밖에 되지 않기 때문에, 기억공간의 약 ⅓ 정도가 낭비되고 있다.

기억공간의 낭비를 줄이기 위해, 1차원 배열로 표현한다면 각 리스트의 시작과 끝 위치에 대한 지적자를 사용해야 할 것이다. 따라서 m개의 리스트에 대해서는 (2m + n1 + n2 + . . . + nm) 개의 기억장소가 필요하게 된다. 예를 들어 다음과 같은 다항식에 대해서는

$A(x) = 2x + 3, \quad B(x) = x^2 + 5x + 3, \quad C(x) = 3x^{10} + 9x^2$

〈그림 2.18(가)와 같이, 각 리스트에 대한 시작과 끝 위치를 나타내는 지적자 여섯 개가 따로 있어야 할 것이고, F_4까지의 피보나치 다항식에 대해서는 〈그림 2.18(나)〉와 같이, 각 리스트에 대한 시작과 끝 위치를 나타내는 지적자 열 개가 따로 있어서, 총 33개의 기억장소가 있어야 할 것이다.

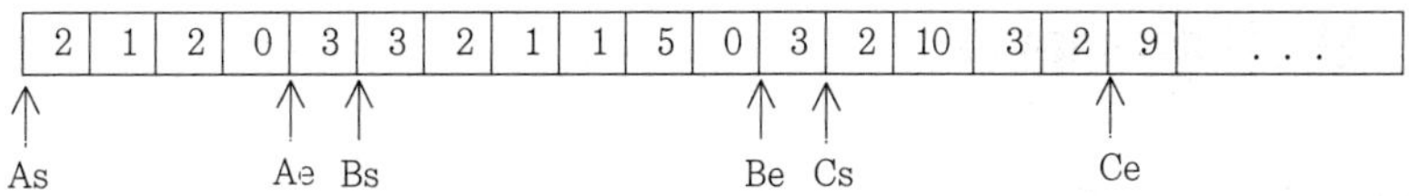

(가)

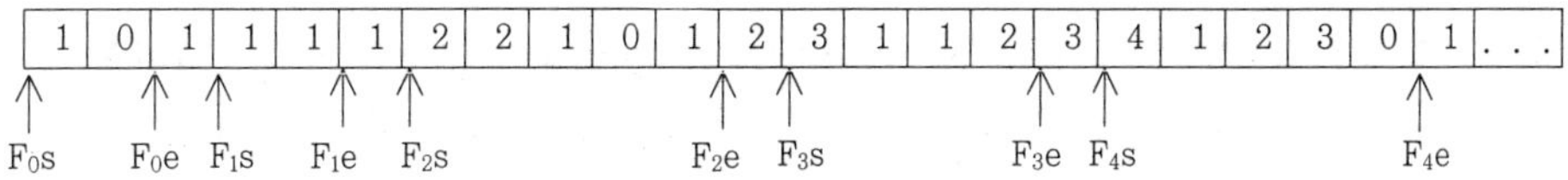

(나)

그림 2-18 다항식의 표현

피보나치 다항식에 대해서, F_{100}까지 구한다면, 2차원 배열로는 20,503개의 기억장소가 필요하고, 1차원 배열로는 약 1000개의 기억장소가 필요하다.

순차 리스트를 배열로 표현하면, 1차원 배열을 사용하든 2차원 배열을 사용하든 지에 관계없이 중간에 원소를 삽입하거나 삭제할 때에 많은 자료원소들이 이동되어야 하고, 다항식이 더 이상 필요없을 때에는 기억공간의 압축이 필요하게 되는데, 이때에도 많은 자료원소들이 이동되어야 한다.

배열을 사용할 때의 장점을 정리하면 다음과 같다.

- 배열 이름과 색인을 사용함으로써 여러 자료를 각기 다른 이름으로 처리할 필요를 최소화 시킨다.
- 색인을 사용함으로써 배열내의 원소의 위치를 즉시 찾아낼 수 있다.
- 색인을 반복(loop)에 사용함으로써 배열에 저장된 자료를 전부 또는 선택된 부분을 효율적으로 처리할 수 있다.

배열을 사용하면 이러한 여러 장점이 있으므로 많은 응용 분야에서 적절한 자료구조로서 이용되고 있다. 하지만 다음과 같은 단점들도 있다.

- 리스트의 중간 원소의 삽입 또는 삭제 시 많은 자료원소들을 이동시켜야 한다.
- 기억공간이 낭비되기 쉽다.
- 상이한 유형의 자료를 혼합하여 사용할 수 없다.
- 하나의 순차만 가능하다.

2-4 문자열 (String)

2.4.1 문자열 추상자료형

이제까지는 구성원소가 수치형인 자료구조만을 고려해 왔다. 이 절에서는 그 구성원소가 문자인 자료형, 즉 문자열(string)에 관해 알아본다. 자료의 표현에서 문자열은 매우 중요하다. 문서 편집, 자연언어 처리 등의 컴퓨터 응용에서도 중요한 역할을 한다. 〈리스트 2.3〉에는 문자열에 대한 추상자료형 정의가 나타나 있다.

생성( ) 은 공백 문자열을 생성한다. 비교 (문자열, 문자열) 은 두 문자열이 같은 지를 비교하며, 공백? (문자열) 은 문자열 이 공백 문자열인지 묻는 것이다. 길이 (문자열) 은 문자열 의 길이 즉, 문자열내의 문자의 개수를 돌려주는데, 공백 문자열인 경우에는 0이다. 접속 (문자열, 문자열) 은 앞의 '문자열'에 뒤의 '문자열'을 접속시키고, '부분 (문자열, 자연수, 자연수)'는 '문자열' 중에서 첫 번째 '자연수'에서 두 번째 '자연수'까지의 부분 문자열을 돌려준다.

'공백?(생성( ))'은 생성된 공백 문자열이 공백 문자열이냐고 묻는 것이기 때문에 참이 되고, '공백?(s)'는 s가 공백 문자열이면 참이 되고, 그렇지 않으면 거짓이 된다. '비교 (s,t)'는 s라는 문자열과 t라는 문자열이 같으면 참이 되고 그렇지 않으면 거짓이 된다. '길이 (s)'는 s라는 문자열이 공백 문자열이면 0을 그렇지 않으면 s내의 문자수를 반환한다. '접속 (s,t)'는 s가 공백 문자열이면 문자열 t를 반환하고, 그렇지 않으면 문자열 s뒤에 문자열 t를 접속시킨 문자열을 반환한다. '부분 (s,i,j)'는 j가 0보다 크고 i+j-1이 문자열 s의 길이 보다 작으면 문자열 s에서 i번째부터 i+j-1까지의 j개의 부분 문자열을, 그렇지 않으면 공백 문자열을 반환한다. 주의할 것은 '부분 (s,i,j)'가 문자열 s에서 i번째부터 j번째까지의 부분 문자열을 의미하는 경우도 있는데, 여기에서는 전자의 의미를 따른다.

```
자료구조 문자열

  선언
     생성()                          → 문자열
     비교(문자열, 문자열)            → 진위
     공백?(문자열)                   → 진위
     길이(문자열)                    → 자연수
     접속(문자열, 문자열)            → 문자열
     부분(문자열, 자연수, 자연수)    → 문자열

  모든 s, t ∈ 문자열, i,j ∈ 자연수에 대해서
     공백?(생성())    ⇒ 참
     공백?(s)         ⇒ if (s = null) then 참 else 거짓
     비교(s,t)        ⇒ if (s = t) then 참 else 거짓
     길이(s)          ⇒ if (s = null) then 0 else 반환(s의 문자수)
     접속(s,t)        ⇒ if (공백?(s)) then 반환(t)
                         else 반환(s뒤에 t를 접속시킨 문자열)
     부분(s,i,j)      ⇒ if ((j > 0) & (i+j-1) < 길이(s)) then
                            반환(s에서 i에서 i+j-1까지의 문자열)
                         else 반환(null)
종료 문자열
```

리스트 2-3 문자열에 대한 추상자료형 정의

표 2.1은 자바 언어에서 제공하는 문자열 메소드들 중 자주 사용되는 것들을 나타내고 있으며, 표 2.2는 C 언어에서의 문자열 함수들을 나타내고 있다.

2.4.2 문자열 삽입

문자열은 기억공간에서 연속된 영역에 위치하게 되는데, 이를 문자들의 배열로 나타낼 수 있다. 따라서 기억장소에 저장된 "아름다운 삼천리 금수강산"이라는 문자열은 〈그림 2.19〉와 같이 표현될 수 있다.

▌표 2-2▐ 자바 언어에서 제공하는 문자열 메소드들

메소드 목록	의미
charAt(index)	index 위치의 문자 얻기
concat(string)	현재 문자열 뒤에 string을 접속
contains(string)	현재 문자열이 string을 포함하는지 판단
equals(obj)	현재 문자열이 obj의 문자열과 같은 지 비교
indexOf(string)	현재 문자열에서 string 첫 위치를 왼쪽부터 찾기
lastIndexOf(string)	지정된 문자열의 위치를 오른쪽부터 찾기
length()	현재 문자열의 길이를 구함
replace(string1, string2)	현재 문자열에서 string1을 string2로 바꿈
substring(index1, index2)	index1에서 index2까지의 부분 문자열 반환
toCharArray()	현재 문자열을 문자 배열로 변환
toLowerCase()	소문자로 변환
toUpperCase()	대문자로 변환

▌표 2-3▐ C 언어에서 제공하는 문자열 함수들

함수 목록	의미
strcat(str1, str2)	str1 문자열에 str2 문자열 연결 결과는 str1 문자열로 반환
strcmp(str1, str2)	두 문자열 비교: str1 〈 str2이면 음수 반환 str1 = str2이면 0 반환 str1 〉 str2이면 양수 반환
strcpy(str1, str2)	str2 문자열을 str1 문자열에 복사 결과는 str1 문자열로 반환
strlen(str)	str 문자열의 길이(즉, 문자수)를 반환
strchr(str, ch)	str 문자열 중 문자 ch가 처음 나타나는 위치 반환
strstr(str, pat)	str 문자열 중 pat 문자열이 시작되는 위치를 반환
substr(str, i, j)	str 문자열 중 i 번째에서 j개의 문자열 반환

0	1	2	3	4	5	6	7	8	9	10	11	12	13	14 …
아	름	다	운		삼	천	리		금	수	강	산	\0	…

그림 2-19 기억장소에 저장된 문자열

자바 언어는 유니 코드를 사용하기 때문에 영문이든 한글이든 한 문자가 두 바이트를 차지한다. 하지만 자바가 아닌 프로그램 작성 언어에서는 영문자는 한 글자가 한 바이트를 차지하는 반면에,

한글 한 문자는 두 바이트로 나타내기 때문에 색인에서 혼동하지 않기 바란다. 이하에서는 자바 언어를 가정하고 설명한다. 문자열의 마지막에는 문자열의 끝을 나타내기 위해 널 문자('\0')가 나타난다. 그 이유는 다른 자료들은 그 크기를 미리 정할 수 있으나, 문자열은 그 크기를 미리 정할 수 없기 때문에, 문자열의 끝을 나타내주어야 하기 때문이다.

두 문자열 str1과 str2가 있을 때, str1의 i번째 위치에 str2를 삽입하는 과정을 살펴보자. 〈그림 2.14〉에서와 같이 str1은 "한글통일안", str2는 "맞춤법"이라 가정하고, 첫 번째 문자열의 세 번째에 두 번째 문자열을 삽입하여 "한글맞춤법통일안"이라는 문자열을 만들어 보자.

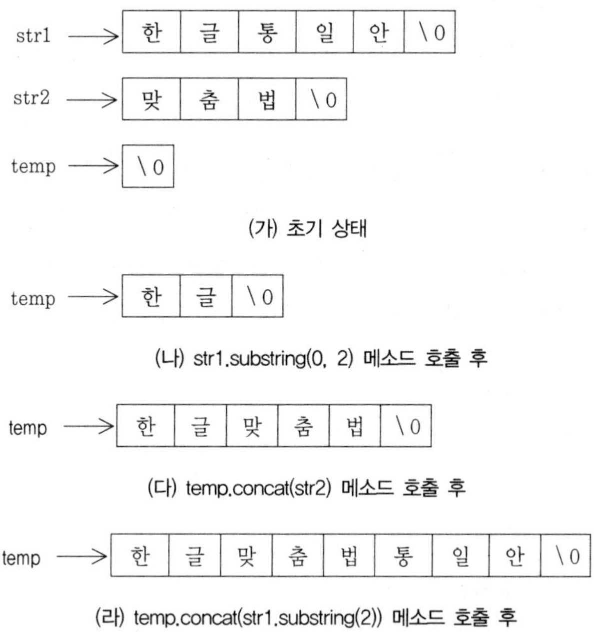

그림 2-20 문자열 삽입 예

〈그림 2.20〉의 (가)에서와 같이 우선 결과를 저장할 temp라는 임시 변수를 생성한 후에, (나)에서와 같이 str1.substring(0, 2) 메소드를 호출하여 str1로부터 처음의 두 개의 문자열 (즉, "한글")을 temp에 지정한다. (다)에서는 temp.concat(str2) 메소드를 호출하여, 기존의 temp 뒤에 str2의 내용 (즉, "맞춤법")을 붙인다. 최종적으로, (라)에서와 같이 temp.concat (str1. substring(2)) 메소드를 호출하여, str1에 남아있는 문자열 (즉, "통일안")을 temp에 붙인다. 처음에 str1에서 두 개의 문자열을 복사했기 때문에 문자열 str1의 나머지는 두 번째에 있게 된다. (첨자가 0부터 시작함을 주의해야 한다).

2.4.3 문형 정합 (pattern matching)

이제 좀 더 복잡한 문자열 응용을 위한 알고리즘을 고려해 보자. 두 개의 문자열 STR과 PAT가 있을 때, PAT는 STR내의 문자열올 탐색하기 위한 문형 (pattern)이라고 가정하자. 즉, STR이 "한글맞춤법통일안"이고 PAT가 "맞춤법"이면 STR이 PAT를 포함하므로 참이 되나, PAT가 "맞춤옷"이면 거짓이 된다. PAT가 STR 내에 있는 지를 결정하는 가장 쉬운 방법은 자바 언어에서는 indexOf()나 contains() 메소드를, C 언어 계통에서는 내장 함수 strstr을 사용하는 것이다. 〈알고리즘 2.5〉는 contains() 메소드를 사용하여 PAT가 STR 내에 있는지 식별하는 알고리즘이다 (C 언어 계통에서도 명령만 달라지지 알고리즘은 유사하다).

여기에서는 자바 언어나 C 언어 계통에서 제공되는 메소드나 내장 함수를 사용하지 않고, 다음과 같은 이유에서 별도의 문형 정합 알고리즘을 개발하는 것으로 한다.

문형 정합의 구현에는 여러 가지 다른 방법들이 있다. 이 중에서 가장 쉽지만 가장 비효율적인 방법은 문형을 발견하거나 그 문자열의 끝에 도달할 때까지 각 문자를 순차적으로 검사하는 것이다. PAT가 STR 내에 없다면 이 방법은 O(nm)의 계산 시간이 걸린다. 여기서 n은 PAT의 길이이고, m은 STR의 길이이다. 별도의 문형 정합 함수를 만든다면 이보다 더 효율적인 성능을 가질 수 있다.

문형_정합 (STR, PAT)

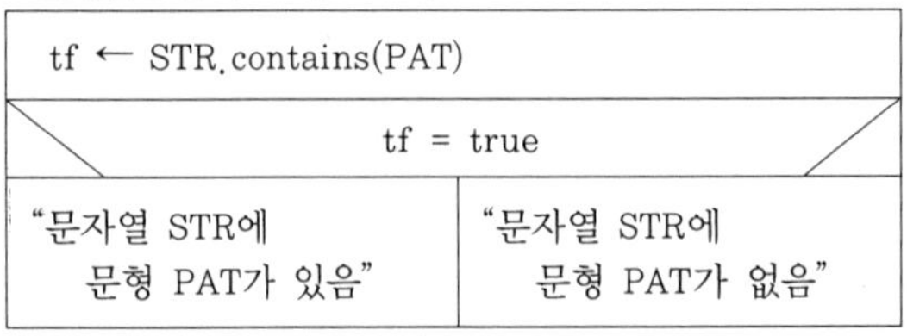

알고리즘 2.5 문형_정합 (contains() 메소드 사용)

문형의 길이 즉, strlen (PAT)가 문자열에서 나머지 문자 수보다 큰 경우에 함수를 종료시키면, 순차적 문형 정합 기법을 개선할 수 있다. 또한 나머지 문자들을 검사하기 전에 PAT의 마지막 문자와 비교될 STR의 일부의 마지막 문자를 검사함으로써 성능 향상을 꾀할 수 있다. 이와 같은 수정 사항들을 반영하는 문형 정합 알고리즘이 〈알고리즘 2.6〉에 나타나 있다.

```
문형_정합 (STR, PAT)
                         // 먼저 문형의 마지막 문자를 정합시켜 본 뒤에
                                              // 처음부터 정합시킴

시작점 ← 1
S끝 ← 길이(STR);  P끝 ← 길이(PAT)
정합끝 ← P끝
정합끝 ≤ S끝
    STR(정합끝) = PAT(P끝)
        j ← 1;  i ← 시작점
        j < P끝  &  STR(i) = PAT(j)
            i++;  j++
        j = P끝
            시작점 반환, 종료
    정합끝++,  시작점++
'0' 반환
```

알고리즘 2.6 문형 정합

예를 들어, PAT는 "aab"이고 STR은 "ababbaabaa"라 가정할 때, 〈그림 2.21〉는 문형 정합이 PAT의 문자들과 STR의 문자들을 비교하는 방법을 보여 준다. 'S끝'과 'P끝'이 STR과 PAT 배열의 끝을 각각 가리킬 때, 문형 정합은 먼저 STR (정합끝)과 PAT (P끝)를 비교한다. 그러면 문형 정합은 정합이 안 되는 경우가 발생하거나, PAT가 모두 정합될 때까지 두 문자열에서 이동을 위해 i와 j를 사용한다. 변수 '시작점'은 정합되지 않을 경우 i를 재설정하기 위해 사용된다.

STR = "aa…a"로 a로만 구성되어 있고 PAT = "a…ab"로 끝에 b라는 문자가 있으며, STR의 길이는 m, PAT의 길이는 n인 경우에 문형_정합( ) 알고리즘의 연산 시간은 문자열 STR의 길이 m에 비례하기 때문에 O(m)이다. 이는 확실히 순차적인 방법보다 더 효율적이다. 순차 방법에 대한 개선은 평균 연산 시간을 빠르게 하지만, STR이 b라는 문자를 포함하는 최악의 경우의 연산 시간은 여전히 O(mn)이다. 예를 들어, STR = "aa…a"로 a로만 구성되어 있고 PAT = "a…ba"로 마지막 바로 앞이 b인 경우이다. 이상적으로는 알고리즘이 0(m + n)시간에 동작하는 것을 원한다. 이것은 이 문제를 해결하는 최적의 시간 복잡도이다. 왜냐하면 최악의 경우에 문형과 문자열의 모든 문자들을 적어도 한 번씩은 비교해야 하기 때문이다.

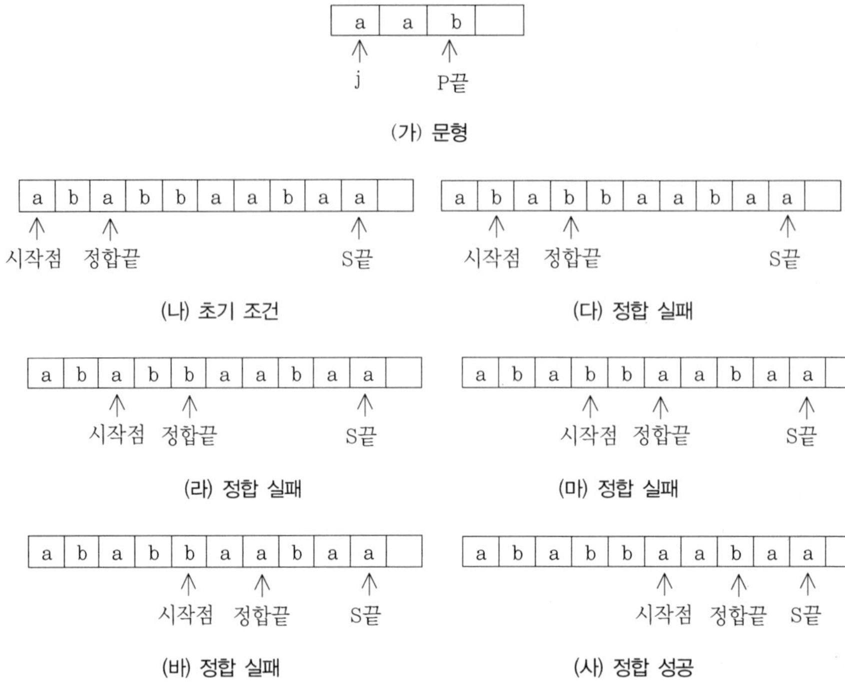

**그림 2-21 문형 정합 과정 예

문형에 대한 문자열의 비교는 찾을 문자열에서 뒤로 진행되는 일이 없어야 한다. 즉, 정합되지 않는 경우, 문형내의 문자와 정합되지 않는 문형내의 위치 정보를 이용하여 어디에서부터 비교를 계속할 것인가를 결정해야 한다. 예로서, 다음과 같은 문형이 있다고 가정해 보자.

PAT = “abcabcacab”

그리고 문자열 S를

S = “$s_1s_2 \cdots s_m$”

이라 하고, s_i에서부터 정합되는지 여부를 결정한다고 가정하자. $s_i \neq a$ 이면 당연히 s_{i+1}과 문형의 첫 문자인 a를 비교해야 한다. 마찬가지로 $s_i = a$ 이고 $s_{i+1} \neq b$ 라면 s_{i+1}이 a인 지를 비교해야 한다. $s_is_{i+1} = ab$ 이고, $s_{i+2} \neq c$ 이면. 다음과 같은 상황이 발생한다.

문자열 : “ . . . a b ? . . . .”
패 턴 : “a b c a b c a c a b”

여기서 ?는 S내의 그 문자가 무엇인지 모른다는 것을 의미한다. S의 ?는 s_{i+2}에 해당하고 $s_{i+2} \neq c$ 이다. 이 시점에서는 PAT의 첫 문자 a와 s_{i+2}를 비교함으로써 정합을 위한 작업을 계속해야 할 것이다. 이것은 이미 s_{i+1}이 PAT의 두 번째 문자인 b와 같으므로, $s_{i+1} = a$ 가 될 수 없다는 것을 알기 때문에, PAT의 첫 문자 a와 s_{i+1}올 비교할 필요가 없다. 이제 PAT의 처음 네 문자가 정합되고 그 이후 정합되지 않는 경우, 즉 $s_{i+4} \neq b$인 경우를 가정해 보면, 다음과 같은 상황이 발생한다.

문자열 : " . . . a b c a ? . . . ."
패 턴 : "a b c a b c a c a b"

정합을 위한 작업은 s_{i+4}와 PAT에 있는 두 번째 문자 b를 비교함으로써 계속될 수 있다. 이것은 문형 PAT를 아래와 같이 오른쪽으로 이동시켜서 부분적인 정합이 일어나는 첫 번째 위치이다. 이는 이전 비교에서 s_{i+3}이 PAT의 첫 문자 a임을 알 수 있기 때문이다.

문자열 : " . . . a b c a ? . . . ."
패 턴 : "a b c a b c a c a b"

이와 같이 문형내의 문자들에 대한 정보를 알고, S내의 문자와 정합되지 않는 문형내의 위치를 알아내어, S내에서 후진하지 않고도 문형내의 어느 위치부터 비교를 계속할 것인지 결정할 수 있다. 이를 정형화하기 위해서 한 문형에 대한 실패 함수(failure function)를 다음과 같이 정의한다.

실패 함수

어떤 문형 P = "$p_1p_2 \cdots p_n$"이 있을 때, 이 p의 실패 함수 f는 다음과 같이 정의된다.

f(j) ─ 제일 큰 i 〈 j : $p_1p_2 \cdots p_i = p_{j-i+1}p_{j-i+2} \cdots p_j$, $i \geq 1$인 i가 존재할 경우
　　　 0 : 그 외의 경우

예를 들어, 문형 "aabcaabcbaab"에 대해 f는 다음과 같다.

i	1	2	3	4	5	6	7	8	9	10	11	12
문형	a	a	b	c	a	a	b	c	b	a	a	b
j	0	1	0	0	1	2	3	4	0	1	2	3

s실패 함수의 정의로부터 문형 정합을 위한 다음과 같은 규칙을 구할 수 있다. 만약

$s_{i-j+1} \cdots s_{i-1} = p_1 \cdots p_{j-1}, \quad s_i \neq p_j$ ※ i-1 개가 정합됨

인 부분 정합이 일어난다면, $j \neq 1$ 이면 s_i와 $p_{f(j-1)+1}$을 비교하는 것으로 정합을 재개하고, $j = 1$ 이면

s_{i+1}과 p_1를 비교하는 것으로 정합을 재개할 수 있다. 예를 들어, 부분 정합이

위치		1	2	3	4	5	6	7	8	9
S	…	a	a	b	c	a	a	b	?	…
P		a	a	b	c	a	a	b	c	

라면, ? 인 8번째 문자가 $p_{f(8-1)+1} = p_4$ (즉 c)인지 비교하는 것으로 작업을 계속한다. 이와 같은 문형 정합 규칙을 이용하는 알고리즘이 〈알고리즘 2.7〉에 나타나 있다.

문형_정합 (STR, PAT)

// 문형내의 위치 정보 이용

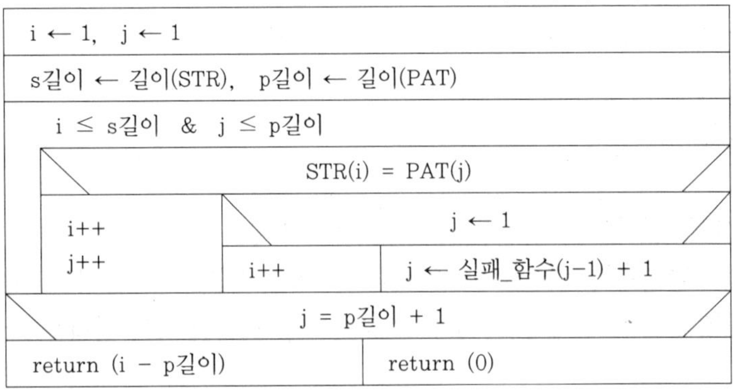

알고리즘 2.7 문형내의 위치 정보를 이용한 정합

이제 이 알고리즘의 연산 시간을 분석해 보자. while 반복은 문자열 또는 문형의 끝에 도달할 때까지 반복된다. i는 결코 감소되지 않기 때문에 i를 증가시키는 문장은 m (즉, STR의 길이) 번 이상 실행되지 않는다. j 값을 '실패_함수(j-i)+1'로 재설정하면 j의 값은 감소된다. 이것은 j++ 문장에 의해 증가되는 것보다 더 많이 실행될 수 없다. 그렇지 않으면 j는 그 문형에서 벗어나게 된다. j++ 문장이 실행될 때마다 i도 또한 증가하기 때문에, j는 m번 이상 증가할 수 없다. 결과적으로 알고리즘내의 어떤 문장도 m번 이상 실행되지 않으므로 실패 함수를 제외한 알고리즘의 복잡도는 O(m) = O(STR 길이)가 된다. 따라서 실패 함수를 O(PAT 길이)내에 계산할 수만 있다면, 전체 문형 정합 과정은 문자열과 문형 길이의 합에 비례하는 시간내에 이루어질 수 있음을 알 수 있다. 다행히도 실패 함수의 계산은 다음과 같이 재작성된 실패 함수에 근거하여 빨리 수행될 수 있다.

$$f(j) = \begin{cases} 0 & : j = 1 \\ f^{m}(j-1)+1 & : m\text{은 } p_{f^{k}(j-1)+1} = p_j \text{ 를 만족하는 } k\text{중 가장 작은 정수} \\ 0 & : \text{그 외의 경우} \end{cases}$$

$$f^{1}(j) = f(j),\ f^{m}(j) = f(f^{m-1}(j))$$

다음의 실패 함수 값으로 예를 들어 보자.

i	1	2	3	4	5	6	7	8	9	10	11	12
문형	a	a	b	c	a	a	b	c	a	a	b	c
j	0	1	0	0	1	2	3	4	5	6	7	8

그러면, f(12) = 8, f(f(12) = 4, f(f(f(12)) = 0 이다.

〈알고리즘 2.8〉은 이러한 실패 함수를 계산하는 알고리즘이다.

```
실패_함수 (PAT)
n ← 길이(PAT)
실패값(1) ← 0
  j ← 2, n
    i ← 실패값(j-1)
      (PAT(j) ≠ PAT(i+1)) & (i > 0)
        i ← 실패값(i)
    PAT(j) = PAT(i+1)
    실패값(j) ← i + 1      | 실패값(j) ← 0
```

알고리즘 2.8 실패 함수

이 알고리즘은 while 반복을 계속할 때마다 i 값은 실패 함수의 정의에 의해 감소되며, 변수 i는 for 반복의 첫 부분에서 재설정된다. 그러나 이것은 실행 초기 또는 for 반복의 끝에서 PAT(j) ≠ PAT(j+1)일 경우에 0으로 재설정되거나, '실패값(j) = i+1' 문이 실행될 때에 이전 반복의 마지막 값보다 1이 더 큰 값으로 재설정된다. for 반복은 n (n은 PAT의 길이) 번만 반복되기 때문에, i 값은 많아야 n-1번 증가된다. 따라서 i 값은 n-1번 이상 감소되지는 않는다. 그렇다면 while 반복은 많아야 n-1번 수행될 것이므로 이 알고리즘의 연산 시간은 O(n) = O(PAT 길이)가 된다.

결론적으로 〈알고리즘 2.7〉에 나타난 문형 정합 알고리즘의 연산 시간은 실패 함수의 계산을 포함하여 O(STR 길이 + PAT 길이)가 됨을 알 수 있다.

자바 프로그램

```
import java.io.*;

// 알고리즘 2.3 행렬의 전치

class c희소행렬 {
  int[][] 행렬;
  int 행수;

  public c희소행렬() {
    int[][] 임시 ={ {5, 6, 7},  {1, 2, 13}, {1, 4, 27}, {2, 5, 8},
            {2, 6, 31}, {3, 4, 2},  {5, 1, 15}, {5, 2, 73}  };
      행렬 = new int[8][4];
      for (int i = 0; i <= 7; i++)
        for (int j = 1; j <= 3; j++)
          행렬[i][j] = 임시[i][j-1];
      행수 = 8;
  }

  public c희소행렬(int[][] 배열, int 행수) {
        행렬 = new int[행수][4];
        for (int i = 0; i < 행수; i++)
          for (int j = 1; j <= 3; j++)
            행렬[i][j] = 배열[i][j];
        this.행수 = 행수;
  }

  public c희소행렬 행렬_전치() {
    int A행수, A열수, 값수;
    int A행, B행, 열값;
    int[][] B배열 = new int[행수+1][4];

    A행수 = 행렬[0][1];  A열수 = 행렬[0][2];  값수 = 행렬[0][3];
    B배열[0][1] = A열수;  B배열[0][2] = A행수;  B배열[0][3] = 값수;

    if ( 값수 > 0 ) {
      B행 = 1;
      for (열값 = 1; 열값 <= A열수; 열값++)
        for (A행 = 1; A행 <= 값수; A행++)
          if ( 행렬[A행][2] == 열값 ) {
            B배열[B행][1] = 행렬[A행][2];
            B배열[B행][2] = 행렬[A행][1];
            B배열[B행][3] = 행렬[A행][3];
            B행++;
          }
```

```
        }

        return (new c희소행렬(B배열, 행수));
    }

    public c희소행렬 신속한_행렬_전치() {
        int A행수, A열수, A열값, 값수, i;
        int A행, B행, 열값;
        int[][] B배열 = new int[행수+1][4];

        A행수 = 행렬[0][1];  A열수 = 행렬[0][2];  값수 = 행렬[0][3];
        B배열[0][1] = A열수;  B배열[0][2] = A행수;  B배열[0][3] = 값수;

        int[] 열수 = new int[A열수+1];
        int[] 위치 = new int[A열수+1];

        if ( 값수 > 0 ) {
            for (i = 1; i <= A열수; i++) 열수[i] = 0;
            for (i = 1; i <= 값수; i++) 열수[행렬[i][2]]++;
            위치[1] = 1;
            for (i = 2; i <= A열수; i++) 위치[i] = 위치[i-1] + 열수[i-1];
            for (i = 1; i <= 값수; i++) {
                A열값 = 행렬[i][2];
                B배열[위치[A열값]][1] = 행렬[i][2];
                B배열[위치[A열값]][2] = 행렬[i][1];
                B배열[위치[A열값]][3] = 행렬[i][3];
                위치[A열값]++;
            }
        }

        return (new c희소행렬(B배열, 행수));
    }
}

import java.io.*;

// 알고리즘 2.2 다항식 더하기

class c다항식 {
    int[] 다항식;
    int   항수;

    c다항식() {
            다항식 = null;
            항수   = 0;
```

```
    }

    c다항식(int[] 배열) {
       다항식 = 배열;
       항수   = 다항식[0];
    }

    public int 항수_얻기() { return 항수; }
    public void 항수_설정(int 수) { 항수 = 수; }

    public int 지수_얻기(int 항) { return 다항식[항*2-1]; }
    public int 계수_얻기(int 항) { return 다항식[항*2]; }

    public void 지수_설정(int 항, int 지수) { 다항식[항*2-1] = 지수; }
    public void 계수_설정(int 항, int 계수) { 다항식[항*2] = 계수; }

    public c다항식 다항식_더하기(c다항식 A, c다항식 B) {
       int A항수, B항수;
       int A위치, B위치, C위치;

       A항수 = A.항수_얻기();  B항수 = B.항수_얻기();
       int 크기 = (A항수 + B항수) * 2;
       int[] 배열 = new int[크기];
       c다항식 C = new c다항식(배열);

       A위치 = 1;B위치 = 1;   C위치 = 1;

       int A계수, B계수, A지수, B지수;

       while( (A위치 <= A항수) && (B위치 <= B항수) ) {
          A지수 = A.지수_얻기(A위치);  B지수 = B.지수_얻기(B위치);

         if( A지수 == B지수 ) {
            System.out.println("A지수: " + A지수);
            A계수 = A.계수_얻기(A위치);  B계수 = B.계수_얻기(B위치);
            C.계수_설정(C위치, A계수 + B계수);
            if( C.계수_얻기(C위치) != 0 ) {
               C.지수_설정(C위치, A지수);
               C위치++;
            }
            A위치++;
            B위치++;
          }
          else if( A지수 < B지수 ) {
             B계수 = B.계수_얻기(B위치);
```

```
                C.계수_설정(C위치, B계수);
                C.지수_설정(C위치, B지수);
                B위치++;
                C위치++;
            }
            else {                                // A지수 > B지수
                A계수 = A.계수_얻기(A위치);
                C.계수_설정(C위치, A계수);
                C.지수_설정(C위치, A지수);
                A위치++;
                C위치++;
            }
        }

        while( A위치 <= A항수 ) {
            A계수 = A.계수_얻기(A위치);
            A지수 = A.지수_얻기(A위치);
            C.계수_설정(C위치, A계수);
            C.지수_설정(C위치, A지수);
            A위치++;
            C위치++;
        }

        while( B위치 <= B항수 ) {
            B계수 = B.계수_얻기(B위치);
            B지수 = B.지수_얻기(B위치);
            C.계수_설정(C위치, B계수);
            C.지수_설정(C위치, B지수);
            B위치++;
            C위치++;
        }

        C.항수_설정(C위치 - 1);
        return C;
    }
}

import java.io.*;

// 알고리즘 2.5 - 2.7 문형_정합

class c문자열 {
    public int 문형_정합1(String 원문, String 문형) {        // 내장함수 사용
        int 결과 = 0;
```

```
    결과 = 원문.indexOf(문형); // 해당 문자열이 포함되면 시작위치 반환, 아니면 -1을 반환

    return 결과;
  }

    public int 문형_정합2(String 원문, String 문형) {
      int 시작점, s끝, p끝, 정합끝, i, j;
      int 결과 = 0;

      시작점 = 0;
      s끝 = 원문.length() - 1;  p끝 = 문형.length() - 1;
      정합끝 = p끝;

      char[] s문자들 = new char[s끝+1];
      char[] p문자들 = new char[p끝+1];

      s문자들 = 원문.toCharArray();
      p문자들 = 문형.toCharArray();

      while ( 정합끝 <= s끝 ) {
        if(s문자들[정합끝] == p문자들[p끝]) {
          i = 시작점;       j = 0;

          while( (j <= p끝) && (s문자들[i] == p문자들[j]) ) {
            i++;       j++;
          }

          if( j == (p끝+1) ) return 시작점;
        }
        시작점++;  정합끝++;
      }
      return 0;
    }

    public int 문형_정합3(String 원문, String 문형) {    // 위치정보 이용
      int i, j, s길이, p길이;

      i = 0;  j = 0;
      s길이 = 원문.length();          p길이 = 문형.length();

      char[] s문자들 = new char[s길이];
      char[] p문자들 = new char[p길이];

      s문자들 = 원문.toCharArray();
```

```
        p문자들 = 문형.toCharArray();

        int[] 실패값 = new int[p길이+1];
        실패값 = 실패_함수(문형);

        while( (i < s길이) && (j < p길이) ) {
           if ( s문자들[i] == p문자들[j]) {
               i++;  j++;
           }
           else {
               if ( j == 0 ) i++;
               else         j = 실패값[j-1] + 1;
           }
        }

        if ( j == p길이 ) return (i - p길이);
        else             return -1;
    }

    private int[] 실패_함수(String 문형) {
       int p길이, i, j;
       int[] 실패값;

       p길이 =  문형.length();
       실패값 = new int[p길이+1];
       실패값[0] = -1;

       char[] p문자들 = new char[p길이];
       p문자들 = 문형.toCharArray();

       for( j = 1; j < p길이; j++ ) {
          i = 실패값[j-1];
          while ( (p문자들[j] != p문자들[i+1]) && (i >= 0) )
             i = 실패값[i];

          if ( p문자들[j] == p문자들[i+1]) 실패값[j] = i+1;
          else                             실패값[j] = -1;
       }

       return 실패값;
    }
}
```

연습문제_

2.1 배열 A(1:3, 2:5, 0:6)을 기억장소의 100번지부터 행우선과 열우선 순서 표현 방법으로 대응시키는 사상 함수를 작성하시오.

2.2 배열 X(10, 20)가 행우선 및 열우선으로 표현되었을 경우에 x(i, j)의 위치를 구하시오. 단, 배열 X의 시작 번지는 α이며, 원소 크기는 1바이트이다.

2.3 다항식 $x^2 + 3xy + y^2 + y - x + 2$를 배열로 저장할 때, 어떻게 표현하는 것이 좋은 지에 대하여 논하시오.

2.4 n개의 원소로 구성되는 순차 리스트를 배열로 표현할 때, 임의의 원소를 삽입 또는 삭제하기 위한 원소들의 평균 이동 횟수를 구하시오.

2.5 다항식 자료 구조를 다음과 같이 정의하여 표현할 경우에 대해, 두 다항식의 덧셈 알고리즘을 정의하고 복잡도를 분석하시오.

예) $A(x) = 2x^{100} + 1$, $B(x) = x^4 + 10x^3 + 3x + 1$

	a_시작 ↓	a_끝 ↓	b_시작 ↓			b_끝 ↓	여유 공간 ↓
계수	2	1	1	10	3	1	
지수	1000	0	4	3	1	0	

2.6 m×n 행렬 M을 희소 행렬로 표현하면서, M(i,j)(i≤m, j≤n)가 잘못하여 0으로 표현되었을 때에 바로 잡는 알고리즘을 제시하시오.

2.7 희소 행렬 A(m×n)과 B(n×p)의 곱을 구하는 알고리즘을 작성하시오. 즉, $A_{m\times n} \times B_{n\times p} = C_{m\times p}$. A와 B는 희소 행렬이지만 결과 C는 희소 행렬이 아닐 수도 있다. 그리고 이때 수행되는 곱셈의 빈도 수를 구하시오.

2.8 문자열과 두 개의 정수 start, length를 받아들여, 문자열에서 start에서 length 만큼의 문자들을 제거하고 남는 문자열을 출력하는 알고리즘을 작성하시오.

2.9 'ababcaabcababcaabb'에 대한 실패 함수를 계산하시오.

2.10 패턴이 'aababacaababaca'이고, 문자열의 i번째와 패턴의 13번째에서 같지 않았을 때의 다음 행위를 실패 함수와 함께 설명하시오.

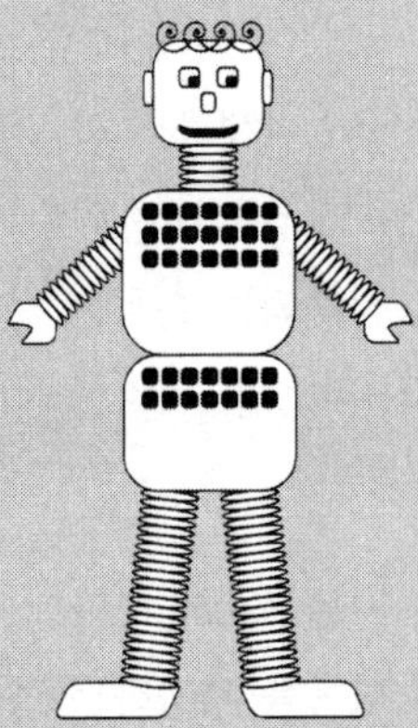

Chapter 03 스택과 큐

이 장에서는 자료원소를 추가하거나 삭제하는 위치가 제한되는 선형 자료구조에 대해서 다룬다. 우선 스택에 대해서 살펴보고, 큐를 설명하며, 데크에 대해 알아본 뒤에, 다중 스택과 큐를 살펴보며, 스택과 큐의 응용에 대하여 설명한다.

3-1 스택 (Stack)

3.1.1 스택의 정의

2장에서 배운 순차 리스트는 원소를 추가하거나 삭제하는 위치가 제한되지 않는 매우 일반적인 구조이다. 즉, 리스트의 양쪽 끝이나 중간 어느 곳에서든 자료원소의 추가나 삭제가 가능하다. 그러나 스택은 〈그림 3.1〉에서 보는 바와 같이, 원소의 추가와 삭제 연산이 상단이라는 한 쪽 끝에서만 발생하도록 제한되는 특별한 순차 리스트이다.

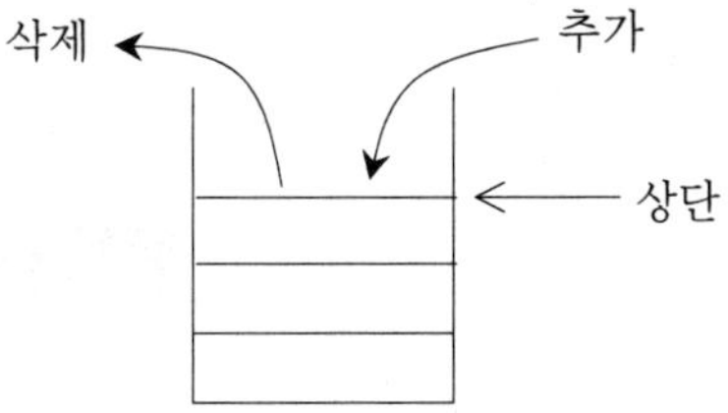

**그림 3-1 스택

스택의 추가 연산을 push라 부르고, 삭제 연산을 pop이라 부르며, 이 연산들이 발생하는 한 쪽 끝을 스택의 상단(top)이라고 부른다. 따라서 스택에서 처리할 수 있는 것은 상단에 있는 원소 뿐이다. 추가와 삭제 두 연산이 스택의 동일한 한 쪽 끝에서만 발생하므로, 삭제되는 순서는 추가된 순서와 반대이다. 즉, 제일 마지막에 추가된 원소가 먼저 삭제(꺼내짐)되는데, 이러한 현상을 후입선출(LIFO: Last-In-First-Out)이라 한다.

〈리스트 3.1〉은 스택에 대한 추상자료형 정의를 나타내고 있다. '생성( )'은 자료원소가 하나도 없는 공백 스택을 생성하는 연산이다. '추가(스택, 항목)'은 기존의 스택에 항목을 추가하는 연산이고, '삭제(스택)'은 스택 상단에 있는 한 항목을 꺼내는(삭제) 연산이다. '상단(스택)'은 스택의 상단에 있는 한 항목을 요구하며, '공백?(스택)'은 스택에 항목이 없는 가를 묻는 연산이고, '참?(스택)'은 스택이 가득 차있는 가를 묻는 연산이다.

```
자료구조 스택

  선언
     생성()              → 스택
     추가(스택, 항목)    → 스택
     삭제(스택)          → 스택
     상단(스택)          → 항목
     공백?(스택)         → 진위
     참?(스택)           → 진위

  모든 S ∈ 스택, i ∈ 항목에 대해서
     공백?(생성())       ⇒ 참
     공백?(추가(S, i))   ⇒ 거짓
     참?(S)              ⇒ if (S의 원소수 = S의 최대 크기) then 참 else 거짓
     삭제(생성())        ⇒ 오류
     삭제(추가(S, i)     ⇒ S
     상단(생성())        ⇒ 오류
     상단(추가(S, i))    ⇒ I

종료 스택
```

리스트 3-1 스택의 추상자료형 표현

'공백?(생성( ))'은 공백 스택을 생성한 후에 그 스택에 항목이 없는 지를 묻는 것이기 때문에 참이 되며, '공백?(추가(S, i))'는 S라는 스택에 i라는 항목을 추가한 후에, 그 스택이 공백 스택이

냐고 묻기 때문에 거짓이 된다. '참?(S)'는 S에 들어 있는 항목수가 S가 가질 수 있는 최대 항목수에 도달했으면 참이고, 그렇지 않으면 거짓이다. '삭제(생성( ))'은 공백 스택을 생성한 후에, 그 스택의 상단에 있는 항목을 꺼내라는 것이기 때문에 오류가 발생되며, '삭제(추가(S, i))'는 스택 S에 항목 i를 추가한 후에, 그 스택의 상단에 있는 항목을 꺼내라고 하는 것이기 때문에, 결과는 추가된 항목 i가 삭제된 스택이 된다. '상단(생성( ))'은 공백 스택에서 상단에 있는 항목을 요구하기 때문에 오류가 발생되고, '상단(추가(S, i))'는 스택 S에 항목 i를 추가한 후에, 그 스택의 상단에 있는 항목을 요구하는 것이기 때문에 항목 i를 돌려준다.

스택의 보편적인 예는 〈그림 3.2〉와 같이 탁자 위에 쌓아 놓은 접시 더미를 들 수 있다. 이 접시 더미에서 제일 상단에 있는 접시만을 들 수 있다. 즉, 중간에 있는 접시는 바로 꺼낼 수 없다. 그리고 새로운 접시는 접시 더미의 상단에만 올려 놓게 되어 있다. 또 다른 스택의 예는 기차 선로 시스템을 들 수 있다. 차량을 대피시킬 때 사용되며, 제일 마지막으로 들어온 차가 제일 먼저 빠져 나간다.

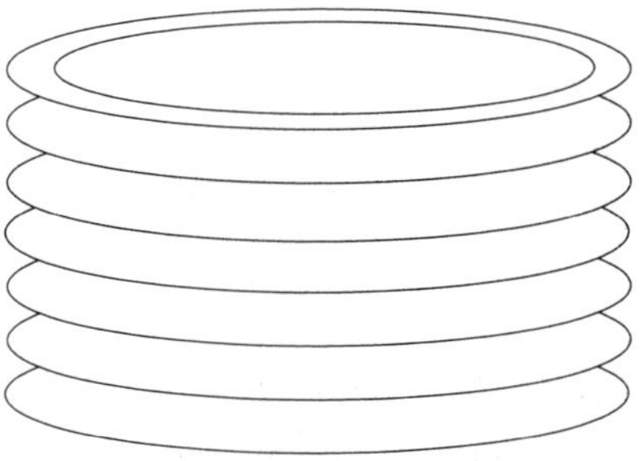

그림 3-2 스택 예

이번에는 자료 처리 분야에서 발생하는 스택의 예를 살펴보자. 자료 처리 과정에서 어떤 단계를 당분간 연기하고 다른 단계를 먼저 수행하며, 다시 이 단계 중에서 또 다른 단계를 수행해야 할 때, 연기되는 단계들을 차례로 스택에 저장하여 둠으로써 처리 순서를 잊지 않도록 할 수 있다. 예를 들어 프로그램 A가 부 프로그램 B를 호출하고, 그 부 프로그램 수행 중에 또 다른 부 프로그램 C를 호출하게 될 때에, C를 마치면 B, B를 마치면 A순으로 처리되어야 하는데, A와 B를 차례대로 스택에 추가하여 두면, 꺼내는 순서가 바로 처리하고자 하는 순서가 된다.

3.1.2 스택의 저장

스택은 광범위하게 사용되고 있으나 대부분의 프로그램 작성 언어들은 내장된 자료형으로 제공하지 않는다. 따라서 스택이 필요한 경우에는 프로그램 작성 언어가 제공하는 기존 기능을 사용하여 스택을 만들어서 사용해야 한다. 이 장에서는 배열을 사용하여 스택을 나타내기로 한다.

스택을 저장하는 가장 간단한 방법은 1차원 배열을 사용하는 것인데, 이때 배열의 크기는 스택에서 필요할 항목 모두 처리할 수 있도록 충분히 커야한다. 배열을 사용하기 때문에 스택에는 동일한 자료형 원소만이 저장될 수 있다. 배열 스택과 정수 변수 top을 사용하여 스택을 표현하면, 〈그림 3.3〉과 같이 배열을 수직으로 나타내고 윗 부분에 큰 색인이 오도록 한다. 정수 변수 top은 가장 윗 부분에 있는 원소의 위치를 가리키도록 한다.

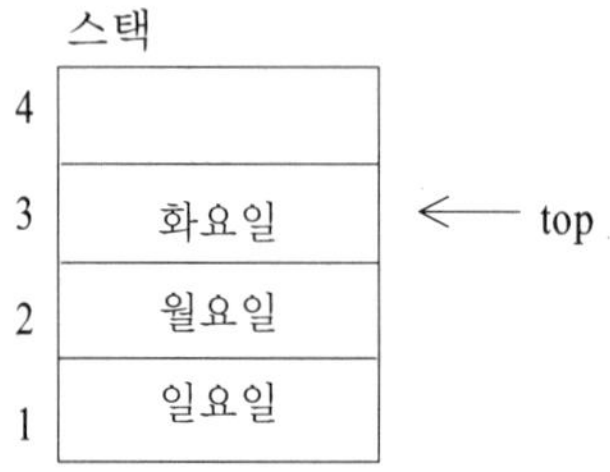

그림 3-3 스택의 배열 표현

〈리스트 3.1〉에서 나타나는 연산 중에 공백 스택을 생성하는 생성() 은

선언 STACK(1:n);
top = 0

과 같이 n개의 자료원소를 가질 수 있는 일차원 배열 STACK을 선언하고, STACK에는 원소가 하나도 없기 때문에, 스택의 상단을 나타내는 top을 STACK의 가장 아랫 부분보다 하나 아래를 가리키도록 0으로 설정한다. '공백?(STACK)'은

if (top = 0) then 참 else 거짓

과 같이 STACK의 상단을 나타내는 top이 0이면, STACK에 원소가 하나도 없기 때문에 참이 되고, 그렇지 않으면 거짓이 된다. '참?(STACK)'은

if (top ≥ n) then 참 else 거짓

과 같이 스택에 들어있는 원소수가 n에 도달되었으면 참, 그렇지 않으면 거짓이 된다. 한편 '상단(STACK)'은

if (top = 0) then 오류 else 항목 = STACK(top)

과 같이 top이 0이면, STACK에 원소가 하나도 없기 때문에 오류를 발생시키고, 그렇지 않으면 STACK 상단에 있는 원소를 돌려준다.

3.1.3 스택 연산

스택에 대한 대표적인 연산으로는 스택에 한 항목을 넣는 추가 (즉 push)와 스택에서 한 항목을 꺼내는 삭제 (즉 pop) 연산이 있다. 〈알고리즘 3.1〉은 추가 연산에 대한 알고리즘을 보이고 있다.

스택_추가 (항목)

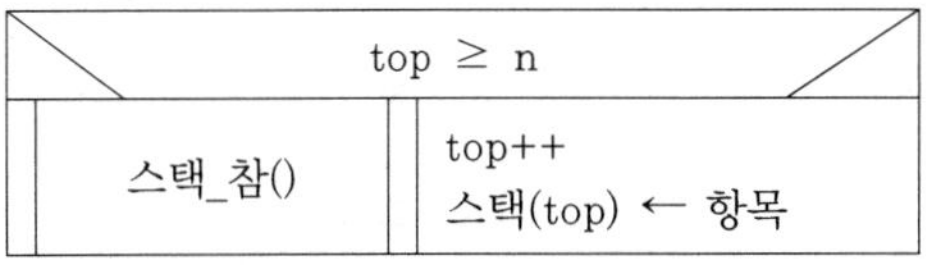

알고리즘 3.1 스택에서의 추가

우선 top이 스택의 한계인 n 이상인 지를 먼저 확인한다. 만일에 top이 n 이상이라면, 스택에는 이미 원소들이 가득 차있기 때문에 더 이상의 항목을 추가할 수 없다. 그래서 스택에 원소가 가득 찼을 때 (스택의 공간을 증가시키는 등의) 취할 수 있는 행위를 하도록 한다. 하지만 top이 n 보다 작다면, 스택에 항목을 넣을 여유 공간이 있기 때문에 top의 값을 증가시키고, 그 위치인 스택(top)에 항목을 넣는다.

〈알고리즘 3.2〉는 스택에서 한 항목을 삭제하는 알고리즘을 보이고 있다.

스택_삭제 ()

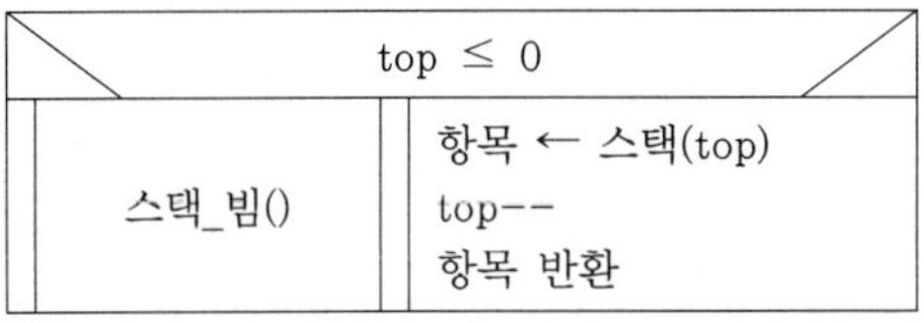

알고리즘 3.2 스택에서의 삭제

top이 0 이하이면, 스택에는 원소가 하나도 없기 때문에 스택에서 원소를 꺼내는 작업을 할 수 없고, 대신에 스택이 비었을 때 (스택이 비었다고 알리는 등의) 취할 수 있는 행위를 하도록 한다. top이 0 보다 크다면, 스택에는 하나 이상의 원소들이 있기 때문에, 스택에서 top이 가리키는 위치에 있는 원소를 꺼내어 항목에 넘겨주고, top 값을 1 만큼 감소시킨다.

〈그림 3.4〉는 스택에 항목들을 추가하고 꺼내는 예를 보이고 있다.

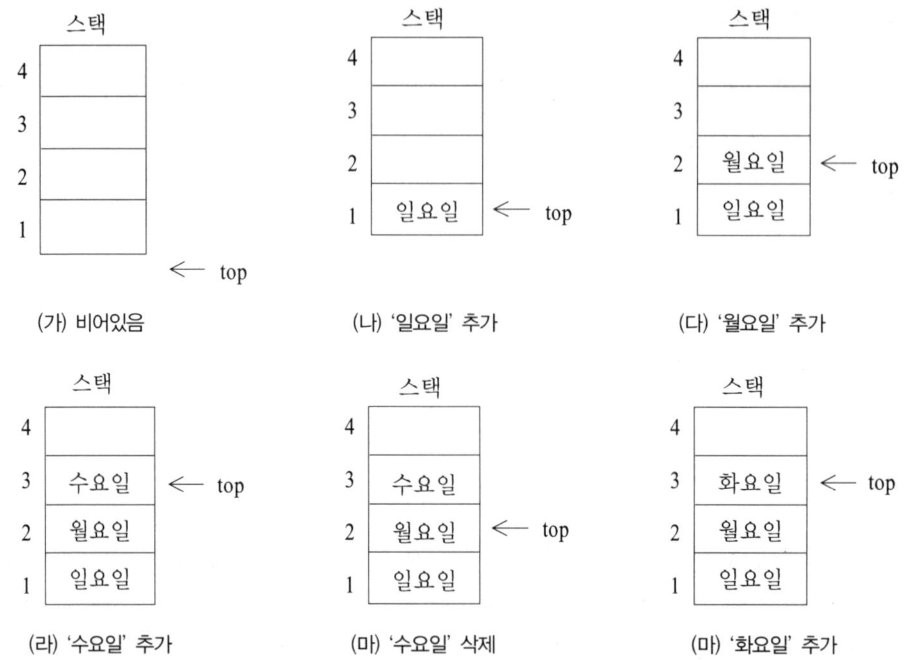

**그림 3-4 스택에서의 추가와 삭제

여기서 한 가지 주의할 것은, (마)에서 스택의 세 번째에 '수요일'이라는 자료가 있으나, 스택의 top이 두 번째를 가리키고 있기 때문에, 스택 연산을 이용해서는 세 번째 원소에 접근할 수 없다. 그래서 '수요일'이라는 자료는 삭제된 것으로 간주한다는 것이다.

3-2 큐 (Queue)

3.2.1 큐의 정의

큐는 〈그림 3.5〉에서와 같이 한쪽 끝에서는 자료가 추가되고 반대쪽 끝에서는 삭제가 일어나는 특별한 순차 리스트이다. 큐의 일반적인 예는 은행, 식당, 또는 버스 정류장에서 봉사를 받기 위해 줄을 서 있는 것과 같다. 즉, 앞에 서 있는 사람이 먼저 봉사를 받게 되고, 나중에 온 사람은 줄의 맨 뒤에 서야 한다.

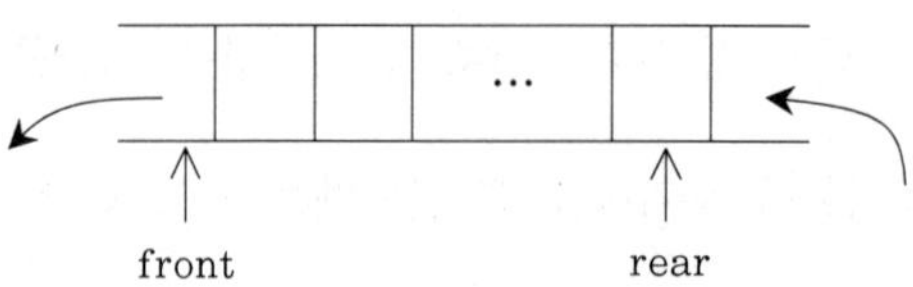

**그림 3-5 큐

큐에 들어 있는 원소는 왼쪽(전두, front)에서 꺼내지고(삭제), 큐에 항목을 넣을 때는 오른쪽(후미, rear)에서 추가되기 때문에, 먼저 들어간 원소가 먼저 꺼내진다. 이러한 현상을 선입선출(FIFO: First-In-First-Out)이라 한다.

〈리스트 3.2〉는 큐에 대한 추상자료형 정의를 나타내고 있다. '생성()'은 원소가 하나도 없는 공백 큐를 생성하는 연산이다. '추가(항목, 큐)'는 '큐'에 '항목'을 추가하며, '삭제(큐)'는 큐에서 제일 앞에 있는 원소 하나를 꺼내는 연산이다. '전두(큐)'는 '큐'에서 제일 앞에 있는 원소를 의미한다. '공백?(큐)'는 '큐'가 공백 큐인 지를 묻는 것으로서 결과는 참 또는 거짓이 되며, '참?(큐)'는 '큐'가 가득 차있는 지를 묻는 것으로서 결과는 참 또는 거짓이 된다.

```
자료구조 큐

  선언
    생성()              → 큐
    추가(항목, 큐)      → 큐
    삭제(큐)            → 큐
    전두(큐)            → 항목
    공백?(큐)           → 진위
    참?(큐)             → 진위

  모든 Q ∈ 큐, i ∈ 항목에 대해서
    공백?(생성())       ⇒ 참
    공백?(추가(Q, i))   ⇒ 거짓
    참?(Q)              ⇒ if (Q의 원소수 = Q의 최대 크기) then 참 else 거짓
    삭제(생성())        ⇒ 오류
    삭제(추가(Q, i)     ⇒ if (공백?(Q)) then 생성()
                           else 추가(삭제(Q), i)
    전두(생성())        ⇒ 오류
    전두(추가(Q, i))    ⇒ if (공백?(Q)) then i else 전두(Q)

종료 큐
```

리스트 3-2 큐의 추상자료형 표현

'공백?(생성())'은 생성된 공백 큐가 원소가 하나도 없는 공백 큐인 지를 묻는 것이기 때문에 참이 되며, '공백?(추가(Q, i))'는 큐 Q에 항목 i를 넣은 후에 Q가 공백 큐인 지를 묻는 것이기 때문에 거짓이 된다. '참?(Q)'는 Q에 들어있는 원소수가 Q가 가질 수 있는 최대 원소수와 같다

면 참이 되고 그렇지 않으면 거짓이 된다. '삭제(생성())'은 공백 큐에서 원소를 꺼내려 하기 때문에 오류가 발생된다. '삭제(추가(Q, i))'는 큐 Q에 항목 i를 넣은 후에 Q에서 첫 번째 원소를 꺼내는 것이기 때문에, 원래 Q가 공백 큐라면 결과가 공백 큐가 될 것이며, 그렇지 않다면, 원래 Q에서 첫 번째 원소를 꺼낸 후에 한 항목을 추가한 것과 같게 된다. '전두(생성( ))'는 공백 큐에서 첫 번째 원소를 찾는 것이기 때문에 오류가 발생되고, '전두(추가(Q, i))'는 원래 Q가 공백 큐라면 결과는 새로 추가된 i가 되고, 그렇지 않다면 결과는 '전두(Q)'와 같게 된다.

3.2.2 큐의 저장

스택과 마찬가지로 큐도 광범위하게 사용되고 있으나 대부분의 프로그램 작성 언어들은 내장된 자료형으로 제공하지 않는다. 따라서 큐가 필요한 경우에는 프로그램 작성 언어가 제공하는 기존 기능을 사용하여 큐를 만들어서 사용해야 한다. 이 장에서는 배열을 사용하여 큐를 나타내기로 한다.

큐를 저장하는 가장 간단한 방법은 1차원 배열을 사용하는 것인데, 이때 배열의 크기는 큐에서 필요할 항목들을 처리할 수 있도록 충분히 커야한다. 배열을 사용하기 때문에 큐에는 동일한 자료형 원소만이 저장될 수 있다. 배열 QUE와 정수 변수 front와 rear을 사용하여 큐를 표현하면, 〈그림 3.6〉과 같이 배열을 나타내고 왼쪽에서 오른쪽으로 큰 색인이 오도록 한다. 정수 변수 front는 큐에서 가장 앞에 있는 원소보다 하나 앞을, 정수 변수 rear는 큐에서 가장 뒤에 있는 원소를 가리키도록 한다.

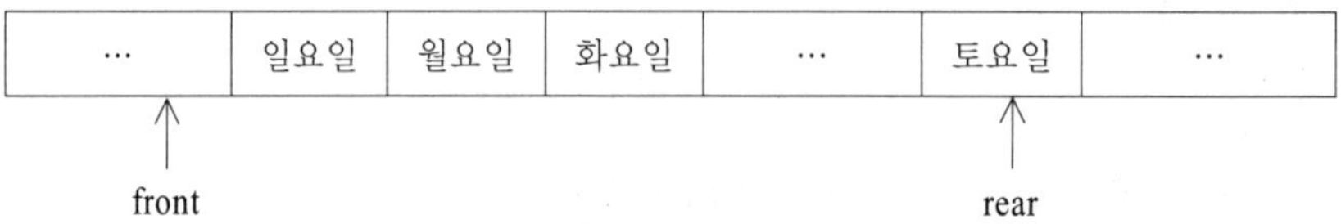

그림 3-6 큐의 배열 표현

〈리스트 3.2〉에서 나타나는 연산 중에 공백 큐를 생성하는 '생성( )'은

선언 QUE(1:n);
front = 0;　rear = 0;

와 같이 n개의 자료원소를 가질 수 있는 일차원 배열 QUE을 선언하고, QUE에는 원소가 하나도 없기 때문에, 큐의 전두를 나타내는 front를 QUE의 가장 앞 부분보다 하나 앞을 가리키도록 0으로 설정하며, 큐의 후미를 나타내는 rear를 front와 같이 0으로 설정한다. '공백?(QUE)'는

if (front = rear) then 참 else 거짓

과 같이 큐의 전두와 후미가 같으면 공백 큐이기 때문에 참이 되고, 그렇지 않으면 거짓이 된다. 이것은 초기의 공백 큐일 때나, 아니면 큐에 추가한 항목들을 모두 삭제한 경우이다. '참?(QUE)'은

if (rear $\geq$ n) then 참 else 거짓

과 같이 큐에서 마지막 원소가 있는 위치를 가리키는 rear가 큐가 가질 수 있는 최대 원소수 n 이상이면 참이 되고, 그렇지 않다면 거짓이 된다. 한편 '전두(QUE)'는

if (공백?(QUE)) then 오류 else QUE(front+1)

과 같이 QUE에 원소가 하나도 없다면 오류를 발생시키지만, 그렇지 않다면 QUE에 남아있는 원소들 중에서 제일 앞에 있는 원소를 돌려준다.

3.2.3 큐 연산

큐에 대한 대표적인 연산으로는 큐에 한 항목을 넣는 추가와 큐에서 한 항목을 꺼내는 삭제 연산이 있다. 〈알고리즘 3.3〉은 큐에 한 항목을 추가하는 연산에 대한 알고리즘을 보이고 있다.

큐_추가 (항목)

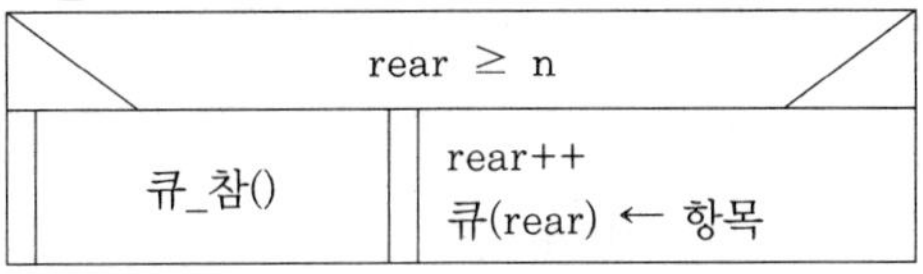

// 큐 : 자료구조
// rear : 큐 변수, n : 큐의 크기

알고리즘 3.3 큐에 한 항목을 추가

먼저 큐에 새로운 항목을 추가할 공간이 남아있는지 살펴보고, 없다면 큐가 가득 찬 것에 대한 행위를 취할 수 있도록 하고, 그렇지 않다면 rear를 증가시키고 그 위치인 큐(rear)에 한 항목을 추가한다.

〈알고리즘 3.4〉는 큐에서 한 항목을 삭제하는 연산에 대한 알고리즘을 보이고 있다.

큐_삭제()

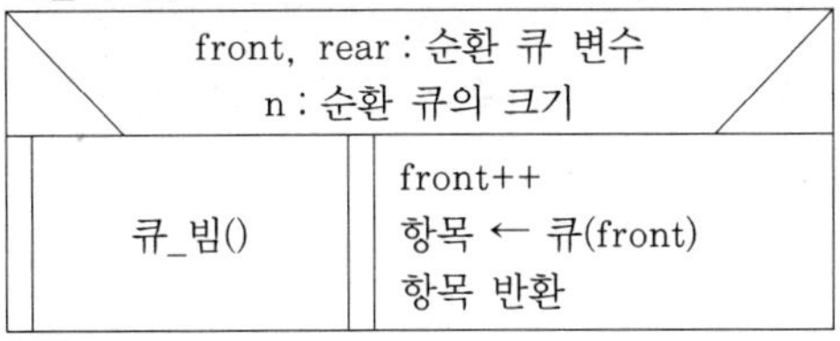

// front, rear : 순환 큐 변수
// n : 순환 큐의 크기

알고리즘 3.4 큐에서의 삭제

우선 큐가 비었는 지를 살피기 위해 front와 rear가 같은 지를 확인한다. 큐가 비었으면, 그에 대한 조치를 취할 수 있도록 하고, 그렇지 않으면 front를 증가시켜 그 위치인 큐(front)에서 한 항목을 꺼낸다.

〈그림 3.7〉은 큐에 항목들을 넣고 꺼내는 예를 보이고 있다.

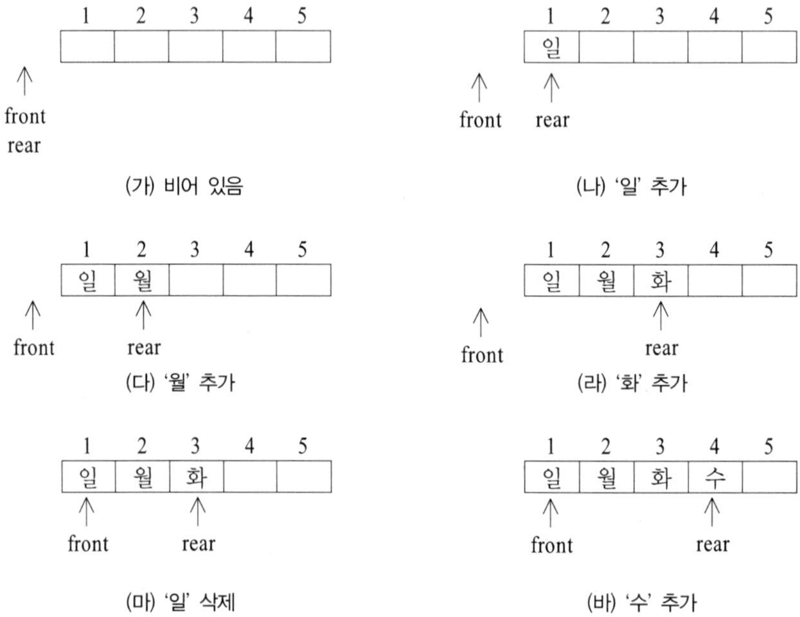

**그림 3-7 큐에서의 추가와 삭제

한 가지 주의할 사항은, 〈그림 3.7〉 (마)서 front가 '일'이라는 원소를 가리키고 있으나, 큐에서 원소를 꺼낼 때는 항상 front를 증가시켜 꺼내기 때문에, '일'이라는 원소에 접근할 수 없으므로 '일'이라는 원소는 큐에서 삭제된 것으로 보아야 한다는 것이다.

3.2.4 단순 큐의 문제

큐는 컴퓨터 프로그램을 작성할 때 자주 사용된다. 큐의 가장 보편적인 이용은 운영 체제에 의한 작업 큐의 관리이다. 만약 운영 체제가 작업에 대한 우선순위를 사용하지 않는다면 작업들은 컴퓨터 시스템에 들어온 순서대로 처리될 것이다. 〈그림 3.8〉은 운영 체제가 단순 큐(simple queue)를 사용하여 작업을 관리하는 과정을 보여주고 있다.

front	rear	Q(1)	Q(2)	Q(3)	…	Q(n)	설 명
0	0						공백 큐
0	1	J_1					J_1 추가
0	2	J_1	J_2				J_2 추가
0	3	J_1	J_2	J_3			J_3 추가
1	3		J_2	J_3			J_1 삭제
2	3			J_3			J_2 삭제

**그림 3-8 단순 큐에서의 작업 추가와 삭제

단순 큐에 작업들이 추가되고 삭제됨에 따라 rear 값은 점차 n쪽으로 커질 것이고, 마침내는 rear 값이 n이 될 것이다. 이때에 새로운 작업을 추가하려 하면, '큐_참' 상태가 되어 더 이상 추가할 수 없게 된다. 하지만 이때의 front가 0일 수도 있으며, 그렇지 않고 n-1 또는 n일 수도 있다. front가 0이라면 큐에는 n개의 작업이 들어있어서 분명히 포화 상태이지만, front가 0이 아니라면, 적어도 하나 이상의 작업이 추가될 공간이 존재하나 rear 값이 n이 되기 때문에 추가할 수 없는 상황이 발생한다. 예를 들어 rear 값은 n이지만, front 값이 n-1이라면, 큐에는 n번째에만 원소가 들어있고, n번째 전의 나머지는 비어있을 것이다. 즉, 큐에는 하나의 원소만 있고, n-1개의 작업이 들어갈 공간이 남아있다. 하지만 rear 값이 n이기 때문에 더 이상 원소를 추가할 수 없게 된다.

이러한 경우에는, 큐에 남아있는 원소들을 한 칸 이상 앞으로 이동시켜서, 큐의 뒷 부분에 여유 공간을 만들어 새로운 원소를 추가할 수 있도록 한다. 물론 이 때 front와 rear 값이 조정된다. 〈그림 3.9〉는 단순 큐에서 작업이 추가되고 삭제됨에 따라 자료원소들이 이동되는 예를 보이고 있다. 특히 마지막 부분에서는 자료원소를 한 칸만 이동시키는 것이 아니라 n-1 칸을 이동시킬 수 있다는 것을 보여주고 있다.

이 예의 마지막 부분에서, front가 n-1이고 rear가 n일 경우에는, 큐 속에는 하나의 원소만 있고 n-1개의 원소가 들어갈 공간이 있지만, 단순 큐의 특성상 새로운 원소를 추가하려면 큐 속의 원소를 한 칸 이상 앞으로 당겨서 뒤에 여유 공간을 만들어야 한다. 이와 같이 단순 큐를 사용하면 큐가 실질적으로는 포화 상태가 아니지만, rear 값 때문에 포화 상태가 되어, 새로운 원소의 추가를 위해 큐 속의 자료원소들을 이동해야 하는 문제가 발생한다. 특히 rear 값이 n에 가까워질수록 원소 이동은 자주 발생되어, 전체적인 성능이 저하된다.

front	rear	Q(1)	Q(2)	Q(3)	…	Q(n)	설 명
1	n		J_2	J_3	…	Jn	포화상태
0	n−1	J_2	J_3	…	J_n		(J_2 − J_n) 이동
0	n	J_2	J_3	…	J_n	J_{n+1}	J_{n+1} 추가, 포화상태
1	n		J_3	…	J_n	J_{n+1}	J_2 삭제
0	n−1	J_3	…	J_n	J_n+1		(J_3 − J_{n+1}) 이동
…	…	…	…	…	…	…	J_{n+2} 삽입 …
n−1	n					J_{n+m}	포화상태
0	1	J_{n+m}					J_{n+m} 이동

**그림 3-9 단순 큐에서의 원소들의 이동 예

3.2.5 순환 큐(circular queue)

단순 큐의 문제점을 보완한 것이 순환 큐이다. 단순 큐에서는 rear 값이 커지기만 하기 때문에, 큐가 실질적으로 포화 상태가 아니지만 포화 상태가 되는 문제점이 있었다. 순환 큐에서는 rear 값이 n에 도달한 후에는 다시 처음서부터 시작할 수 있도록 허용한 큐이다. 물론 front 값도 순환된다. 순환 큐도 1차원 배열을 이용하여 구현할 수 있는데, 〈그림 3.10〉은 여덟 개의 원소를 가지는 순환 큐 Q(1:8)을 보이고 있다. 물론 front와 rear 값은 0으로 초기화한다. 순환 큐는 단순 큐의 처음과 끝이 이어지도록 나타낸 것인데, 이를 원형 큐라고도 한다.

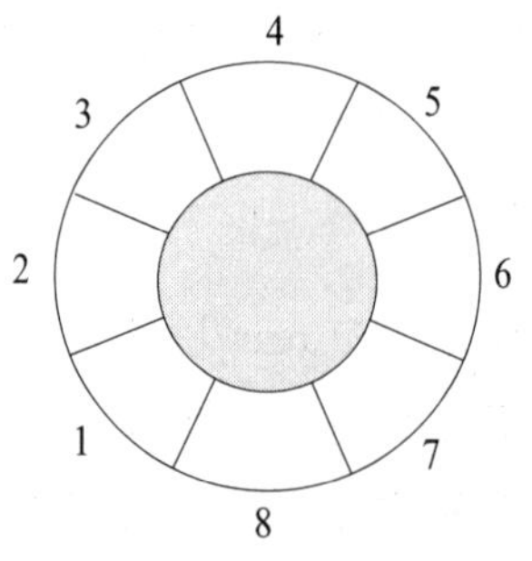

**그림 3-10 순환 큐

front 값은 처음에는 0이지만, 이후에는 항상 큐의 첫 번째 원소보다 시계 반대 방향으로 하나 앞의 위치를 가리키게 하고, rear는 큐의 마지막 원소의 위치를 가리키게 한다.

순환 큐에 원소를 추가할 때 rear는

if (rear = n) then rear = 1 else rear++

과 같이 계산되며, 순환 큐에서 원소를 삭제할 때에 front는

if (front = n) then front = 1 else front++

과 같이 계산된다.

〈그림 3.11〉의 (가)는 처음에 두 개의 원소를 추가한 것을, (나)는 두 개의 원소를 꺼낸 것을, (다)는 8개의 원소를 추가한 것을 각각 나타내고 있다.

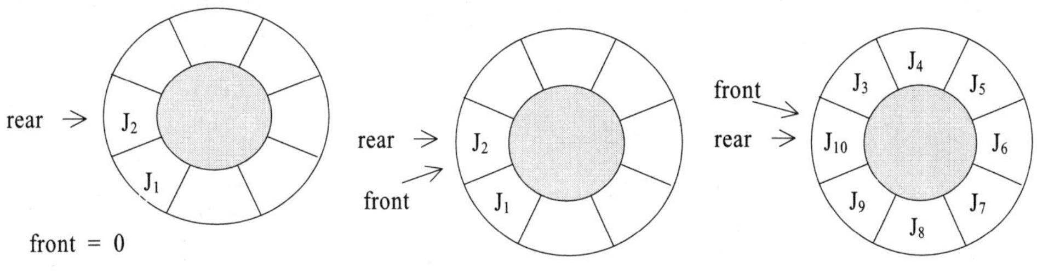

(가) 두 원소 추가 (나) 두 원소 삭제 (다) 여덟 개의 원소 추가

그림 3-11 순환 큐에서 원소의 추가와 삭제 예

원형 큐를 처음 사용할 때에는 front와 rear 값은 0으로 같은데, 이것은 공백 큐라는 것을 나타낸다. 두 원소를 추가하고 나서 두 원소를 삭제한 후에도 front와 rear 값은 같은데, 역시 큐가 비었다는 것을 나타내고 있다. 또한 여덟 개의 원소를 더 추가한 뒤에도 front와 rear 값이 같은데, 이때에는 큐가 빈 것이 아니라 포화 상태이다. 이 예에서 알 수 있듯이 순환 큐에서 front 값과 rear 값이 같을 때, 큐가 비어있을 수도 있고, 포화 상태일 수도 있다. 이것을 구분하기 위해서, 예를 들어, 별도의 부전(tag)을 두어, 빈 상태일 경우에는 0, 포화 상태일 경우에는 1로 설정하도록 할 수도 있다.

front와 rear 값을 구할 때 if 문 보다는 나머지 연산 (mod)을 사용하는 것이 처리 속도면에서 효율적이다. 즉 rear는

rear = (rear + 1) mod n

과 같이 계산하고, front는

front = (front + 1) mod n

과 같이 계산한다.

n의 나머지 연산을 사용하면, 나머지가 0, 1, 2, …, n-1이 되기 때문에, 순차 큐도 이에 맞추어 Q(1:n)이 아니라 Q(0:n-1)과 같은 1차원 배열을 사용한다. 그리고 front 값과 rear 값이 같을 때, 큐가 비어있을 수도 있고 포화 상태일 수도 있다. 그러므로 front 값과 rear 값이 같아 혼란이 발생하지 않도록, 큐에는 최대 n-1개의 원소만 들어갈 수 있도록 한다. 즉, 순환 큐에 n-1개의 원소가 들어가면 (즉, rear가 front의 바로 앞을 가리킴) 포화 상태로 간주하고, front 값과 rear 값이 같을 때는 큐가 비어있다고 간주하여 알고리즘을 단순하게 한다.

〈그림 3.12〉의 (가)는 새로운 방식의 순환 큐의 초기 상태를, (나)는 세 개의 원소를 추가한 뒤에 세 개의 원소를 꺼내어 공백 큐가 된 상태를, (다)는 일곱 개의 원소를 더 추가하여 큐가 포화 상태가 된 것을 나타내고 있다. 이때 큐에는 일곱 개의 원소만 남아있다는 것을 주의해야 한다.

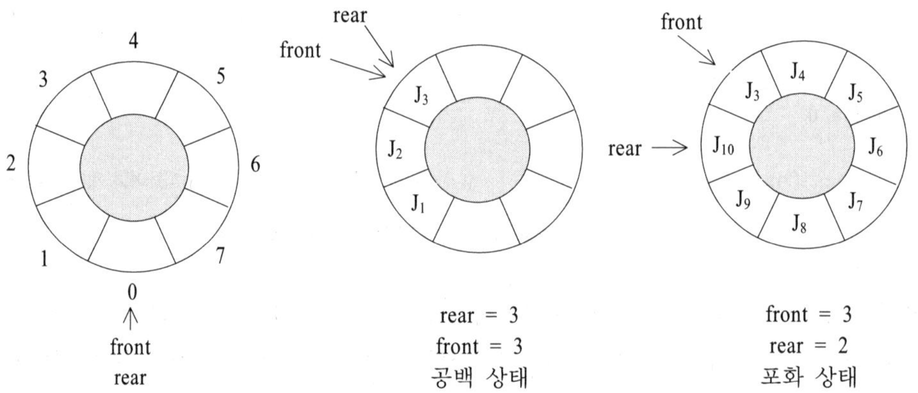

(가) 초기 상태　　(나) 세 원소 삽입 후 삭제　　(다) 일곱 개의 원소 추가

**그림 3-12 순환 큐에서 원소의 추가와 삭제 예

3.2.6 순환 큐에서의 연산

순환 큐에서도 주된 연산은 원소를 추가(삽입)하는 연산과 원소를 꺼내는(삭제) 연산이다. 〈알고리즘 3.5〉는 순환 큐에 한 항목을 추가하는 알고리즘이다.

순환큐_추가 (항목)

rear ← (rear + 1) mod n	
front = rear	
큐_참()	큐(rear) ← 항목

// 큐 : 순환 큐 자료구조
// front, rear, n : 순환 큐 변수

알고리즘 3.5 순환 큐에서의 추가

〈알고리즘 3.6〉은 순환 큐에서 한 항목을 꺼내는 알고리즘이다.

순환큐_삭제( )

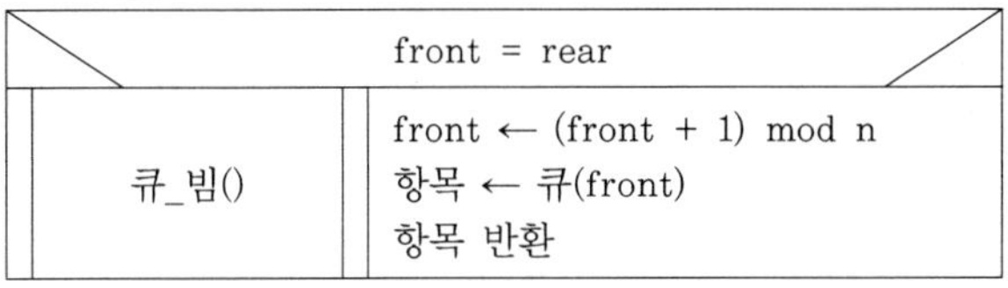

알고리즘 3.6 순환 큐에서의 삭제

순환 큐의 추가 알고리즘에서 포화 상태 검사와 삭제 알고리즘에서의 공백 상태 검사가 front와 rear 값이 같은 지를 묻는 것으로 동일하다. 하지만 추가 알고리즘의 'front = rear'에서 front가 큐의 첫 번째 원소보다 시계 반대 방향으로 하나 앞의 원소를 가리키고, rear가 '(rear + 1) mod n' 후의 값이기 때문에, front와 rear 값이 같은 것은 결국 큐에 n-1개의 원소가 있다는 것이고, 이것이 큐가 포화 상태란 것이다. 앞에서도 언급했지만 만일 여기에 하나의 원소를 더 추가하면 front와 rear가 똑같아지므로 포화 상태와 공백 상태를 구별할 수 없게 된다. 삭제 알고리즘의 'front = rear'에서 rear가 마지막에 추가된 원소의 위치를 가리키고, front가 마지막에 삭제된 원소의 위치를 가리키기 때문에, front와 rear 값이 같은 것은 결국 큐에 원소가 하나도 없는 공백 큐임을 의미한다.

참고로 〈알고리즘 3.7〉과 〈알고리즘 3.8〉은 순환 큐에 n개의 원소를 넣을 수 있도록 하기 위해 부전(tag)을 이용해서 구현하는 알고리즘을 보이고 있다. 여기에서 'tag = 0' 이면 큐가 비어 있는 상태이며, 'tag = 1'이면, 큐가 포화 상태이다.

부전_순환큐_추가 (항목)

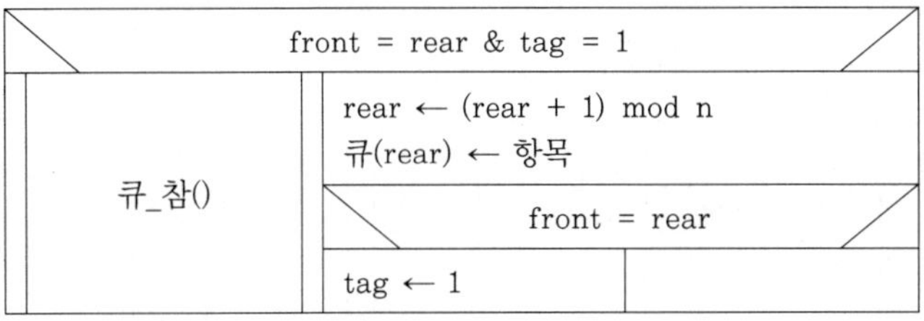

* tag : 부전, 순환 큐 변수

알고리즘 3.7 부전을 이용한 순환 큐에서의 추가

부전_순환큐_삭제 ()

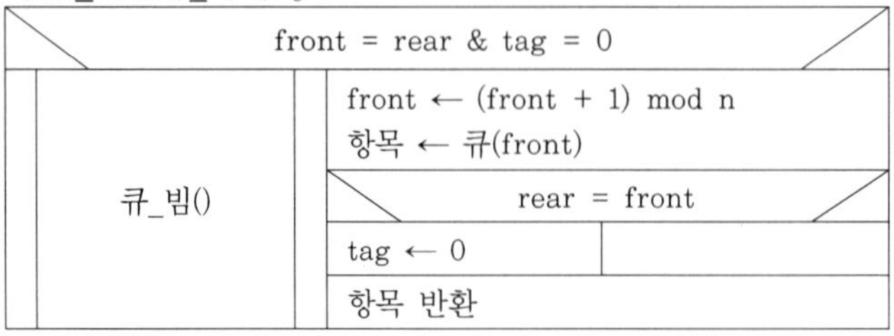

알고리즘 3.8 부전을 이용한 순환 큐에서의 삭제

3-3 데크 (Deque)

데크 (deque: double-ended queue)는 스택과 큐를 혼합한 것이며 양쪽 끝 모두에서 추가와 삭제가 일어날 수 있는 자료구조이다. 스택의 한쪽 끝에서 추가와 삭제가 일어날 경우 그 위치를 알려 주는 지적자가 한 개 필요하듯이, 이 구조는 두 개의 지적자가 양쪽 끝을 가리키게 된다. 데크는 선형 구조이므로 일차원 배열을 이용하여 구현할 수 있으며, 하나의 배열을 선언한 뒤에 두 개의 지적자를 선언한다.

〈그림 3.13〉은 데크를 이용하여 원소를 추가하고 삭제하는 예이다. (마)에서와 같이 지적자가 데크의 양쪽 끝을 가리킬 경우에 원소를 추가하려면 오버플로우가 발생된다. 이러한 문제를 해결하기 위해서는 원소들을 데크의 가운데 부분으로 자주 이동시켜야만 한다. 이와 같은 방법은 데크의 응용적인 방법으로 양쪽 끝 부분에 저장될 장소가 같아지도록 적당한 위치로 원소들을 이동시키는 과정이 필요하다. 이러한 이동은 큐에서 끝에 도달했을 때 처리하는 방법과 동일하다.

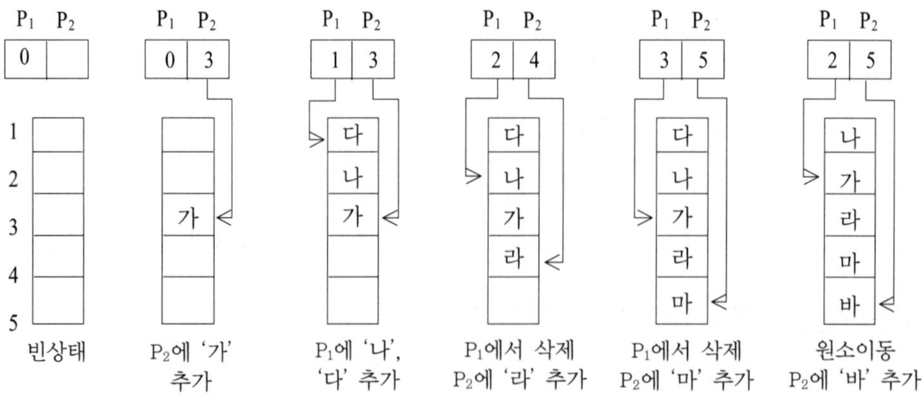

(가) (나) (다) (라) (마) (바)

**그림 3-13 데크에서의 추가와 삭제 예

데크의 언더플로우는 큐나 스택에서와 같이 비어 있는 상태에서 삭제가 일어나는 것과 비슷하다.

3-4 다중 스택과 큐

3.1 절과 3.2 절에서는 스택이나 큐를 하나만 필요한 경우에 하나의 일차원 배열을 이용하여 구현하는 방법을 설명하였다. 여기에서는 응용 프로그램에서 여러 개의 스택이나 큐를 필요로 할 때 구현하는 방법에 대해 설명한다. 그리고 다중 스택이나 다중 큐는 구현하는데 있어 유사한 점들이 많기 때문에, 여기서는 다중 스택에 대해서만 다룬다.

스택은 선형 자료구조이기 때문에, 하나의 스택이 필요한 경우에, 순차적 사상에 의해 일차원 배열을 이용하여 표현할 수 있었다. 이를 응용하면 n개의 스택이 필요한 경우에 일차원 배열을 n개 모은 즉, n 행의 이차원 배열을 이용하여 표현할 수 있다. 하지만 각 스택의 길이가 다르다면, 그 중에서 가장 긴 스택을 중심으로 하여 이차원 배열의 열 수를 결정해야 하기 때문에, 기억공간의 낭비가 예상된다. 이러한 문제를 완화시키기 위해 다중 스택을 일차원 배열에서 구현한다.

우선 두 개의 스택1과 스택2를 하나의 일차원 배열로 표현해보자. 〈그림 3.14〉에서와 같이 S(1:m)의 일차원 배열을 준비하고, 스택1은 1에서 m 쪽으로, 스택2는 m에서 1 쪽으로 커 나가도록 한다. 즉, 배열의 한 쪽 끝인 S(1)은 스택1의 바닥이고, 배열의 다른 쪽 끝인 S(m)은 스택2의 바닥이 되도록 하며, 상단1은 원소가 추가될 때마다 그 값이 커지도록 하고, 상단2는 원소가 추가될 때마다 그 값이 작아지도록 한다. 이렇게 하면 스택1과 스택2 사이에는 존재하는 빈 공간을 필요에 따라 두 스택 중 어느 스택이나 사용할 수 있어 기억공간을 효율적으로 사용할 수 있게 된다.

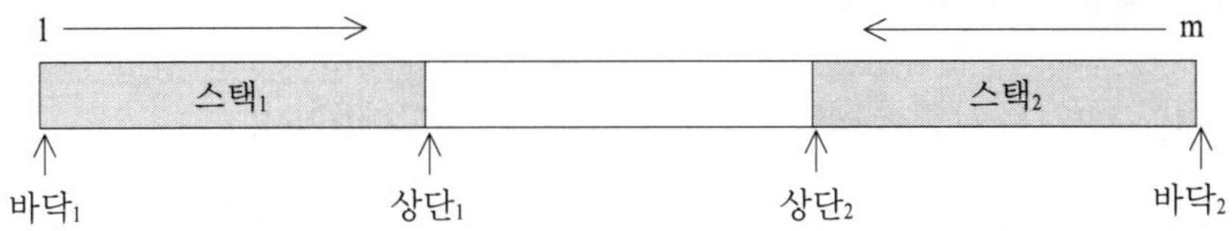

**그림 3-14 하나의 배열을 이용하여 두 스택을 표현

이번에는 하나의 일차원 배열 S(1:m)을 가지고 n개의 스택을 표현해보자. 이 경우에는 일차원 배열 S(1:m)을 n개의 스택에 할당해주면 된다. S(1:m)을 분할할 때, 미리 각 스택의 기대되는 크기를 알고 있다면, S(1:m)을 여러 스택에 차등 분배하면 되지만, 각 스택에 대한 특별한 정보가 없을 경우에는 〈그림 3.15〉에서와 같이 m개의 기억공간을 n 조각으로 나누어 각 스택에 균등하게 분배한다.

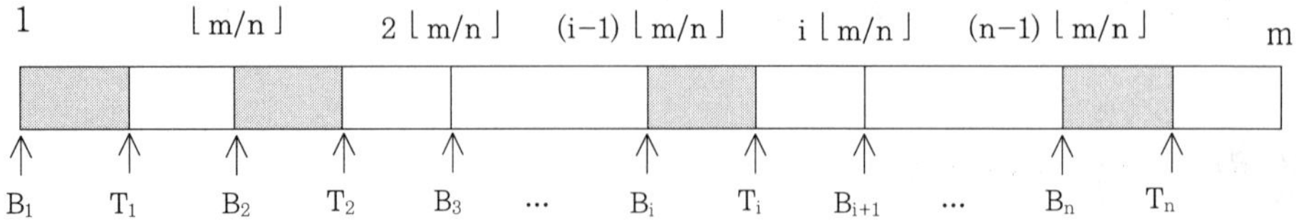

**그림 3-15 n개인 스택에 대한 균등 분배

배열의 크기 m을 n으로 나누면 하나의 스택 크기는 $\lfloor m/n \rfloor$이 되고, i번째 스택의 바닥과 상단에 대한 지적자는 각각 B_i와 T_i이다. 임의의 i ($1 \le I \le n$)에 대해서, B_i는 i번째 스택에 들어갈 첫 원소의 위치를 가리키며, Ti는 i번째 스택에서 마지막에 들어간 최상단 원소의 위치를 나타낸다. 이렇게 되면 i번째 스택은 B_i 위치로부터 B_{i+1}-1까지 커질 수 있다. i번째 스택이 비어 있으면 $B_i-1 = T_i$가 되며, i번째 스택이 가득 차면 $T_i = B_{i+1}-1$이 된다. i번째 스택이 i+1번째 스택보다 왼쪽에 존재한다면, B_i와 T_i의 초기조건은

$$B_i-1 = Ti = (i-1)\lfloor m/n \rfloor -1, \quad 1 \le i \le n$$

이 된다. 예를 들어 첫 번째 스택에 대한 B_1와 T_1의 초기 조건은 $B_1-1 = T_1 = 0$ 이다.

〈알고리즘 3.9〉는 다중 스택에서 원소를 추가하는 알고리즘이다.

다중스택_추가 (i, 항목)

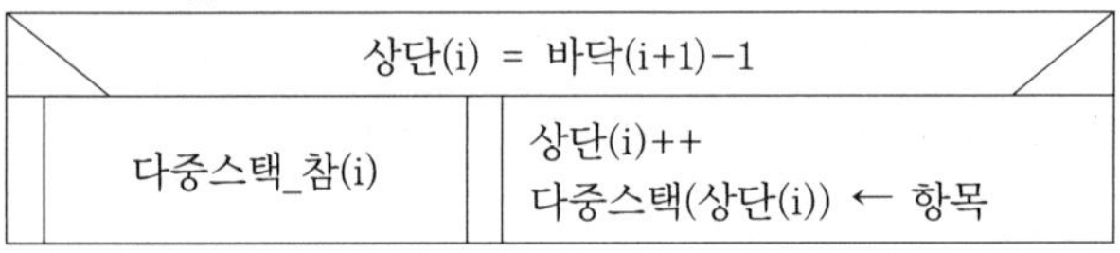

알고리즘 3.9 i번째 스택에 원소 추가

〈알고리즘 3.10〉은 다중 스택에서 원소를 삭제하는 알고리즘이다.

다중스택_삭제 ()

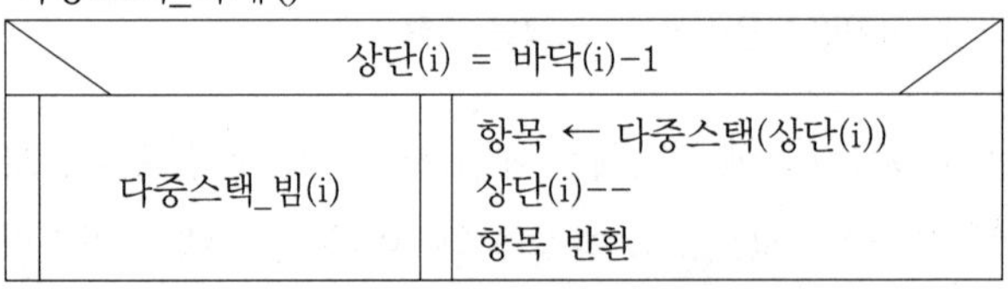

알고리즘 3.10 i번째 스택에서 원소 삭제

i번째 스택이 가득 찬 상태에서 새로운 원소를 추가하려면, 우선 추가할 공간을 마련한 다음에

새로운 원소를 추가해야 한다. 이것은 S(1:m)에서 남아있는 빈 공간을 이용하여 i번째 스택에 원소를 추가시켜 주는 것으로써, 빈 공간은 다음과 같은 절차를 거쳐 만들 수 있다.

❶ j번째 스택과 j + 1번째 스택 사이에 빈 공간을 가지는 최초의 j (i 〈 j ≤ n)를 찾아서, j가 존재한다면, i+1, i+2, …, j번째 스택을 오른쪽으로 한 칸씩 이동시켜 i 번째 스택과 i+1번째 스택 사이에 빈 공간 하나를 만든다.

❷ 앞의 방법에서 마땅한 j 값을 찾지 못하면 1 ≤ j 〈 i 인 j에 대해 j번째 스택과 j + 1번째 스택 사이에 빈 공간을 가지는 최후의 j를 찾아서, j가 존재한다면, j + 1, j + 2, …, i번째 스택을 왼쪽으로 한 자리씩 이동시켜 i번째 스택과 I + 1번째 스택 사이에 빈 공간 하나를 만든다.

❸ 위 두 방법에서 만족하는 j가 없으면 S(1:m)의 기억공간은 가득찬 상태이기 때문에 빈 공간을 만들어 낼 수 없다.

3-5 스택의 응용

응용 프로그램에서의 부 프로그램 호출(subroutine call)과 복귀(return), 순환(recursion), 산술식 처리 등에서 스택을 이용하면 상당히 효과적으로 처리할 수 있다. 이 절에서는 스택을 응용하는 것에 대해서 살펴보며, 큐에 대한 응용은 제 5장 이후로 미룬다.

3.5.1 부 프로그램 호출

응용 프로그램에서 주 프로그램이나 부 프로그램이 다른 부 프로그램을 호출하는 일은 아주 빈번하다. 주 프로그램에서 부 프로그램을 호출하면 제어가 호출된 부 프로그램으로 넘어간다. 호출된 부 프로그램의 명령들을 수행하다가 부 프로그램의 끝에 도달하든지 아니면 중간에 복귀문(return)을 만났을 때, 다시 주 프로그램으로 제어가 넘어온다. 이때에는 주 프로그램에서 부 프로그램을 호출한 문장 다음에 있는 문장들을 계속해서 처리하게 된다. 이렇게 되기 위해서는 한 프로그램이 다른 프로그램을 호출할 때, 호출된 프로그램이 다 수행된 후에 수행해야 할 호출 프로그램의 다음 명령의 번지를 기억해야 한다.

〈그림 3.16〉은 주 프로그램 MAIN이 부 프로그램 S_1을 호출하고, S_1이 부 프로그램 S_2를 호출하며, S_2가 부 프로그램 S_3을 호출하는 것을 보이고 있다.

```
proc MAIN          proc S1            proc S2            proc S3
  -----              -----              -----              -----
  -----              -----              -----              -----
  call S1            call S2            call S3            -----
r:                 s:                 t:                   -----
  -----              -----              -----              -----
  -----              -----              -----              -----
end                end                end                end
```

**그림 3-16 부 프로그램 호출을 가지는 프로시저들

주 프로그램 MAIN에서 부 프로그램 S_1을 호출할 때에는 다음에 이어서 수행할 r 번지를 기억해 두어야 하고, S_1에서 S_2를 호출할 때에는 s 번지를, S_2에서 S_3를 호출할 때에는 t 번지를 기억해 두어야 한다. 따라서 프로그램이 호출되는 순서는

운영 체제 → MAIN → S_1 → S_2 → S_3

이고, S_3이 수행된 뒤에 복귀되는 순서는

S_3 → S_2 → S_1 → MAIN → 운영 체제

이다. 이렇게 하기 위해서는 명령들의 번지가 q, r, s, t 순으로 저장되어야 한다. 여기에서 q는 주 프로그램 MAIN이 종료된 다음에 운영 체제상에서 계속될 명령에 대한 번지이다. 복귀되는 명령들의 번지는 t, s, r, q 순이기 때문에, 이 번지들은 스택에 저장하여 사용하는 것이 좋다. 〈그림 3.17〉은 프로시저를 호출하면서 사용되는 스택의 내용을 보이고 있고, 〈그림 3.18〉은 프로시저에서 복귀되면서 사용되는 스택의 내용을 보이고 있다.

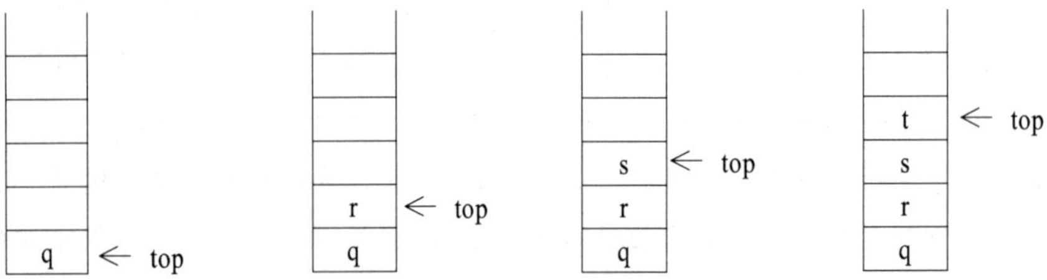

(가) MAIN 호출 (나) S_1 호출 (다) S_2 호출 (라) S_3 호출

**그림 3-17 프로시저를 호출과 스택 변화

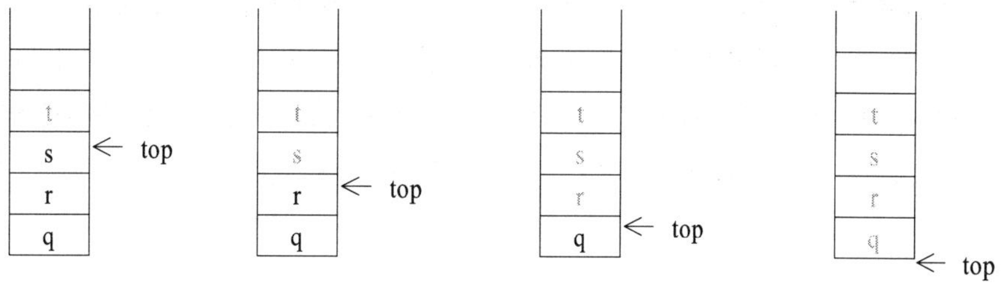

(가) S_3 완료 S_2로 복귀 (나) S_2 완료 S_1로 복귀 (다) S_1 완료 MAIN으로 복귀 (라) MAIN 완료 운영 체제로 복귀

**그림 3-18 프로시저에서 복귀와 스택 변화

3.5.2 수식의 계산

(1) 연산자 우선 순위

계산기가 나타나기 전에 수식의 계산은 사람의 머리와 손으로 일일이 계산했으나, 탁상용 계산기 또는 프로그램 작성이 가능한 컴퓨터를 이용하게 됨에 따라, 컴퓨터에서 어떻게 프로그램을 작성하여 적용할 것이며, 작성된 수식의 계산을 어떻게 기계어로 번역할 것인 가의 문제가 발생하게 되었다.

사람은 단순한 산술 연산을 간단히 계산할 수 있지만, 컴퓨터를 이용할 경우에는 먼저 프로그램을 어떻게 작성하고, 프로그램 작성 언어가 프로그램을 기계어로 바뀌는 과정을 이해하지 않으면 안 된다. 예를 들어 산술식

$A + B \times C$

에서, 사람은 전체 식을 한 눈에 볼 수 있으므로, 산술 연산 법칙에 따라 곱셈부터 계산하고 덧셈을 나중에 하는 과정을 이해하지만, 컴퓨터는 한 문자 단위로 처리하기 때문에 왼쪽의 변수 A부터 한 문자씩 읽어 들여 'A', '+', 'B'의 세 문자를 가지고 덧셈 연산을 먼저 처리하려고 한다.

따라서 이런 문제를 해결하기 위해 연산자 우선 순위(operator priority)가 필요하다. 산술식의 구성 요소는 연산자(operator)와 피연산자(operand)인데, 위 식에서 '+'와 '×'는 연산자이고, A, B, C는 피연산자이다. 우리가 보통 사용하는 연산자에는 수치 자료들 사이에 적용되는 산술 연산자(+, −, *, /, ** 등), 수치 자료나 문자 자료의 크기를 비교하기 위해 사용되는 관계 연산자(=, 〈〉, 〈, 〉,〈=, 〉=), 논리 자료들 사이에 적용되는 논리 연산자(and, or, not) 등이 있다. 또한 연산자는 단항 연산자(unary operator)와 이항 연산자(binary operator)로 구별되는데 단항 연산자는 피연산자가 하나인 연산자로 '+3' 또는 '-5' 등에서의 '+'와 '-'이고, 이항 연산자는 피연산자 두 개를 필요로 하는 연산자로 보통 산술 연산자, 관계 연산자, 논리 연산자를 말한다.

산술식에서 괄호를 사용하면 'A + (B * C)'와 '(A + B) * C'의 계산 값은 서로 다르다는 것을 알 수 있지만, 괄호가 없이 처리되는 컴퓨터에서와 같은 경우에는 연산자의 우선 순위가 필요하게 됨을 알 수 있다. 관계 연산에서 문자와 문자의 비교는 코드 값들에 의해 우선 순위가 있기 때문에 가능하다. 〈표 3.1〉은 연산자들 간의 우선 순위를 나타내고 있다.

▌표 3-1▐ 연산자 우선 순위

연산자	우선 순위
**, 단항+, 단항-	6
*, /	5
+, -	4
=, 〈, 〉, 〈=, 〉=	3
and	2
or	1

(2) 수식의 표기

이항 연산자와 두 개의 피연산자 사이에 나타날 수 있는 경우는 세 가지이다. 즉, 연산자가 피연산자들 보다 앞에, 피연산자들 사이에, 피연산자들 보다 뒤에 나타날 수 있다. 예를 들어 '+' 연산자가 두 개의 피연산자 'A'와 'B' 사이에 나타날 수 있는 경우는 다음과 같이

```
+ A B          // 전위 표기식
A + B          // 중위 표기식
A B +          // 후위 표기식
```

세 가지가 있다.

연산자가 피연산자들 보다 앞에 나타나는 표기법을 전위(prefix) 표기법이라 하고, 연산자가 피연산자들 사이에 나타나는 표기법을 중위(infix) 표기법이라 하며, 연산자가 피연산자들 보다 뒤에 나타나는 표기법을 후위(postfix) 표기법이라 한다.

컴퓨터 프로그램에서 산술식의 계산은, 우리가 보통 표현하는 'A + B'와 같은 중위 표기식을 받아 들여 적당한 기계어로 번역하기 쉽도록 먼저 다른 표기식으로 변형시킨다. 컴파일러는 중위 표기식을 연산자의 우선 순위를 고려하지 않아도 되는 역 폴란드 표기법이라고 불리는 후위 표기식으로 변형하고, 변형된 후위 표기식으로부터 기계어를 생성한다.

중위 표기식을 전위 표기식이나 후위 표기식으로 변형시키는 방법에는 두 가지가 있다. 첫 번째는 산술식에서 연산자의 전후에 적당한 개수의 괄호를 붙여 안쪽 괄호에 둘러싸인 부분부터

처리하는 방법이고, 두 번째는 산술식에서 왼쪽에서부터 한 문자씩 검사하면서 연산자를 우선 순위에 의하여 처리하는 방법이다. 첫 번째 방법은 최초의 FORTRAN 컴파일러에서 취한 방법으로, 그 규칙은 〈표 3.2〉와 같다.

표 3-2 우선 순위에 따른 표기

연산자	표 기
+, -	))) + (((,))) - (((
*, /	)) * ((,)) / ((
** 또는 ^	) ** (
산술식의 좌측 끝	(((
산술식의 우측 끝	)))

(3) **산술식 표기의 변환**

산술식에 대한 각 표기 방식은 다른 방식으로 변환될 수 있는데, 여기에서는 중위 표기 산술식을 후위 및 전위 표기 산술식으로 변환하는 것에 대하여 살펴본다.

예를 들어,

A + B ** C * D

와 같은 산술식은 다음과 같이 변형시킬 수 있다.

(((A))) + (((B) ** (C)) * ((d)))

이 방법은 괄호를 붙이거나 안쪽 괄호를 찾기 위하여 주어진 식을 여러 번 검사하여 충분히 괄호를 붙여 준 뒤 연산자에 대응하는 오른쪽 괄호 뒤에 연산자를 옮겨 주고 모든 괄호를 제거하면 후위 표기식으로 고쳐진다. 예를 들면, 중위 표기식

A / B * C + D * E - F ** G

를 연산자 우선 순위에 의하여 괄호를 붙여 주면 다음과 같고

((((A)) / ((B))) * ((C))) + (((D)) * ((E))) - (((F) ** (G)))

연산자를 그 연산자에 대응되는 오른쪽 괄호 바로 다음으로 이동시키면 다음과 같으며

((((A))((B)) /) ((C))) * (((D))((E)) *) + (((F) (G) **))) -

후위 표기식은 연산자의 우선 순위를 고려하지 않아도 되므로, 모든 괄호를 제거하면 다음과

같은 후위 표기식이 된다.

A B / C * D E * + F G ** −

또한 괄호를 이용하여 중위 표기식을 전위 표기식으로 고치는 방법은 후위 표기의 방법과는 달리 연산자를 그 연산자에 대응되는 왼쪽 괄호 바로 앞으로 이동하고 모든 괄호를 제거하면 전위 표기식이 된다. 다음은 중위 표기식의 산술식을 전위 표기식으로 변형시키는 예제 과정이다.

A / B * C + D * E − F ** G

((((A)) / ((B))) * ((C))) + (((D)) * ((E))) − (((F) ** (G)))

(+ (/ ((A)) * ((B))) ((C))) − (* ((D)) ((E))) ((** (F) (G)))

+ / A * B C − * D E ** F G

이와 같은 방법은 괄호를 붙여 주거나 제거하는 과정에서 여러 번 검사해야 하는 단점이 있다.

중위 표기식을 후위 표기식으로 변환하는 두 번째 방법은 중위 표기식으로 된 산술식을 한 번만 검사하여 후위 표기식으로 변환시키는데 스택을 이용하어야 한다. 먼저 스택을 이용하여 중위 표기 산술식 'A + B * C'를 후위 표기 산술식 'A B C * +'로 변형시켜 보자. 토큰 (token)이란 산술식에서 독립된 성분으로, 이 산술식은 'A', '+', 'B', '+', 'C'의 다섯 개의 토큰으로 이루어졌다. 이들 토큰들 중에서 연산자에 해당되는 토큰들은 제 위치를 찾을 때까지 스택에 저장되고, 피연산자는 스택과는 관계없이 바로 출력시킨다.

〈그림 3.19〉에서와 같이 피연산자 A는 바로 출력되고, 연산자 +는 스택에 저장된 연산자가 없으므로 스택에 저장된다. 다음에 입력된 피연산자 B도 출력되고, 연산자 *는 스택 안의 연산자 +와 비교하여 *의 우선 순위가 높으므로 스택에 저장된다. 피연산자 C도 바로 출력되고, 이제 식에 대한 입력이 끝났으므로 스택에 남아있는 연산자를 차례로 꺼내어 출력하면 후위 표기식인 A B C * +로 변환된다.

입력 토큰	행위	스택	출력 결과
없음	없음	빈 상태	없음
A	A를 출력	빈 상태	A
+	+를 스택에 저장	+	A
B	B를 출력	+	A B
*	*를 스택에 저장	+ *	A B
C	C를 출력	+ *	A B C
없음	스택에서 꺼내 출력	+	A B C *
없음	스택에서 꺼내 출력	빈 상태	A B C * +

**그림 3-19 중위 표기식을 후위 표기식으로 변환 과정

이상에서의 중위 표기식을 후위 표기식으로 변환하는 과정을 살펴보면, 다음과 같은 특징이 있음을 알 수 있다.

- 중위 표기식에서와 후위 표기식에서 피연산자의 순서는 같다.
- 중위 표기식에서와 후위 표기식에서 연산자의 순서는 다르다.

따라서 중위 표기식을 후위 표기식으로 변환할 때는 연산자의 위치만 적당한 곳으로 결정하여 이동시켜 주면 된다. 그러기 위해서는 연산자의 제 위치가 나타날 때까지 스택에 저장해 두었다가 꺼내면 된다.

〈알고리즘 3.10〉은 중위 표기식을 후위 표기식으로 변환시키는 알고리즘이다. 산술식의 마지막 문자는 '∞'라 가정하며 '다음_토큰( )' 프로시저는 산술식에서 다음에 나타나는 연산자나 피연산자 등의 분리 문자를 반환한다. 일차원 배열 '스택(1:n)'은 스택으로 사용되며. 알고리즘의 시작 부분에서 '-∞'가 스택의 하단에 들어가는데, 그 이유는 뒤에 설명한다. 'ISP(x)'는 스택 내에서의 연산자 x의 우선 순위 값을 반환하며, 'ICP(x)'는 입력으로 들어오는 연산자 x의 우선 순위 값을 반환하는데, 우선 순위 값은 〈표 3.3〉에 나타나 있다. '스택에_쌓기( )'는 스택에 연산자를 저장하는 프로시저를 호출한다.

```
후위표기로_변환 (산술식)
                                        // 중위 표기식을 후위 표기식으로 변환
스택(1) ← -∞;  상단 ← 1
  영원토록
    토큰 ← 다음_토큰(산술식)
    CASE
      토큰 = '∞'
          상단 > 1
            스택(상단) 출력, 상단--
          '∞' 출력; 빠져나감
      토큰 = 피연산자
          피연산자 출력
      토큰 = ')'
          스택(상단) ≠ '('
            스택(상단) 출력; 상단--
          상단--
      기 타
      (즉, 토큰 = 연산자)
          ISP(스택(상단)) ≥ ICP(토큰)
            스택(상단) 출력; 상단--
          스택_추가(토큰)
```

알고리즘 3.11 중위 표기식을 후위 표기식으로 변환

▌표 3-3▐ 연산자들의 우선 순위

연산자	ISP	ICP
)	–	–
**	3	4
*, /	2	2
+, –	1	1
(	0	4

* ISP : 스택 속 연산자의 우선순위
ICP : 입력되는 연산자의 우선순위

이 알고리즘에서 새로 들어온 연산자의 우선 순위(ICP)가 스택 상단에 있는 연산자의 우선 순위(ISP) 보다 높으면 스택에 저장하고, 그렇지 않으면 새로 들어온 연산자 보다 낮은 우선 순위를 갖는 연산자들을 스택에서 꺼낸다. 그리고 ')'가 나타날 때는 스택에서 처음으로 '('가 나타날 때까지 스택에 있는 연산자들을 차례로 꺼내어 출력하는데, '(' 자체는 출력하지 않는다.

예를 들어 다음과 같이 중위 표기 산술식

A+B−C∗D)/E∗∗F∗∗G∞

에 대해 앞의 알고리즘을 이용하여 후위 표기로 변경시켜 보자. 〈그림 3.20〉은 스택을 이용하여 처리되는 과정을 나타낸 것이다.

이 예에서 첫 번째 연산자 '+'가 들어왔을 때에 ISP(스택 상단)은 −∞이고 '+'의 ICP는 1이기 때문에 '+'의 우선 순위가 높아서 '+'가 스택에 저장된다. 결국 '−∞'를 스택에 넣은 것은 스택의 바닥을 나타내기 위해서일 뿐만 아니라 산술식에서 첫 번째로 나타나는 연산자를 무조건 스택에 저장하기 위한 것이다. 산술식의 중간의 (B-C*D)에서 왼쪽 괄호는 스택에 저장되고, 다음 연산자 '−'는 스택 상단의 '('와 비교해서 '−'의 우선 순위가 높으므로 '−'가 스택에 저장된다. 다음 연산자 '∗'는 스택 상단의 '−' 보다 우선 순위가 높으므로 역시 스택에 저장된다. 오른쪽 괄호가 나오면 스택 안에서 제일 위에 있는 왼쪽 괄호가 나타날 때까지의 모든 연산자들을 차례대로 꺼내어 출력시킨다. 또한 후위 표기는 괄호를 포함하지 않기 때문에 '('나 ')'는 출력되지 않는다.

입력토큰	행위	스택	출력 결과
없음	없음	−∞	없음
A	A를 출력	−∞	A
+	+를 스택에 저장	−∞ +	A
(	(를 스택에 저장	−∞ + (	A
B	B를 출력	−∞ + (	A B
−	−를 스택에 저장	−∞ + (−	A B
C	C를 출력	−∞ + (−	A B C
*	*를 스택에 저장	−∞ + (− *	
D	D를 출력	−∞ + (− *	A B C D
)	)까지 꺼내어 출력	−∞ +	A B C D * −
/	/를 스택에 저장	−∞ + /	A B C D * −
E	E를 출력	−∞ + /	A B C D * − E
**	**을 스택에 저장	−∞ + / **	A B C D * − E
F	F를 출력	−∞ + / **	A B C D * − E F
**	**을 스택에 저장	−∞ + / ** **	A B C D * − E F
G	G를 출력	−∞ + / ** **	A B C D * − E F G
∞	스택에서 모두 출력	−∞	A B C D * − E F G ** ** / +

**그림 3-20 중위 표기식을 후위 표기식으로 변환 과정

(5) 후위 표기식의 평가

이번에는 후위 표기로 표현된 산술식의 결과 값을 구하는 과정을 살펴보자. 후위 표기식에서 연산자는 그 피연산자들 보다 뒤에 나타나기 때문에, 스택에 피연산자들을 저장했다가 연산자가 나타나면, 스택에서 두 개의 피 연산자를 꺼내어 해당 연산자를 적용하면 된다.

예를 들어 다음과 같은 중위 표기 산술식

20 / 2 ** 2 + 6 * 3 - 4 * 5∞

이 있다면, 이에 대한 후위 표기 산술식은 다음과 같다.

20 2 2 ** / 6 3 * + 4 5 * - ∞

〈그림 3.21〉은 이러한 후위 표기 산술식의 평가 과정을 나타내고 있다.

입력토큰	행위	스택	적용 연산
20	스택에 쌓음	20	
2	스택에 쌓음	20 2	
2	스택에 쌓음	20 2 2	
**	스택에서 둘을 꺼내 연산하고 스택에 저장	20 4	2 ** 2
/	스택에서 둘을 꺼내 연산하고 스택에 저장	5	20/4
6	스택에 쌓음	5 6	
3	스택에 쌓음	5 6 3	
*	스택에서 둘을 꺼내 연산하고 스택에 저장	5 18	6 * 3
+	스택에서 둘을 꺼내 연산하고 스택에 저장	23	5+18
4	스택에 쌓음	23 4	
5	스택에 쌓음	23 4 5	
*	스택에서 둘을 꺼내 연산하고 스택에 저장	23 20	4 * 5
−	스택에서 둘을 꺼내 연산하고 스택에 저장	3	23−20
∞	스택 상단의 값을 꺼내어 반환	−	

**그림 3-21 후위 표기 산술식 평가

〈알고리즘 3.12〉는 후위 표기식을 실행시키는 알고리즘이다. 산술식의 마지막 문자는 '∞'로 가정한다. 일차원 배열 '스택(1:n)'올 스택으로 사용하며, 입력되는 토큰은 피연산자, 연산자, 또는 ∞ 중 하나이다.

```
후위_표기식_평가(산술식)
상단 ← 0
영원토록
    토큰 ← 다음토큰(산술식)
    경우
        토큰 = '∞'      : 값 ← 스택_삭제()
                          값 반환
        토큰 = 피연산자  : 스택_추가(토큰)
        기타 (즉, 토큰 = 연산자) :
                          값2 ← 스택_삭제()
                          값1 ← 스택_삭제()
                          경우
                              토큰 = '+'  : 스택_추가(값1+값2)
                              토큰 = '−'  : 스택_추가(값1−값2)
                              토큰 = '*'  : 스택_추가(값1*값2)
                              토큰 = '/'  : 스택_추가(값1/값2)
                              토큰 = '**' : 스택_추가(값1**값2)
                              기타        : '오류' 출력, 빠짐
```

알고리즘 3.12 후위 표기식의 평가

3.5.3 미로 찾기

쥐를 미로에 넣고 출구를 찾도록 하는 것은 잘 알려진 고전적인 실험이다. 이 실험에서는 쥐를 출구가 하나 뿐인 미로에 넣고 쥐가 출구를 찾을 때까지 움직임을 관찰한다. 이제 미로에서 출구를 찾는 컴퓨터 프로그램을 만들어 보자. 쥐는 올바른 길을 찾기 위해 여러 가지 서로 다른 경로를 시도한다. 컴퓨터 프로그램도 마찬가지이다. 하지만 컴퓨터 프로그램은 이미 지나온 경로들을 쥐보다 더 잘 기억하여 다음 번의 움직임에 참고한다. 미로 찾기 프로그램에서 제일 먼저 생각할 것은 미로의 표현이다. 미로를 위한 가장 간단한 표현은 2차원 배열을 사용하는 것이다. 이 2차원 배열을 MAZE(m, n)이라 하고, $1 \leq I \leq m$, $1 \leq j \leq n$이라 할 때 미로는 다음과 같이 표현될 수 있다.

$$\text{MAZE}(i, \begin{cases} 0 : \text{i에서 j까지의 경로가 있음} \\ 1 : \text{i에서 j까지의 경로가 없음} \end{cases}$$

그리고 미로의 입구는 MAZE(m,1)로, 출구는 MAZE(1,n)으로 표시하자. 〈그림 3.22〉는 8행 8열의 예제 미로를 나타내고 있다.

	0	1	1	0	0	1	1	0	→ 출구
	1	0	0	0	1	1	0	1	
	0	1	1	0	0	0	1	1	
	1	1	0	1	1	1	1	0	
	1	1	0	0	0	0	1	0	
	0	1	1	1	0	1	1	1	
	0	1	0	1	1	0	0	1	
입구 →	0	0	1	0	0	1	0	0	

그림 3-22 미로의 표현

이제 2차원 배열에 의해 표시되는 미로 내부의 한 위치 MAZE(i,j)를 평면상의 좌표 (i,j)로 나타내자. 그리고 (i,j) 위치에 있을 경우에 어떠한 방향으로 움직일 수 있는가를 생각해 보자. 〈그림 3.23〉은 X라고 표시되어 있는 좌표 (i,j)로부터 움직일 수 있는 8 방향을 보여 준다 (여기에서는 우리의 전통 방위를 사용하였다). 이러한 여덟 가지의 위치 가운데 MAZE(g,h)의 값이 0인 곳만이 다음 번에 갈 수 있는 위치로 선정될 수 있다.

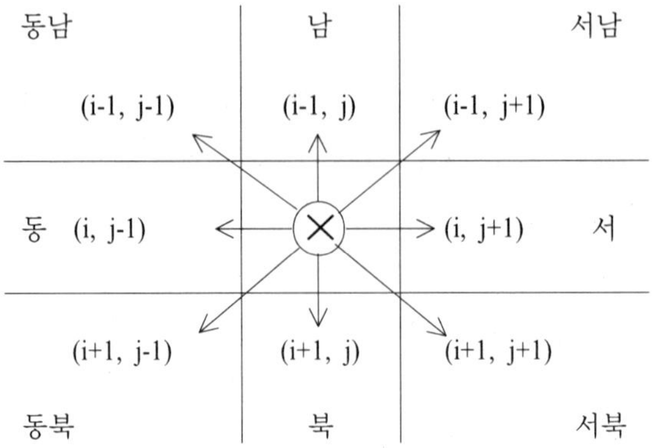

****그림 3-23 한 위치에서 움직일 수 있는 방향**

여기에서 주의할 것이 있다. 미로의 모든 곳이 여덟 개의 가능한 방향을 갖는 것은 아니다. 예를 들어, 미로의 가장 자리에 있으면 다음 번에 갈 수 있는 방향은 매우 제한적이다. 미로의 입구인 MAZE(m, 1)에서는 갈 수 있는 가능한 방향은 기껏해야 세 방향이며, MAZE(m, 2)에서는 최대 5 방향으로만 갈 수 있다. 알고리즘의 편의를 위해, 어느 한 위치에서 나아갈 수 있는 가능한 방향의 개수를 미로의 각 위치에서 모두 균일하도록 MAZE(m, n)의 배열을 MAZE(0:m+1, 0:n+1)로 확장하며, 바깥쪽으로 확장된 배열의 원소들은 모두 그 값을 1로 하여 더 이상의 길이 존재하지 않도록 한다. 〈그림 3.24〉는 앞의 〈그림 3.22〉의 미로 표현을 확장하여 보여 준다. 이렇게 미로를 확장하게 되면, 원래 미로의 각 위치에 대해 여덟 가지의 가능한 모든 방향의 움직임에 관해 균일하게 조사할 수 있다.

	1	1	1	1	1	1	1	1	1	1	
	1	0	1	1	0	0	1	1	0	1	→ 출구
	1	1	0	0	0	1	1	0	1	1	
	1	0	1	1	0	0	0	1	1	1	
	1	1	1	0	1	1	1	1	0	1	
	1	1	1	0	0	0	0	1	0	1	
	1	0	1	1	1	0	1	1	1	1	
	1	0	1	0	1	1	0	0	1	1	
입구 →	1	0	0	1	0	0	1	0	0	1	
	1	1	1	1	1	1	1	1	1	1	

****그림 3-24 확장된 미로의 표현**

확장된 미로의 현재 위치 (i,j)에서 다음에 움직일 수 있는 방향을 선택하는 방법에 대해서 알아보자. 문제 해결을 간단히 하기 위하여 현재의 위치에서 가능한 모든 움직임의 방향에 대해서 시계 방향으로 1부터 8까지 번호를 부여하기로 하자. 예를 들어, 1번 방향은 현재의 위치(i,j)

에서 남쪽 방향을 의미하고, 만일 이 방향으로 움직임이 가능하다면 다음 번 위치는 (i-1, j)가 된다. 이는 MAZE(i-1, j)의 값이 0이라는 것을 의미한다. 이러한 경우에 현재 위치 (i, j)와 움직이는 방향에 의해 새로운 좌표 (i-1, j)가 계산될 수 있는데, 〈그림 3.25〉에서와 같이 움직이는 방향에 의해 행과 열 값을 바꿀 수 있는 새로운 배열을 이용하면 매우 편리하다. 이 배열을 MOVE라 하고, 남쪽을 1번 방향이라 하고 시계 방향으로 순서대로 번호를 붙여나갈 때, 현재 위치 (i, j)에서 선택된 방향에 의해 행 값의 변화와 열 값의 변화를 보여준다.

번호	행 변화	열 변화	이동 방향
1	−1	0	남
2	−1	1	서남
3	0	1	서
4	1	1	서북
5	1	0	북
6	1	−1	동북
7	0	−1	동
8	−1	−1	동남

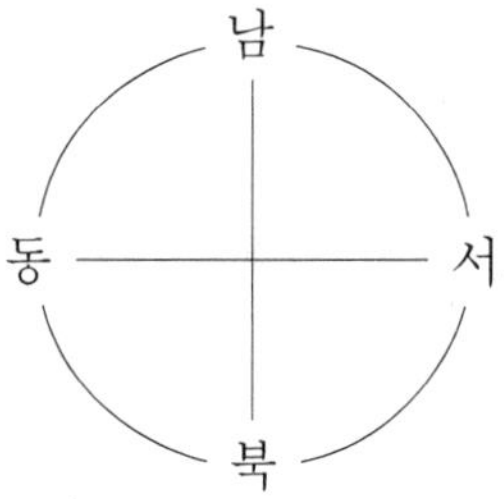

**그림 3-25 이동에 의한 좌표 계산

예를 들어 현재 위치 (i, j)에서 3번 방향 (즉, 서쪽)으로 이동하는 것을 선택했다면, 이로 말미암은 새로운 i 값은 원래의 i 값과 같고, j 값은 1 만큼 증가한다. 즉, 같은 행에서 다음 열로 옮겨간다. 또한 현재 위치 (i, j)에서 서남 방향으로 이동한다면,

i = i + MOVE(2, 1)
j = j + MOVE(2, 2)

와 같이 계산된다. 예를 들어 현재 (4, 3) 위치에 있고, 서남 방향으로 이동한다면, 새로운 위치는 (3, 4)가 될 것이다. 이렇게 하여 현재의 위치와 움직이고자 하는 방향이 주어지면 이 움직임에 의한 새로운 위치는 간편하게 구할 수 있다.

미로에서 한 위치를 움직일 때마다 몇 가지 방향 가운데 움직일 방향을 선택해야 한다. 여러 방향으로 움직임이 가능한 경우에는 그 가운데 먼저 한 방향을 선택하여 움직여 나가야 한다. 그런데 문제는 선택되는 움직임이 항상 출구를 향해 나아가도록 보장해주지는 않는다는 것이다. 만약 길을 잘못 선택하여 더 나갈 수 없을 때에는 나중에 다시 돌아와 선택되지 않았던 다른 방향을 시도할 수 있도록 현재의 위치와 나아간 방향을 기억시켜야 한다. 거듭 강조하지만, 방향의 선택은 남쪽부터 시작하여 시계 방향으로 조사해 나간다.

마지막으로, 한 번 지나갔던 길을 다시 가는 일을 막기 위하여 미로의 각 위치를 지나갔는 지의 여부를 나타내는 배열이 필요하다. 이러한 배열을 MARK라 하면, 배열 MARK는 배열 MAZE와 그 크기가 같다. MARK(i,j)의 초기 값은 모든 i와 j에 대해 지나갔던 일이 없으므로 0이며, 위치 (i,j)를 지날 때마다 MARK(i, j)의 값은 1로 설정된다. 이렇게 하면, 나중에 방향을 선택할 때에도, MARK를 살펴보고 전에 지나갔던 길인지 아닌 지를 판별할 수 있다. 미로 문제를 해결하기 위해서는 현재 위치의 행과 열, 그리고 이동 방향을 저장해야 하기 때문에, 편의상 세 개의 스택을 사용해야 한다. 하지만 세 개의 열을 가지는 2차원 배열을 이용하여 스택을 구현하기로 한다.

이제 미로 찾기 문제를 해결하기 위한 알고리즘을 고려하면 〈알고리즘 3.13〉과 같다. 이 알고리즘의 수행시간은 O(mn)이다.

미로찾기 ()

```
표지(행,1) ← 1
스택(1,1) ← 행; 스택(1,2) ← 1; 스택(1,3) ← 0          // 시작 위치 및 이동방향 저장
상단 ← 1
상단 ≠ 0
    i ← 스택(상단,1); j ← 스택(상단,2); mov ← 스택(상단,3) + 1   // 새로운 이동방향 결정
    상단--
    mov ≤ 8
        g ← i + 방향(mov,1);  h ← j + 방향(mov,2)          // g : 행, h : 열
        (g = 1) & (h = 열)                                  // 출구 도착
            p ← 1, 상단
                스택(p,1), 스택(p,2) 출력                   // 경로 출력
            (i,j) 출력, (1,열) 출력
            복귀
        (미로(g,h) = 0) & (표지(g,h) = 0)                   // 갈 수 있는가?
            표지(g,h) ← 1
            상단++
            스택(상단,1) ← i; 스택(상단,2) ← j
            스택(상단,3) ← mov
            mov ← 0;  i ← g;  j ← h
        mov ← mov + 1
'경로를 발견할 수 없음' 출력
```

※ 미로 : 배열 자료구조
표지 : 미로의 각 위치를 지나갔는지의 여부를 나타내는 배열 자료구조
방향 : 움직이는 방향에 의해 행과 열 값을 바꿀 수 있는 배열

알고리즘 3.13 미로 찾기

자바 프로그램

```
// Object를 넣고 꺼내는 스택을 구현

class c스택 {
   Object[] 스택;
   int   스택상단, 스택크기;

   public c스택(int 크기) {
      스택 = new Object[크기];
      스택크기 = 크기-1;                  // 스택 첨자는 1부터 시작하도록 함
      스택상단 = 0;
   }

   public String 항목_추가(Object 항목) {
      String 결과 = "실패";

      if (스택상단 >= 스택크기) {
         스텍_가득참();
         결과 = "실패";                 // 항목추가 실패
      }
      else {
         스택상단++;
         스택[스택상단] = 항목;
         결과 = "성공";                 // 항목추가 성공
      }
      return 결과;
   }

   public Object 항목_삭제() {
     Object 항목 = new Object();

      if (스택상단 <= 0) {
         스택_빔();
         항목 = null;
      }
      else {
         항목 = 스택[스택상단];
         스택상단--;
          }

      return 항목;
   }

   public int 스택상단_얻기() { return 스택상단; }
```

```
  public boolean 스택_빔_확인() {
    if ( 스택상단 == 0 ) return true;
    else              return false;
  }

  private void 스텍_가득참() {}        // 구현 생략
  private void 스택_빔() {}            // 구현 생략
}


// Object를 넣고 꺼내는 큐를 구현

class cQueue {
  Object[] 큐;
  int front, rear, 큐크기;

  public cQueue(int 크기) {
    큐 = new Object[크기];
    front = 0;
    rear  = 0;
    큐크기 = 크기 -1;                // 큐 첨자는 1부터 시작하도록 함
  }

  public String 항목_추가(Object 항목) {
    String 결과 = "실패";

    if (rear >= 큐크기) {
      큐_참();
      결과 = "실패";                 // 항목추가 실패
    }
    else {
      rear++;
      큐[rear] = 항목;
      결과 = "성공";                 // 항목추가 성공
    }
    return 결과;
  }

  public Object 항목_삭제() {
    Object 항목 = new Object();

    if (front == rear) {
      큐_빔();
      항목 = null;
    }
```

```
      else {
         front++;
         항목 = 큐[front];
      }
      return 항목;
   }

   public int 큐front_얻기() { return front; }
   public int 큐rear_얻기()  { return rear; }

   private void 큐_참() {}           // 구현 생략
   private void 큐_빔() {}           // 구현 생략
}


// Object를 넣고 꺼내는 순환 큐를 구현

class cCirQueue {
   Object[] 큐;
   int front, rear, 큐크기;

   public cCirQueue(int 크기) {
      큐 = new Object[크기];
      front = 0;
      rear  = 0;
      큐크기 = 크기 -1;              // 큐 첨자는 1부터 시작하도록 함
    }

   public String 항목_추가(Object 항목) {
      String 결과 = "실패";

      rear = (rear+1) % 큐크기;
      if (front == rear) {
         큐_참();
         결과 = "실패";              // 항목추가 실패
      }
      else {
         큐[rear] = 항목;
         결과 = "성공";              // 항목추가 성공
      }
      return 결과;
   }

   public Object 항목_삭제() {
      Object 항목 = new Object();;
```

```
    if (front == rear) {
      큐_빔();
      항목 = null;
    }
    else {
      front = (front +1) % 큐크기;
      항목 = 큐[front];
    }
    return 항목;
  }
  public int 큐front_얻기() { return front; }
  public int 큐rear_얻기()  { return rear; }

  private void 큐_참() {        // 다른 구현 생략
    if (rear==0) rear = 큐크기; else rear = rear -1;
  }
  private void 큐_빔() {}        // 구현 생략
}


// 알고리즘 3.10 중위 표기식을 후위 표기식으로 변환

class c산술식 {
  String 산술식;
  int 길이, 위치;

  public c산술식(String 식) {
    길이 = 식.length();
    산술식 = 식 + "∞";
    위치 = 0;
  }

  public String 후위_변환() {
    String 토큰, 결과;
    int 상단, i순위, t순위;

    String[] 스택 = new String[길이];

    스택[1] = "#";  상단 = 1;

    결과 = "";
    while (true) {
      토큰 = 토큰_얻기();
      if ( 토큰.equals("∞") ) {
        while ( 상단 > 1 ) {
          결과 = 결과 + 스택[상단] + " ";
```

```
            상단--;
         }
         결과 = 결과 + "∞";
         return 결과;
      }
      else if ( 피연산자_확인(토큰) ) 결과 = 결과 + 토큰 + " ";
      else if ( 토큰.equals(">") ) {              // '('와 ')'는 인식 못함
         while ( !스택[상단].equals("<") ) {     // '<'와 '>'를 대신 사용
            결과 = 결과 + 스택[상단] + " ";
            상단--;
         }
         상단--;
      }
      else {
         i순위 = ISP_얻기(스택[상단]);
         t순위 = ICP_얻기(토큰);
         while ( i순위 >= t순위) {
            결과 = 결과 + 스택[상단] + " ";
            상단--;
            i순위 = ISP_얻기(스택[상단]);
            t순위 = ICP_얻기(토큰);
         }
         상단++;  스택[상단] = 토큰;
      }
   }
}

public int 후위식_평가() { //String 식) {
   String 토큰;
   int 결과값, 값1, 값2;

   길이 = 산술식.length()-1;
   int[] 스택 = new int[길이];
   int 상단 = 0;

   while (true) {
      토큰 = 토큰_얻기();
      if ( 토큰.equals("∞") ) {
         결과값 = 스택[상단];  상단--;
         return 결과값;
      }
      else if (( (토큰.compareTo("0") >= 0) && (토큰.compareTo("99999") <= 0)) &&
               (!토큰.equals("/")) ) {
         상단++;  스택[상단] = Integer.parseInt(토큰);
      }
```

```
            else {
               값2 = 스택[상단]; 상단--;
               값1 = 스택[상단]; 상단--;
               if ( 토큰.equals("+") )      { 상단++;  스택[상단] = 값1+값2; }
               else if ( 토큰.equals("-") ) { 상단++;  스택[상단] = 값1-값2; }
               else if ( 토큰.equals("*") ) { 상단++;  스택[상단] = 값1*값2; }
               else if ( 토큰.equals("/") ) { 상단++;  스택[상단] = 값1/값2; }
               else if ( 토큰.equals("**")) { 상단++;  스택[상단] = (int)(Math.pow(값1,값2)); }
               else {
                  결과값 = -9999;
                  return 결과값;
               }
            }
         }
      }

      public String 토큰_얻기() {
         String 토큰, 임시;
         String[] 분리자 = {"+", "-", "*", "/", "<", ">"};
         int i;

         if ( 위치 >= 길이 ) return "∞";

         토큰 = "";
         임시 = 산술식.substring(위치, 위치+1);
         while ( 임시.equals(" ") ) {
            위치++;
            임시 = 산술식.substring(위치, 위치+1);
         }

         for (i = 0; i < 6; i++)
            if ( 임시.equals(분리자[i]) ) break;

         if ( i < 6 ) {
            토큰 = 분리자[i];
            위치++;
            if ( 토큰.equals("*") && 산술식.substring(위치, 위치+1).equals("*") ) {
               토큰 = "**";
               위치++;
            }
            return 토큰;
         }

         while ( (!임시.equals("∞")) && (!임시.equals(" ") ) &&
                  (!임시.equals(">")) ) {
```

```
            토큰 = 토큰 + 임시;
            위치++;
            임시 = 산술식.substring(위치, 위치+1);
        }

        return 토큰;
    }

    private int ISP_얻기(String 연산자) {
        if ( 연산자.equals("**") )                              return 3;
        else if ( 연산자.equals("*") || 연산자.equals("/") )  return 2;
        else if ( 연산자.equals("+") || 연산자.equals("-") )  return 1;
        else if ( 연산자.equals("<") )                        return 0;
        else                                                  return -1;
    }

    private int ICP_얻기(String 연산자) {
        if ( 연산자.equals("**") )                              return 4;
        else if ( 연산자.equals("*") || 연산자.equals("/") )  return 2;
        else if ( 연산자.equals("+") || 연산자.equals("-") )  return 1;
        else if ( 연산자.equals("<") )                        return 4;
        else                                                  return 0;
    }

    private boolean 피연산자_확인(String 토큰) {
        if ( (토큰.compareTo("A") >= 0) && (토큰.compareTo("zz") <= 0) )
            return true;
        else return false;
    }
}

// 정수를 넣고 꺼내는 스택을 구현

class c정수스택 {
    int[] 스택;
    int   스택상단, 스택크기;

    public c정수스택(int 크기) {
        스택 = new int[크기];
        스택크기 = 크기+1;              // 스택 첨자는 1부터 시작하도록 함
        스택상단 = 0;
    }
```

```
    public String 항목_추가(int 항목) {
        String 결과 = "실패";

        if (스택상단 >= 스택크기) {
            스텍_가득참();
            결과 = "실패";                    // 항목추가 실패
        }
        else {
            스택상단++;
            스택[스택상단] = 항목;
            결과 = "성공";                    // 항목추가 성공
        }
        return 결과;
    }

    public int 항목_삭제() {
        int 항목;

        if (스택상단 <= 0) {
            스택_빔();
            항목 = -99;
        }
        else {
            항목 = 스택[스택상단];
            스택상단--;
        }

        return 항목;
    }

    public int 스택상단_얻기() { return 스택상단; }

    public boolean 스택_빔_확인() {
        if ( 스택상단 == 0 ) return true;
        else                 return false;
    }

    private void 스텍_가득참() {}          // 구현 생략
    private void 스택_빔() {}              // 구현 생략
}
```

```
// 미로찾기
class c미로 {
   c방향 방향;
   c표지 표지;
   c정수스택 행스택, 열스택, 방향스택;

   int[][] 미로;
   int 행수, 열수, 경로수;
   String[] 경로들;

   public c미로() {
      방향 = new c방향();
      행수 = 8;  열수 = 13;
      표지 = new c표지(행수, 열수);
      행스택 = new c정수스택(행수+열수);
      열스택 = new c정수스택(행수+열수);
      방향스택 = new c정수스택(행수+열수);
      경로들 = null;
      경로수 = 0;

      int[][] 임시 = { {0,1,1,0,1,1,0,0,0,1,1,1,0},
                       {1,0,1,1,1,0,1,1,1,1,0,0,1},
                       {0,0,0,0,1,0,1,0,1,0,1,0,0},
                       {1,1,1,0,1,1,1,0,1,0,1,1,1},
                       {1,0,1,0,0,0,0,1,1,0,0,0,1},
                       {1,0,1,0,1,1,1,1,0,1,1,1,1},
                       {1,0,0,0,0,0,0,0,0,0,0,0,0},
                       {0,1,1,1,1,1,1,1,1,1,1,1,1}  };

      미로 = new int[행수+2][열수+2];
      int i, j;
      for (j = 0; j <= 열수+1; j++) 미로[0][j] = 1;
      for (i = 1; i <= 행수; i++) {
         미로[i][0] = 1;  미로[i][열수+1] = 1;
         for (j = 1; j <= 열수; j++)
            미로[i][j] = 임시[i-1][j-1];
      }
      for (j = 0; j <= 열수+1; j++) 미로[행수+1][j] = 1;
   }

   public c미로(int[][] 배열, int 행수, int 열수) {
      this.행수 = 행수;  this.열수 = 열수;
      미로 = new int[행수+1][열수+1];
      int i, j;
      for (j = 0; j <= 열수+1; j++) 미로[0][j] = 1;
      for (i = 1; i <= 행수; i++) {
```

```
            미로[i][0] = 1;  미로[i][열수+1] = 1;
            for (j = 1; j <= 열수; j++)
                미로[i][j] = 배열[i-1][j-1];
        }
        for (j = 0; j <= 열수+1; j++) 미로[행수+1][j] = 1;

        방향 = new c방향();
        표지 = new c표지(행수, 열수);
        행스택 = new c정수스택(행수+열수);
        열스택 = new c정수스택(행수+열수);
        방향스택 = new c정수스택(행수+열수);
        경로들 = null;
        경로수 = 0;
    }

    public String 미로_찾기() {
        int 행, 열, 이향;               // 이향 : 이동방향
        int 임행, 임열;                 // 임시 행, 열

        표지.방문_설정(행수, 1);
        행스택.항목_추가(행수);  열스택.항목_추가(1);  방향스택.항목_추가(0);

        while ( 행스택.스택_빔_확인() != true ) {
            행 = 행스택.항목_삭제();
            열 = 열스택.항목_삭제();
            이향 = 방향스택.항목_삭제();
            while ( 이향 <= 8 ) {
                임행 = 행 + 방향.이동방향_얻기(이향)[1];
                임열 = 열 + 방향.이동방향_얻기(이향)[2];
                if ( (임행 == 1) && 임열 == 열수 ) {        // 출구 도착
                    경로들_정리(행, 열, 이향);
                    return "성공";
                }
                else {
                    if ( (미로[임행][임열] == 0) &&
                    (표지.방문여부_얻기(임행, 임열) == 0)) {
                    표지.방문_설정(임행, 임열);
                    행스택.항목_추가(행);  열스택.항목_추가(열);
                    방향스택.항목_추가(이향);
                        이향 = 0;  행 = 임행;  열 = 임열;
                    }
                    이향++;
                }
            }
        }
```

```
      return "실패";
   }

   public String[] 경로_얻기() { return 경로들; }
   public int 경로수_얻기()    { return 경로수; }

   private void 경로들_정리(int 행값, int 열값, int 이향값) {
      int i;
      int 행, 열, 이향;

      c정수스택 임행스택 = new c정수스택(행수+열수);
      c정수스택 임열스택 = new c정수스택(행수+열수);
      c정수스택 임향스택 = new c정수스택(행수+열수);

      while ( 행스택.스택_빔_확인() != true ) {      // 경로들 역순화
         행 = 행스택.항목_삭제();  열 = 열스택.항목_삭제();
         이향 = 방향스택.항목_삭제();
         임행스택.항목_추가(행);  임열스택.항목_추가(열);  임향스택.항목_추가(이향);
         경로수++;
      }

      경로수--;
      경로들 = new String[경로수+3];
      경로들[0] = 행수 + " 행 1 열에서 시작";
      for (i = 1; i <= 경로수; i++) {
         행 = 임행스택.항목_삭제();  열 = 임열스택.항목_삭제();
         이향 = 임향스택.항목_삭제();
         경로들[i] = "행: " + 행 + "  열: " + 열 + "  이동방향: " + 이향;
      }
      경로들[i] = "행: " + 행값 + "  열: " + 열값 + "  이동방향: " + 이향값;
      경로들[i+1] = "목적지 1 행 " + 열수 +  " 열에 도착!";
   }
}

class c방향 {
   int[][] 방향;

   public c방향() {
      int[][] 임시 =
         { {-1, 0}, {-1, 1}, {0, 1}, {1, 1}, {1, 0}, {1, -1}, {0, -1}, {-1, -1}
};

      방향 = new int[9][4];
      for (int i = 1; i <= 8; i++)
         for (int j = 1; j <= 2; j++)
```

```
            방향[i][j] = 임시[i-1][j-1];
    }

    public int[] 이동방향_얻기(int i) { return 방향[i]; }
}

class c표지 {
    int[][] 표지;

    public c표지(int 행수, int 열수) {
        표지 = new int[행수+1][열수+1];
        for (int i = 1; i <= 행수; i++)
            for (int j = 1; j <= 열수; j++)
                표지[i][j] = 0;
    }

    public int 방문여부_얻기(int 행, int 열) { return 표지[행][열]; }
    public void 방문_설정(int 행, int 열) { 표지[행][열] = 1; }
}
```

연습문제_

3.1 스택과 큐에서 '스택_빔()', '스택_참()', '큐_빔()', '큐_참()'에 대한 알고리즘을 제시하시오.

3.2 양의 정수 n을 입력받아, 피보나치 수열에서 n번째 원소를 반환하는 순환 알고리즘을 작성하시오.

3.3 원형 큐가 필요한 이유를 설명하시오.

3.4 스택에 있는 원소들을 큐로 옮기는 알고리즘을 작성하시오. 단, 스택의 하단에 있는 원소가 큐의 전두에, ..., 스택의 상단에 있는 원소가 큐의 후미에 위치해야 한다. 그리고 스택과 큐에서 설명한 연산만 사용하여야 한다.

3.5 데크를 일차원 배열로 사상시키는 자료 구조를 설명하시오.

3.6 하나의 일차원 배열에 공존하는 두 개의 스택에 대해 삽입과 삭제 알고리즘을 작성하시오.

3.7 '((3 + 16 / 4 - 7) * 5) + 2 ** 3 ** 2'와 같은 산술식을 후위 표기법으로 나타내고, 스택을 이용하여 그 결과 값을 구하는 과정을 설명하시오.

3.8 n×m의 미로 찾기 문제에서 스택이 가장 커지는 경우에 대해서 설명하시오.

Chapter 04 연결 리스트

2장에서는 순차 리스트를 표현하기 위한 자료구조로 배열을 사용하였고, 3장에서는 스택과 큐 등을 표현하기 위해 배열을 사용하였다. 이들은 선형 자료구조들에서 원소들간의 논리적인 관계가 순차적으로 인접해 있다는 성질과 주 기억 장치의 물리적인 구조가 인접되게 구성된다는 성질을 이용한 것이다.

이 장에서는 순차 리스트를 표현하는 두 번째 방법으로서 연결 리스트를 다룬다. 먼저 배열이 효율적이지 못한 경우를 살피고, 이를 해결하기 위한 방법으로서, 자료를 비순차적으로 저장하는 연결 리스트 구조를 정의한다. 다음에는 연결 리스트에서 수행되는 연산과 연결 리스트의 변형 구조 및 응용에 대해 살펴본다. 연결 리스트는 그 자체로서 중요할 뿐 아니라, 앞으로 다룰 많은 자료구조에서 이 구조가 사용되므로 매우 중요하다

4.1 단순 연결 리스트

일차원 배열과 순차적 사상을 이용하여 선형 자료구조를 표현한다면, 자료구조상에 나타나는 자료원소들의 논리적 순서와 자료원소들이 저장되는 물리적 순서가 일치하게 된다. 따라서 순차 리스트상의 연속된 자료들이, 각 자료원소의 크기 때문에, 일정한 거리만큼 떨어진 곳에 저장된다. 즉,

❶ 순차 리스트에서 i번째 원소가 Loc_i 위치에 저장되어 있으면 I + 1번째 원소는 $Loc_i + C$, 즉 i번째 원소가 있는 위치에서 일정한 거리 C 만큼 떨어진 곳에 존재한다.
❷ 큐에서 i번째 원소가 Loc_i 위치에 있다면 I + 1번째 원소는 $Loc_i + C$ 위치에 존재한다.
❸ 스택에서 현재 상단의 원소가 Loc_t에 있다면 바로 아래의 원소는 $Loc_t - C$에 있다.

이와 같은 선형 자료구조의 배열 표현은 구현이 쉽다는 장점이 있는 반면에, 중간에 새로운 자료원소를 삽입하거나 중간 자료원소를 제거한다면 자료원소의 빈번한 이동으로 인해 비효율적인 문제가 발생한다. 예를 들어, 〈그림 4.1〉의 순차 리스트 표현에서 '이정희'와 '임채학' 사이에 '이학수'를 삽입하고 '오수빈'을 삭제하는 경우를 살펴보자. '이학수'의 삽입으로 말미암아 '강동민 박상혁 오수빈 이정희'가 앞으로 한 자리씩 이동되거나 '임채학 전우군 홍길란' 이 한 자리씩 뒤로 이동되어야 한다. 또한 '오수빈'의 삭제로 인해서 '강동민 박상혁'이 뒤로 한 자리씩 이동되거나 '이정희 임채학 전우군 홍길란'이 앞으로 한 자리씩 이동되어야 한다. 이와 같이 순차 리스트의 배열에서 한 원소를 삽입하거나 삭제하기 위해서는, 배열의 많은 원소를 재배열해야 하므로 많은 시간이 소요되며, 기존의 확정된 크기의 배열에 새로운 원소를 첨가함으로써 오버플로우가 발생하는 경우도 발생할 수 있다.

강동민	박상혁	오수빈	이정희	임채학	전우군	홍길란

그림 4-1 일차원 배열을 이용한 순차 리스트 표현

이외에도 크기가 다양한 여러 개의 순차 리스트를 이차원 배열을 이용하여 처리할 때, 각각의 리스트에 대해 최대한의 크기를 가지는 것을 기준으로 배열을 준비해야 하기 때문에 기억공간의 낭비가 발생될 수 있다. 또한 저장될 자료 량을 예측할 수 없는 경우에는, 충분한 크기의 배열을 준비해야 하기 때문에 역시 기억공간의 낭비가 예상된다.

이와 같은 순차적인 표현의 배열을 사용할 때의 단점을 해결하기 위하여 제안된 표현 방법이 연결 리스트 (linked list)이다. 연결 리스트 구조에서는, 순차 리스트내의 연속적인 원소가 배열 구조에서처럼 순차적으로 저장되는 것이 아니고, 기억장소내의 어느 곳에나 위치할 수 있도록 한다. 즉, 순차 리스트를 비순차적으로 표현한다. 따라서 배열의 순차적 구조에서는 원소의 저장 순서가 순차적 리스트의 논리 순서와 일치하지만, 연결 리스트 구조에서는 반드시 일치하지는 않는다.

배열에서는 원소들이 순차적으로 저장되어 있으므로, 배열 원소의 위치는 2장에서와 같은 번지계산 방식을 이용하면 쉽게 구할 수 있다. 그러나 연결 리스트에서는, 순차 리스트의 원소들이 인접하여 저장되지 않기 때문에, 다음 원소를 찾기 위해서, 각 원소마다 다음 원소에 대한 위치 정보 (즉 번지)를 추가로 저장해 두어야 한다. 이러한 위치 정보가 리스트의 다음 원소를 가리키므로 지적자 (pointer)라고 부르며, 다음 원소와 연결시킨다는 의미로 연결자 (link)라고도 부른다. 따라서 연결 리스트에서는 각 원소가 자료부와 연결부를 가지는 레코드 구조 즉, 노드 (node)로 표현된다. 노드 구조는 〈그림 4.2〉와 같이 표현한다. 일반적으로 연결부는 하나의 값만 들어가는데 반해, 자료부에는 하나 이상의 자료들의 집단이 들어갈 수 있다. 결국 연결 리스트는 노드라는 자료원소가 순차적으로 구성된 집합이며, 그 순차 순서는 연결부에 의해 유지된다. 한 노드의 연결부 값은 그 노드에 연결되어 있는 다음 노드의 위치이다.

자료부	연결부

**그림 4-2 노드의 논리적 표현

<그림 4.3>은 연결 리스트에 대한 논리적 표현을 보이고 있다. 화살표는 노드가 순서적으로 연결되어 있음을 나타낸다. 연결 리스트의 이름은 해당 연결 리스트에서의 최초 노드를 가리킨다. 연결 리스트의 끝을 나타내기 위해 마지막 노드의 연결부에는 편의상 0 (공백 값)을 저장한다. 연결된 노드가 기억장소내에 실제로 인접되어 있지 않음을 강조하여 보이기 위해 (나)와 같이 표현하기도 한다.

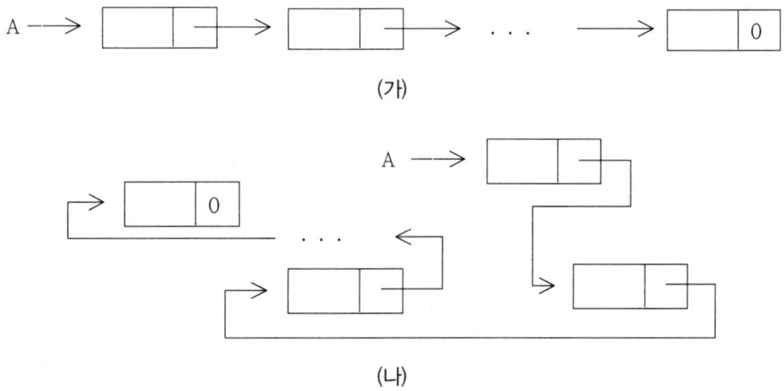

**그림 4-3 연결 리스트의 논리적 표현

4-2 연결 리스트의 저장방법

연결 리스트 구조를 저장하는 방법에는 두 가지가 있다. 하나는 배열을 이용하는 것이고, 다른 하나는 프로그램 작성 언어가 제공하는 지적자 (pointer)을 사용하는 것이다.

먼저 배열를 사용하여 연결 리스트를 저장하는 방법에 대해 살펴보자. <그림 4.4>의 (나)는 (가)에 나타난 순차 리스트를 논리적인 연결 리스트로 표현한 것이고, (다)는 물리적인 배열을 사용하여 표현한 예이다. 리스트의 원소는 '자료'라는 일차원 배열에 저장되어 있고, 원소들간의 순서를 나타내기 위해 '연결'이라는 배열을 하나 더 사용한다. 배열 '연결'에 저장된 값은 배열 '자료'에서의 위치를 가리킨다. 즉, 다음 순서에 해당하는 원소가 있는 배열의 색인 값을 나타낸다. 예를 들어, (다)에서 '학생'이 배열 '자료'의 5번째 원소를 가리키므로, 이 리스트는 자료(5),

즉 '강동민'에서 시작한다. 다음 자료원소의 위치에 대한 정보는 연결(5)에 있으며 그 값은 8이므로 다음 원소는 자료(8), 즉 '박상혁'이 된다. 다음 자료원소는 연결(8) 즉, 1에 의해 자료(1)인 '오수빈'임을 알 수 있다. 이러한 방법에 의해 리스트의 모든 자료들을 차례대로 검색할 수 있다.

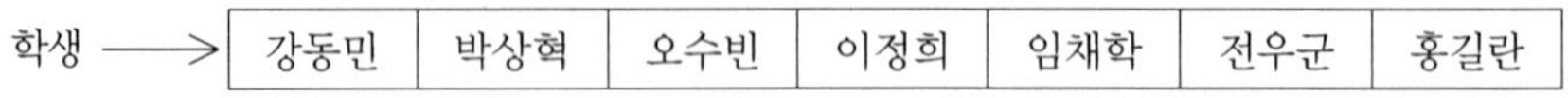

(가) 순차 리스트

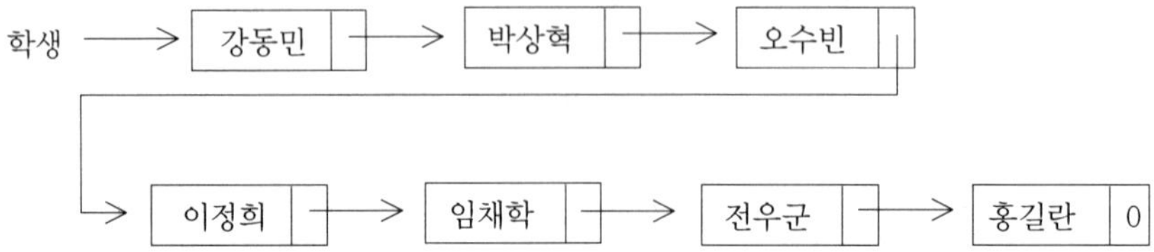

(나) 연결 리스트 표현

		자 료	연결
	1	오수빈	3
	2	홍길란	0
	3	이정희	10
	4	–	–
학생 →	5	강동민	8
	6	–	–
	7	전우군	2
	8	박상혁	1
	9	–	–
	10	임채학	7

(다) 배열에 의한 표현

**그림 4-4 연결 리스트의 표현

연결 리스트 구조에서 삽입이나 삭제 연산이 배열에서 하는 것보다 효율적임을 보이기 위하여 먼저 '이정희'와 '임채학' 사이에 '이효련'을 삽입하는 과정을 살펴보자.

❶ 현재 사용되고 있지 않는 노드를 하나 찾는다. 여기서는 6번째 노드라고 가정하자.
❷ 이 노드의 자료부에 '이효련'을 저장한다.
❸ 이 노드의 연결부에는, 이 노드의 앞 노드인 3번 노드의 연결부 값 10을 준다.
❹ 이 노드의 앞 노드가 되는 3번 노드의 연결부에는 이 노드를 가리키도록 6을 저장한다.

〈그림 4.5〉의 (나)는 (가)에 '이효련'을 삽입된 후의 결과를 보이고 있다. 특히 주목할 것은 '이효련'을 삽입하면서 리스트에 있는 다른 원소들은 전혀 움직이지 않았다는 점이다. 즉, 연결부를 사용함으로써, 기억장소가 더 소요되긴 하지만, 원소들이 배열의 어느 곳에든 순서없이 흩어져

있을 수 있기 때문에, 새로운 원소를 삽입하면서 나머지 원소들을 전혀 이동시키지 않아도 된다.

(가) 초기 상태 (학생 → 5)

	자료	연결
1	오수빈	3
2	홍길란	0
3	이정희	10
4	–	–
5	강동민	8
6	–	–
7	전우군	2
8	박상혁	1
9	–	–
10	임채학	7

(나) '이효련' 삽입 후

	자료	연결
1	오수빈	3
2	홍길란	0
3	이정희	6
4	–	–
5	강동민	8
6	이효련	10
7	전우군	2
8	박상혁	1
9	–	–
10	임채학	7

(다) '오수빈' 삭제 후

	자료	연결
1	오수빈	3
2	홍길란	0
3	이정희	6
4	–	–
5	강동민	8
6	이효련	10
7	전우군	2
8	박상혁	3
9	–	–
10	임채학	7

그림 4-5 연결 리스트에서의 삽입과 삭제

이번에는 '오수빈'을 삭제하는 과정을 살펴보자. 이때 필요한 작업은 단지 '오수빈' 바로 앞에 오는 원소 즉, '박상혁'을 가지는 노드를 찾아서, 이 노드의 연결부에 '오수빈' 다음에 올 '이정희'의 위치를 저장하는 것이다. 이 경우 역시 자료를 이동할 필요가 없다. '오수빈'의 연결부가 '이정희'를 가리키고는 있지만 '오수빈'은 리스트에 더 이상 존재하지 않는다. 이것은 배열내에는 존재하지만 리스트에서는 찾아갈 수 없도록 삭제되어 버렸기 때문이다. 이제 '학생' 리스트의 원소들을 차례대로 나열해 보면 '강동민', '박상혁', '이정희', '이효련', '임채학', '전우군', '홍길란'과 같이 된다. 삭제된 노드는 추후에 다시 사용할 수 있도록 하는데 자세한 내용은 다음 절에서 다룬다.

연결 리스트에 삽입할 원소가 리스트의 첫 원소보다 앞에 들어가야 할 경우가 발생하며, 연결 리스트에서 첫 원소를 삭제하는 경우도 발생할 수 있다. 이런 경우에는 앞에서 다룬 삽입과 삭제보다는 좀 더 번거로운 과정을 거쳐야 하는데 자세한 내용은 뒤에서 다룬다.

연결 리스트를 배열로 저장하는 것은 배열의 첨자를 사용하여 노드와 노드를 연결시키기 편리하기 때문이다. 그러나 연결부 값으로 사용되는 첨자의 실제 값은 다음 원소를 찾거나 리스트의 마지막임을 표시하는 0을 검사하는 것을 제외하고는, 연결 리스트의 처리와 관련하여 전혀 중요하지 않다. 이는 우리가 연결 리스트를 사용하는 프로그램을 작성할 때, 거의 특정 번지를 지정하여 처리하지 않기 때문이다. 예를 들어, for 반복은 배열을 처리하는 자연스러운 방법이지만, 연결 리스트를 표현하는 배열을 처리하기 위해서 이를 사용할 수는 없다. 왜냐하면, 연결 리스트의 중요한 개념은 자료원소를 연결부를 통해서 서로 관련시키는 것이지, 그들의 상대적 번지를 계산해서 관련시키는 것이 아니기 때문이다. 예를 들어, 노드를 가리키는 지적 변수를 PTR이라고 할 때, PTR은 사실 배열의 첨자 값이지만 일반적으로 PTR + 1이라는 표현은 전혀 의미가 없다. 왜냐하면, 일반적으로 PTR + 1에 의해 지적된 노드는 PTR에 의해 지적된 노드의 다음 노드가 아니며, PTR에 의해 지적된 노드와 아무런 관계가 없기 때문이다. 그뿐 아니라, 그러한 노드가 리스트 안에 존재하지 않을 수도 있다.

이상에서 우리는 연결 리스트를 표현하기 위하여 배열을 이용하는 간접적인 방법을 설명하였다. 즉 연결 리스트를 배열의 틀 속에 넣고 배열의 첨자를 연결부 값으로 사용하여 한 노드를 다른 노드와 연결시켰다.

연결 리스트를 저장하는 다른 한 가지 방법은, 프로그램 작성 언어가 제공하는 지적자(Pointer)라는 내장 자료형을 사용하는 경우로서, 프로그램 작성자가 이를 이용하여 연결 리스트를 정의하는 방법이다. 이러한 자료형을 제공하는 프로그램 작성 언어에서는, 기억 장치내에 노드의 저장 장소를 확보하여 그 번지를 지적자로 사용하게 된다. C, C++, Pascal, PL/1 등이 이러한 지적자를 제공하고 있으며 Java, FORTRAN에서는 지적자 자료형을 제공하지 않는다.

연결 리스트에서 자료원소의 번지를 알아내기 위해 지적자 값을 컴퓨터 기억장소내에 저장시켜 놓는데, 이 방법을 지적자 번지 방법(pointer-address method 또는 link-address method)이라고 부른다. 자료원소의 위치를 알아내는 방법에는 이 이외에 제 2장에서 공부한 계산 번지 방법(computed-address method)이 있으며 배열, 스택, 큐 등에서 사용된다. 지적자 번지 방법이 일반적으로 계산 번지 방법보다 시간이 더 소요되는데, 이는 원소를 처리하기 위해서는 항상 지적자를 통해야만 가능하기 때문이다. 그러나 연결부를 사용함으로써 자료원소를 처리하는데 유연성을 갖게 되므로, 더 바람직한 경우가 많다.

연결 리스트 구조가 항상 최선의 방법은 아니다. 이 방법에는 많은 이점이 있지만, 이를 위해 다음과 같은 추가적인 요구가 필요하다.

- 모든 자료원소는 지적자라는 추가 자료를 가져야 하므로 추가 기억장소를 필요로 하게 된다.
- 연결 리스트는 원소를 임의적으로 처리(random access)할 수 없다. 배열 구조에서는, 어느 원소라도 그 번지 또는 첨자에 의해 임의적 또는 직접적으로 처리되지만, 연결 리스트에서는 원하는 노드까지 연결부를 이용하여 추적해 가야 한다.
- 연결부를 처리하기 위해 계산 시간이 소요된다.

일반적으로 연결 리스트 구조를 사용하는 것은 다음의 조건 중 적어도 하나는 만족해야 정당화 된다.

- 지적자를 사용함으로써 컴퓨터 실행 시간, 저장 장소 사용량, 프로그램의 복잡성이 상당히 감소된다.
- 극단적인 경우, 문제가 너무 복잡하여 연결 리스트 이외의 방법은 실제적이지 못하다.

컴퓨터를 사용하는 특정 업무에서, 자료의 삽입이나 삭제가 빈번하지 않을 경우에는, 연결 리스트보다는 표준 배열을 사용하여, 필요할 때마다 부분적으로 자료원소들을 이동시키는 것이 더 나은 방법이 될 수 있을 것이다.

4-3 원소의 삽입과 삭제

이 절에서는 기존의 연결 리스트에 새로운 원소를 삽입하는 연산과, 기존의 연결 리스트에서 임의의 노드를 삭제하는 알고리즘을 다룬다. 예를 들어 각 노드에 자료부와 연결부가 있다고 할 때, 각 자료부에 '밀감'과 '바나나'의 값을 가지는 두 개의 노드로 구성된 과일에 대한 연결 리스트를 만드는 과정을 살펴보자. 단, T는 리스트의 첫 번째 원소에 대한 지적자라고 가정한다. 우선은 '밀감'을 자료 값으로 가지는 노드를 만들어야 하기 때문에, 빈 노드를 얻어와야 한다. 얻은 노드의 자료부에 '밀감'이라는 자료 값을 저장하고, 이 노드가 리스트의 첫 번째 노드이기 때문에 T가 이 노드를 가리키도록 한다. 다음에는 '바나나'를 자료 값으로 가지는 노드를 만들어야 하기 때문에, 다시 빈 노드를 얻어와야 한다. 새로 얻은 노드의 자료부에 '바나나'라는 자료 값을 저장하고, '밀감' 노드의 연결부가 이 노드를 가리키도록 하고, 리스트에는 더 이상이 노드가 없기 때문에, 이 노드의 연결부에는 공백 값 (0)을 넣는다. 이러한 과정을 알고리즘으로 나타내면 〈알고리즘 4.1〉과 같고, 생성된 연결 리스트는 〈그림 4.6〉과 같다.

```
리스트_생성 (T, '밀감', '바나나')
        노드_얻기(I)
  자료(I) ← '밀감'
  T ← I                      // T는 연결리스트의 첫 노드를 가리키게 됨
        노드_얻기(I)
  자료(I) ← '바나나'
  연결(T) ← i
  연결(I) ← 0
```

알고리즘 4.1 연결 리스트 생성

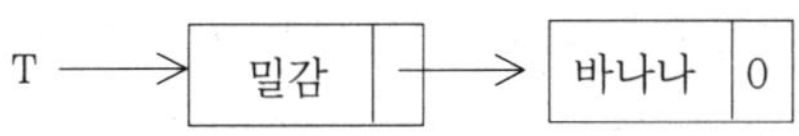

**그림 4-6 연결 리스트 생성

이번에는 연결 리스트에 새로운 노드를 삽입하는 과정을 살펴보자. T를 연결 리스트의 첫 번째 노드에 대한 지적자라고 하자. 만약 리스트에 아무런 노드도 없다면 T = 0 이다. 또한 X를 리스트 T에서의 임의의 노드에 대한 지적자라고 하자. 새로운 노드를 X가 가리키는 노드 다음에 삽입해 보자. 우선 빈 노드(편의상 I 노드)를 얻어온 후에, I 노드의 자료부에 원하는 자료값(예 '밀감')을 저장한다. 그리고 나서 리스트가 공백이라면, I 노드만으로 구성되는 리스트를 만들어야 하기 때문에 T는 I을 가지도록 하고, I 노드의 연결부에는 공백 값 (0)을 넣는다. 이러한 결과는 〈그림 4.7〉의 (가)에 나타나 있다.

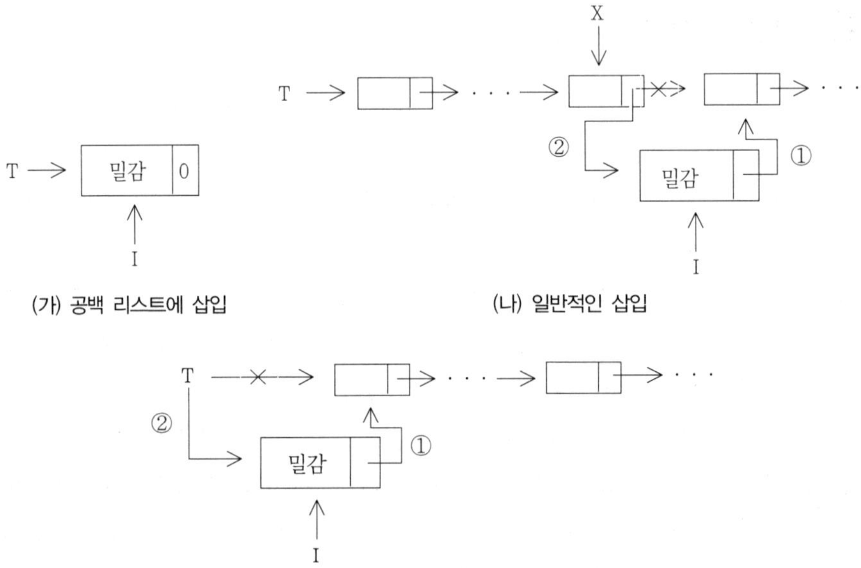

(가) 공백 리스트에 삽입 (나) 일반적인 삽입

(다) 리스트의 첫 원소로 삽입

그림 4-7 연결 리스트에서의 삽입

만일 리스트가 공백이 아니라면, 리스트의 첫 원소로 삽입되는지 아니면 첫 원소 이후에 삽입되는 지를 결정해야 한다. 리스트에서 두 번째 이후에 삽입될 경우 즉, 일반적인 경우로서 X ≠ 0 일 때에는, X 노드의 연결부가 가리키던 노드를 I 노드의 연결부에서 가리키도록, X 노드의 연결부 값을 I 노드에 저장하고, X 노드의 연결부가 I 노드를 가리키도록, X 노드의 연결부 값을 I로 바꾼다. 이러한 결과는 〈그림 4.7〉의 (나)에 나타나 있다. 한 가지 주의할 것은 그림에서 번호로 나타낸 바와 같이 작업 순서를 따라야 한다는 것이다. 순서를 지키지 않았을 때는 엉뚱한 결과를 초래한다. X 값이 0일 때의 삽입 즉, 새로운 원소를 리스트의 첫 원소로 삽입할 때에는 T가 가리키는 노드를 I 노드의 연결부에서 가리키도록 하고, T는 이제 리스트의 첫 노드가 되는 I 노드를 가리키도록 해야 한다. 이러한 결과는 〈그림 4.7〉의 (다)에 나타나 있으며, 이러한 과정에 대한 알고리즘은 〈알고리즘 4.2〉에 나타나 있다.

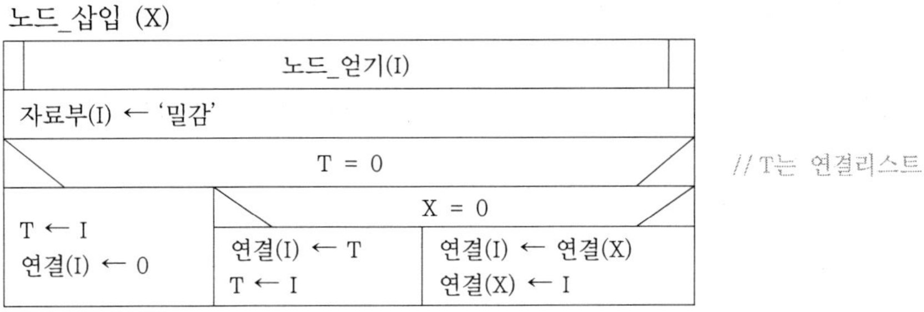

알고리즘 4.2 노드 삽입

이번에는 연결 리스트에서 임의의 노드를 삭제하는 과정을 살펴보자. X를 연결 리스트 T의 어떤 노드에 대한 지적자라 하고, Y는 X가 가리키는 노드의 바로 앞 노드에 대한 지적자라고 하자. 리스트 T에 노드가 단 하나 밖에 없을 때, 즉 X = T 일 때 Y = 0이 된다. 리스트 T에서 X가 가리키는 노드를 삭제해 보자. 연결 리스트에서 노드를 삭제할 때에는 공백 리스트인 지를 먼저 살펴봐야 한다. 만일 공백 리스트라면, 삭제 연산을 할 수 없으므로 오류 메시지를 출력한다. 만일 공백 리스트가 아니라면, Y가 가리키는 노드가 있는지 즉, 리스트에서 첫 번째 노드를 삭제하려 하는지 아닌 지를 결정해야 한다. 만일에 Y = 0 인 경우에는 〈그림 4.8〉의 (가)와 같이 T가 X 노드의 다음 노드를 가리키도록 해야 한다.

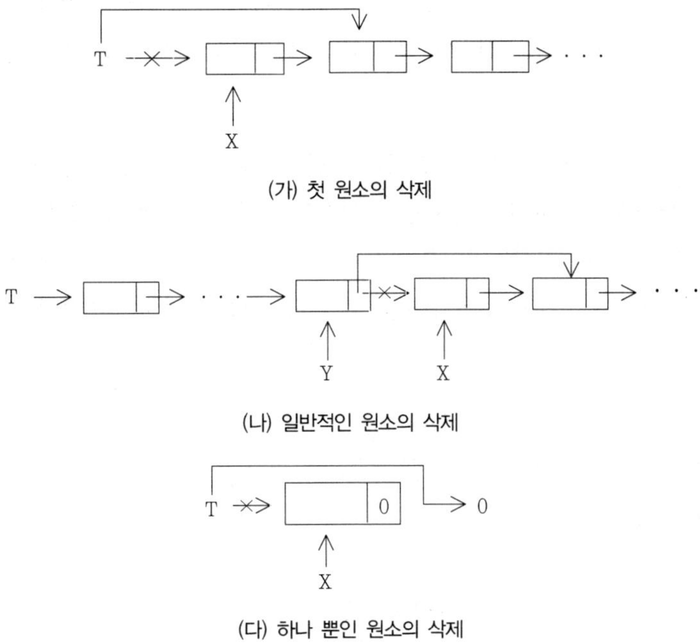

**그림 4-8 리스트에서 노드의 삭제

만일 Y ≠ 0 이라면, (나) 같이 Y가 가리키는 노드의 연결부가 X 노드의 다음 노드를 가리키도록 해야 한다. 그리고 나서는 삭제된 노드를 기억공간에 반납해야 한다. (다)는 원래 리스트에 노드가 하나 뿐인 경우에 그 노드를 삭제하는 것을 보여주고 있다. 이러한 과정에 대한 알고리즘은 〈알고리즘 4.3〉에 나타나 있다.

노드_삭제 (X, Y)

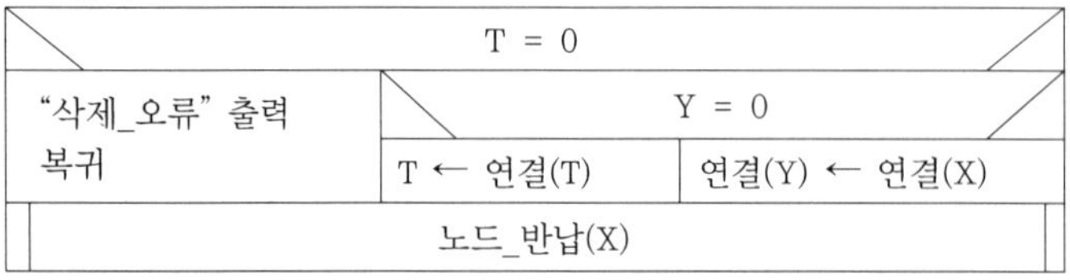

// T는 연결리스트

알고리즘 4.3 리스트에서 노드 삭제

4-4 연결 스택

제 3장에서는 스택과 큐를 배열을 이용하여 순차적으로 표현하였다. 순차적 사상에 의한 표현 방법은 스택이나 큐가 하나만 있을 때는 효율적이나, 여러 개의 스택이나 큐를 동시에 사용하고자 할 때, 이들을 순차적으로 표현할 효율적인 방법이 없다. 이러한 문제를 연결 리스트를 이용하여 해결할 수 있는데, 〈그림 4.9〉는 연결된 스택과 큐를 보여주고 있다. (가)에서는 연결된 스택을 뉘여서 나타내고 있고, (나)에서는 세워서 나타내고 있다. (다)에서는 연결된 큐를 나타내고 있다.

〈그림 4.9〉 (가)의 top 앞에 한 노드를 삽입하면 스택에 한 원소를 삽입한 것이 될 것이고, top이 가리키는 노드를 삭제하면 스택에서 한 원소를 삭제하는 것이 될 것이다. (다)의 연결 큐에서도, rear 뒤에 새로운 노드를 삽입하거나, front가 가리키는 노드를 삭제하여 큐을 규현할 수 있다. 여기서는 n개의 스택과 m개의 큐를 연결 리스트를 이용하여 운용하는 알고리즘에 대해서 살펴본다.

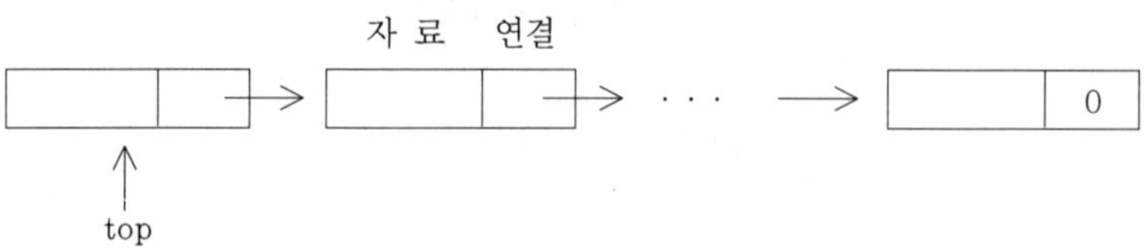

(가) 눕힌 연결된 스택

**그림 4-9 연결된 스택과 큐 (계속)

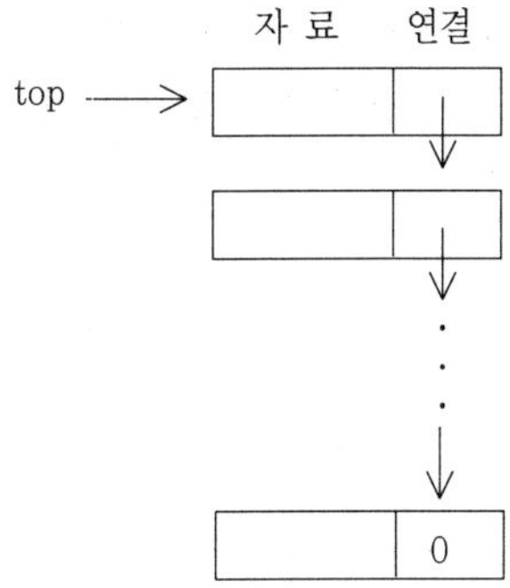

(나) 세운 연결된 스택

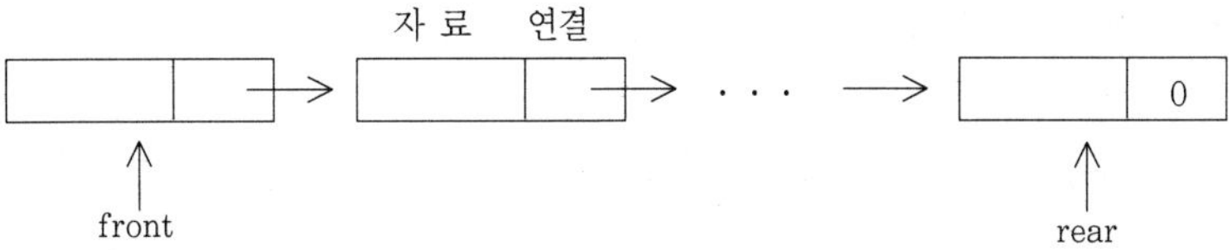

(다) 연결된 큐

**그림 4-9 연결된 스택과 큐

스택의 상단, 큐의 전두와 후미에 대한 지적자에 대해 다음과 같은 배열 원소를 사용한다.

top(i) : i번째 스택의 상단 노드 ($1 \le I \le n$)
F(i) : i번째 큐에서 최초 노드 ($1 \le I \le m$)
R(i) : i번째 큐에서 최종 노드 ($1 \le I \le m$)

각 지적자에 대한 초기 조건은 다음과 같다.

top(i) = 0 ($1 \le I \le n$)
F(i) = 0 ($1 \le I \le m$)

여기에서 0은 공백 값이며, 연결 큐에서는 공백 리스트에서 시작하기 때문에 R(i)에 대한 초기 조건은 필요없다.

각 지적자에 대한 경계조건은 다음과 같다.

top(i) = 0 (i번째 스택이 빈 경우)
F(i) = 0 (i번째 큐가 빈 경우)

연결 리스트를 이용하여 구현하기 때문에 상한은 따지지 않는다. 왜냐하면, 컴퓨터 기억공간에 여유가 있는 한 계속해서 사용할 수 있기 때문이다.

i번째 연결 스택에 항목을 삽입하는 알고리즘은 〈알고리즘 4.4〉와 같으며, 삽입 과정은 〈그림 4.10〉과 같이 연결 리스트에서 첫 원소 앞에 새로운 원소를 삽입한다. i번째 연결 스택이 공백 스택일지라도 전혀 문제되지 않는다.

```
연결_스택_삽입 (T(i), 항목)          // T(i) : i번째 연결 스택
    노드_얻기(X)
    자료(X) ← 항목
    연결(X) ← T(i)
    T(i) ← X
```

알고리즘 4.4 연결 스택에 한 항목 삽입

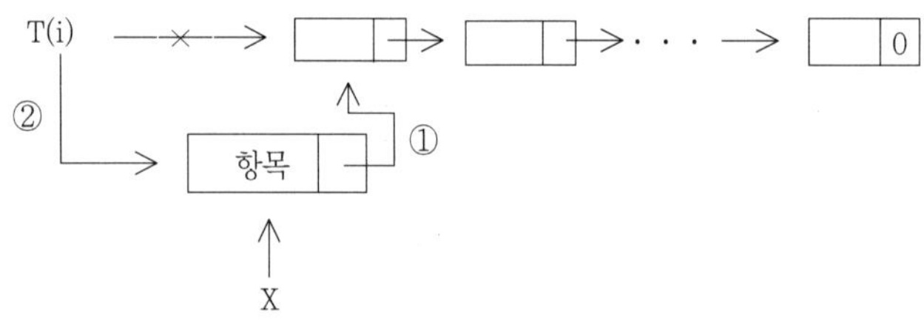

**그림 4-10 연결 스택에 한 항목 삽입

앞에서도 잠깐 언급했지만, 연결 스택에 원소를 삽입할 때에는 스택이 가득 찼느냐에 대해서는 확인하지 않는다. 그 이유는 컴퓨터 기억공간에 여유가 있기만 하면 새로운 노드를 얻어서 얼마든지 삽입할 수 있기 때문이다.

i번째 연결 스택에서 한 항목을 삭제하는 알고리즘은 〈알고리즘 4.5〉와 같으며, 그 과정은 〈그림 4.11〉과 같다.

```
연결_스택_삭제(T(i))          // T(i) : i번째 연결 스택
    T(i) = 0
      참: 스택_빔(i)
      거짓:
        X ← T(i)
        항목 ← 자료(X)
        T(i) ← 연결(X)
        반납(X)
        항목 반환
```

알고리즘 4.5 연결 스택에서 한 항목 삭제

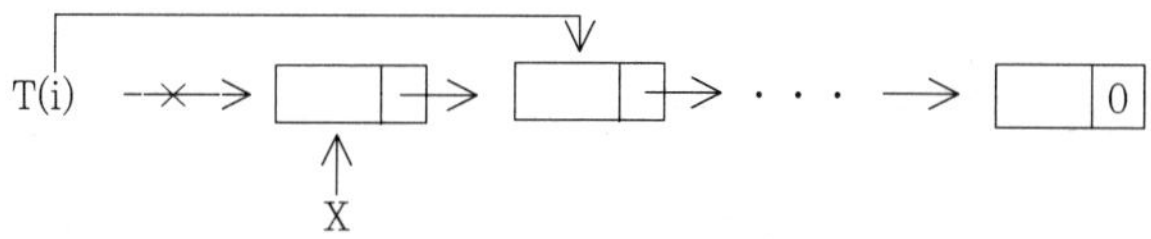

**그림 4-11 연결 스택에서 한 항목 삭제

i번째 연결 큐에 항목을 삽입하는 알고리즘은 〈알고리즘 4.6〉과 같으며, 삽입 과정은 〈그림 4.12〉와 같이 연결 리스트에서 후미 원소 뒤에 새로운 원소를 삽입한다. i번째 연결 큐가 공백 큐일지라도 전혀 문제되지 않는다.

```
연결_큐_삽입(F(i), R(i), 항목)
  노드_얻기(X)
  자료(X) ← 항목
  연결(X) ← 0
  F(i) = 0
    예:     F(i) ← X
            R(i) ← X
    아니오: 연결(R(i)) ← X
            R(i) ← X
// F(i) : i번째 연결 큐의 전두
// R(i) : i번째 연결 큐의 후미
```

알고리즘 4.6 연결 큐에서의 항목 삽입

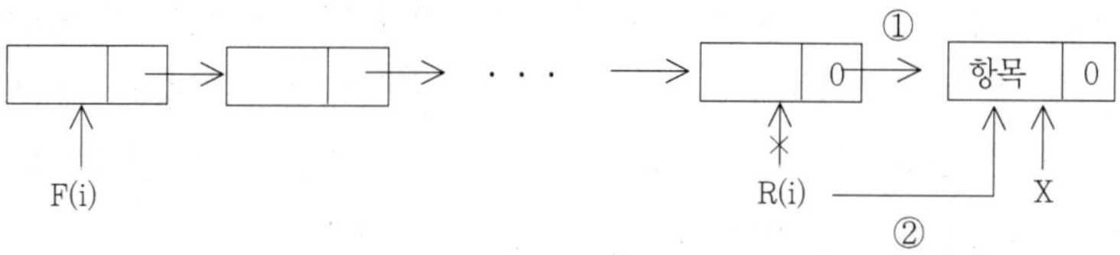

**그림 4-12 연결 큐에서의 항목 삽입

i번째 연결 큐에서 한 항목을 삭제하는 알고리즘은 〈알고리즘 4.7〉과 같으며, 그 과정은 〈그림 4.13〉과 같다.

```
연결_큐_삭제(F(i), 항목)
  F(i) = 0
    예:     큐_빔()
    아니오: X ← F(i)
            항목 ← 자료(X)
            F(i) ← 연결(X)
            반납(X)
            항목 반환
```

알고리즘 4.7 연결 큐에서 한 항목 삭제

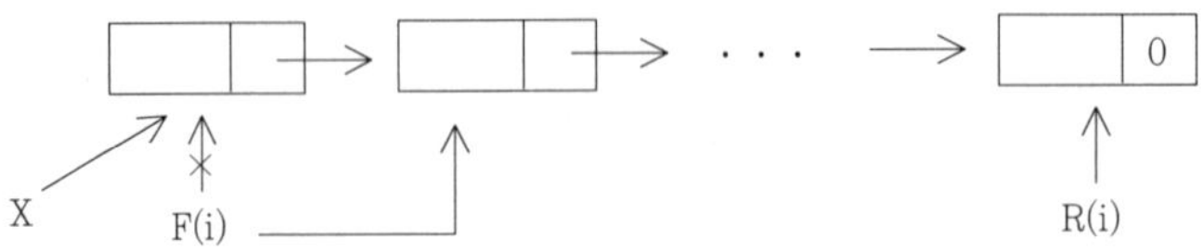

**그림 4-13 연결 큐에서 한 항목 삭제

이상에서 살펴본 바와 같이, 연결 리스트를 사용하여 스택과 큐를 구현하는 경우에는 다음과 같은 사항들을 알아야 한다.

- 원소를 삽입할 때, 기억공간을 마련하기 위해서 스택이나 큐에서의 원소들의 자리 이동이 필요없다.
- 사용되지 않는 노드가 있는 한 삽입 연산을 계속할 수 있다.
- 연결부를 위한 기억공간이 추가적으로 소요된다.
- 자료부가 한 워드 전체를 차지하지 않는 경우에는, 남는 부분에 연결부를 둘 수 있다.

4-5 기억장소 집단 (Memory Pool)

기억장소 집단은 현재 사용되지 않는 모든 노드들을 가지고 있는데, 이를 가용 노드들의 리스트라고도 한다. 운영 체제는 응용 프로그램을 실행시키기 위해 기억공간이 필요하면 가용 노드 리스트에서 적정한 크기의 노드(즉, 기억공간)를 할당한다. 또한 할당된 노드가 사용되다가 더 이상 사용될 필요가 없어 삭제되었을 때에는 가용 노드 리스트에 반납한다. 여기에서는 가용 노드 리스트에 있는 노드들의 크기가 일정한 것으로 가정한다.

처음 컴퓨터 시스템이 시동될 때에는, n개의 가용 노드들이 연속적인 순서로 가용 노드 리스트를 구성하는데, 이러한 가용 노드 리스트를 생성하는 알고리즘은 〈알고리즘 4.8〉과 같고, 그 결과는 〈그림 4.14〉와 같다.

```
가용_노드_리스트_생성 (n)
  i ← 1, n-1
    연결(i) ← i + 1
  연결(n) ← 0
  AV ← 1
```

알고리즘 4.8 가용 노드 리스트 생성

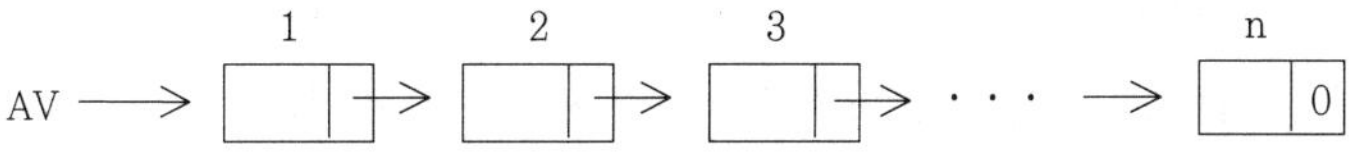

**그림 4-14 생성된 가용 노드 리스트

이와 같이 생성된 가용 노드 리스트에서 노드 하나를 얻는 알고리즘은 〈알고리즘 4.9〉와 같고, 그 과정은 〈그림 4.15〉와 같다. 이때 가용 노드 리스트에서 첫 번째 노드를 할당한다고 가정한다.

노드_얻기 (I)

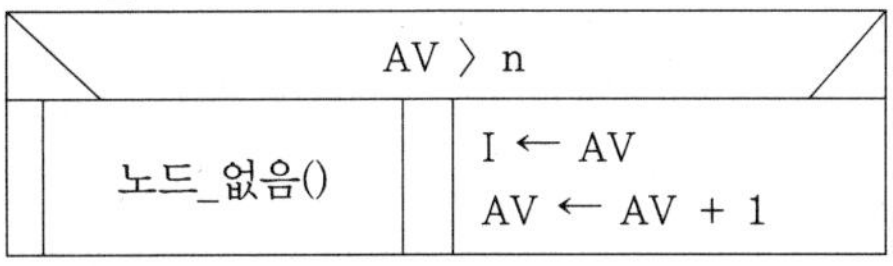

* AV : 전역변수, 초기치는 1; n : 가용 노드 리스트 크기

알고리즘 4.9 가용 노드 리스트에서 노드 얻기

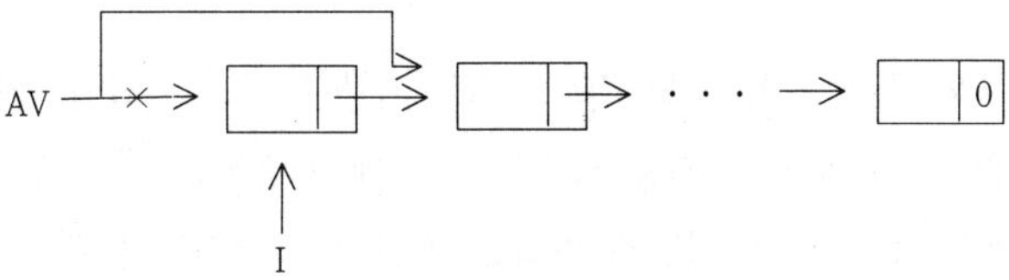

**그림 4-15 가용 노드 리스트에서 노드 얻기

하지만 운영 체제가 응용 프로그램에 기억공간을 할당하고 반납받을 때, 할당된 순서로 반납받는 경우는 아주 드물다. 이에 따라 어느 정도 시간이 흐르면, 가용 노드 리스트내의 노드 순서는 뒤죽박죽이 된다. 그렇기 때문에 노드를 할당받을 때에 단순히 AV가 가리키는 노드를 할당받고, AV의 값을 1 만큼 증가시키는 것으로는 해결되지 않는다. 이를 위해 가용 노드 리스트에서 노드를 얻는 알고리즘을 〈알고리즘 4.10〉과 같이 변경한다. 과정은 〈그림 4.15〉와 같다.

노드_얻기 (I)

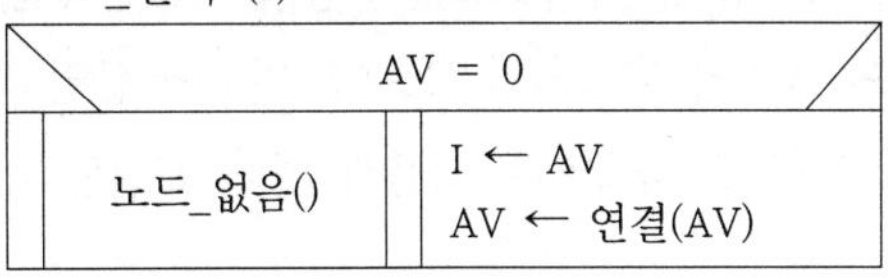

* AV : 전역변수

알고리즘 4.10 가용 노드 리스트에서 노드 얻기

응용 프로그램이 할당받은 노드를 사용하다가, 더 이상 사용되지 않는 노드를 반납하는 알고리즘은 〈알고리즘 4.11〉과 같고, 그 과정은 〈그림 4.16〉과 같다.

노드_반납 (X)

```
연결(X) ← AV
AV ← X
```

* AV : 전역변수

알고리즘 4.11 가용 노드 리스트에 노드 반납

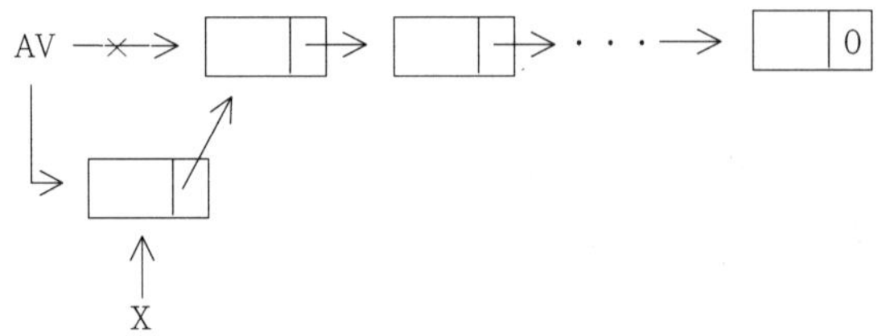

**그림 4-16 가용 노드 리스트에 노드 반납

이상에서 살펴본 바와 같이 가용 노드 리스트에서 가용 노드를 얻을 때에는 리스트의 첫 번째 노드를 삭제하는 것과 같고, 노드를 가용 노드 리스트에 반납하는 것은 리스트에 첫 번째 노드로 삽입하는 것과 같다. 즉, 노드의 할당과 반납은 연결된 스택에서의 원소 삽입과 삭제와 같다. 따라서 프로그램 작성 언어에서 일시적인 지역 변수를 스택 변수라고도 한다.

4-6 연결 리스트의 응용

4.6.1 다항식

(1) 다항식의 연결 리스트 표현

2장에서 배열을 이용하여 다항식을 표현하는 것에 대해서 논의했는데, 여기에서는 이들을 비순차적 구조인 연결 리스트로 표현하는 것을 살펴본다. 이들을 연결 리스트를 이용하여 표현하면, 순차적 사상에 의한 표현의 단점을 극복하며, 리스트의 크기가 고정되지 않으며, 원소의 삽입이나 삭제와 같은 변동이 있는 경우에 효율적이다. 일반적으로 다항식은 다음과 같이 표현된다.

$$A(x) = a_{m-1}x^{e_{m-1}} + ... + a_0x^{e_0}$$

여기에서 a_i는 0이 아닌 계수이고 $e_{m-1} 〉 e_{m-2} 〉 \cdots 〉 e_1 〉 e_0 \geq 0$ 이다. 연결 리스트로 다항식을

표현할 때는 다음과 같은 계수부, 지수부, 연결부를 가지는 노드가 필요하다.

계수	지수	연결

〈그림 4.17〉은 다음과 같은 다항식을 어떻게 저장하는 가를 보여주고 있다.

$$A = 3x^{14} + 2x^{8} + 1$$

$$B = 8x^{14} - 3x^{10} + 10x^{6}$$

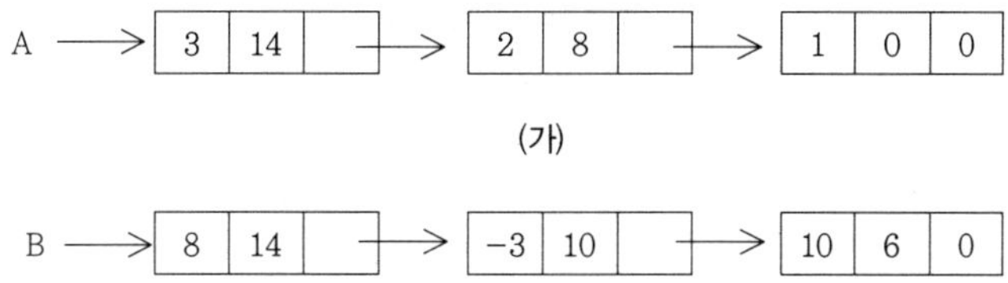

(가)

(나)

**그림 4-17 다항식의 표현

(2) 다항식의 덧셈

연결 리스트로 표현된 두 개의 다항식 A와 B를 더하려면, 각 다항식에 대한 연결 리스트의 시작 노드의 지수 항들을 비교하는 것으로부터 시작한다. A에 대한 지적자는 a이고 B에 대한 지적자는 b라고 가정하고, a와 b는 각기 각 다항식의 첫 항 즉, 시작 노드를 가리키고 있다고 하자. 만일 두 노드의 지수가 같으면, 두 항의 계수들을 더해서, 그 결과가 0이 아니면, 결과 다항식 C에 새로운 항을 만들어 붙이고 나서, 지적자 a와 b를 각기 다음 노드를 가리키도록 이동시킨다. 이때 결과 다항식 C에서 노드를 가리키는 지적자 c가 새로운 항을 가리키도록 한다. 만약 a가 가리키는 노드의 지수가 b가 가리키는 노드의 지수보다 크다면, a 노드와 같은 노드를 만들어 결과 다항식 C에 붙여 넣고, 다음 노드를 가리키도록 a를 이동시킨다. 반대로 a가 가리키는 노드의 지수가 b가 가리키는 노드의 지수보다 작으면, b 노드와 같은 노드를 만들어 결과 다항식 C에 붙여 넣고, 다음 노드를 가리키도록 b를 이동시킨다. 〈그림 4.18〉은 두 다항식에 대한 덧셈 과정 일부를 보여주고 있다.

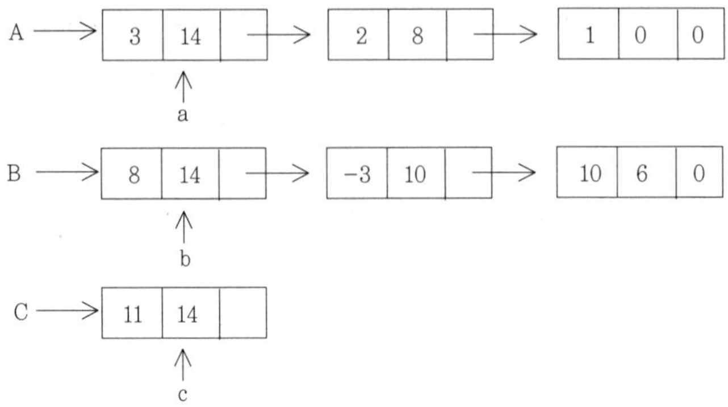

(가) a의 지수 = b의 지수

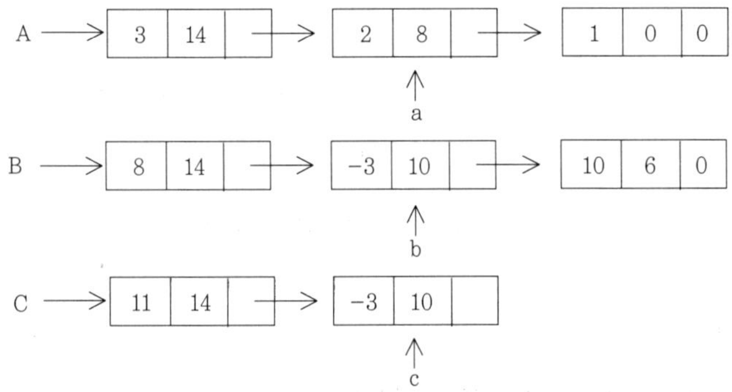

(나) a의 지수 < b의 지수

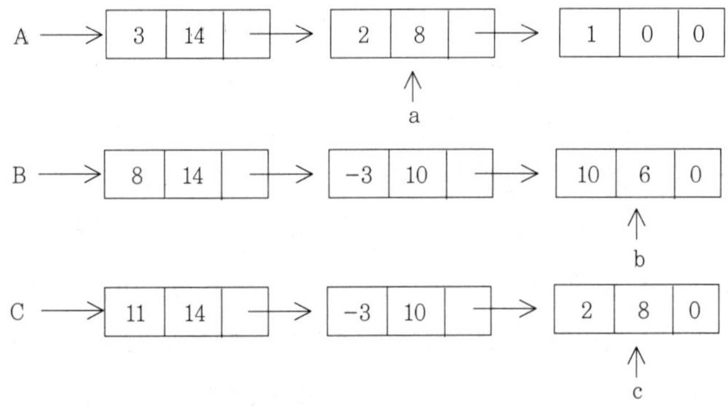

(다) a의 지수 > b의 지수

**그림 4-18 C = A + B의 처음 세 단계

새로운 노드가 만들어질 때마다 계수와 지수 부분에 값을 지정하고 그것을 결과 다항식의 마지막 노드 뒤에 첨가한다. 새로운 노드를 첨가할 때마다 결과 다항식의 마지막 노드를 찾는 작업을 피하기 위해, c로 하여금 결과 다항식의 마지막 노드를 가리키도록 한다. 다항식 덧셈의 완전한 알고리즘은 〈알고리즘 4.12〉에 나타나 있다.

```
다항식_더하기 (A, B, C)
                    // 연결 리스트로 표현된 다항식 A, B를 더해서
                    // 새로운 다항식 C를 만듦
a ← A;  b ← B                                  // a, b : 각기 A, B의 첫노드
노드_얻기(C)                                    // 초기 노드 얻기
c ← C                                          // C에서 마지막 노드를 가리킴
a ≠ 0  &  b ≠ 0
  CASE
    지수(a) = 지수(b):
        x ← 계수(a) + 계수(b)
        x ≠ 0:
            붙이기 (x, 지수(a), c)
        a ← 연결(a);  b ← 연결(b)
    지수(a) > 지수(b):
        붙이기 (계수(a), 지수(a), c)
        a ← 연결(a)
    기타:
        붙이기 (계수(b), 지수(b), c)
        b ← 연결(b)
a ≠ 0                                          // A의 나머지 항들 복사
    붙이기 (계수(a), 지수(a), c)
    a ← 연결(a)
b ≠ 0                                          // B의 나머지 항들 복사
    붙이기 (계수(b), 지수(b), c)
    b ← 연결(b)
연결(c) ← 0;
t ← C;  C ← 연결(C)                             // C에서 첫 노드 삭제
노드_반납(t)                                    // 초기 노드 반납
```

```
붙이기 (계수, 지수, d)
  // c가 가리키는 노드에 계수와 지수를
  // 가진 새로운 항을 첨가
노드획득(i)
지수(i) ← 지수
계수(i) ← 계수
연결(c) ← i
c ← i
```

알고리즘 4.12 다항식 더하기

이 알고리즘의 실행 초기에 다음과 같은 상태가 되는데,

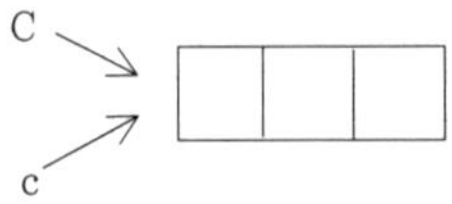

대문자인 C는 다항식 더하기 결과를 가지는 리스트를 가리키고, 소문자인 c는 C 다항식에서 마지막 노드를 가리키는 지적자이다. 알고리즘의 처음에서 이 노드를 생성하는 것은 알고리즘의 붙이기 연산을 간단하게 하기 위해서이며, 알고리즘의 마지막에서 제거된다.

이제 알고리즘의 연산 시간을 계산해보자. 알고리즘의 연산시간을 결정하려면, 먼저 다음과 같은 세 가지 요소 중에서 어떤 연산이 연산 시간에 가장 큰 영향을 미치는 지를 결정해야 한다.

❶ 계수 덧셈

❷ 지수 비교

❸ C를 위한 새로운 노드 생성

각 연산을 한 번 수행하는 데 하나의 시간 단위가 소요된다고 가정하면, 알고리즘의 전체 시간은 이 연산들의 수행 횟수에 의해서 결정되며, 수행 횟수는 다항식 A와 B가 가지고 있는 항수에 의존한다. 여기서는 A와 B가 각각 m개와 n개의 항을 가진다고 가정하자.

$$A(x) = a_{m-1}x^{e_{m-1}} + a_{m-2}x^{e_{m-2}} + \cdots + a_0x^{e_0}$$

$$B(x) = b_{n-1}x^{f_{m-1}} + b_{n-2}x^{f_{m-2}} + \cdots + b_0x^{f_0}$$

여기서 a_i, $b_i \neq 0$이고, $e_{m-1} > \cdots > e_0 \geqq 0$, $f_{n-1} > \cdots > f_0 \geqq 0$이다. 이때 계수 덧셈의 횟수의 범위는 다음과 같다.

$$0 \leqq \text{계수 덧셈의 횟수} \leqq \min\{m, n\}$$

덧셈 횟수가 최소인 경우는 두 다항식이 지수가 같은 항을 하나도 갖지 않을 때 나타나며, 최대인 경우는 하나의 다항식 지수들이 다른 다항식 지수의 부분집합일 때 나타난다.

지수 비교는 while 반복이 한 번 반복될 때마다 한 번씩 이루어진다. 그리고 그때마다 a나 b 또는 a, b 모두가 다음 항으로 이동된다. 또한 항의 총 수가 m+n을 넘을 수 없게 된다. 예를 들어 m+n−1번의 비교가 일어나는 경우는 쉽게 만들 수 있다. 즉 m=n이고 다음 조건을 만족하면 된다.

$$e_{m-1} > f_{m-1} > e_{m-2} > f_{m-2} > \cdots > e_1 > f_1 > e_0 > f_0$$

이때 C의 최대 항수가 m + n이므로, 최대 m + n개의 새로운 노드가 만들어진다(여기서는 C의 첫 노드로 있다가 나중에 제거되는 부가 노드는 제외했다). 따라서 알고리즘의 명령문들의 최대 수행 횟수는 m + n이다. 그러므로 연산 시간은 O(m + n)이다. 이것은 이 알고리즘이 실제로 프로그램되어 수행될 때 걸리는 시간이

$$c_1 m + c_2 n + c_3 \quad (\text{단, } c_1,\ c_2,\ c_3\text{은 상수})$$

가 된다는 것을 의미한다. 다항식 덧셈을 위한 어떤 알고리즘도 0이 아닌 항은 적어도 한 번 검토해 보아야 하므로, 이 알고리즘의 연산 시간은 어떤 상수 인수내에서 최적이라고 할 수 있다.

(3) 다항식의 제거

이제까지 다항식을 연결 리스트로 표현하고, 연결 리스트로 표현된 다항식들을 더하는 것에 대해 다루었다. 이번에는 연결 리스트로 표현했던 다항식이 더 이상 필요없어, 연결 리스트를 구성하던 노드들을 기억장소 집단에 반납하는 것을 살펴보자.

4.5 절에서 다루었던 노드의 반납 알고리즘을 이용하여, 〈알고리즘 4.13〉과 같이, 연결 리스트 T의 노드들 각각에 대해서, 노드_반납( ) 프로시저를 호출하여 기억장소 집단에 반납할 수 있다.

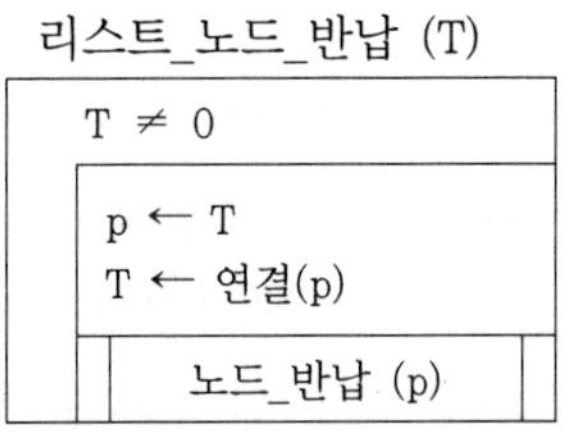

알고리즘 4.13 연결 리스트의 노드들 반납-1

이와 같이 T의 노드들 각각에 대해서 노드_반납() 프로시저를 호출하면, 호출과 복귀의 부하 때문에 효율적이지 못하다. 대신에 연결 리스트 T의 마지막 노드를 찾아서, 이를 가용 노드 리스트에 연결하는 것이 바람직하다. 〈알고리즘 4.14〉는 이러한 노드 반납 알고리즘을 나타내며, 〈그림 4.19〉는 노드들의 반납 과정을 나타낸다.

리스트_노드_반납 (T)

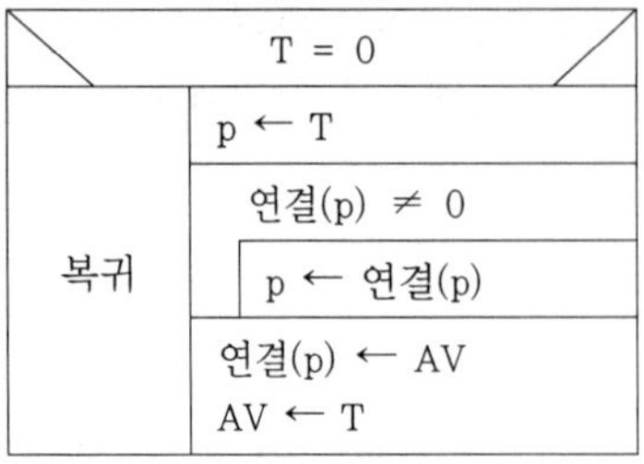

* AV는 전역 변수

알고리즘 4.14 연결 리스트의 노드들 반납-2

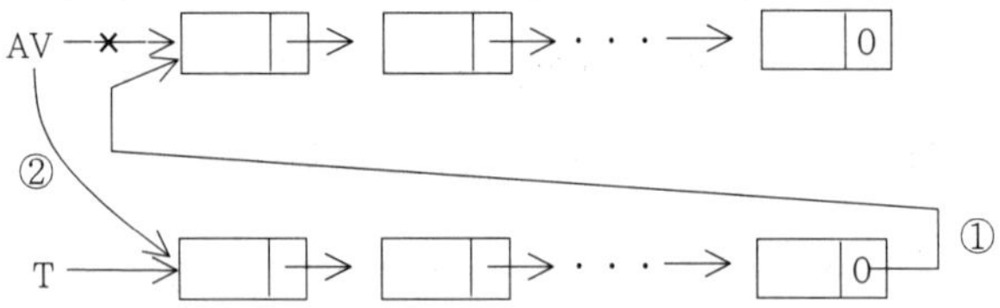

**그림 4-19 연결 리스트의 노드들 반납

(4) 순환 연결 리스트

〈알고리즘 4.14〉와 같이 연결 리스트 T의 노드들을 반납하기 위해서는, T의 마지막 노드까지 방문한 후에 가용 노드 리스트에 연결해야 한다. 이 알고리즘은 T에 n개의 노드가 있는 경우에 O(n)만큼의 실행 시간을 필요로 한다. 따라서 노드 수가 적으면 실행 시간이 짧고, 노드 수가 많으면 실행 시간이 길어진다. 만일에 리스트 구조를 약간 변형한다면, 리스트의 모든 노드들을 훨씬 효과적으로 반환할 수 있다. 즉, 〈그림 4.20〉에 나타난 것과 같이 마지막 노드가 리스트의 첫 번째 노드를 가리키도록 하는 것인데, 이것을 순환 연결 리스트(circular linked list) 또는 원형 연결 리스트라고 한다. 이에 반해 사슬(chain)은 마지막 노드의 연결부 값이 0인 단순 연결 리스트이다. 〈그림 4.21〉은 다항식을 순환 연결 리스트로 나타낸 예이다.

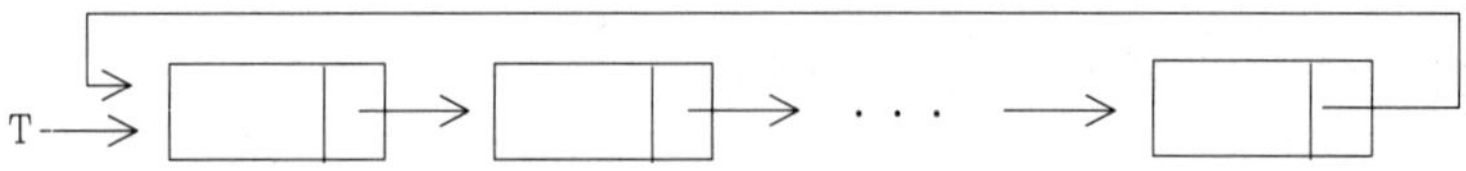

**그림 4-20 순환 연결 리스트

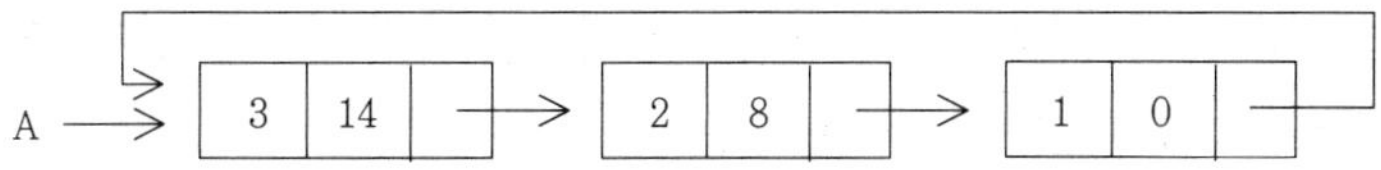

그림 4-21 다항식의 순환 연결 리스트 표현 예

앞에서 언급한 바와 같이, 더 이상 사용되지 않는 노드는 반납하여 나중에 다시 사용할 수 있도록 하는 것이 좋다. 가용 노드 리스트는 사슬 형태의 리스트로 유지하고, 반납될 리스트는 순환 연결 리스트로 표현된다면, 반납될 리스트의 노드 수에 관계없이 일정한 시간에 노드들을 반납시킬 수 있다. 〈알고리즘 4.15〉가 이러한 알고리즘을 보여주고 있으며, 〈그림 4.22〉는 순환 연결 리스트의 노드들을 반납하는 과정을 보여주고 있다. 순환 또는 원형 연결 리스트에서는 시작 노드도 끝 노드도 없으며, 어느 노드라도 선정되면 그 노드가 시작 노드 또는 끝 노드가 될 수 있다.

순환_연결_리스트_삭제 (T)

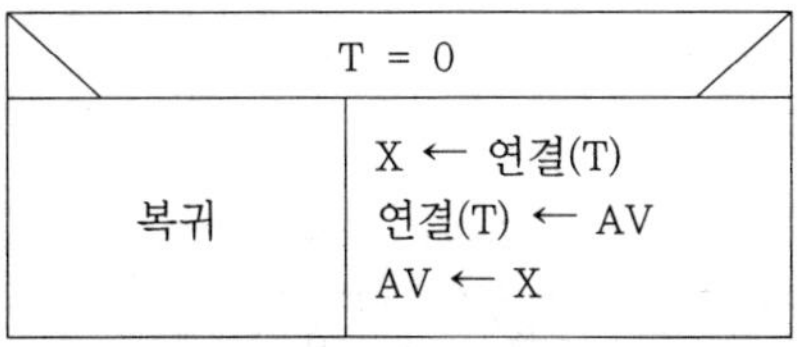

알고리즘 4.15 순환 연결 리스트의 반납

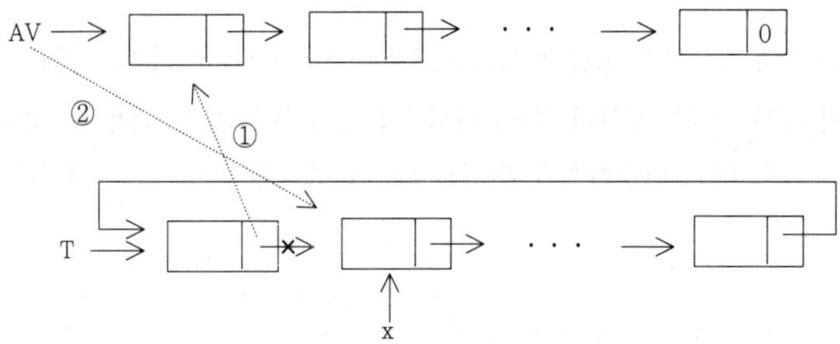

그림 4-22 그순환 리스트 반납

순환 연결 리스트를 사용하면서 또 하나의 이점은 리스트를 처리할 때 첫 노드부터 시작하지 않아도 된다는 것이다. 사슬인 경우에는 항상 첫 노드부터 시작해야 하지만, 순환 연결 리스트인 경우에는 어느 노드로부터 시작해도 모든 노드를 방문할 수 있기 때문이다.

영 다항식의 특별한 경우를 처리하기 위해, 각 다항식은 머리 노드 (head node)를 갖도록 할 수 있다. 즉, 영 또는 영이 아닌 다항식 모두가 부가적인 머리 노드를 갖게 하는 것이다. 머리 노드를 사용함으로써 다음과 같은 이점을 얻을 수 있다.

- 공백 리스트를 특별한 경우로 다루지 않아도 된다.
  따라서 알고리즘에서 'T = 0' 와 같이 공백 리스트인 지의 검사하는 조건문이 필요 없게 된다.
- 노드를 삽입하거나 삭제할 때 첫 노드인지 검사할 필요가 없다

머리 노드를 가지는 연결 리스트에서 실제 자료는 두 번째 노드에서부터 시작된다. 머리 노드를 가지는 순환 연결 리스트에서 공백 리스트인 경우에는, 〈그림 4.23〉의 (가)와 같이, 머리 노드의 연결 값이 머리 노드 자체가 된다. 그리고 머리 노드의 추가로 인한 낭비를 완화하기 위해, 머리 노드의 자료부에는 리스트내의 노드 수, 리스트에 대한 설명, 수치 자료의 합 등의 유용한 자료를 저장할 수도 있다. (나)에서는 다항식 리스트에 노드가 세 개 있다는 예를 보이고 있다.

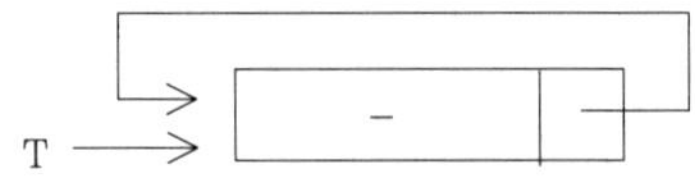

(가) 공백 리스트

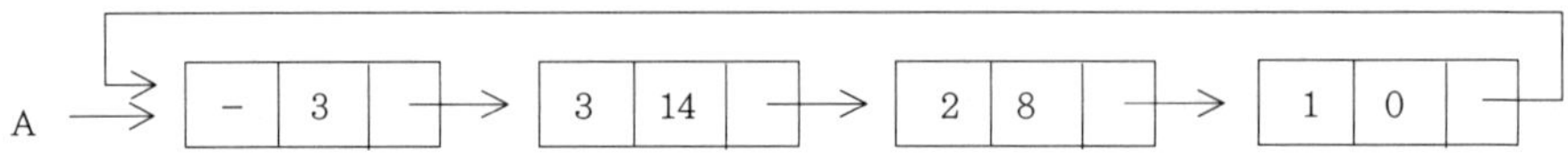

(나) 머리 노드의 활용

**그림 4-23 머리 노드를 가지는 순환 연결 리스트

〈알고리즘 4.12〉에서는 단순 연결 리스트로 표현된 두 다항식을 더하는 알고리즘을 다루었다. 만일 다항식들이 〈그림 4.24〉에서와 같이, 머리 노드를 가지는 순환 연결 리스트를 사용하여 표현된다면, 알고리즘을 더욱 단순화시킬 수 있는데 〈알고리즘 4.16〉에서 이러한 알고리즘을 보여주고 있다.

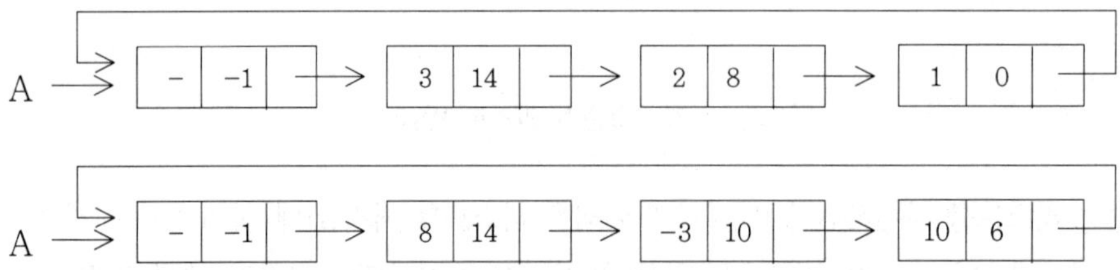

**그림 4-24 다항식의 순환 연결 리스트 표현

머리_순환_다항식_더하기 (A, B, C)

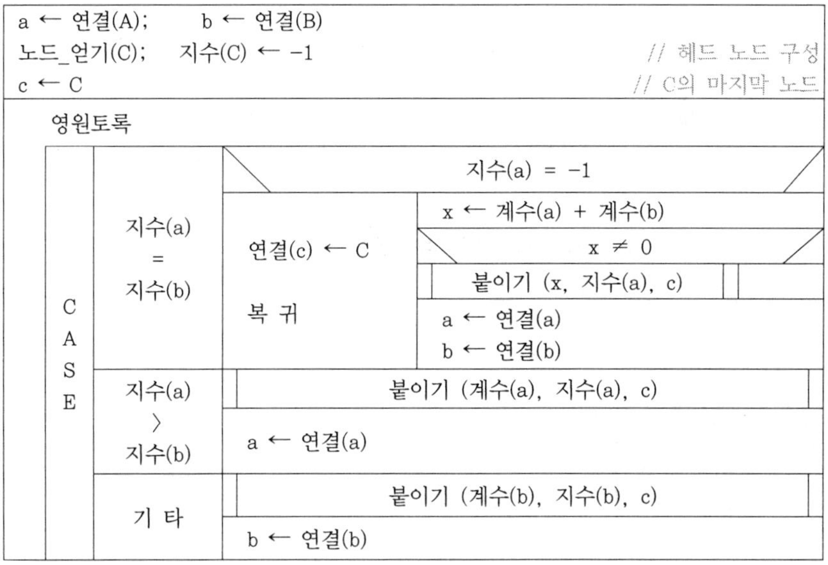

알고리즘 4.16 머리 노드를 가지는 다항식 더하기

머리 노드(Head)를 가지는 순환 연결 리스트의 첫 원소로 새로운 노드(new)를 삽입하는 것은 다음과 같은 과정을 따른다. 이 결과는 〈그림 4.25〉에 나타나고 있다.

연결(new) ← 연결(Head)

연결(Head) ← new

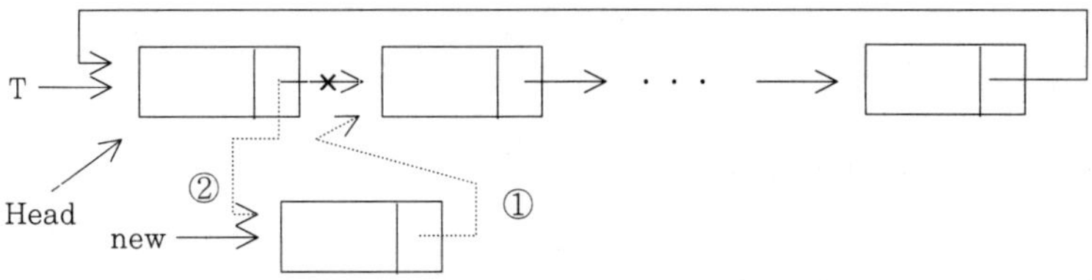

**그림 4-25 머리 순환 연결 리스트 앞에 노드 삽입

4.6.2 연결 리스트의 추가적 연산

(1) 역방향 연결

〈그림 4.26〉은 연결 리스트의 순서를 반대로 바꾸는 예를 보이고 있으며, 〈알고리즘 4.17〉은 알고리즘을 나타내고 있다. 이 알고리즘은 while 반복이 체인의 노드 수 m번만큼 수행되므로,

연산시간은 O(m)으로 선형적이다.

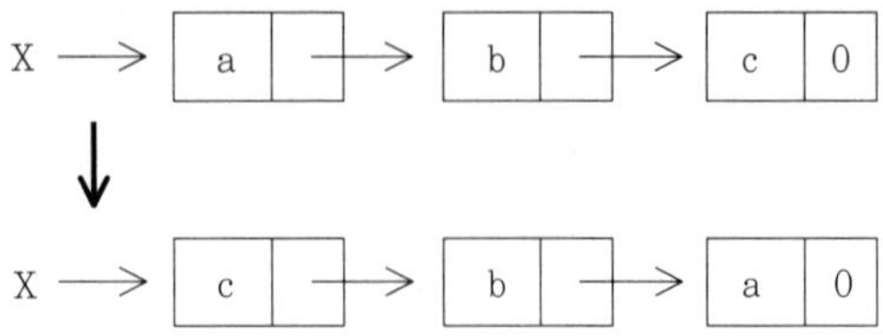

**그림 4-26 리스트의 역방향 연결

역순_리스트 (X)

```
                // X가 가리키는 연결 리스트를
                        // 역순으로 만듬
p ← X;  q ← 0
  p ≠ 0
    r ← q;  q ← p
    p ← 연결(p)
    연결(q) ← r
x ← q
```

알고리즘 4.17 리스트의 역방향 연결

(2) 리스트 연결

〈그림 4.27〉은 두 개의 연결 리스트 X, Y를 연결하여 Z라는 새로운 연결 리스트를 만들어 내고 있다.

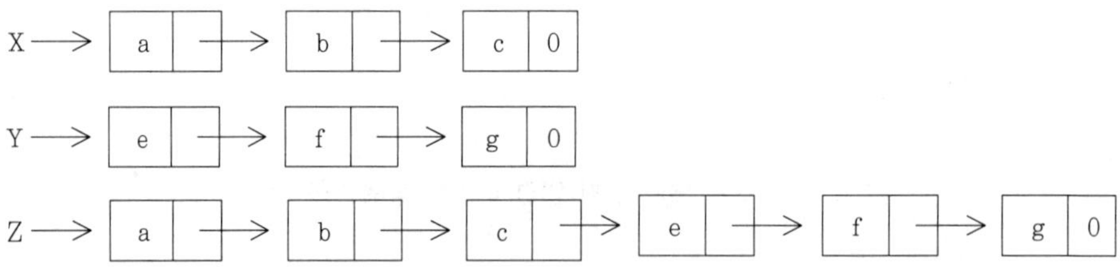

**그림 4-27 두 리스트의 연결

이러한 두 연결 리스트의 연결에 대한 알고리즘은 〈알고리즘 4.18〉에 나타나 있으며, 연산 시간은 첫 번째 리스트의 길이에 비례한다.

리스트_연결 (X, Y, Z)

// 두 개의 연결 리스트 X, Y를
// 연결하여 Z라는 사슬을 만듦

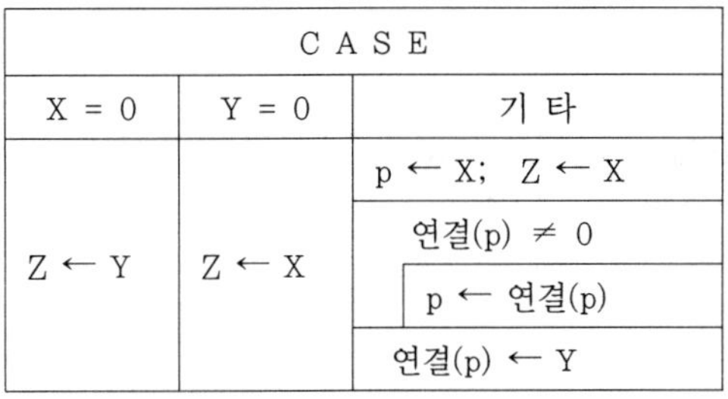

알고리즘 4.18 두 리스트의 연결

(3) 길이 연산

〈그림 4.28〉에 나타난 연결 리스트의 길이는 이 연결 리스트에 존재하는 노드의 수 즉, 4가 된다. 〈알고리즘 4.19〉에는 연결 리스트의 길이를 계산하는 알고리즘이 나타나 있으며, 이 알고리즘도 연결 리스트의 노드 수에 비례한 연산 시간에 수행된다.

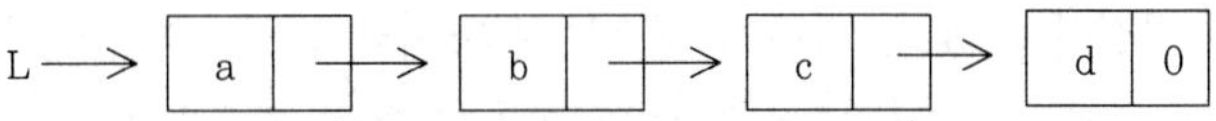

**그림 4-28 연결 리스트의 예

리스트_길이(A)

// 연결 리스트 A의 길이 계산

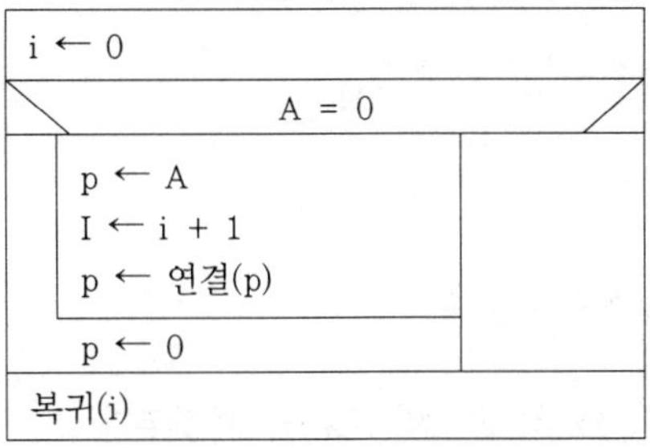

알고리즘 4.19 연결 리스트의 길이 구하기

(4) 순환 연결 리스트 앞에 노드 삽입

〈그림 4.29〉는 순환 연결 리스트의 앞에 새로운 노드를 삽입하는 것을 나타내고 있으며, 〈알고리즘 4.20〉은 이에 대한 알고리즘이다.

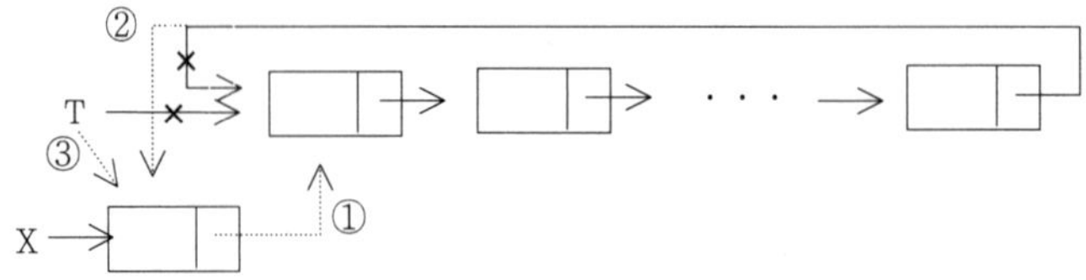

**그림 4-29 순환 연결 리스트 앞에 노드 삽입

순환_앞_삽입 (T, x)

// x가 가리키는 노드를 순환 연결 리스트 T앞에 삽입

T = 0	
T ← x 연결(x) ← T	연결(x) ← T 연결(p) ← x T ← x

* p는 순환 연결 리스트의 마지막 노드를 가리킴

알고리즘 4.20 순환 연결 리스트 앞에 노드 삽입

이 알고리즘은 순환 연결 리스트의 마지막 노드 (즉, 알고리즘에서의 p)의 연결부를 새로운 노드를 가리키도록 변경하고 있다. 따라서 리스트의 마지막 노드 (즉, p)를 찾아야 하기 때문에 시간이 많이 걸린다. 일정한 시간내에 순환 연결 리스트 앞에 새로운 노드를 삽입하는 알고리즘이 필요한데, 순환 연결 리스트의 이름이 리스트에서 마지막 노드를 가리키도록 변경하면 새로운 노드를 편리하게 삽입할 수 있다. 〈그림 4.30〉은 이러한 결과를 나타내고 있다.

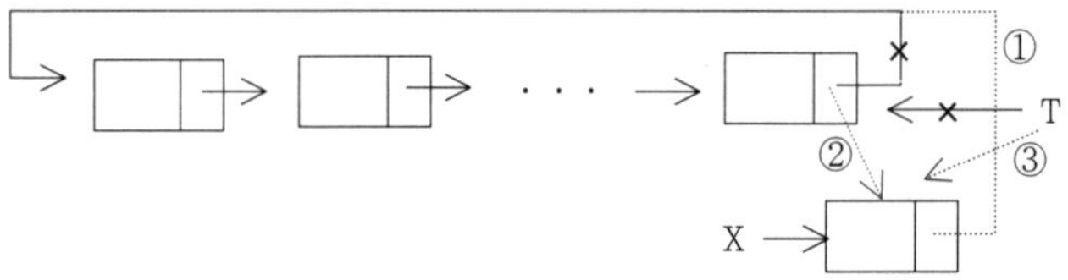

**그림 4-30 순환 연결 리스트 앞에 노드 삽입

순환 리스트의 뒤에 노드를 삽입하는 알고리즘은 '순환_앞_삽입( )'의 오른쪽 거짓부가

연결(x) ← 연결(T)

연결(T) ← x

T ← x

와 같이 변한다. 실제적으로는 순환 연결 리스트는 앞뒤의 구분이 없기 때문에, 순환 연결 리스트의 뒤에 새로운 노드를 삽입하는 것이 앞에 삽입하는 것이 된다.

4.6.3 동치 관계 (equivalence relation)

컴퓨터 과학 분야에서는 동치 관계를 종종 사용하는데, 여기에서는 동치 관계를 연결 리스트로 나타내어 처리하는 과정을 살펴본다. 우선 동치 관계의 특성부터 살펴보기로 하자. x, y, z를 어떤 집합에 속하는 원소라고 가정하며, 동치 관계는 기호 ≡로 나타내기로 한다면, 다음과 같은 특성을 가지고 있다.

❶ 어떠한 x에 대해서도, x ≡ x가 성립한다. 즉, x는 자기 자신과 동치이다. 따라서 ≡는 반사적 (reflexive)이다.

❷ 어떠한 x, y에 대해서, x ≡ y 이면 y ≡ x 가 된다. 따라서 ≡는 대칭적 (symmetric)이다.

❸ 어떠한 x, y, z에 대해서, x ≡ y 이고, y ≡ z 이면, x ≡ z 이다. 따라서 ≡는 추이적 (transitive)이다.

> 집합 S에 대하여, 관계가 대칭적, 반사적, 추이적이면, 그러한 관계를 집합 S에 대해 동치 관계라 한다. 그리고 그 역도 성립한다.

동치 관계의 예는 아주 많다. 예를들어, 동일 (=)관계는 다음을 만족하므로 동치 관계이다.

❶ x = x

❷ x = y 이면 y = x

❸ x = y이고 y = z이면 x = z

동치 관계는 집합 S를 다음 성질을 만족하는 동치 부류 (equivalence class)들로 나누어 놓는다. 즉, S의 두 원소 x와 y에 대하여 x ≡ y이면 x와 y는 같은 동치 부류에 속하며, 그 역도 성립한다. 예를 들어, 1 ~ 12까지 번호를 붙인 12개의 원소가 다음과 같이 쌍으로 겹쳐지면

1 ≡ 5, 4 ≡ 2, 7 ≡ 11, 9 ≡ 10, 8 ≡ 5, 7 ≡ 9, 4 ≡ 6, 3 ≡ 12, 12 ≡ 1

동치 관계 ≡의 반사성, 대칭성, 추이성에 따라 이 12개의 원소들은 다음과 같은 동치 부류들로 나누어진다.

{ 1, 3, 5, 8, 12 } { 2, 4, 6 } { 7, 9, 10, 11 }

동치 부류를 결정하는 알고리즘은 다음과 같이 두 단계로 수행된다. 첫 번째 단계에서는 동치쌍 (equivalence pair) 〈i, j〉를 읽어 기억한다. 두 번째 단계에서는 1에서부터 시작하여 1과 j

가 같은 동치 부류에 속한다는 것을 나타내는 〈1, j〉 형태의 모든 쌍을 찾는다. 추이성에 의하여 〈j, k〉 형태의 쌍의 있으면, k도 1과 같은 동치 부류에 속하게 한다. 이러한 방식으로 1이 포함된 동치 부류의 모든 원소를 찾아 표시하고 출력한다. 그리고 남은 동치 부류에 대해서도 같은 방법으로 계속한다.

개략적인 알고리즘은 〈알고리즘 4.21〉과 같다. m과 n은 각각 동치쌍의 수와 원소의 수를 나타낸다고 하자. 먼저 이들 쌍을 저장하는 자료구조를 결정해야 한다. 이를 위해 필요한 연산자들을 살펴보자. 쌍 〈i, j〉는 1부터 n 사이의 임의의 두 정수로 구성되므로, 배열 pair(n, m)을 사용하면 쉽게 해결할 수는 있다. 즉, i행은 입력시 i와 직접 쌍을 이룬 모든 j 원소를 포함하게 만든다. 그러나 이 방법은 배열의 극히 일부 원소만 사용하게 되므로 기억장소의 낭비가 심하며, 새로운 쌍 〈i, j〉를 i행에 넣기 위해서는 i 행내의 빈 공간을 찾아야 되거나 추가의 공간을 사용해야 되므로 많은 시간을 소모하게 된다.

동치관계 (m, n)

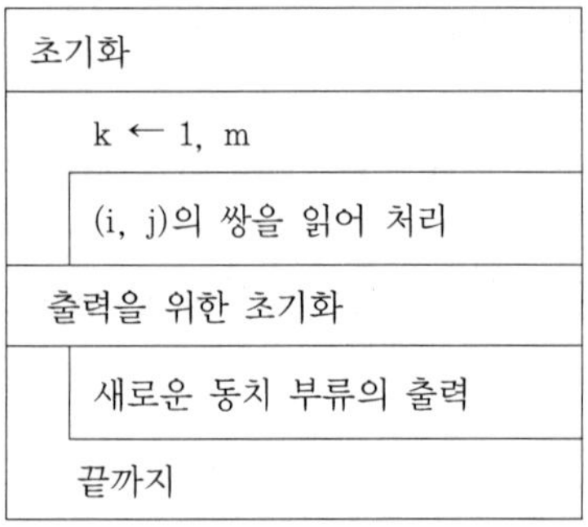

알고리즘 4.21 동치 관계의 개략적 알고리즘

따라서, 각 행을 연결된 리스트로 표현하기로 하자. 이때 노드는 자료부와 연결부만으로 구성된다. 그러나 i 번째 행에 대한 임의 접근이 필요하므로, n개의 리스트의 머리 노드들을 저장하기 위한 일차원 배열 HED(n)을 사용한다. 알고리즘의 두 번째 단계에서는 어떤 원소 i가 이미 출력 되었는 지를 알려주는 수단이 필요하다. 이를 위해 배열 OUT(n)과 상수 1(참)과 0(거짓)을 사용한다. 보다 구체적인 내용은 〈알고리즘 4.22〉에 나타나 있다.

동치관계 (m, n)

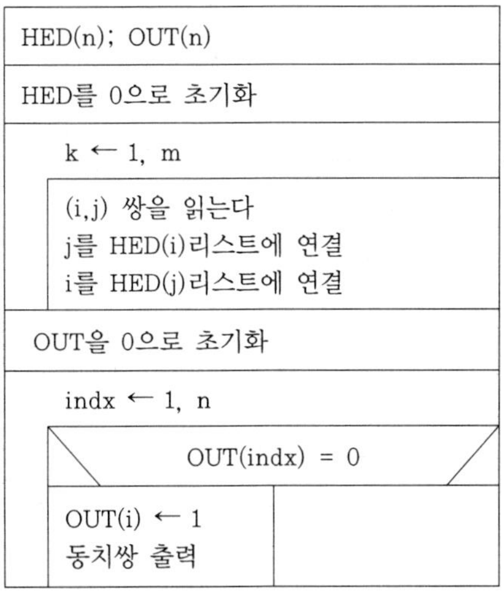

알고리즘 4.22 동치 관계의 구체적인 알고리즘

각각의 동치 관계 i ≡ j 에 대해 두 개의 노드를 사용한다. HED(i)는 입력시 i와 직접적으로 동치 관계에 있는 모든 숫자를 나타내는 노드들의 리스트를 가리킨다. 두 번째 단계에서는 OUT(i) = 0인 첫 번째 1 ≤ I ≤ n를 찾기 위하여 배열 HED를 탐색하고, 리스트 HED(i)의 각 원소들을 출력한다. 추이성에 의해서 i와 같은 부류에 속하는 나머지 리스트들을 처리하기 위하여, 이들의 노드들로 구성된 스택을 만든다. 이것은 연결부를 그들이 가리키던 방향과는 반대로 가리키도록 변경하여 만든다. 〈알고리즘 4.23〉은 동치부류 알고리즘을 나타내고 있다.

동치쌍들이 다음과 같은 순서로 입력된다고 가정하면,

(1, 5), (4, 2), (7, 11), (9, 10), (8, 5), (7, 9), (4, 6), (3, 12), (12, 1)

〈그림 4.31〉은 알고리즘의 결과로 생성된 배열의 내용들이다.

	1	2	3	4	5	6	7	8	9	10	11	12	
머리	1	4	15	3	2	14	5	9	7	8	6	16	
	18			13	10		11		12			17	⇒첫 번째 값 변경

	1	2	3	4	5	6	7	8	9	10	11	12	13	14	15	16	17	18
자료	5	1	2	4	11	7	10	9	5	8	9	7	6	4	12	3	1	12
연결	0	0	0	0	0	0	0	0	0	2	5	7	3	0	0	0	16	1

**그림 4-31 동치쌍 처리 결과

```
동치부류 (m, n)
                // 동치쌍의 수 m과 변수의 수 n을 입력받아 동치부류별로
                // 1, …, n으로 출력되는 알고리즘
                // 머리(n), 출력여부(n), 자료(2m), 연결(2m) : 배열
k ← 1, n                                              // n: 변수 수
    머리(i) ← 0                                       // 머리 노드 초기화
av ← 1                                                // 자료 노드 지적자
k ← 1, m                                              // m : 동치쌍 수
    i, j 입력                                         // 동치쌍 입력
    자료(av) ← j;  연결(av) ← 머리(i);  머리(i) ← av;  av++      //주석1
    자료(av) ← i;  연결(av) ← 머리(j);  머리(j) ← av;  av++      //주석2
i ← 1, n
    출력여부(i) ← 0                                   //변수 출력 여부 초기화
indx ← 1, n                                                      //주석3
    출력여부(indx) = 0 ?
    참:
        ("새로운 클래스", indx) 출력
        출력여부(indx) ← 1
        ptr ← 머리(indx)
        top ← 0                                       // 스택 초기화
        영원히                                                   //주석4
            ptr ≠ 0
                j ← 자료(ptr)
                출력여부(j) = 0 ?
                참:
                    j 출력
                    출력여부(j) ← 1
                    t ← 연결(ptr)
                    연결(ptr) ← top
                    top ← ptr;  ptr ← t
                거짓:
                    ptr ← 연결(ptr)
            top = 0 ?                                            //주석5
            참:
                빠져나감
            거짓:
                ptr ← 머리(자료(top))
                top ← 연결(top)
```

주석1 : j를 연결 리스트 i의 앞 부분에 삽입
        연결 리스트의 끝을 찾는 노력 회피
주석2 : 동치쌍 양쪽에 대한 삽입 필요
주석3 : 모든 동치 부류들을 출력
주석4 : 동치 부류 전체 탐색
주석5 : 공백스택이면?

알고리즘 4.23 동치 관계 알고리즘

<그림 4.32>는 처리 결과를 연결 리스트로 나타낸 것이다. 노드에 붙인 숫자는 노드가 생성된 순서를 나타낸다.

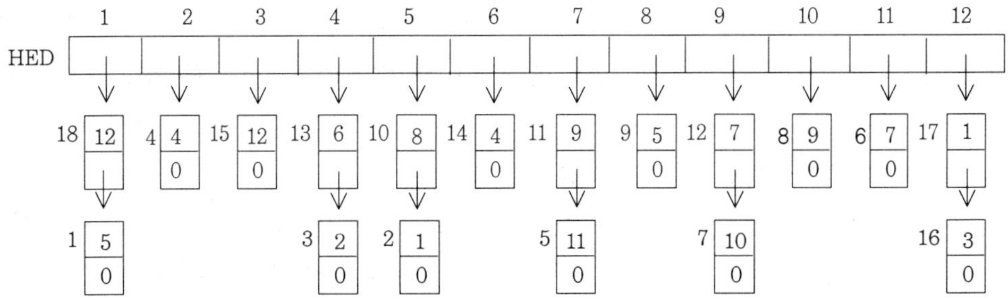

**그림 4-32 동치쌍들이 입력된 뒤의 리스트

알고리즘을 계속 수행하여 동치 부류 일부를 출력하면 다음과 같다.

새로운 부류: 1, 12, 5, 8, 3
새로운 부류: 2, 4, 6
새로운 부류: 7, 9, 11, 10

동치 부류를 출력하는 과정 사용된 스택의 내용은 <그림 4.33>에 보이고 있다.

ptr	top	t
18	0	1
1	18	0
0	1	
10	18	

**그림 4-33 스택의 내용

동치 관계 알고리즘에서 머리와 출력여부의 초기화 작업은 O(n) 시간이 걸린다. 단계 1에서 동치쌍들을 입력하는 데에는 각 쌍마다 상수 시간이 걸린다. 따라서 입력쌍의 개수를 m이라고 하면, 단계 1의 전체 연산시간은 O(m+n)이 된다. 동치쌍을 출력하는 단계 2에서 각 노드는 연결 스택에 기껏해야 한 번씩 들어간다. 그리고 단지 2m개의 노드만 있고 for반복은 n번 실행되므로, 이 단계의 연산시간은 O(m+n)이다. 따라서 전체 연산시간은 O(m+n)이 된다. 동치 관계를 처리하는 어떤 알고리즘도 m개의 동치쌍과 n개의 변수들을 최소한 한 번씩은 조사해야 하므로, 연산시간이 O(m+n)보다 적은 알고리즘은 있을 수 없다. 따라서 이 동치 알고리즘은 상수 범위 내에서 최적이라고 할 수 있다.

4-7 이중 연결 리스트

이제까지 살펴본 연결 리스트에서는 연결부가 하나만 있기 때문에 리스트를 한 쪽 방향으로만 처리할 수 있었다. 그러나 많은 응용분야에서, 리스트를 한 쪽 방향으로만 처리할 수 있다는 제한은 처리의 비효율을 야기시키게 된다. 예를 들면, 연결 리스트에서 어떤 특정 노드를 찾을 때 리스트의 첫 노드부터만 찾아갈 수 있고, 방금 처리했던 리스트의 중간 노드에서부터 시작하거나, 리스트가 구성된 반대 방향으로 찾을 수는 없다. 또한 리스트에서 특정 노드를 삭제할 때에는 그 노드의 앞 노드를 알아야 하기 때문에, 리스트를 처음서부터 차례로 살피면서 삭제 대상 노드의 바로 앞 노드를 식별해야만 한다. 이러한 문제들은 리스트의 처음에서부터 오직 한 쪽 방향으로만 노드를 찾기 때문에 비효율적이다.

따라서 이러한 문제에 대해서는 리스트를 양쪽 방향으로 처리하는 것이 바람직하다. 리스트를 양쪽 방향으로 처리하기 위해서는 각 노드에 두 개의 연결부를 사용한다. 하나의 연결부는 단순 연결 리스트에서와 같이 후속 노드를 가리키도록 하고, 다른 하나의 연결부는 선행 노드를 가리키도록 하여 리스트를 양방향으로 처리할 수 있다. 이와 같이 두 개의 연결부를 갖는 연결 리스트를 이중 연결 리스트(doubly linked list 또는 two-way chain)라고 부른다. 후속 노드를 가리키는 연결부를 오른쪽 연결부, 선행 노드를 가리키는 연결부를 왼쪽 연결부라 하면, 이중 연결 리스트의 논리적 구조는 〈그림 4.34〉와 같이 표현된다. 여기서 주의할 것은 첫 노드의 왼쪽 연결부와 마지막 노드의 오른쪽 연결부에는 공백 값 (0)이 들어간다는 점이다. 이것은 각기 왼쪽 방향 리스트와 오른쪽 방향 리스트의 마지막 노드임을 의미한다.

왼쪽 연결부	자료부	오른쪽 연결부

(가) 노드 구조

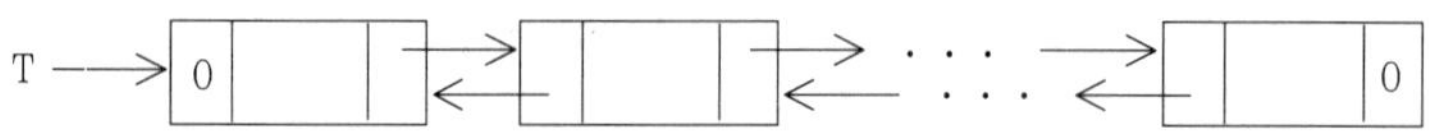

(나) 리스트 표현

**그림 4-34 이중 연결 리스트

이중 연결 리스트는 왼쪽 연결부를 사용하여 매우 효율적인 리스트 처리를 할 수 있다. 예를 들어 어떤 노드의 선행 노드를 알아야 하는 모든 연산에서 왼쪽 연결부를 사용한다. 단순 연결 리스트에서는 특정 노드의 선행 노드를 알기 위해서(예를들어, 노드의 삽입과 삭제 연산에서처럼) 추가 지적자를 사용하여 기억하여야 하거나, 또는 리스트의 처음서부터 다시 시작하여 연결부를 따라 그 특정 노드를 찾을 때까지 계속 탐색해 나가야만 한다. 이 연산에 많은 시간이 소요된다. 왼쪽 연결부를 새로 첨가함으로써 이러한 탐색을 하지 않아도 되므로 매우 효율적이다. 그러나 이는 각 노드의 두 번째 연결부를 위한 추가 저장 장소를 지불한 대가이다.

이중 연결 리스트에서 임의의 X 노드 오른 쪽에 새로운 new 노드를 삽입하는 알고리즘은 〈알고리즘 4.24〉에 나타나 있으며, 삽입 과정은 〈그림 4.35〉에 나타나 있다. LL은 왼쪽 연결부를, RL은 오른쪽 연결부를 의미한다.

이중_삽입 (X, new)
// X 노드 오른쪽에 new 노드 삽입

```
LL(new) ← X
RL(new) ← RL(X)
LL(RL(X)) ← new
RL(X) ← new
```

알고리즘 4.24 이중연결 리스트에서의 삽입

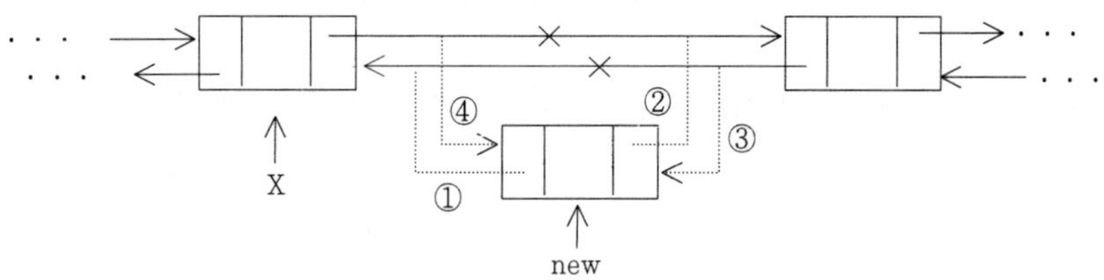

**그림 4-35 이중 연결 리스트에 노드 삽입

한 가지 주의해야 할 사항은

RL(X) ← new

라는 명령이 제일 나중에 수행되어야지 그렇지 않으면 원하는 대로의 결과를 얻을 수 없다는 것이다.

이중 연결 리스트에서 X 노드를 삭제하는 알고리즘은 〈알고리즘 4.25〉에 나타나 있으며, 삭제 과정은 〈그림 4.36〉에 나타나 있다.

이중_삭제 (X)
// 이중 연결 리스트에서 X 노드를 삭제

```
RL(LL(X)) ← RL(X)
LL(RL(X)) ← LL(X)
```

알고리즘 4.25 이중 연결 리스트에서 노드 삭제

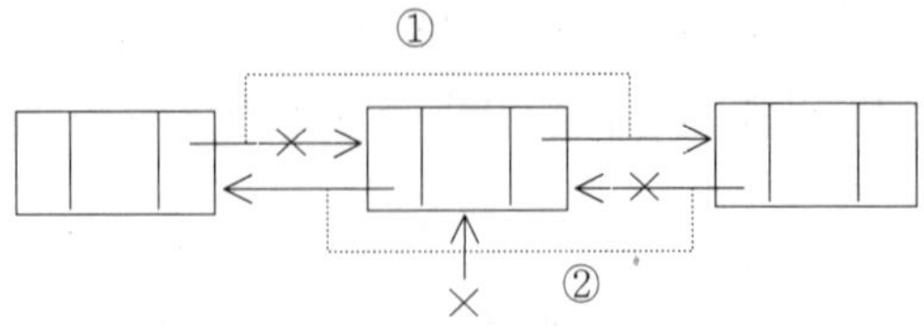

**그림 4-36 이중 연결 리스트에 노드 삭제

머리 노드를 사용할 때, 단순 연결 리스트는 머리 노드만 있으면 되지만, 이중 연결 리스트는 머리 노드 뿐만 아니라 꼬리 노드도 필요하게 된다. 리스트의 첫 번째 노드를 HEAD가 가리키고, 마지막 노드를 TAIL이 가리킨다고 하면, 머리 노드와 꼬리 노드를 가지는 이중 연결 리스트의 논리적 구조는 〈그림 4.37〉과 같이 표현된다.

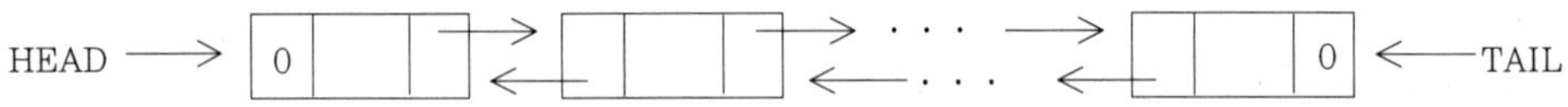

**그림 4-37 머리와 꼬리 노드를 가지는 이중 연결 리스트

〈그림 4.38〉은 머리 노드와 꼬리 노드를 가지는 순환 이중 연결 리스트를 보여주고 있다

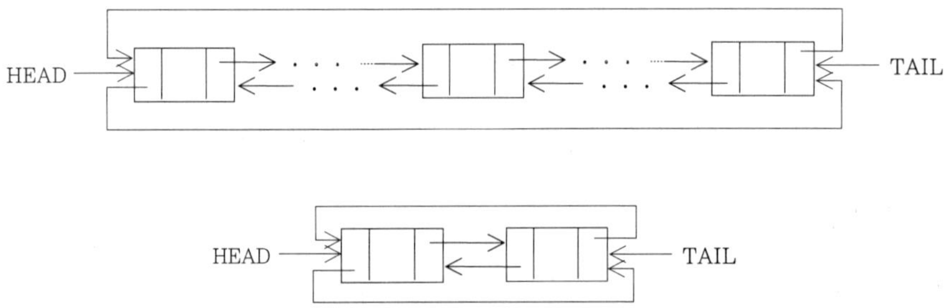

**그림 4-38 머리와 꼬리를 갖는 순환 이중 연결 리스트들

지금까지 다룬 이중 연결 리스트의 장점은 단순 연결 리스트의 연산을 단순화시켜서 계산 시간을 절약한다는 것이다. 예를 들어 선행 노드를 빨리 탐색해야 하는 경우가 이에 해당한다. 단점으로는 연결부가 추가되므로 추가적인 기억장소 필요가 필요하며, 연결 연산이 증가한다. 따라서 다음과 같은 경우에는 이중 연결 리스트를 사용하지 않는 것이 좋다.

- 기억장소가 계산 시간 보다 중요한 경우
- 리스트의 길이가 비교적 짧아서, 선행 노드를 빨리 탐색할 수 있는 경우
- 선행노드를 찾는 연산이 빈번하지 않는 경우

4-8 다중 연결 리스트

다중 연결 리스트는 두 개 이상의 연결부가 존재하는 연결 리스트인데, 노드들을 여러 가지 다른 순서로 처리하고자 할 때 사용하면 좋다. 즉, 리스트 별로 다른 연결부를 마련하여 사용한다. 예를 들어 〈그림 4.39〉의 (가)와 같은 노드 구조를 가지고, (나)와 같은 연결 리스트를 만들면 다중 연결 리스트가 된다.

이름	성적	나이
연결1	연결2	연결3

(가) 노드 구조

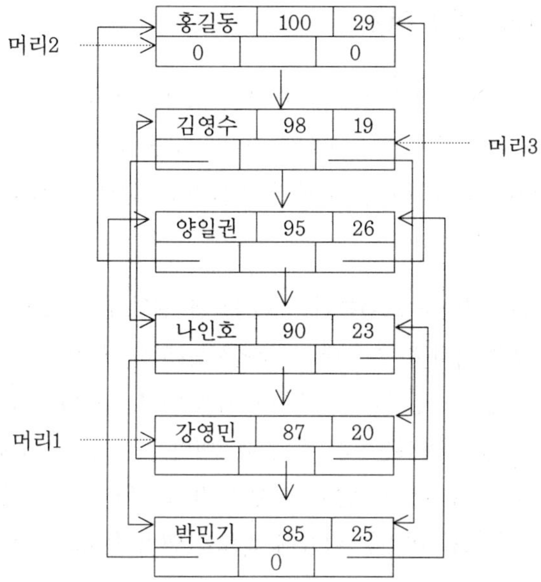

(나) 다중 연결 리스트

그림 4-39 다중 연결 리스트 예

이와 같은 다중 연결 리스트를 작성하면, 자료는 한 번만 나타나지만 이용 순서는 세 가지이다. 즉, 처리하고자 하는 순서에 따라 각기 연결 리스트가 존재한다. 예를 들어, 이름의 가나다 순으로 처리한다면 '머리1'에서 시작되는 연결 리스트를 찾아가면 되는데, 결과는 다음과 같다.

강영민 → 김영수 → 나인호 → 박민기 → 양일권 → 홍길동

성적 순으로 처리한다면, '머리2'에서 시작되는 연결 리스트를 찾아가면 되는데, 결과는 다음과 같다.

100 → 98 → 95 → 90 → 87 → 85

나이 순으로 처리한다면, '머리3'에서 시작되는 연결 리스트를 찾아가면 되는데, 결과는 다음과 같다.

19 → 20 → 23 → 25 → 26 → 29

다중 연결 리스트는 여러 리스트가 정보를 공유하고자 할 때 사용된다. 정보는 한 번만 나타나면 되기 때문에 정보가 변경되었을 때 매 리스트마다 반영하는 것이 아니라 한 번만 변경하면 되기 때문에 정보의 유지가 용이하다는 장점이 있다.

4-9 다중 순환 연결 리스트

다중 연결 리스트에서 각 연결 리스트의 마지막 노드의 연결부가 그 리스트의 첫 노드를 가리킨다면, 이 리스트는 다중 순환 연결 리스트(또는 다중 원형 연결 리스트)가 된다. 2장에서 희소 행렬의 배열을 이용하여 표현하는 것에 대해 살펴보았는데, 여기에서는 다중 순환 연결 리스트로 표현하는 것에 대해 살펴보자.

희소 행렬의 0이 아닌 항만을 표현하면 기억장소를 절약할 수 있으며, 연결 리스트는 가변 크기의 구조를 효율적으로 나타낼 수 있다. 여기에서는 희소 행렬의 각 행과 각 열을 머리 노드가 있는 순환 연결 리스트로 표현하는데, 각 노드에는 머리 노드와 자료 노드 (실재 노드)를 구분하기 위한 부전 (tag)부를 사용하는 것으로 한다. 머리 노드는 〈그림 4.40〉의 (가)와 같이 나타내며, 실재 노드는 (나)와 같이 나타낸다. 이때 머리 노드와 실재 노드의 크기가 다를 필요는 없다. 같은 크기의 기억공간을 마련한 다음에 필요한 여러 분야로 나누어 사용하면 된다.

하향	부전	우향
다음		

하향 : 열 리스트로 연결하는데 사용
우향 : 행 리스트로 연결하는데 사용
다음 : 머리노드들을 서로 연결하는데 사용
부전 : 이 노드가 머리노드임을 나타냄

(가) 머리 노드의 구조

하향	부전	행	열	우향
값				

하향 : 같은 열에서 0이 아닌 다음 항을 가리킴
우향 : 같은 행에서 0이 아닌 다음 항을 가리킴
부전 : 이 노드가 실재 노드임을 나타냄

(나) 실재 노드의 구조

그림 4-40 희소 행렬 표현하기 위한 노드들의 구조

머리 노드의 총 수는

max {행의 수, 열의 수}

가 된다. 왜냐 하면 i 행에 대한 머리 노드와 i 열에 대한 머리 노드는 동일하게 사용할 수 있기 때문이다. 예를 들어 〈그림 4.41〉의 (가)의 행렬은 (나)에서와 같은 희소 행렬로 표현할 수 있는데, (다)에서는 머리 노드를 가지는 다중 순환 연결 리스트로 나타내고 있는데, 편의상 부전부는 생략하였다.

0	0	1	0
0	2	0	0
3	0	0	−2
0	0	4	0

(가) 예제 행렬

0	4	4	5
1	1	3	1
2	2	2	2
3	3	1	3
4	3	4	−2
5	4	3	4

(나) 희소 행렬

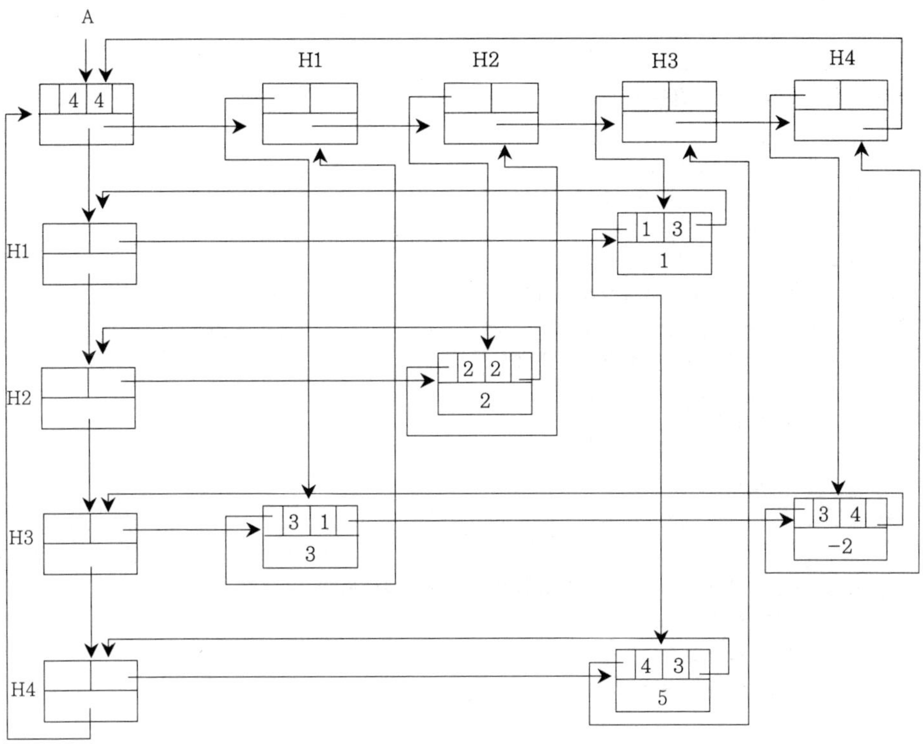

(다) 순환 연결 리스트

**그림 4-41 희소 행렬에 대한 다중 순환 연결 리스트

자바 프로그램

```
class c노드 {
  Object 자료부;
  c노드  연결부;

  public c노드() { 연결부 = null; }

  public c노드(Object 자료부) {
    this.자료부 = 자료부;
    연결부 = null;
  }

  public Object 자료부_얻기() { return 자료부; }
  public c노드 연결부_얻기()  { return 연결부; }
}


class c연결_리스트 {
  c노드 머리;
  int 길이;

  public c연결_리스트() {
    머리 = null;  길이 = 0;
  }

  public c노드 노드_찾기(int 위치) {
    int 노드위치 = 0;
    c노드 노드 = 머리;
    if ( 위치 <= 0 ) return null;
    else
      while (노드위치 < 위치-1) {
        노드 = 노드.연결부;
        노드위치++;
      }
    return 노드;
  }

  public void 노드_삽입(int 삽입위치, c노드 새노드) {
    if ( 삽입위치 == 0 ) {
      머리 = 새노드;
      새노드.연결부 = null;
    }
    else {
      c노드 노드 = 머리;
      int 노드위치 = 0;
```

```
            while (노드위치 < 삽입위치-1) {
                노드 = 노드.연결부;
                노드위치++;
            }
            새노드.연결부 = 노드.연결부;
            노드.연결부 = 새노드;
        }
        길이++;
    }

    public void 노드_추가(c노드 새노드) {
        if ( 머리 == null ) {
            머리 = 새노드;
            새노드.연결부 = null;
        }
        else {
            c노드 노드 = 머리;
            while (노드.연결부 != null)
                노드 = 노드.연결부;
            새노드.연결부 = 노드.연결부;
            노드.연결부 = 새노드;
        }
        길이++;
    }

    public void 노드_삭제(int 삭제위치) {
        if ( 삭제위치 == 0 ) 머리 = 머리.연결부;
        else {
            c노드 노드 = 머리;
            int 노드위치 = 0;
            while (노드위치 < 삭제위치-1) {
                노드 = 노드.연결부;
                노드위치++;
            }
            노드.연결부 = 노드.연결부.연결부;
        }
        길이--;
    }
}
```

연습문제_

4.1 연결 리스트에 대해 다음을 설명하시오.

(1) 특성　　(2) 장점과 단점　　(3) 삽입과 삭제 과정

4.2 연결 리스트 T에서 i번째 노드의 자료 값을 Y로 변경시키는 알고리즘을 작성하시오.

4.3 다음과 같은 연결 리스트에서 이장화을 삭제한 결과를 설명하시오 (단 첫 노드는 5번임).

	1	2	3	4	5	6	7	8
자료	오장일	홍길동	이장화	-	강찬홍	-	전우치	박남호
연결	3	0	7	-	8	-	2	1

4.4 다음과 같은 원형 연결 리스트를 가용 노드들의 리스트에 반환한 결과를 설명하시오(단 첫 노드는 5번이며, 가용 리스트는 AV가 가리킴).

	1	2	3	4	5	6	7	8
자료	오장일	홍길동	이장화	-	강찬홍	-	전우치	박남호
연결	3	5	7	-	8	-	2	1

4.5 다항식 'x^4+2x^2-3'을 지수와 계수를 이용하여 다음과 같은 연결 리스트로 나타내시오 (단 첫 노드는 4번임).

	1	2	3	4	5	6	7	8
계수								
지수	2			4			1	
연결				1				

4.6 다음과 같은 이름 순의 이중 연결 리스트에서 장영산을 삽입한 결과를 설명하시오(단 첫 노드는 5번임).

	1	2	3	4	5	6	7	8
자료	오장일	홍길동	이장화	-	강찬홍	-	전우치	박남호
오른링크	3	0	7	-	8	-	2	1
왼쪽링크	8	7	1	-	0	-	3	5

4.7 단순 연결 리스트 T를 받아들여 이중 연결 리스트로 변환하는 알고리즘을 작성하시오.

4.8 1≡3, 5≡2, 4≡1, 6≡5에 대한 동치 관계 리스트는?

	1	2	3	4	5	6
링크						

4.9 n개의 연결된 스택에서 i번째 스택에 원소를 넣으려 한다. 제일 처음에 해야 할 일은 무엇인가?

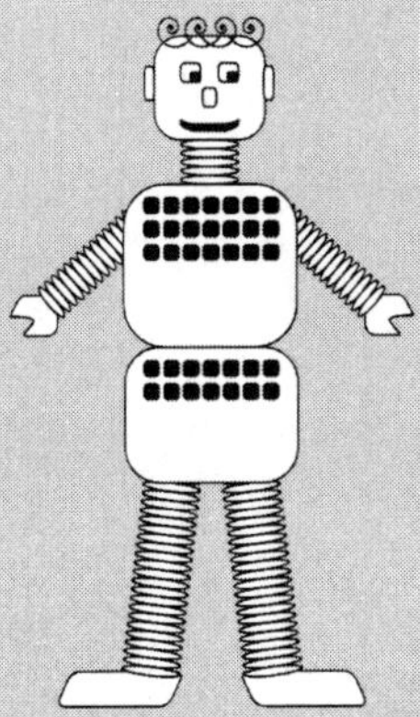

Chapter 05 트리(Tree)

지금까지 우리가 다룬 자료구조들은 자료원소들 간에 수평 관계 또는 선후 관계를 가지는 것들이었다. 이 장에서는 자료원소들 간의 계층 관계, 즉 상하 관계를 나타내는 트리에 대해서 다룬다. 트리에 대한 기본적인 용어를 소개하고, 트리를 어떻게 표현할 것인 지에 대해 소개하며, 특별하지만 많이 사용되는 이진 트리의 정의와 특성에 대해서 다루고, 기억공간의 효율성을 추구하는 스레드화 이진 트리에 대해 다룬 후에 트리에 대한 응용을 다룬다.

5-1 트리의 정의

트리는 자료원소들 간의 계층 관계를 잘 나타낼 수 있다. 〈그림 5.1〉에서 '가'는 '나' 보다 위에 있으며, '마'는 '나' 보다 아래에 있다. '가', '나', '마' 사이에 존재하는 상하 관계는 부모와 자식 관계가 될 수도 있고, 직장에서의 상급자와 하급자의 관계도 될 수 있으며, 자료원소들의 집합과 그 원소의 관계도 될 수 있다. 우선 트리에 대한 정의를 내려 보면 다음과 같다.

트리

하나 이상의 노드(node)들로 구성된 유한 집합으로서 다음과 같은 성질을 갖는다.

1) 노드 중에는 반드시 뿌리(root)라는 노드가 하나 있고
2) 나머지 노드들은 n (n $\geq$ 0)개의 부트리(subtree) T_1, …, T_n으로 분리된다.

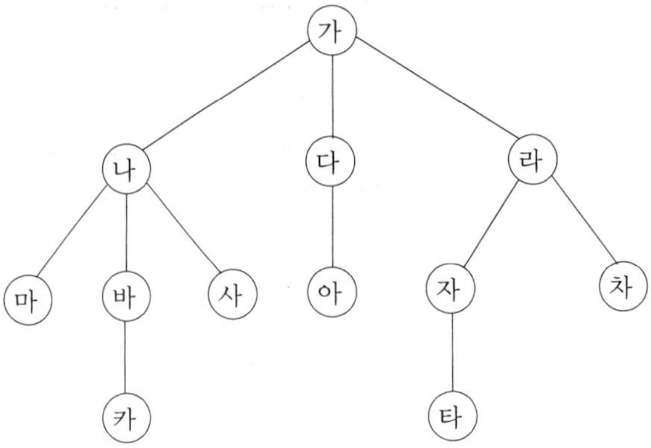

**그림 5-1 트리(tree)

트리에서의 노드는 하나의 값 또는 여러 값들로 표현되는 하나의 정보 항목을 나타낸다. 예를 들어, 하나의 노드가 한 사람에 대한 나이 값만을 나타낼 수도 있고, 아니면 한 사람에 대한 '성명 나이 키 몸무게'를 집합적으로도 나타낼 수도 있다. 물론 트리에는 노드 이외에 노드와 노드를 잇는 가지(branch)가 있으나, 가지에 대해서는 별로 이야기할 것이 없다.

트리에는 반드시 뿌리(root) 노드가 있어야 한다는 것은, 트리에는 적어도 하나의 노드(뿌리 노드)는 나타나야지 노드가 하나도 없는 공백 트리는 인정하지 않는다는 것을 의미한다. 트리에서 뿌리 노드를 제외한 나머지 노드들이 n개의 부트리로 분리된다는 것을 〈그림 5.1〉에서 설명한다면, '가'는 뿌리 노드가 되며, 노드 '나', '마', '바', '사', '카'의 집합은 부트리로서 그 뿌리 노드는 '나'가 된다. 이것을 그림으로 나타내면 〈그림 5.2〉의 (가)와 같다. '다'와 '아'도 부 트리를 구성하는 노드들이고 그 뿌리 노드는 '다'가 되며 ((나) 참조), 노드 '라', '자', '차', '타'가 모여 부트리를 구성하며 그 뿌리 노드는 '라'가 된다((다) 참조). 또한 노드 '마' 하나가 노드 '나'의 부트리를 구성하고 '마'가 뿌리 노드가 되며, '바', '카'가 모여 노드 '나'의 부트리를 구성하며 그 뿌리 노드는 '바'가 된다. 한편 노드 '마'는 부트리를 가지지 않는다.

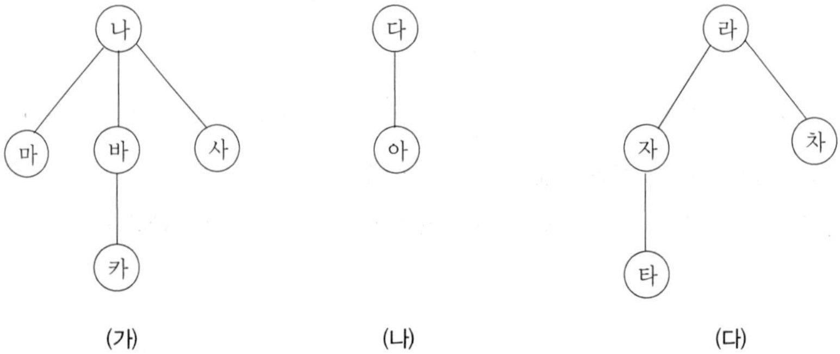

**그림 5-2 부트리(subtree)

트리에서 어떤 노드의 차수(degree 또는 분기수)는 그 노드가 가지는 부트리의 개수가 된다. 〈그림 5.3〉에서 노드 '가'의 차수는 3이고, 노드 '다'의 차수는 1이며, 노드 '타'의 차수는 0이다. 노드 '나'에 대해서 노드 '가'는 부모(parent) 노드가 되고, 반대로 노드 '가'에 대해서 노드 '나', '다', '라'는 자식(child) 노드가 되며, 노드 '나'에 대해서 노드 '다'와 '라'는 형제(sibling) 노드가 된다. 물론 노드 '마'에 대해서 노드 '가'는 조부모 노드가 되며, 노드 '가'에 대한 노드 '마'는 손자 노드가 된다. 그리고 노드 '사'에 대해 노드 '아'는 사촌 노드가 된다. 또한 뿌리 노드 '가'에서 노드 '카'에 이르는 동안에 나타나는 노드 '가', '나', '바'를 노드 '카'의 조상 노드라고 할 수 있으며, 노드 '나', '바', '카'는 노드 '가'의 후손 노드라고 할 수 있다.

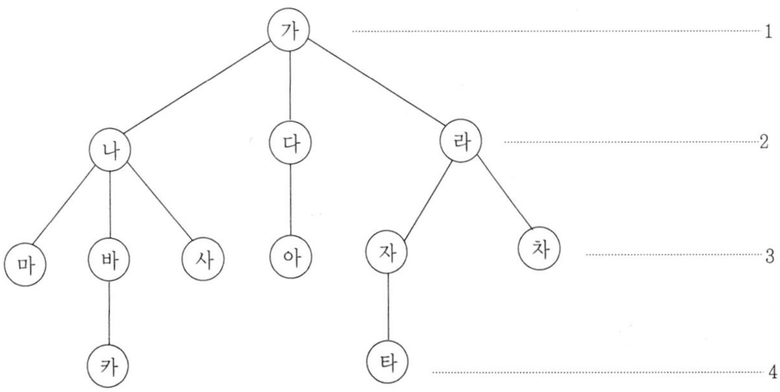

**그림 5-3 노드들의 수준

트리에서 자식 노드를 가지지 않는 노드를 단말(leaf 또는 terminal) 노드라 하는데, 〈그림 5.3〉에서는 노드 '마', '카', '사', '아', '타', '차'가 이에 해당된다. 뿌리 노드를 제외한 나머지 노드 중에서 하나 이상의 자식 노드를 가지는 노드를 비단말(non-terminal) 노드라 하며, 〈그림 5.3〉에서 노드 '나', '다', '라', '바', '자'가 이에 해당된다. 다시 말하면, 단말 노드는 차수가 0인 노드이고, 비단말 노드는 뿌리 노드를 제외한 노드 중에서 차수가 1 이상인 노드이다. 뿌리 노드의 수준(level)을 1이라 하면, 그 부트리의 뿌리 노드의 수준은 2가 되며, 형제 노드의 수준은 동일하다. 〈그림 5.3〉에서 노드 '가'는 뿌리 노드이기 때문에 수준이 1이고, 노드 '나', '다', '라'는 서로 형제 노드로서 모두 수준이 2이다. 노드 '마'의 수준은 3이고, 노드 '카'의 수준은 4이다.

트리의 차수는 트리에 속하는 노드의 차수 중 최대 차수를 말한다. 〈그림 5.3〉에서 노드 '가'의 차수는 3, 노드 '나'의 차수는 3, 노드 '라'의 차수는 2, 노드 '카'의 차수는 0 등이기 때문에, 노드 '가' 또는 '나'의 차수인 3이 가장 큰 차수가 되어 트리의 차수는 3이 된다. 트리의 높이(height) 또는 깊이(depth)는 트리의 단말 노드의 수준 중 최대 수준이 된다. 노드 '마', '사',

'아', '차'의 수준은 3이고, 노드 '카', '타'의 수준은 4이기 때문에 트리의 높이 또는 깊이는 4가 된다. 이것은 사람의 키를 잴 때, 어깨등에서 재지 않고 가장 높은 머리 끝에서 재는 것과 같다.

숲(forest)은 나무들의 집합, 즉 $n \geq 0$의 트리의 집합을 말한다. 트리에서 뿌리 노드를 제거하면 숲을 얻을 수 있는데, 〈그림 5.4〉는 〈그림 5.1〉의 트리에서 뿌리 노드를 제거하여 얻은 숲의 예이다.

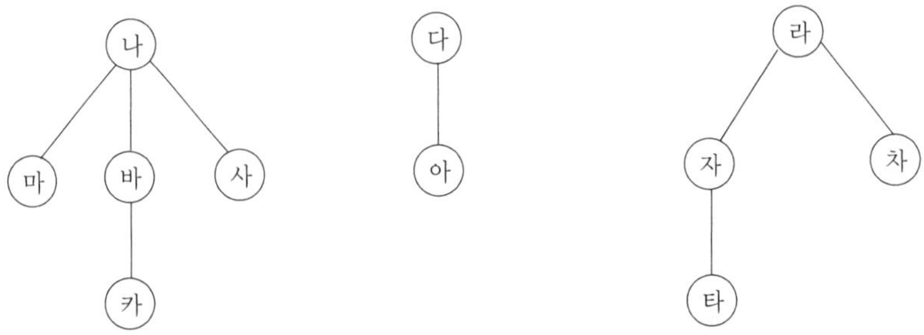

**그림 5-4 숲(forest)의 예

5-2 트리의 표현

〈그림 5.1〉은 트리를 그림으로 나타낸 것으로서, 우리가 보통 나무를 나타내는 것과는 위 아래가 바뀌었지만, 여러 가지 편리성 때문에 이 방식을 따르기로 한다. 이외에도 트리를 나타내는 방법에는 여러 가지가 있다.

〈그림 5.1〉에 나타난 트리를

(가 (나 (마, 바 (카), 사), 다 (아), 라 (자 (타), 차)))

와 같이 리스트로 표현할 수 있다. 이러한 방법에서는 뿌리 노드가 먼저 나오고, 부트리들의 목록이 이어진다. 따라서 '('를 만날 때마다 수준이 하나씩 증가하고 ')'를 만날 때마다 수준이 하나씩 감소한다.

〈그림 5.5〉는 〈그림 5.1〉의 트리를 리스트로 표현한 것으로 일정한 크기의 노드로 나타낸 것이다. 부전(tag)이 0인 경우에는 자료 부분에 실제 값이 들어가고, 부전이 1인 경우에는 자료 부분에 부트리에 대한 연결부가 들어간다.

부전	자료부	연결부

부전 : 0 ⇒ 자료 부분이 실제 값
부전 : 1 ⇒ 자료 부분이 연결부

(가) 노드 구조

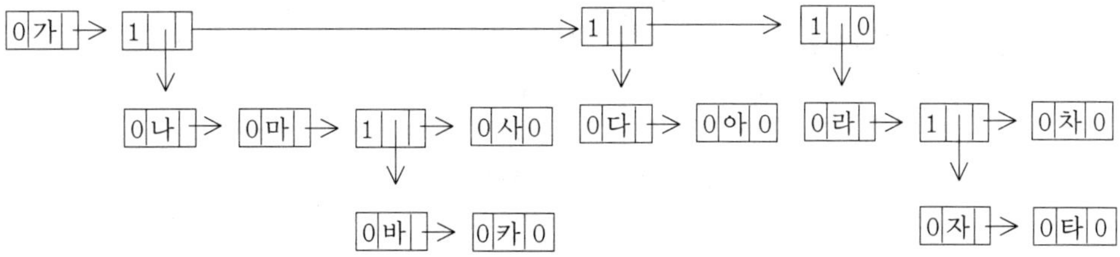

(나) 리스트 표현

**그림 5-5 트리를 리스트로 표현

트리를 연결 리스트로 표현할 수도 있다. 예를 들어, 〈그림 5.1〉의 트리를 〈그림 5.6〉의 (가)와 같은 노드 구조를 이용하여 (나)와 같이 표현할 수도 있다. (다)는 (나)를 배열을 이용하여 나타낸 것이다. 이와 같은 연결 리스트 표현에서는 각 노드마다 트리의 차수만큼의 연결부 수를 준비하는 것이 일반적이지만, (다)에 나타난 바와 같이 많은 연결부 부분이 공백으로서 아무런 역할도 하지 않고 낭비되고 있는 것이 큰 단점이라 할 수 있다. 물론 (라)에서와 같이 노드의 차수에 따라 가변 개수의 연결부를 사용할 수는 있지만, 이러한 경우에는 기억장소의 절약을 위해 알고리즘의 불편을 초래하는 문제가 발생한다.

자료부	연결부1	연결부2	연결부3

(가) 노드 구조

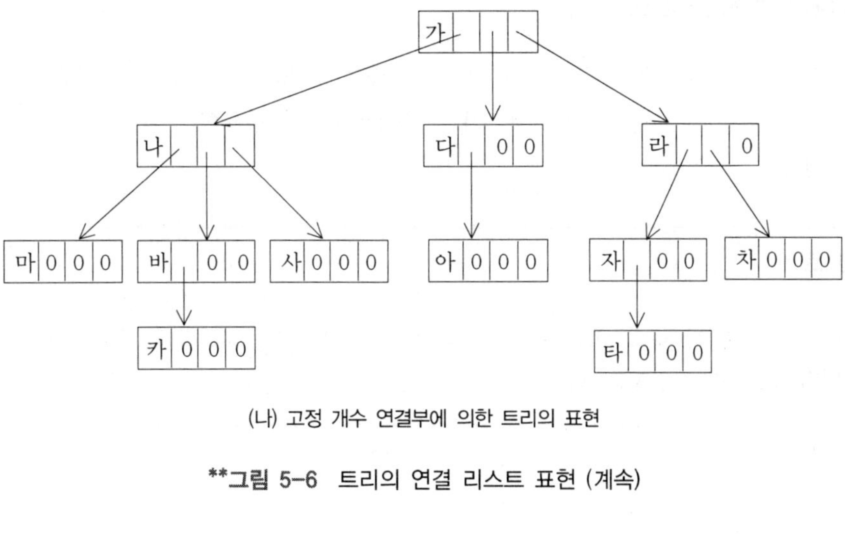

(나) 고정 개수 연결부에 의한 트리의 표현

**그림 5-6 트리의 연결 리스트 표현 (계속)

뿌리 노드 = 4

	1	2	3	4	5	6	7	8	9	10	11	12	13	14	15	16	17
자료	다	자	사	가	–	바	나	타	아	–	라	–	카	마	차	–	–
연결부1	9	8	0	7	–	13	14	0	0	–	2	–	0	0	0	–	–
연결부2	0	0	0	1	–	0	6	0	0	–	15	–	0	0	0	–	–
연결부3	0	0	0	11	–	0	3	0	0	–	0	–	0	0	0	–	–

(다) 배열을 이용한 트리의 표현

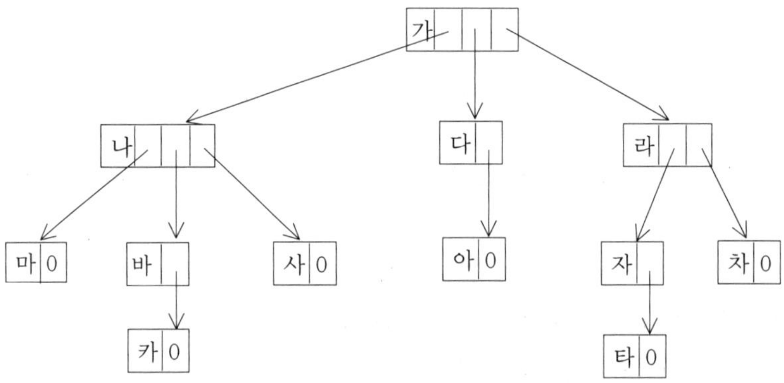

(라) 가변 개수 연결부에 의한 트리의 표현

**그림 5-6 트리의 연결 리스트 표현

5-3 이진 트리(binary tree)

5.3.1 이진 트리의 정의

이진 트리는 정보처리 부문에서 자주 나타나는 중요한 자료구조로서, 트리내의 모든 노드의 차수가 2 이하이다. 즉, 이진 트리는 차수가 2 이하인 특수한 형태의 트리로서 다음과 같이 정의할 수 있다.

> **이진 트리**
>
> 공집합이거나 하나의 뿌리 노드와 왼쪽 부트리, 오른쪽 부트리라는 분리된 두 개의 이진 트리로 구성되는 노드들의 유한집합이다.

5.1 절에서 정의된 트리와 비교할 때, 이진 트리도 노드들의 유한집합이지만 공집합, 즉 노드가 하나도 없는 이진 트리가 있을 수도 있으며, 항상 왼쪽 자식 노드와 오른쪽 자식 노드를 구분한다는 차이가 있다. 〈그림 5.7〉에 나타나는 트리는 모두 이진 트리이다. (가)에서는 노드가 하나도 없는 공백 이진 트리를 나타내고 있으며, (나)에서는 뿌리 노드 하나만 존재하는 이진 트리, (다)에서는 뿌리 노드가 왼쪽 자식 노드만을 갖는 이진 트리, (라)에서는 뿌리 노드가 오른쪽 자식 노드만을 갖는 이진 트리, (마)에서는 뿌리 노드가 왼쪽과 오른쪽 자식 노드를 갖는 이진 트리, (바)에서는 좀더 많은 노드가 나타나는 이진 트리를 보이고 있다.

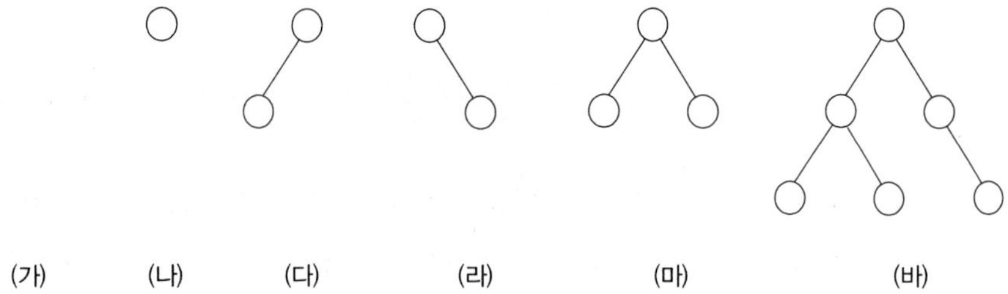

**그림 5-7 이진 트리 예

여기서 주의해야 할 것은 일반 트리인 경우라면 〈그림 5.7〉의 (다)와 (라)에서 나타난 트리가 동일한 트리로 취급하지만, 이진 트리에서는 서로 다르다는 것이다. (다)에 나타난 이진 트리는 왼쪽 자식 노드만 있고 오른쪽 자식 노드가 없는데 반해, (라)에 나타난 이진 트리는 오른쪽 자식 노드만 있고 왼쪽 자식 노드는 없다는 것이다.

이진 트리를 추상자료형으로 정의하면 〈리스트 5.1〉과 같다.

```
자료구조 이진트리

  선언
    생성()                                        → 이진트리
    공백? (이진트리)                              → 진위
    이진트리_만듦 (이진트리, 자료항목, 이진트리)  → 이진트리
    왼쪽자식 (이진트리)                           → 이진트리
    오른쪽자식 (이진트리)                         → 이진트리
    자료 (이진트리)                               → 자료항목
```

리스트 5-1 이진 트리의 추상자료형 표현 (계속)

```
    모든 t1,t2 ∈ 이진트리, d ∈ 자료항목에 대해서
      공백? (생성())                              => 참
      공백? (이진트리_만듦(t1,d,t2))              => 거짓
      왼쪽자식 (생성())                           => 오류
      왼쪽자식 (이진트리_만듦 (t1,d,t2))          => t1
      오른쪽자식 (생성())                         => 오류
      오른쪽자식 (이진트리_만듦 (t1,d,t2))        => t2
      자료 (생성())                               => 오류
      자료 (이진트리_만듦 (t1,d,t2))              => d
종료 이진트리
```

리스트 5-1 이진 트리의 추상자료형 표현

'생성( )'은 공백 이진 트리를 생성하고, 이에 대한 지적자 '이진트리'를 돌려준다. '공백? (이진트리)'는 '이진트리'가 공백 이진 트리인 지를 묻는 것이며, 참이나 거짓 값을 돌려준다. '이진트리_만듦 (이진트리, 자료항목, 이진트리)'는 왼쪽과 오른쪽 부트리를 가지며 뿌리 노드의 값이 '자료항목'인 이진 트리를 만들라는 것이며, '왼쪽자식 (이진트리)'는 '이진트리'의 왼쪽 부트리를 찾는 것이고, '오른쪽자식 (이진트리)'는 '이진트리'의 오른쪽 부트리를 찾는 것이다. '자료 (이진트리)'는 '이진트리'의 뿌리 노드의 자료 항목을 되돌려 받는다.

'공백? (생성( ))'은 생성된 공백 이진 트리에 대해 공백이냐고 물었기 때문에 참이 되고, '공백? (이진트리_만듦 (t_1,d,t_2))'는 왼쪽 부트리가 t_1, 뿌리 노드의 자료 항목이 d, 오른쪽 부트리가 t_2인 이진 트리를 만든 후에 공백 이진 트리인 지를 물었기 때문에 거짓이 된다. '왼쪽자식 (생성())'은 공백 이진 트리에 대해 왼쪽 부트리를 찾는 것이기 때문에 오류가 발생되며, '왼쪽자식 (이진트리_만듦 (t_1,d,t_2))'는 왼쪽 부트리가 t_1, 뿌리 노드의 자료 항목이 d, 오른쪽 부트리가 t_2인 이진 트리를 만든 후에 왼쪽 부트리를 찾는 것이기 때문에 결과가 t_1으로 나타난다. '오른쪽자식 (생성( ))'과 '오른쪽자식 (이진트리_만듦 (t_1,d, t_2)'는 앞의 경우와 유사하다. '자료 (생성( ))'은 공백 이진 트리에서 뿌리 노드의 자료 항목을 찾는 것이기 때문에 오류가 발생되고, '자료 (이진트리_만듦 (t_1,d, t_2))'는 뿌리 노드의 자료 항목이 d인 이진 트리를 만든 후에, 뿌리 노드의 자료 항목을 구하기 때문에 d가 된다.

왼쪽 경사 (skewed) 이진 트리는 각 노드가 왼쪽 자식 노드만 가져서 왼쪽으로 기울어진 이진 트리를 말하여, 오른쪽 경사 이진 트리는 왼쪽 경사 이진 트리와 반대되는 경우의 이진 트리이다. 〈그림 5.8〉은 왼쪽 경사 이진 트리와 오른쪽 경사 이진 트리의 예를 보이고 있다.

(가) 왼쪽 경사트리　　　　(나) 오른쪽 경사트리

**그림 5-8 경사트리

5.3.2 이진 트리의 특성

어떤 이진 트리의 깊이를 d라 할 때, 이 이진 트리는 최대 몇 개의 노드를 가질 수 있을까? 이것은 다음과 같은 보조정리를 통해서 알 수 있다.

보조정리 5.1 수준과 최대 노드 수

이진 트리의 k 수준에서 가질 수 있는 최대 노드 수는 2^{k-1}, $k \geq 1$ 이다.

증명

1) 귀납기초 : 1 수준에서는 뿌리 노드만이 존재하기 때문에, k = 1인 수준에서 가질 수 있는 최대 노드 수는 1인데, $1 = 2^0 = 2^{k-1}$ 이므로 만족한다.

2) 귀납가설 : 모든 i $(1 \leq i \leq k)$에 대해서, 수준 i에서의 최대 노드 수는 2^{i-1}이라고 가정하자.

3) 귀납과정 : 귀납가설에 의하면 k-1 수준에서의 최대 노드 수는 2^{k-2} 이며, 이진 트리이기 때문에 모든 노드는 많아야 두 개의 자식 노드만 가질 수 있다. k-1 수준에는 가능한 최대 수의 노드가 있어야 하고, 또한 모든 단말 노드가 두 개씩의 자식 노드를 가질 때, k 수준에서의 노드 수가 최대가 된다. 따라서, k 수준에서의 최대 노드 수는 $2^{k-2} * 2 = 2^{k-1}$ 이다.

보조정리 5.2 이진 트리의 최대 노드 수

깊이가 d인 이진 트리가 가질 수 있는 최대 노드 수는 $2^d - 1$, $d \geq 1$ 이다.

증명

〈보조정리 5.1〉에 의해서, k 수준에서의 최대 노드 수는 2^{k-1} 이며, 이진 트리가 최대의 노드 수를 가지려면, 각 수준에서 가질 수 있는 최대 노드 수를 가져야만 한다. 따라서 깊이가

d인 이진 트리가 가질 수 있는 최대 노드 수는 다음과 같다.

$$\sum_{i=1}^{d} (\text{i 수준의 최대 노드 수}) = \sum_{i=1}^{d} 2^{(i-1)} = \frac{2^d - 1}{2 - 1} = 2^d - 1$$

깊이가 d인 이진 트리가 가질 수 있는 최대 노드 수는 $2^d - 1$ 라는 것을 위에서 살펴 보았는데 이러한 특성를 가지는 이진 트리를 포화 이진 트리 (full binary tree)라고 하며 다음과 같이 정의한다.

포화 이진 트리

깊이가 d ($d \geq 0$)이면서 전체 노드 수가 $2^d - 1$인 이진 트리

포화 이진 트리는 단말 노드를 제외한 모든 노드들은 두 개의 자식 노드를 가지는데, 〈그림 5.9〉의 (가)에 나타난 이진 트리는 깊이가 4이며, 노드 수가 15인 포화 이진 트리이다.

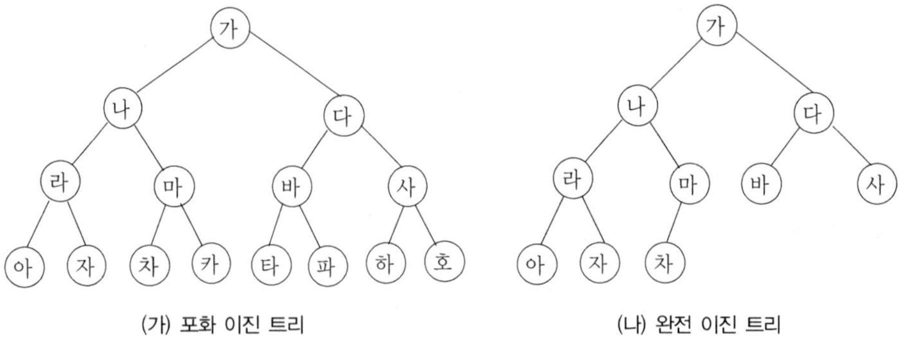

**그림 5-9 포화 이진 트리와 완전 이진 트리 예

포화 이진 트리가 정의되면, 이를 이용하여 완전 이진 트리 (complete binary tree)를 정의할 수 있다.

완전 이진 트리

공백 이진 트리를 포함하며, 깊이가 d ($d \geq 1$)일 때, $d-1$ 수준까지는 포화 이진 트리를 구성하고, d 수준에서는 노드들이 왼쪽에서부터 오른 쪽으로 채워진 이진 트리이다.

〈그림 5.9〉의 (가)는 포화 이진 트리이면서 완전 이진 트리이며, (나)는 포화 이진 트리는 아니지만 완전 이진 트리이다. 한편 〈그림 5.10〉에 나타나는 이진 트리들은 완전 이진 트리가 아니다. (가) 경우에는 '라'의 오른쪽 자식이 없으며, (나)인 경우에는 '마'의 왼쪽 자식이 빠져있기

때문이다.

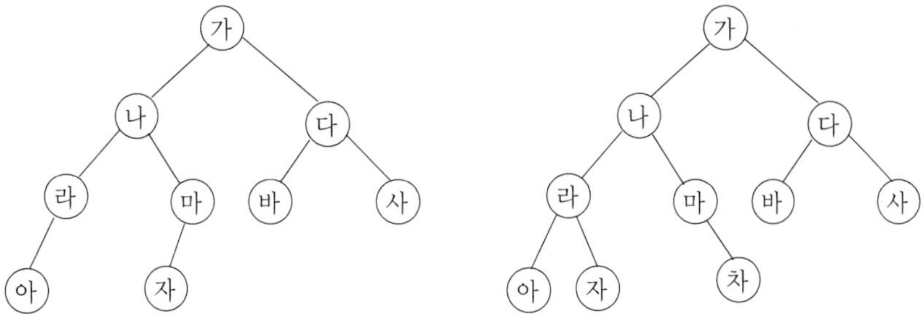

**그림 5-10 불완전 이진 트리 예

여기서 한 가지 재미있는 사실은, 〈그림 5.9〉에서나 〈그림 5.10〉에서 차수가 2인 노드의 수와 단말 노드의 수 사이에는 〈표 5.1〉에서 나타나는 바와 같이 일정한 상관관계가 있다는 것이다. 즉, 단말 노드의 개수는 항상 차수가 2인 노드의 개수 보다 하나가 많다는 것이다.

▌표 5-1▌ 노드들간의 관계

이진 트리	2차 노드 수	단말 노드 수
그림 5.9 (가)	7	8
그림 5.9 (나)	4	5
그림 5.10 (가)	4	5
그림 5.10 (나)	4	5

보조정리 5.3 차수가 2인 노드 수와 단말 노드 수의 상관관계

단말 노드 수를 n_0, 차수가 2인 노드 수를 n_2라 할 때, 모든 이진 트리에 대해서 $n_0 = n_2 + 1$ 이다.

증명

n을 이진 트리의 총 노드 수, n_1을 차수가 1인 노드 수라고 하면,

$$n = n_0 + n_1 + n_2 \qquad (1)$$

B를 이진 트리의 총 가지 수라 하면, 뿌리 노드를 제외하고, 이진 트리에 있는 모든 노드들은 자신으로 들어오는 가지를 반드시 하나 씩 가져야 한다. 따라서,

$$B = n - 1 \qquad (2)$$

한편, 모든 가지들은 차수가 1 또는 2인 노드에서 뻗어 나오기 때문에,

$$B = n_1 + 2 \times n_2 \quad (3)$$

(2)와 (3) 식에서,

$$n = n_1 + 2 \times n_2 + 1 \quad (4)$$

(1)과 (4) 식에서,

$$n_0 = n_2 + 1$$

5.3.3 이진 트리의 표현

(1) 배열에 의한 표현

이진 트리를 완전 이진 트리라 가정하고, 이진 트리에 나타나는 노드들을 위에서 아래로, 왼쪽에서 오른쪽의 순서로 배열에 나타낼 수 있다. 〈그림 5.11〉의 (가)는 완전 이진 트리를, (나)는 불완전 이진 트리를 배열를 이용하여 표현한 것이다. 불완전 이진 트리를 배열로 표현할 때에 비어있는 자리를 반영한다는 것을 주의해야 한다.

1	2	3	4	5	6	7	8	9	10
가	나	다	라	마	바	사	아	자	차

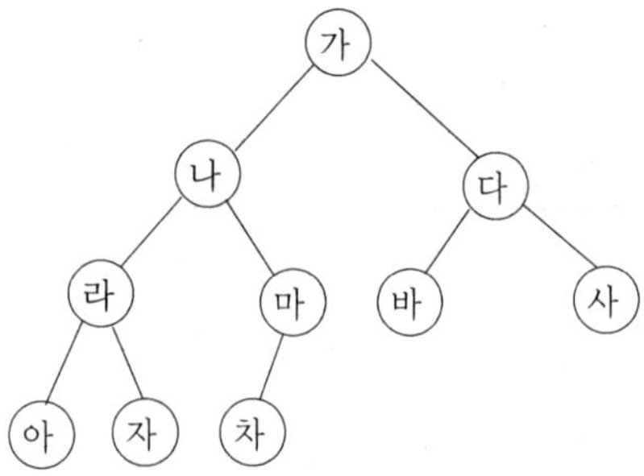

(가) 완전 이진 트리의 배열 표현

1	2	3	4	5	6	7	8	9	10
가	나	다	라	마	–	바	사	–	아

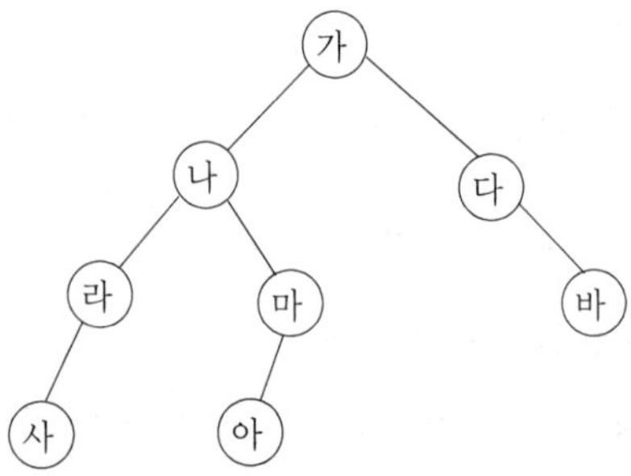

(나) 불완전 이진 트리의 배열 표현

**그림 5-11 이진 트리의 배열 표현

이와 같은 방식으로 완전 이진 트리를 나타낼 때, 어떤 노드의 왼쪽과 오른쪽 자식 노드, 그리고 부모 노드를 쉽게 찾을 수 있다.

보조정리 5.4 완전 이진 트리의 노드들

n개의 노드를 가지는 완전 이진 트리의 노드들을 위에서 아래로, 왼쪽에서 오른쪽의 순서로 일차원 배열에 나타내고 배열의 첨자를 i라 한다면,

1) $2i > n$ 이면, i번째 노드는 자식 노드를 갖지 않지만,
   $2i \le n$ 이면, i번째 노드의 왼쪽 자식 노드는 2i번째에 있다.
2) $2i + 1 > n$ 이면, i번째 노드는 오른쪽 자식 노드를 갖지 않지만,
   $2i + 1 \le n$ 이면, i번째 노드의 오른쪽 자식 노드는 $2i + 1$번째에 있다.
3) $i = 1$ 이면, i번째 노드는 뿌리 노드이기 때문에 부모 노드를 갖지 않지만, $i > 1$ 이면, $\lfloor i/2 \rfloor$ 번째에 i번째 노드의 부모 노드가 있다.

증명

1) 〈귀납기초〉
   $i = 1$ 이고 $n < 2$ 일 때, 첫 번째 노드는 자식 노드를 갖지 않는다.
   $i = 1$ 이고 $n \ge 2$ 일 때, 첫 번째 노드의 자식 노드는 두 번째에 있다.

   〈귀납가설〉
   $1 \le j \le i$, $2j > n$인 j번째 노드는 자식 노드를 갖지 않는다.
   $1 \le j \le i$, $2j \le n$인 j번째 노드의 왼쪽 자식 노드가 2j번째에 있다.

   〈귀납과정〉
   (i+1)번째 노드에 대해서, 만일 왼쪽 자식 노드가 있다면 2(i+1)번째 위치에 있을 것이다. 왜냐하면, 2i 번째에는 i 번째 노드의 왼쪽 자식노드가 위치하고, 2i+1번째에는 i번째 노드의 오른쪽 자식 노드가 위치하며, (i+1)번째 노드의 왼쪽 자식 노드는 2(i+1)번째에 위치해야 하기 때문이다. (i+1)번째 노드의 왼쪽 자식 노드가 없다면, 2(i+1)번째는 (i+1)번째 노드의 왼쪽 자식 노드의 위치이기 때문에 반드시 $2(i+1) > n$ 이다.

2) 배열에는 어떤 노드의 왼쪽 자식 노드 다음에 오른쪽 자식 노드가 나타나기 때문에, 항상 오른쪽 자식 노드의 첨자 값이 왼쪽 자식 노드 보다 1 만큼 크다.

3) 앞의 두 보조정리에 의한다면, 항상 부모 노드의 첨자 값은 자식 노드의 첨자 값의 반이 된다.

(2) 연결 리스트에 의한 트리의 표현

〈그림 5.11(가)〉에서 나타난 바와 같이, 완전 이진 트리를 배열로 표현한다면 기억장소의 낭비가 전혀 없게 된다. 하지만 불완전 이진 트리를 배열로 표현했을 때는 〈그림 5.11(나)〉에서 나타난 바와 같이, 기억장소가 낭비되는 단점이 나타난다. 또한 배열은 순차적인 표현 방식이기 때문에 노드의 삽입과 삭제로 인한 문제가 발생한다. 즉, 비단말 노드를 삽입하거나 삭제할 때 노드들의 수준이 달라지기 때문에 많은 노드들의 위치를 변경해야 하는 어려움이 있다.

이러한 문제에 대처하기 위해서 연결 리스트를 이용하여 트리를 표현한다. 이진 트리는 기껏해야 두 개의 자식 노드를 가질 수 있다는 특성을 이용하여, 〈그림 5.12(가)〉와 같이, 왼쪽 자식을 가리키는 연결부, 자료부, 오른쪽 자식을 가리키는 연결부를 가지는 노드 구조를 사용할 수 있다. 〈그림 5.11(나)〉의 불완전 이진 트리를 〈그림 5.12(나)〉와 같이 표현할 수 있다.

왼쪽 자식	자 료	오른쪽 자식

(가) 노드 구조

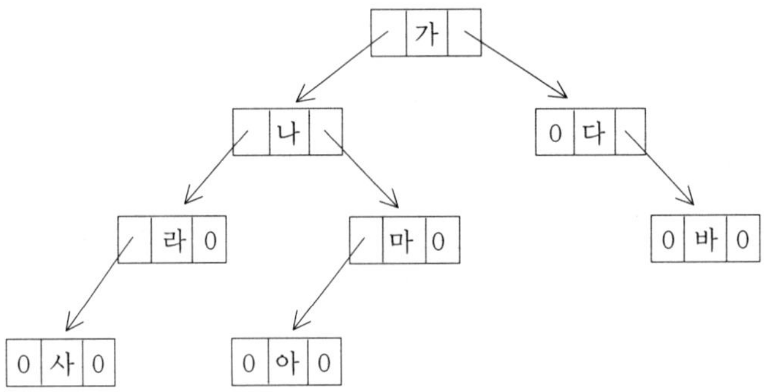

(나) 연결 리스트 표현

**그림 5-12 연결 리스트를 이용한 이진 트리의 표현

이렇게 하면, 4장에서 설명한 바와 같이, 새로운 노드의 삽입과 삭제를 용이하게 할 수 있으며, 기억장소도 비교적 효율적으로 사용할 수 있다. 그러나 배열을 이용한 표현과는 달리, 어떤 노드의 부모 노드를 알 수 없는 문제가 발생한다. 부모 노드를 알아야만 할 경우에는 부모 노드를 가리킬 수 있는 연결부를 하나 더 두면 해결할 수는 있다.

5.3.4 이진 트리의 순회(traversal)

이진 트리의 순회는 이진 트리에 있는 노드들을 한 번씩만 방문하면서, 이진 트리내의 모든 노드를 방문하는 것을 의미한다. 이진 트리는 기껏해야 두 개의 자식 노드를 가지기 때문에, 이진 트리에 있는 노드를 방문하는 것을 뿌리 노드를 방문하는 것, 왼쪽 부트리를 방문하는 것, 오른쪽 부트리를 방문하는 세 가지로 나누어 생각할 수 있다. 왼쪽 부트리를 방문하는 것을 '좌', 오른쪽 부트리를 방문하는 것을 '우', 뿌리 노드를 방문하는 것을 '중'이라 할 때, 이진 트리의 노드를 방문하는 방식에는 '좌중우', '좌우중', '중좌우', '중우좌', '우좌중', '우중좌'의 여섯 가지 방식이 있다. 이 중에서 왼쪽 부트리 보다 오른쪽 부트리를 먼저 방문하는 방식은 자연스럽지 못하기 때문에 제외한다면, '좌중우', '좌우중', '중좌우'의 세 가지 방식이 남게되고, 이를 각각 중위 순회(inorder traversal), 후위 순회 (postorder traversal), 전위 순회 (preorder traversal)라 한다.

(1) 중위 순회

중위 순회는 '좌중우', 즉 왼쪽 부트리를 먼저 중위 순회한 다음에, 뿌리 노드를 방문하고, 마지막으로 오른쪽 부트리를 방문한다. 산술 연산식을 트리 구조로 나타낸 〈그림 5.13〉의 이진 트리를 예로 들어서 설명해 보자.

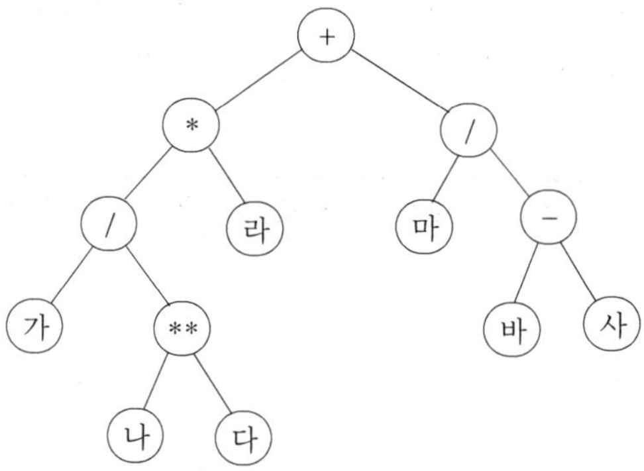

**그림 5-13 산술식의 트리 표현

'+' 값을 가지는 뿌리 노드를 방문하기 전에 왼쪽 부트리를 먼저 중위 순회하여야 한다. 왼쪽 부트리를 중위 순회할 때에도, '*' 값을 가지는 부트리의 뿌리 노드를 먼저 방문하는 것이 아니라, 부트리내의 왼쪽 부트리를 중위 순회하여야 한다. 결국 왼쪽 부트리가 공백 이진 트리가 되는, 즉 왼쪽 자식 노드를 가지지 않는 노드가 발견될 때까지 왼쪽으로 이동하여, 마지막 단말 노드까지 가서 그 노드를 방문하게 된다. 따라서 최초로 방문하는 노드는 자료 항목 값이 '가'인 단말 노드이다. 편의상 이와 같은 노드의 이름을 '가'라고 부를 것이다. '가'의 왼쪽 부트리가 공백 이진 트리이기 때문에 '가' 노드를 최초로 방문한 것이고, 다음에는 '가'의 오른쪽 부트리가 공백 이진 트리이기 때문에 오른쪽으로 진행할 필요가 없다. '가'를 뿌리 노드로 하는 부트리들에 대한 중위 순회가 완료되었으므로, 이러한 부트리를 왼쪽 부트리로 하는 뿌리 노드인 '/'를 방문한다. 다음에는 '/'의 오른쪽 부트리를 중위 순회하여야 하기 때문에 '나 ** 다' 노드를 차례로 방문하게 되고, 그 다음에는 '*' 노드를 방문하게 된다.

이러한 중위 순회에 대한 순환적 알고리즘을 〈알고리즘 5.1〉과 같이 나타낼 수 있다.

중위순회 (T)

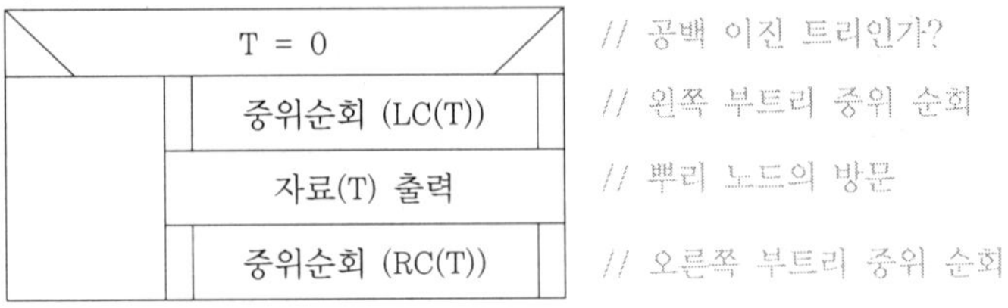

알고리즘 5.1 중위 순회에 대한 순환적 알고리즘

여기에서의 T는 뿌리 노드를 가리키는 지적자이고, LC와 RC는 각각 왼쪽 부트리와 오른쪽 부트리의 뿌리 노드에 대한 지적자이다. 이 알고리즘은 공백 이진 트리가 아닌 동안은 왼쪽 부트리의 중위 순회, 뿌리 노드의 방문, 오른쪽 부트리의 중위 순회를 계속한다. 〈그림 5.13〉의 트리에 대해 이 알고리즘을 적용하여 실행을 추적하면 〈그림 5.14〉와 같다.

중위 순회 호출	뿌리 노드 값	행위	중위 순회 호출	뿌리 노드 값	행위
1	+		4	널	
2	*				'라' 출력
3	/		4	널	
4	가				'+' 출력
5	널		2	/	
		'가' 출력	3	마	
5	널		4	널	
		'/' 출력			'마' 출력
4	**		4	널	
5	나				'/' 출력
6	널		3	–	
		'나' 출력	4	바	
6			5	널	
		'**' 출력			'바' 출력
5	다		5	널	
6	널				'–' 출력
		'다' 출력	4	사	
6	널		5	널	
		'*' 출력			'사' 출력
3			5	널	

**그림 5-14 중위 순회 실행 추적

이와 같은 방식으로 〈그림 5.13〉의 이진 트리를 중위 순회한 결과는 다음과 같다.

가 / 나 ** 다 * 라 + 마 / 바 - 사

이것은 우리가 보통 사용하는 산술식이지만, 산술 연산자의 우선 순위는 고려되지 않았다.

지금까지 설명한 알고리즘은 순환적이지만, 이것을 〈알고리즘 5.2〉와 같이 반복적인 알고리즘으로도 표현할 수도 있다.

```
반복_중위순회 (T)                        // 반복적인 알고리즘
  상단 ← 0                               // 스택의 초기화
  영원토록
    T ≠ 0
      상단 ← 상단 + 1
      상단 〉 n
        참:   스택_참()
        거짓: 스택(상단) ← T
              T ← LC(T)
    상단 = 0
      참:   복 귀
      거짓: T ← 스택(상단)
            상단 ← 상단 - 1
            (자료(T)) 출력
            T ← RC(T)
```

알고리즘 5.2 중위 순회에 대한 반복적 알고리즘

(3) 후위 순회

후위 순회는 좌우중, 즉 왼쪽 부트리를 먼저 후위 순회한 다음에, 오른쪽 부트리를 후위 순회하고, 마지막으로 뿌리 노드를 방문한다. 다시 산술 연산식을 트리 구조로 나타낸 〈그림 5.13〉의 이진 트리를 예로 들어서 설명하기로 하자. + 값을 가지는 뿌리 노드를 방문하기 전에 왼쪽 부트리를 먼저 후위 순회하여야 한다. 왼쪽 부트리를 후위 순회할 때에도, * 값을 가지는 부트리의 뿌리 노드를 먼저 방문하는 것이 아니라, 부트리내의 왼쪽 부트리를 후위 순회하여야 한다.

결국 왼쪽 부트리가 공백 이진 트리가 되는, 즉 왼쪽 자식 노드를 가지지 않는 노드가 발견될 때까지 왼쪽으로 이동하여, 마지막 단말 노드에 도달하면 그 단말 노드에서 후위 순회한다. 즉, 왼쪽 자식 노드를 가지지 않는 첫 단말 노드는 '가'이기 때문에 이 노드에서 후위 순회한다. '가'의 왼쪽 부트리가 공백 이진 트리이고 '가'의 오른쪽 부트리가 공백 이진 트리이기 때문에 '가' 노드를 최초로 방문하게 된다. '가'를 뿌리 노드로 하는 부트리에 대한 후위 순회가 완료되었으므로, '/'의 왼쪽 부트리에 대한 후위 순회를 마치고, 오른쪽 부트리를 후위 순회한다. 오른쪽 부

트리에서도 뿌리 노드가 되는 '**'을 먼저 방문하는 것이 아니라 왼쪽 부트리에 있는 '나'를 방문하고나서, 오른쪽 부트리에 있는 '다'를 방문한 후에 뿌리 노드인 '**'를 차례로 방문한다. 다음에는 이러한 부트리들을 왼쪽과 오른쪽 부트리로 하는 뿌리 노드인 '/'를 방문한다. 그 다음에는 '라' 노드를 방문하게 된다. 이러한 후위 순회에 대한 순환적 알고리즘을 〈알고리즘 5.3〉과 같이 나타낼 수 있다.

알고리즘 5.3 후위 순회에 대한 순환적 알고리즘

여기에서의 T는 뿌리 노드를 가리키는 지적자이고, LC와 RC는 각각 왼쪽 부트리와 오른쪽 부트리의 뿌리 노드에 대한 지적자이다. 이 알고리즘은 공백 이진 트리가 아닌 동안은 왼쪽 부트리의 후위 순회, 오른쪽 부트리의 후위 순회, 뿌리 노드의 방문을 계속한다. 이와 같은 방식으로 〈그림 5.13〉의 이진 트리를 후위 순회한 결과는 다음과 같다.

가 나 다 ** / 라 * 마 바 사 − / +

이것이 산술 연산식에 대한 후위 표기식이 되며, 산술 연산자의 우선순위를 고려하지 않아도 되는 산술식을 얻게 된다.

(4) 전위 순회

전위 순회는 '중좌우', 즉 뿌리 노드를 먼저 방문한 다음에, 왼쪽 부트리를 전위 순회하고, 마지막으로 오른쪽 부트리를 전위 순회한다. 다시 산술 연산식을 트리 구조로 나타낸 〈그림 5.13〉의 이진 트리를 예로 들어서 설명하기로 하자. '+' 값을 가지는 뿌리 노드를 먼저 방문한 다음에 왼쪽 부트리를 전위 순회하여야 한다. 왼쪽 부트리를 전위 순회할 때에도, '*' 값을 가지는 부트리의 뿌리 노드를 먼저 방문하고 나서, 부트리내의 왼쪽 부트리를 전위 순회하여야 한다. 그리고 나서, 부트리내의 오른쪽 부트리를 전위 순회한다. 이러한 전위 순회에 대한 순환적 알고리즘을 〈알고리즘 5.4〉와 같이 나타낼 수 있다.

여기에서의 T는 뿌리 노드를 가리키는 지적자이고, LC와 RC는 각각 왼쪽 부트리와 오른쪽 부트리의 뿌리 노드에 대한 지적자이다. 이 알고리즘은 공백 이진 트리가 아닌 동안은 뿌리 노드의 방문, 왼쪽 부트리의 전위 순회, 오른쪽 부트리의 전위 순회를 계속한다. 이와 같은 방식으로 〈그림 5.13〉의 이진 트리를 전위 순회한 결과는 다음과 같다.

+ * / 가 ** 나 다 라 / 마 − 바 사

이것이 산술 연산식에 대한 전위 표기식이 된다.

알고리즘 5.4 전위 순회에 대한 순환적 알고리즘

(5) 수준 우선 (level order) 순회

지금까지 설명한 중위, 후위, 전위 순회 방법은 순환적 알고리즘을 사용하던지 아니면 반복적 알고리즘을 사용하는 지에 관계없이, 직접 또는 간접적으로 스택을 사용하게 된다. 다음에 방문할 노드들을 스택에 삽입하면서 순회를 진행하다가 더 이상 나아갈 곳이 없으면, 스택의 상단에 있는 다음에 방문해야 할 노드를 꺼내어 순회를 진행한다. 그러다 보니 스택에 삽입하고 삭제하는 연산이 많아져 성능상의 문제가 발생한다.

여기에서 살펴볼 수준우선 순회는 큐를 사용하여 수준의 순서에 따라 이진 트리에 있는 노드들을 방문하는 방식이다. 즉, 뿌리 노드를 먼저 방문하고 나서 그 왼쪽 자식 노드를 방문하며, 이어서 오른쪽 자식 노드를 방문하는 것이다. 이렇게 하여 한 수준에 있는 노드를 모두 방문한 후에는 다음 수준에 있는 노드들을 왼쪽에서부터 오른 쪽으로 차례대로 방문해 간다. 따라서 한 수준에 있는 모든 노드를 방문한 후에 다음 수준의 첫 노드를 방문하기 위해, 각 노드를 방문할 때마다 노드에 대한 지적자를 큐에 저장하여야 한다.

이러한 수준우선 순회를 〈그림 5.15〉의 이진 트리를 가지고 설명해 보자.

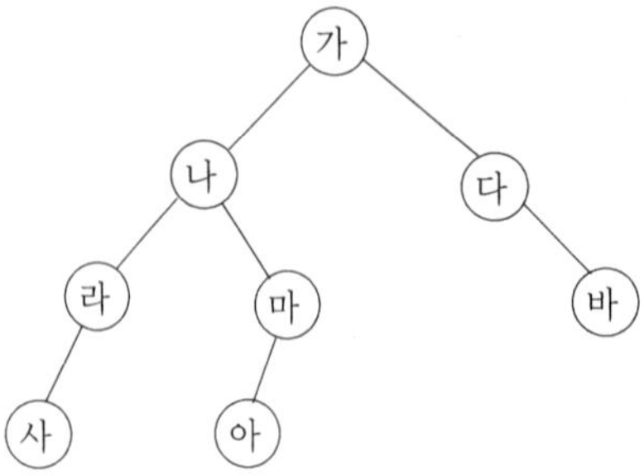

그림 5-15 이진 트리 예

우선은 뿌리 노드인 '가'를 방문하고 나서, 왼쪽 자식 노드인 '나'을 방문하면서 이 노드에 대한 지적자를 큐에 저장한다. 다음에는 오른쪽 자식 노드가 되는 '다'를 방문하면서 이 노드에 대한 지적자를 큐에 저장한다. 이제 2 수준에 있는 모든 노드를 방문하였으므로, 큐의 앞에 있는 '나'를 꺼내어 그 왼쪽 자식 노드인 '라'를 방문하고 이에 대한 지적자를 큐에 저장하고, 다시 오른쪽 자식 노드인 '마'를 방문하고 이 노드에 대한 지적자를 큐에 저장한다. 이제 '나'에 대한 왼쪽과 오른쪽 자식 노드를 모두 방문하였기 때문에, 큐의 앞에 있는 '다'를 꺼내어 그 자식 노드인 '바'를 방문하고 이에 대한 지적자를 큐에 저장한다. 이제 3 수준에 있는 노드들을 모두 방문하였으므로, 다시 큐의 앞에 있는 '라'를 꺼내어 그 자식 노드 '사'를 방문하는 방식으로 계속하게 된다. 이러한 수준우선 순회의 알고리즘은 〈알고리즘 5.5〉와 같다.

수준우선_순회 (T)

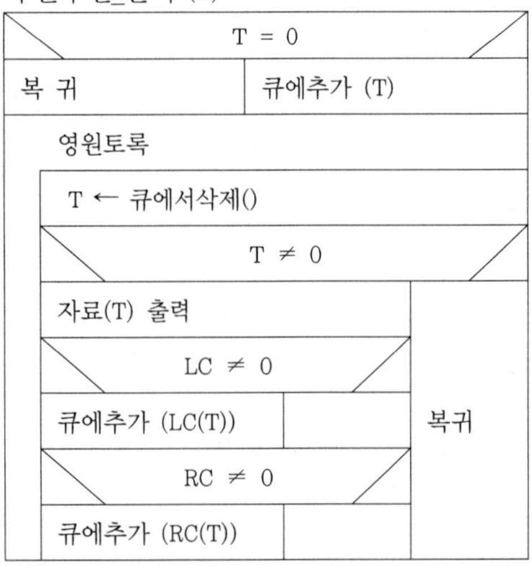

알고리즘 5.5 수준 우선 순회에 대한 알고리즘

여기에서의 T는 뿌리 노드를 가리키는 지적자이고, LC와 RC는 각각 왼쪽 부트리와 오른쪽 부트리의 뿌리 노드에 대한 지적자이다. 알고리즘의 이해를 높이기 위해서 '큐에추가( )'와 '큐에서삭제( )'의 매개 변수 목록에서 전두와 후미에 대한 정보가 생략되었다는 것을 주의해야 한다. 이러한 알고리즘에 따른 결과는 다음과 같다.

가 나 다 라 마 바 사 아

5-4 스레드화 (threaded) 이진 트리

앞 절에서 이진 트리를 연결 리스트로 표현하는 것에 대해서 설명하였지만, 자세히 살펴보면 실제 노드를 가리키는 연결부보다 더 많은 공백 연결부가 존재한다는 것을 알 수 있다. 〈그림 5.16〉은 〈그림 5.13〉의 이진 트리를 연결 리스트로 표현한 것인데, 13개의 노드 각각에 왼쪽 자식 노드와 오른쪽 자식 노드를 가리키는 연결부가 있으므로, 모두 26개의 연결부가 존재한다. 하지만 이중에서 실제로 자식 노드를 가리키기 위해서 사용된 연결부가 12개이고, 나머지 14개의 연결부는 공백 연결부이다. 즉 2n개의 연결부가 있을 때, 이 중에서 n-1개의 연결부는 실제의 자식 노드를 가리키기 위해서 사용되지만, n+1개의 연결부는 공백 연결부이다. 공백 연결부라는 것은 거의 아무런 역할을 하지 않기 때문에 기억공간을 낭비한다고 볼 수 있다. 이 절에서는 이렇게 낭비되는 공백 연결부를 유용하게 사용할 수 있는 스레드화 이진 트리에 대해서 설명한다.

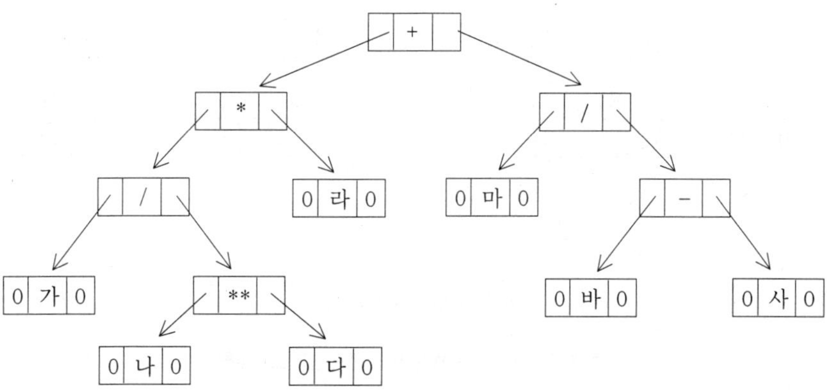

**그림 5-16 이진 트리의 연결 리스트 표현

5.4.1 스레드화 이진 트리의 정의

이진 트리를 연결 리스트로 표현할 때, 공백 연결부를 다른 노드를 가리키는 스레드 (실)로

대치한 트리를 스레드화 이진 트리라 한다. 보통은 스레드로 하여금 이진 트리의 중위, 후위, 전위 순회 과정에서 바로 전 노드 또는 바로 다음 노드를 가리키도록 한다. 여기에서는, 스레드가 이진 트리의 중위 순회 과정에서 바로 앞 노드(중위 선행자 : inorder predecessor)와 바로 뒤 노드(중위 후속자 : inorder successor)를 가리킨다고 가정하고 설명한다. 즉, 이진 트리를 연결리스트로 표현하면서, 왼쪽 자식 노드에 대한 연결부가 공백일 때에는 중위 선행자를 가리키도록 하고, 오른쪽 자식 노드에 대한 연결부가 공백일 때에는 중위 후속자를 가리키도록 한다.

한 가지 문제가 되는 것은 왼쪽 또는 오른쪽 자식 노드에 대한 연결부가 실제의 자식 노드들을 가리키는 연결부인지, 아니면 중위 선행자 또는 후속자를 가리키는 스레드인 지를 구별할 수가 없다. 따라서, 〈그림 5.17(가)〉와 같이 노드 구조에 왼쪽과 오른쪽 부전(tag) 부분을 더 두어서 부전이 '0'이면 연결부가 실제의 자식 노드를 가리키도록 하고, 부전이 '1'이면 연결부가 중위 선행자 또는 후속자를 가리키는 스레드라고 구분할 수 있다.

왼쪽 부전	왼쪽 자식	자 료	오른쪽 자식	오른쪽 부전

(가) 스레드화 이진 트리를 위한 노드 구조

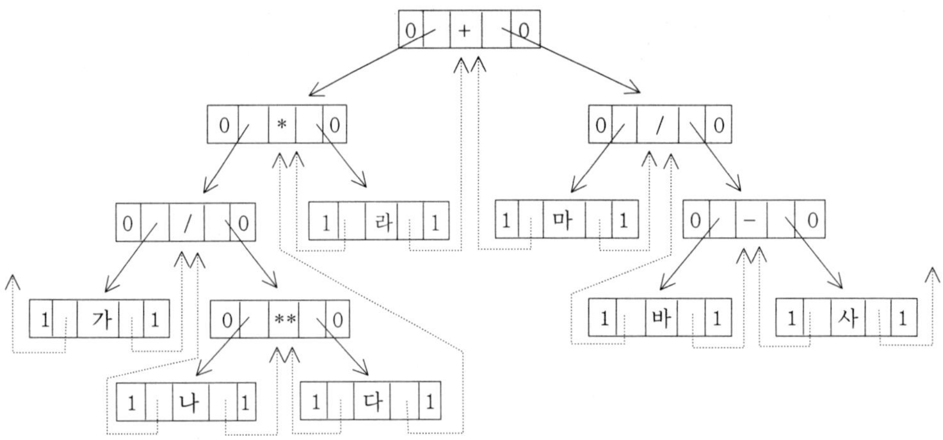

(나) 스레드화 이진 트리

**그림 5-17 스레드화 이진 트리의 표현

〈그림 5.17(나)〉는 〈그림 5.13〉의 이진 트리를 스레드화 이진 트리로 변환한 것인데, 실선으로 나타낸 것은 자식 노드에 대한 연결부이고, 점선으로 나타낸 것은 중위 순회상의 선행자나 후속자를 가리키는 스레드이다. 예를 들어, 노드 '라'가 방문되기 전에 노드 '*'가 방문되어야 하기 때문에, 노드 '라'의 왼쪽 자식 노드에 대한 연결부에는 노드 '*'를 가리키는 스레드가 들어가

고, 노드 '라'를 방문한 후에는 노드 '+'를 방문해야 하기 때문에, 노드 '라'의 오른쪽 자식 노드에 대한 연결부에는 노드 '+'에 대한 스레드가 들어가게 된다.

한편, 노드 '가'는 첫 번째로 방문되는 노드이기 때문에 중위 선행자가 없으므로 '가'의 왼쪽 자식 노드에 대한 연결부에 들어갈 값이 없다. 그러나 모든 스레드화 이진 트리가 〈그림 5.18〉에서 처럼 하나의 머리(head) 노드를 갖는다면, 이 연결부에는 머리 노드를 가리키는 스레드가 들어가게 될 것이다. 그리고 노드 '사'는 중위 순회에서 마지막으로 방문되기 노드이기 때문에, 중위 후속자가 없으므로 오른쪽 자식 노드에 대한 연결부에 들어가는 값이 없지만, 머리 노드를 갖는 스레드화 이진 트리에서는 머리 노드를 가리키는 스레드가 들어가게 된다. 머리 노드의 자료 부분에는 공백 값이 들어간다.

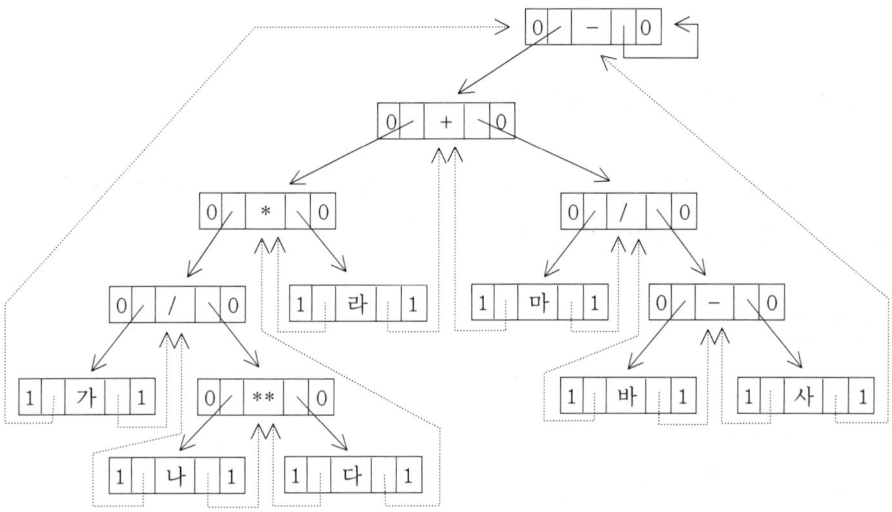

**그림 5-18 머리 노드를 갖는 스레드화 이진 트리

한편 머리 노드를 갖는 공백 스레드화 이진 트리는 〈그림 5.19〉와 같이 나타낼 수 있다.

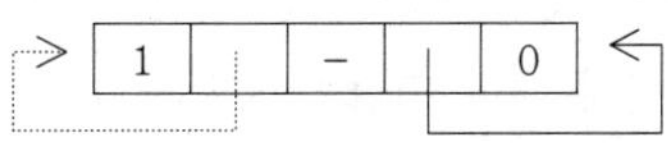

**그림 5-19 공백 스레드화 이진 트리의 표현

5.4.2 스레드화 이진 트리의 중위 순회

스레드화 이진 트리를 사용한다면 이진 트리를 중위 순회하는 과정에서 스택을 사용하지 않아도 되는 이점이 있다. 앞 절의 중위 순회 알고리즘에서 살펴본 바와 같이 반복 알고리즘을 적

용하면 스택을 명시적으로 사용하게 되고, 순환 알고리즘을 적용하면 순환 호출 과정에서 스택을 묵시적으로 사용하게 된다. 하지만 스레드화 이진 트리에서는 순회 과정에서의 후행자를 스레드가 가리키기 때문에 스택을 사용하지 않고, 〈알고리즘 5.6〉과 같은 알고리즘에 의해 바로 후속자를 찾을 수 있다.

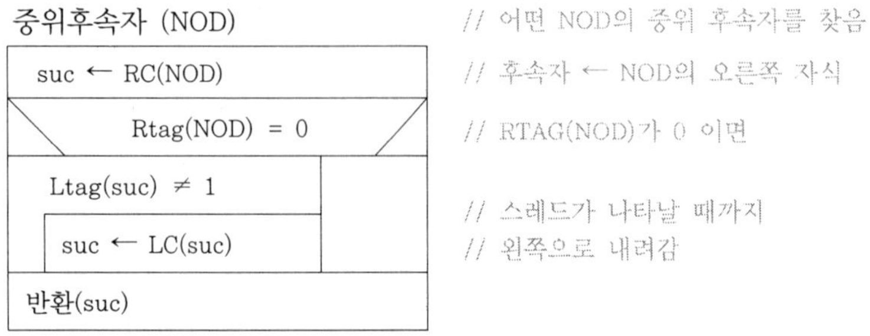

알고리즘 5.6 중위후속자 찾기 알고리즘

머리 노드를 가지는 스레드화 이진 트리를 중위 순회하는 것은 결국 〈알고리즘 5.7〉과 같이 중위 후속자를 찾는 프로시저를 여러 번 적용하면 된다.

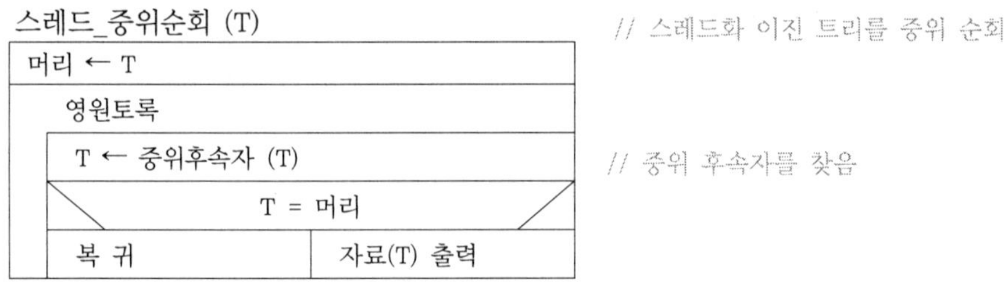

알고리즘 5.7 스레드화 이진 트리 중위 순회

n개의 노드를 가지는 스레드화 이진 트리에 대한 연산시간은 O(n)이 되어 앞 절의 반복적 중위 순회 알고리즘과 같지만, 스택에 대한 연산이 없어지기 때문에 상수 값이 약간 작아진다.

5.4.3 스레드화 이진 트리의 노드 삽입과 삭제

지금까지는 스레드화 이진 트리에서 중위 순회를 위해서 스레드를 어떻게 사용하는 가에 대해서 설명하였다. 이번에는 스레드화 이진 트리에 새로운 노드를 삽입하는 것에 대해서 설명하고, 추가적으로 스레드화 이진 트리에 존재하는 노드를 삭제하는 문제에 대해서 간단히 설명한다.

스레드화 이진 트리에 새로운 노드를 삽입할 때, 어떤 노드의 왼쪽 자식 노드로 삽입하는 경우와 오른쪽 자식 노드로 삽입하는 두 가지 경우를 생각할 수 있다. 하지만 여기에서는 어떤 노드의 왼쪽 자식 노드로 삽입하는 경우만 다루고, 오른쪽 자식 노드로 삽입하는 것은 유사한 문제이기 때문에 생략한다. 어떤 노드의 왼쪽 자식 노드로 삽입할 경우에도, 그 노드가 왼쪽 자식 노드가 없어서 그냥 삽입만 하면 되는 경우와 왼쪽 자식 노드가 있어서 중간에 삽입하면서 스레드에 대한 연산이 필요한 경우로 나눌 수 있다.

〈그림 5.20(가)〉에서는 '가' 노드가 왼쪽 자식 노드를 가지지 않는데, '나' 노드를 '가'의 왼쪽 자식 노드로 삽입하는 경우이며, 이 때 수행되어야 할 연산은 다음과 같다.

```
'나'의 LC ← '가'의 LC
'나'의 LT ← '가'의 LT
'가'의 LC ← '나'        // '가'의 왼쪽 자식 노드는 '나'
'가'의 LT ← 0           // '가' 노드는 왼쪽 자식 노드를 가짐
'나'의 RC ← '가'        // '나' 중위 후속자는 '가'
'나'의 RT ← 1           // '나'의 RCHILD는 스레드
```

* LC : 왼쪽 자식　　RC : 오른쪽 자식
LT : 왼쪽 부전　　RT : 오른쪽 부전

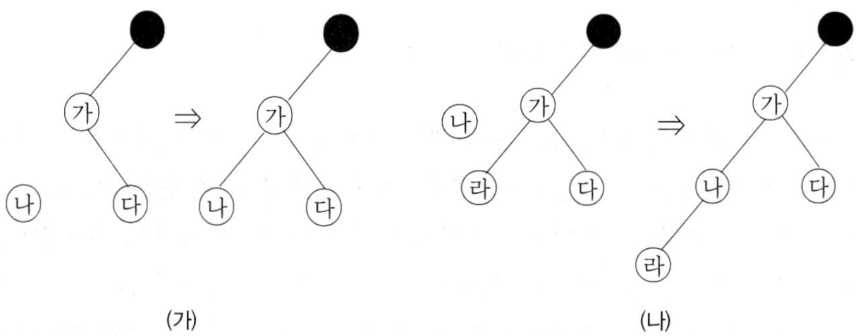

그림 5-20 스레드화 이진 트리에서 노드의 삽입

〈그림 5.20(나)〉는 '가' 노드가 '라' 노드를 왼쪽 자식 노드로 가지고 있는 상황에서, 새로운 노드 '나'를 '가'의 왼쪽 자식 노드로 삽입하는 경우이다. 즉, '나' 노드를 '가c 노드와 '라' 노드의 중간에 삽입하는 것인데, 이때에 수행되어야 할 연산은 다음과 같다.

```
'나'의 LC ← '가'의 LC        // '가'의 왼쪽 자식 노드였던 '라'가
'나'의 LT ← '가'의 LT        // '나'의 왼쪽 자식 노드가 됨
```

```
'가'의 LC ← '나'        // '가'의 왼쪽 자식 노드는 '나'
'가'의 LT ← 0           // '가' 노드는 왼쪽 자식 노드를 가짐
'나'의 RC ← '가'        // '나'의 중위 후속자는 '가'
'나'의 RT ← 1           // '나'의 RC는 스레드
'라'의 RC ← '나'        // '라'의 중위 후속자는 '나'
```

이와 같이, 스레드화 이진 트리에서 한 노드를 어떤 노드의 왼쪽 자식 노드로 삽입하는 알고리즘은 〈알고리즘 5.8〉과 같다.

```
스레드_왼쪽_삽입 (P, C)
                    // 스레드화 이진 트리에서 P의
                    // 왼쪽 자식 노드로 C를 삽입

LC(C) ← LC(P)                 // C를 P의 왼쪽 자식 노드로 붙임
Ltag(C) ← Ltag(P)
LC(P) ← C                     // C의 오른쪽 자식 노드는
Ltag(P) ← 0                   //    중위 후속자에 대한 스레드임
RC(C) ← P                     // C가 왼쪽 자식 노드를 갖는다면
Rtag(C) ← 1

        Ltag(C) = 0           //    손자 노드는 …
  GC ← LC(C)
  RC(GC) ← C
```

알고리즘 5.8 스레드화 이진 트리에서의 노드 삽입

스레드화 이진 트리에 존재하는 노드를 삭제할 때에도, 그 노드의 위치에 따라 여러 경우를 고려해야 한다. 삭제될 노드가 단말 노드라면 간단하게 처리할 수 있지만, 삭제될 노드가 비 단말 노드인 경우에는 삭제되는 노드의 자식 노드를 어떻게 처리할 것인 지에 대한 결정을 내려야 한다. 예를 들면, 삭제되는 노드의 왼쪽 부트리 또는 오른쪽 부트리를 삭제된 노드 위치로 옮기는 것이다. 이와 같은 경우에 스레드를 변경하는 작업이 다소 복잡하다. 이에 대한 예는 생략하고, 특수한 경우에 대한 예를 다음 절에서 다룬다.

5-5 히프 (heap)

5.5.1 히프의 정의

최대 트리 (max tree)
각 노드의 키값이 (자식이 있다면) 그 자식 노드의 키값보다 작지 않은 트리이다.

최대 히프 (max heap)
최대 트리이면서 완전 이진 트리이다.

최소 트리 (min tree)
각 노드의 키값이 (자식이 있다면) 그 자식 노드의 키값보다 크지 않은 트리이다.

최소 히프 (min heap)
최소 트리이면서 완전 이진 트리이다.

〈그림 5.21〉의 (가)는 3 차인 최대 트리를, (나)는 최대 히프를 보이고 있다.

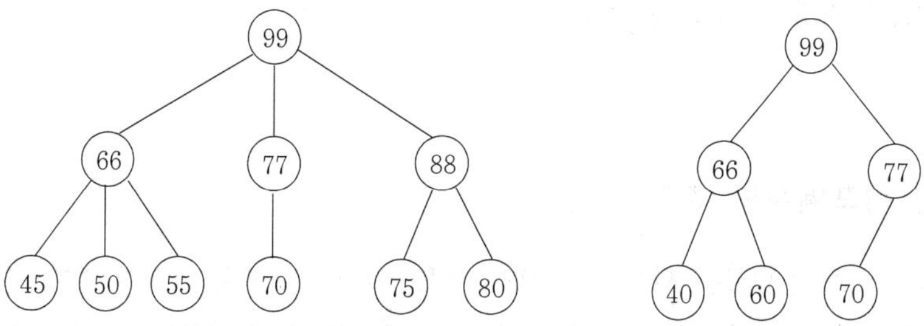

(가) 최대 트리 (나) 최대 히프

**그림 5-21 최대 트리와 최대 히프 예

이들 트리들은 각기 그 정의에 의해 가장 큰 값이 뿌리 노드에 놓이게 된다.

〈그림 5.22〉의 (가)는 3 차인 최소 트리를, (나)는 최소 히프를 보이고 있다.

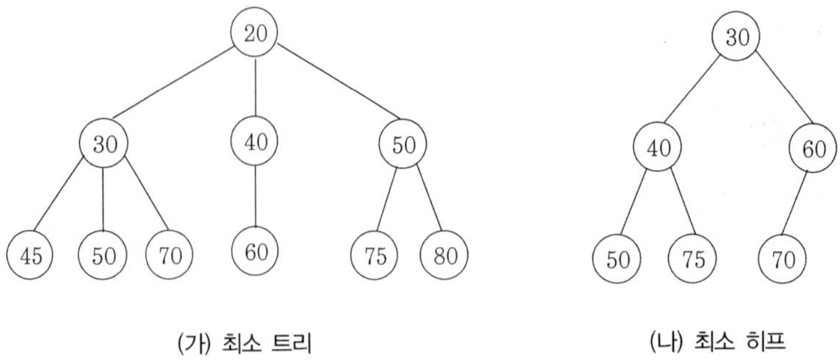

**그림 5-22 최소 트리와 최소 히프 예

이들 트리들은 각기 그 정의에 의해 가장 작은 값이 뿌리 노드에 놓이게 된다. 최대 트리와 최소 트리, 최대 히프와 최소 히프는 그 개념이 반대되기 때문에, 하나를 알면 그에 대비되는 다른 것을 쉽게 알 수 있다. 따라서 이후에는 최대 히프에 대해서만 다룬다.

최대 히프에 적용할 수 있는 연산 중에는

- 새로운 공백 히프의 생성
- 히프에 새로운 원소의 추가
- 히프에서 값이 가장 큰 원소의 삭제

등이 있다.

5.5.2 최대 히프에서의 추가

기존의 최대 히프에 새로운 원소를 추가할 때에는 원소가 추가된 후에도 최대 히프가 유지되어야 한다. 우선 최대 히프는 완전 이진 트리의 특수한 경우이기 때문에, 새로운 원소를 추가한 뒤에도 완전 이진 트리가 유지되어야 한다. 따라서 새로운 원소가 추가되는 위치는 다음과 같이 결정될 것이다.

- 최대 히프가 포화 이진 트리가 아니라면, 마지막 수준에서 최종 노드 다음 위치
- 최대 히프가 포화 이진 트리라면, 마지막 수준의 다음 수준에서 최초 노드 위치

또 한 가지 지켜져야 할 것은 원소를 추가한 후에도 자식 노드들이 가지는 값 보다 부모 노드가 가지는 값이 항상 작지 않아야 한다. 따라서 새로운 원소를 추가한 후에 그 값에 따라서 조상 노드들의 값을 참고하여 값들이 조정될 수 있다.

예를 들어, 〈그림 5.23〉의 (가)와 같은 기존 히프에 80이라는 값을 가지는 새로운 원소를 추가하는 경우를 살펴보자. 우선 새로운 원소가 추가될 위치는, 기존의 최대 히프가 포화 이진 트리

리가 아니기 때문에, (나)에서와 같이 빗금친 노드의 위치가 될 것이다. 새로이 추가된 노드가 가지는 값이 그 부모 노드가 가지는 값 보다 작은 경우라면, 여기에서 작업을 끝내면 된다. 하지만 예에서 보듯이, 추가된 노드가 가지는 값 (80)이 그 부모 노드가 가지는 값(77) 보다 큰 경우라면, 노드의 값들이 조정되어야 한다. 우선 (다)에서와 같이 부모 노드와 새로이 추가된 원소의 값을 교환한다. 노드들의 값을 교환한 후에 최대 히프의 조건이 만족된다면 작업이 종료되지만, 그렇지 않으면 조상 노드들을 좇아 올라가면서 노드들의 값을 조정하여야 한다. 만일에 추가되는 원소가 99라는 값을 가지는 경우에는 (라), (마), (바)의 과정을 거칠 것이다.

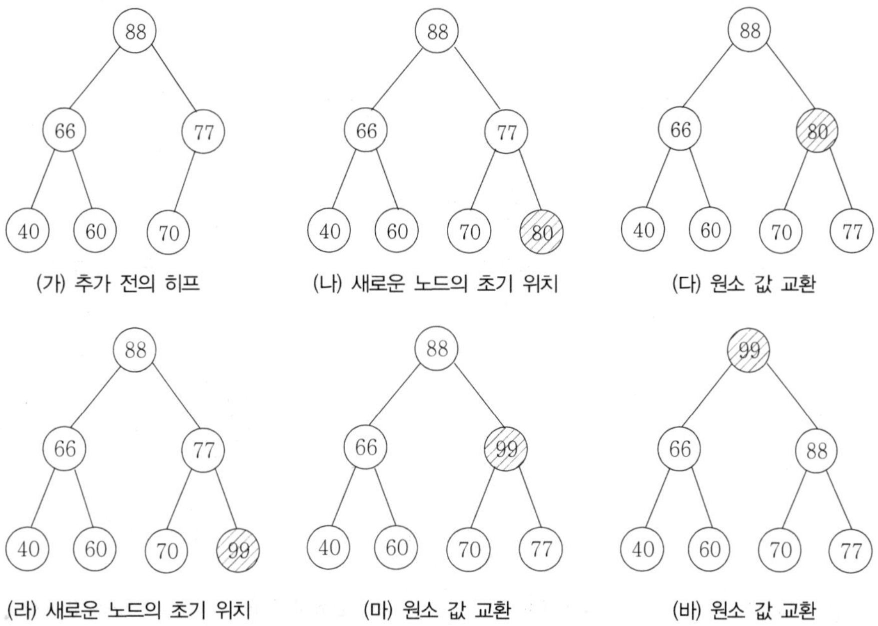

**그림 5-23 최대 히프에서의 추가

새로운 원소의 추가에 따라 부모 노드와 자식 노드의 값이 교환될 수 있으므로, 어떤 노드의 부모 노드를 찾을 수 있어야 한다. 만일 최대 히프를 연결 리스트로 구현한다면 부모 부분을 첨가하여야 할 것이다. 하지만 최대 히프가 완전 이진 트리이기 때문에, 배열을 사용하여 구현한다면 위치 값을 이용하여 그 부모 노드의 위치를 계산할 수 있다.

5.5.3 최대 히프에서의 삭제

최대 히프에서 값이 가장 큰 원소를 삭제하기 위해서는 뿌리 노드에서 삭제하여야 한다. 왜냐하면 최대 히프에서 가장 큰 값은 뿌리 노드가 가지기 때문이다. 뿌리 노드의 값을 삭제한 후에는 다시 최대 히프가 될 수 있도록 노드들을 조정하여야 한다. 즉, 뿌리 노드의 값을 마지막 노드의 값과 교환한 후에 마지막 노드를 삭제하고, 최대 히프가 유지되도록 노드들의 값을 참고하여 조정한다.

예를 들어 〈그림 5.24〉의 (가)와 같은 최대 히프에서 원소를 삭제하는 경우를 살펴보자. (나)에서와 같이 뿌리 노드의 값과 마지막 노드의 값을 교환한 후에 마지막 노드를 삭제한다. 그리고는 (다)와 같이 자식 노드의 값을 부모 노드로 올리고, 부모 노드의 값은 자식 노드로 내려 값을 조정한다.

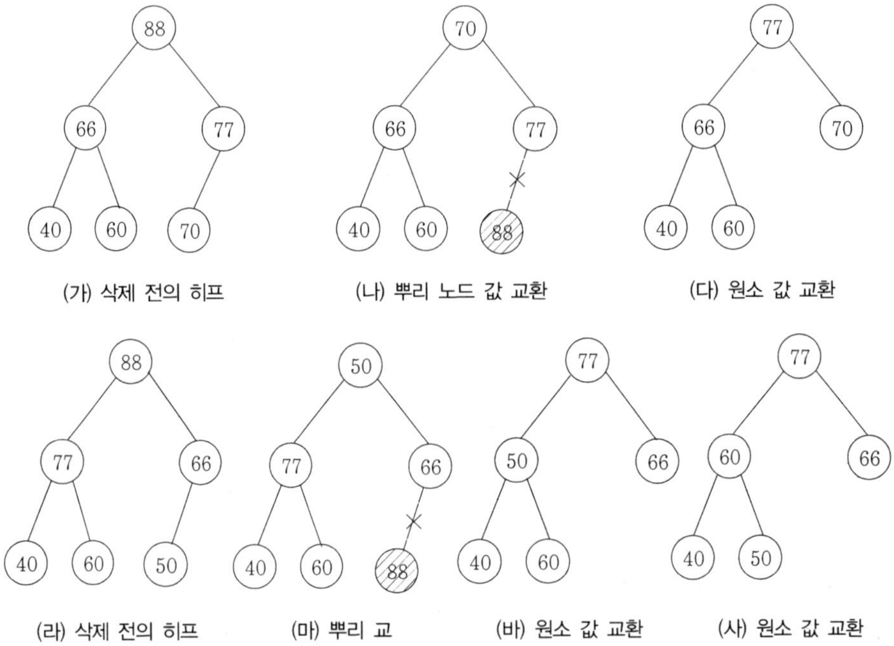

**그림 5-24 최대 히프에서의 삭제

(라)와 같은 히프에서의 삭제는 (마)와 같이 뿌리 노드의 값과 마지막 노드의 값을 교환한 후에 마지막 원소를 삭제한다. 그리고 (바), (사)에서와 같이 부모 노드의 값과 자식 노드들 중 큰 값을 비교하여 서로 교환하는 과정을 최대 히프가 완성될 때까지 계속한다.

히프에서 가장 큰 값을 가지는 원소를 삭제하는 것은 아주 효율적이지만, 임의의 원소를 삭제하는 데에는 아주 비효율적이다. 예를 들어 n개의 원소를 가지는 최대 히프가 있을 때, 임의의 한 원소를 삭제하는 데는 O(n) 시간이 필요하다. 하지만 트리에서의 삭제이기 때문에, 무순서 리스트에서 임의의 한 원소를 삭제하는 데 필요한 시간보다 훨씬 오래 걸린다. 이것은 히프에서의 임의의 원소를 삭제할 때에는, 삭제 후에도 히프가 유지되도록 부가적인 작업이 필요하기 때문이다. 또한 히프에서 임의의 한 원소를 찾는 경우에도, 트리에서의 작업이기 때문에 무

순서 리스트에서 임의의 한 원소를 찾는 것보다 많은 시간이 걸린다. 이것은 자식 노드를 찾는 시간이 추가적으로 들기 때문이다.

5.5.4 히프의 응용

히프는 우선 순위 큐 (priority queue)를 구현하기 위해 사용될 수 있다. 우선 순위 큐는 일반 큐와는 달리 우선 순위가 가장 높거나 낮은 원소를 먼저 꺼낸다 (삭제한다). 그리고 임의의 우선 순위를 가지는 원소를 우선 순위 큐에 언제든지 추가할 수 있다. 원소를 우선 순위 큐에 추가할 때에는 큐의 마지막 위치 즉, 앞에서 살펴본 바와 같이, 히프의 마지막 위치에 추가한 후에, 우선 순위에 따라 히프가 성립되도록 우선 순위 값들을 조정한다. 원소를 삭제할 때에는 히프의 뿌리 노드에 있는 원소가 우선 순위가 가장 높은 것이고, 큐에서는 가장 앞에 있는 원소가 될 것인데, 이를 꺼낸 후에 남아있는 원소들의 우선 순위에 따라 히프를 재구성하면, 큐에서의 순서가 조정될 것이다.

만일 가장 높은 우선 순위를 갖는 원소를 먼저 삭제해야 하는 응용에서는 최대 히프를 사용하면 된다. 예를 들어, 교수 작업에는 학생 작업보다 높은 우선 순위를 부여해야 하는 경우라면, 운영 체제의 작업 일정기 (job scheduler)는 최대 히프로 구현되는 우선 순위 큐를 사용하여 처리할 수 있다.

한편 가장 낮은 우선 순위를 갖는 원소를 먼저 삭제해야 하는 응용에서는 최소 히프를 사용하면 된다. 예를 들어, 예상 수행시간에 따라서 시간이 많은 작업에는 높은 우선 순위를 부여하고, 시간이 적은 작업에는 낮은 우선 순위를 부여해야 하는 경우라면, 운영 체제의 작업 일정기는 최소 히프로 구현되는 우선 순위 큐를 사용하여 처리할 수 있다.

5-6 이진 탐색 트리 (Binary Search Tree)

5.6.1 이진 탐색 트리의 정의

이진 탐색 트리는 임의의 원소를 찾는 데 있어서 어떤 자료구조보다 효율적이다.

이진 탐색 트리

이진 탐색 트리는 공백이 아니라면 다음을 만족한다.

- 모든 원소는 키값을 가지며, 키값은 유일하다.
- 공백이 아닌 왼쪽 부트리에 있는 키값들은 그 뿌리의 키값보다 작다.
- 공백이 아닌 오른쪽 부트리에 있는 키값들은 그 뿌리의 키값보다 크다.
- 왼쪽 및 오른쪽 부트리도 이진 탐색 트리이다.

〈그림 5.25〉에서는 몇 개의 이진 트리를 보이고 있는데, (가)의 이진 트리는 오른쪽 부트리의 값들이 뿌리 노드의 값보다 작기 때문에 이진 탐색 트리가 아니다. 하지만 (나)와 (다)의 이진 트리는 이진 탐색 트리이다.

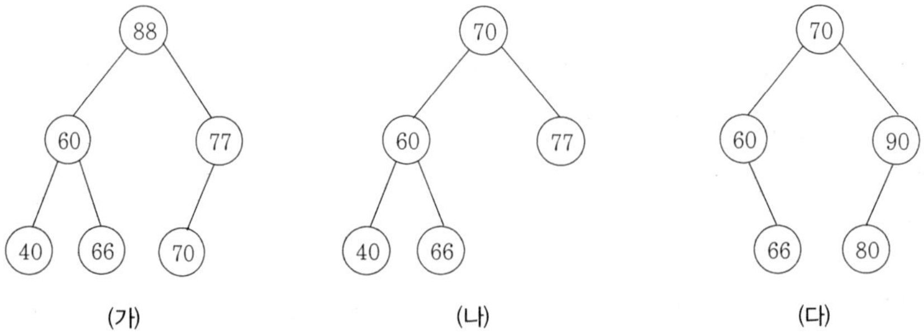

**그림 5-25 이진 트리와 이진 탐색 트리 예

이진 탐색 트리에 적용할 수 있는 연산들은 다음과 같은 것들이 있다.

- 새로운 이진 탐색 트리의 생성
- 임의의 원소를 탐색
- 임의의 원소를 삽입
- 임의의 원소를 삭제

5.6.2 이진 탐색 트리의 탐색

이진 탐색 트리는 순환적으로 정의되기 때문에, 원소의 탐색 방법도 순환적으로 기술할 수 있다. 예를 들어 임의의 원소의 키값을 key라고 가정하고 탐색 과정을 살펴보자. 탐색은 뿌리 노드에서부터 시작한다. 만일에 뿌리 노드가 없다면, 이진 탐색 트리는 공백 트리이기 때문에 탐색은 실패로 끝난다. 뿌리 노드가 존재한다면, 뿌리 노드의 키값과 key를 비교한다. 만일 key가 뿌리 노드의 키값과 같다면 탐색은 성공적으로 끝난다. key가 뿌리 노드의 키값과 같지 않다면, key 값은 뿌리 노드의 키값보다 작거나 클 것이다. key가 뿌리 노드의 키값보다 작다면, 왼쪽 부트리를 탐색하며, key가 뿌리 노드의 키값보다 크다면, 오른쪽 부트리를 탐색한다. 이러한 알고리즘이 〈알고리즘 5.9〉에 보이고 있다.

이진_탐색_트리_탐색 (트리, 키값)

<table>
<tr><td colspan="4">트리 ≠ '공백'</td></tr>
<tr><td rowspan="3"></td><td colspan="3">CASE</td></tr>
<tr><td>키값 〈 자료(트리)</td><td>키값 = 자료(트리)</td><td>키값 〉 자료(트리)</td></tr>
<tr><td>트리 ← LC(트리)</td><td>트리 반환</td><td>트리 ← RC(트리)</td></tr>
<tr><td colspan="4">'공백' 반환</td></tr>
</table>

알고리즘 5.9 이진_탐색(트리, 키값)

예를 들어 〈그림 5.26〉의 이진 탐색 트리에서 키값이 50인 원소를 찾는다면, 우선 뿌리 노드의 키값과 50을 비교한다. 찾고자 하는 원소의 키값 50이 뿌리 노드의 키값보다 작으므로, 탐색은 왼쪽 부트리에서 계속된다. 부트리의 뿌리 노드의 키값이 60이므로, 탐색은 다시 그 오른쪽 부트리에서 계속된다. 부트리의 뿌리 노드의 키값이 66이므로, 탐색은 다시 그 왼쪽 부트리에서 계속되어야 하는데, 왼쪽 부트리가 공백이므로, 탐색은 실패한다.

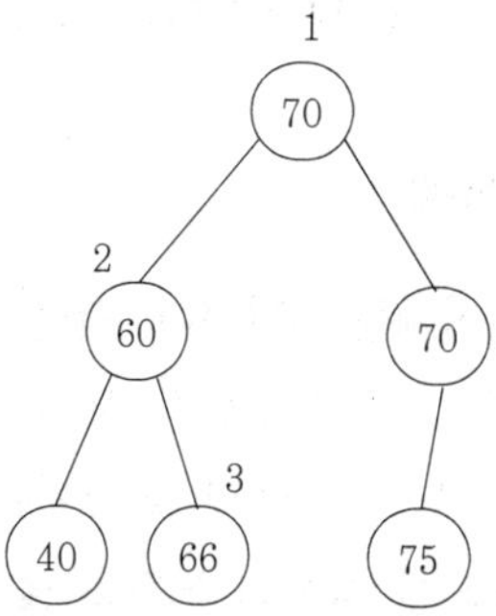

그림 5-26 이진 탐색 트리에서의 탐색

이진 탐색 트리에서의 탐색은 최악의 경우에 트리의 깊이 만큼 진행되기 때문에, 깊이가 d인 이진 탐색 트리의 탐색 시간은 O(d)이다. 예를 들어, 10,000개의 자료 원소들에서 한 원소를 찾는 것을 살펴보자. 순차 리스트로 표현된 경우라면, 최악의 경우에 10,000번을 찾아야 할 것이다. 하지만, 이진 탐색 트리로 표현되었다면, 트리의 깊이는 14이기 때문에, 최악의 경우에 14번 찾으면 된다.

5.6.3 이진 탐색 트리에서의 삽입

기존의 이진 탐색 트리에 새로운 원소를 삽입할 때에는 먼저 동일한 키값을 갖는 원소가 이진 탐색 트리내에 있는 지를 확인해야 한다. 이를 위해서 새로운 원소가 가지는 값으로 이진 탐색 트리를 탐색하는데, 탐색이 성공하면 삽입할 수 없는 상황이 발생하기 때문에 삽입은 실패로 끝난다. 만일 탐색이 실패한다면 바로 탐색이 종료된 지점에 새로운 원소를 삽입한다.

예를 들어 〈그림 5.27〉의 (가)의 이진 탐색 트리에 키값이 75인 새로운 원소를 삽입한다면, 우선 키값 75로 이진 탐색 트리를 탐색할 것이다. 결과로서 키값 77을 가지는 노드의 왼쪽 부트리에서 탐색이 실패하기 때문에, (나)에서와 같이 새로운 원소를 왼쪽 자식 노드로 삽입하면 될 것이다. 다시 키값이 65인 새로운 원소를 삽입한다면, (다)에서와 같이 키값이 60인 노드의 오른쪽 자식 노드로 삽입하면 될 것이다.

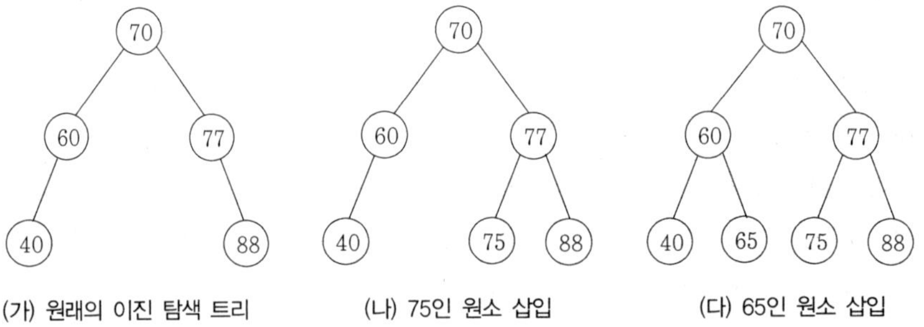

**그림 5-27 이진 탐색 트리에서의 원소 삽입 예

5.6.4 이진 탐색 트리에서의 삭제

이진 탐색 트리에서 단말 노드의 삭제는 간단하다. 단말 노드가 왼쪽 자식 노드냐 아니면 오른쪽 자식 노드냐에 따라, 그 부모 노드의 왼쪽 또는 오른쪽 자식 노드 부분을 '공백'으로 만들고, 그 단말 노드를 반환하면 된다. 하나의 자식만을 가지는 비 단말 노드의 삭제도 간단하다. 즉, 노드를 삭제한 후에 그 자식 노드를 삭제된 노드로 옮기면 된다.

두개의 자식을 가지는 비단말 노드를 삭제할 때에는, 삭제되는 노드를 왼쪽 부트리에서 가장 큰 값을 가지는 노드나, 아니면 오른쪽 부트리에서 가장 작은 값을 가지는 노드로 대체한다. 그리고 나서 선택된 부트리에서 치환된 원소를 삭제하는 과정을 계속한다.

예를 들어, 〈그림 5.28〉의 (가)에서 키값이 88인 원소를 삭제하는 것은 (나)에서와 같이 키값이 77인 노드의 오른쪽 자식 노드 부분을 '공백'으로 만들고, 키값이 88인 노드를 반환하면 된다. (가)에서 키값이 60인 원소를 삭제하는 것은 (다)에서와 같이 키값이 60인 노드를 키값이

40인 노드로 대체하고, 키값이 60인 노드를 반환하면 된다.

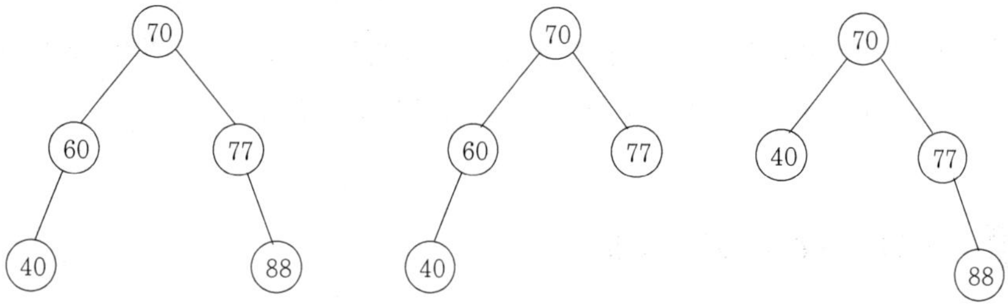

(가) 원래의 이진 탐색 트리 (나) 88인 원소 삭제 (다) 60인 원소 삭제

**그림 5-28 이진 탐색 트리에서의 원소 삭제 예-1

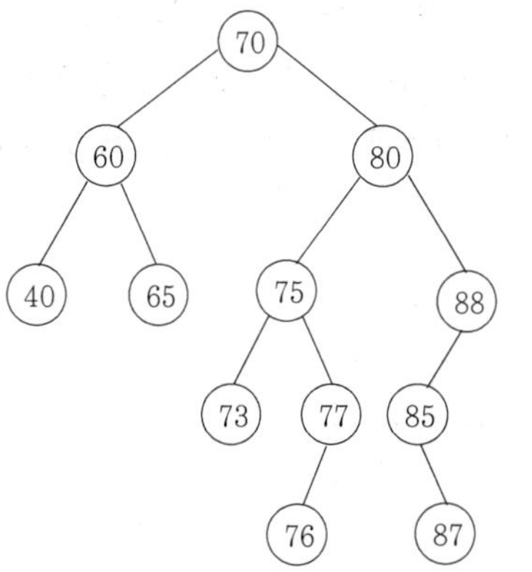

(가) 원래의 이진 탐색 트리

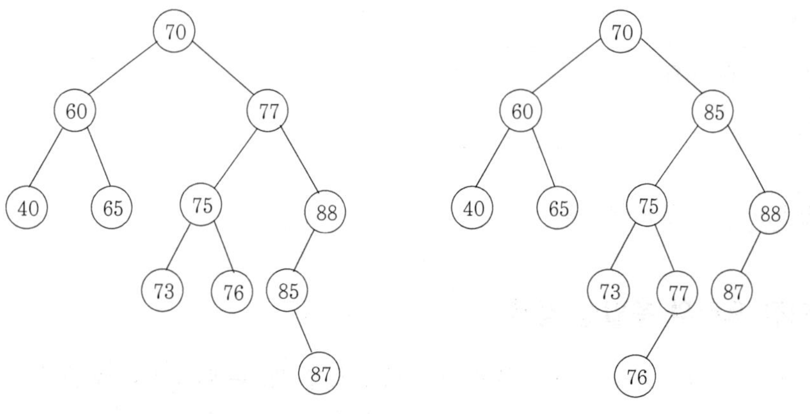

(나) 80인 원소 삭제-1 (다) 80인 원소 삭제-2

**그림 5-29 이진 탐색 트리에서의 삭제 예-2

〈그림 5.29〉의 (가)에서 키값이 80인 원소를 삭제하는 것은, (나)에서와 같이 키값이 80인 노드를 왼쪽 부트리에서 가장 큰 키값 77을 가지는 노드로 대체한 후에, 키값이 77인 원소를 삭제하도록 하거나, (다)에서와 같이 키값이 80인 노드를 오른쪽 부트리에서 가장 작은 키값 85을 가지는 노드로 대체한 후에, 키값이 85인 원소를 삭제하도록 한다.

5-7 이진 트리에 대한 응용

5.7.1 이진 트리의 복사

어떤 이진 트리가 있을 때, 이 이진 트리를 그대로 복사하는 알고리즘은 〈알고리즘 5.10〉과 같다. 이 알고리즘은 앞 절에서 본 순환적 후위 순회 알고리즘과 유사하다. T가 가리키는 이진 트리를 복사하여 '나무'가 가리키도록 하는 알고리즘이다. 공백 이진 트리가 아니라면, 왼쪽과 오른쪽 부트리를 복사하여 '나무'의 왼쪽과 오른쪽 부트리가 되도록 한 다음에, 뿌리 노드에 있는 자료 항목을 복사한다.

```
트리_복사 (T)                          // 이진 트리 T의 복사
  나무 ← '공백'
  T ≠ '공백'
    LT ← 트리_복사 (LC(T))             // 왼쪽 부트리를 복사
    RT ← 트리_복사 (RC(T))             // 오른쪽 부트리를 복사
    노드_획득(나무)                     // 나무 : 복사된 노드에 대한 지적자
    LC(나무) ← LT
    RC(나무) ← RT
    Data(나무) ← Data(T)
  나무 반환
```

알고리즘 5.10 이진 트리의 복사

5.7.2 이진 트리의 동일성 검사

이진 트리의 동일성 검사는 두 개의 이진 트리가 있을 때, 두 이진 트리가 동일한 것인 지를 검사하는 것이다. 두 개의 이진 트리가 동일하기 위해서는 노드의 순서 뿐만 아니라 위상도 동일해야 한다. 이에 대한 알고리즘은 〈알고리즘 5.11〉과 같다.

트리_동일?(트리, 나무) // 두 이진 트리인 트리와 나무의 동일성 검사

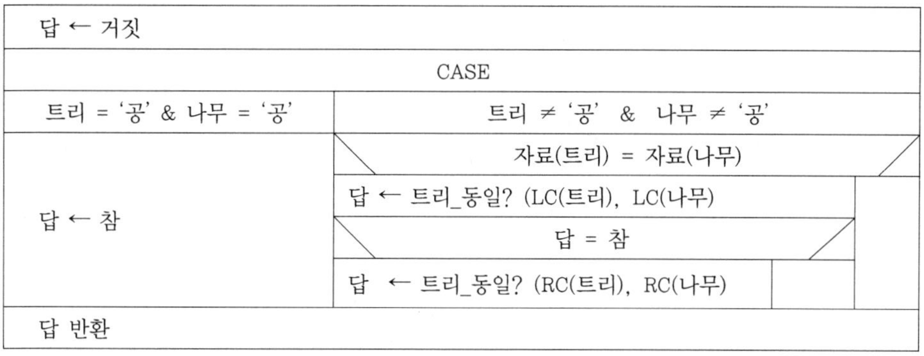

알고리즘 5.11 두 이진 트리의 동일성 검사

두 개의 이진 트리 모두가 공백 이진 트리이면 참이 된다. 두 개의 이진 트리 모두가 공백 이진 트리가 아니라면, 우선 뿌리 노드의 자료 항목을 비교하여 같으면, 왼쪽 부트리가 서로 동일한 가를 검사하여 같은 후에야 오른쪽 부트리가 서로 동일한 가를 검사한다. 만일 '트리'와 '나무' 중 어느 하나만 공백 이진 트리이면 CASE 문을 벗어나 '거짓'이 반환된다.

5-8 이진 트리를 이용한 트리의 표현

5.8.1 일반 트리의 연결 리스트 표현

5.2절에서 트리를 표현하는 여러 가지 방법들을 살펴보았는데, 그 중에서 크기가 일정치 않은 노드를 사용하는 경우에는 알고리즘 작성이 어렵고, 크기가 일정한 노드를 사용하는 경우에는 기억공간 낭비가 발생할 수 있다. 하지만, 일반적으로, 알고리즘의 작성과 이해를 쉽게 하기 위해 크기가 일정한 노드를 사용하는 것이 바람직하다.

T가 k-진 트리 (트리내의 노드의 최대 차수가 k)이고, n개의 노드를 가질 때, 아래와 같은 크기가 일정한 노드로 표현한다면, nk개의 연결부 중 n(k - 1) + 1개의 연결부는 그 값이 공백이 된다 ($n \geq 1$).

<table>
<tr><td colspan="4" align="center">자 료</td></tr>
<tr><td>자식1</td><td>자식2</td><td>. . .</td><td>자식k</td></tr>
</table>

예를 들어 〈그림 5.30〉의 (가)와 같은 3진 트리를 (나)와 같이 크기가 일정한 노드들로 나타낸다면, 전체 30개 연결부 중 21개 연결부가 공백이다. 이것은 전체 연결부의 약 2/3가 낭비되는

것을 의미한다.

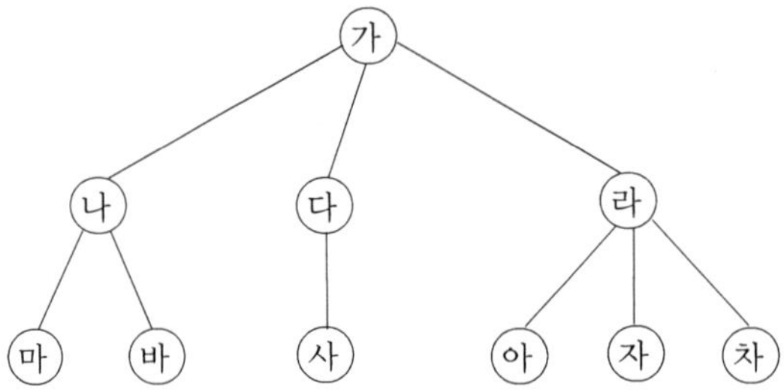

(가) 3진 트리 예

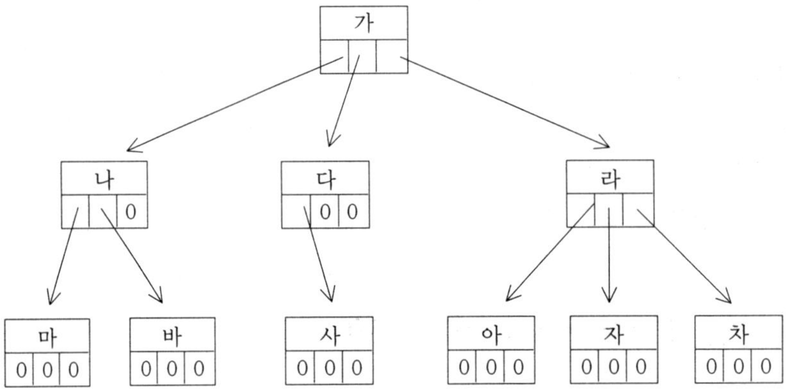

(나) 연결 리스트 표현

**그림 5-30 3진 트리의 연결 리스트 표현

크기가 일정한 노드를 가지는 연결 리스트로 트리를 표현할 때, 항상 공백 연결부로 인한 기억장소의 낭비가 발생한다. 트리의 가지 수가 증가함에 따라 즉, 트리의 차수가 커짐에 따라 공백 연결부의 비율은 증가한다. 3진 트리인 경우는 2/3, 4진 트리인 경우는 3/4, 5진 트리인 경우는 4/5, ... 트리의 차수가 아주 컸을 때는 공백 연결부의 비율이 1에 접근하게 된다. 이것은 거의 모든 연결부가 낭비되는 것을 의미한다.

5.8.2 이진 트리의 사용

우리가 앞 절에서 얻을 수 있는 결론은 크기가 일정한 노드를 가지는 연결 리스트로 트리를 표현하면, 트리의 차수가 증가함에 따라, 연결부들 중 상당 수가 낭비된다는 것이다. 이것을 역으로 생각하면 트리의 차수가 낮을 수록 연결부의 낭비 가능성이 낮아진다는 것을 알수 있다. 실제로 이진 트리를 크기가 일정한 노드를 가지는 연결 리스트로 표현하면 1/2 정도만 공백 연결부가 된다. 따라서 차수가 큰 트리를 이진 트리로 표현할 수만 있다면, 공백 연결부의 비율을 낮출 수 있다.

자 료	
자식 노드	형제 노드

(가) 노드 구조

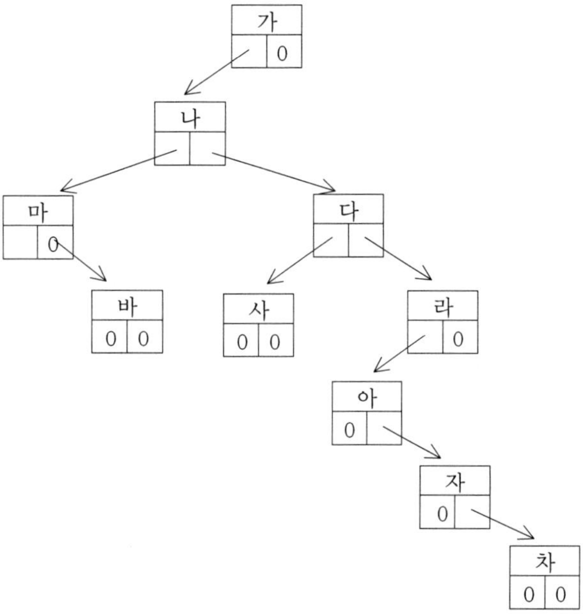

(나) 이진 트리로 표현

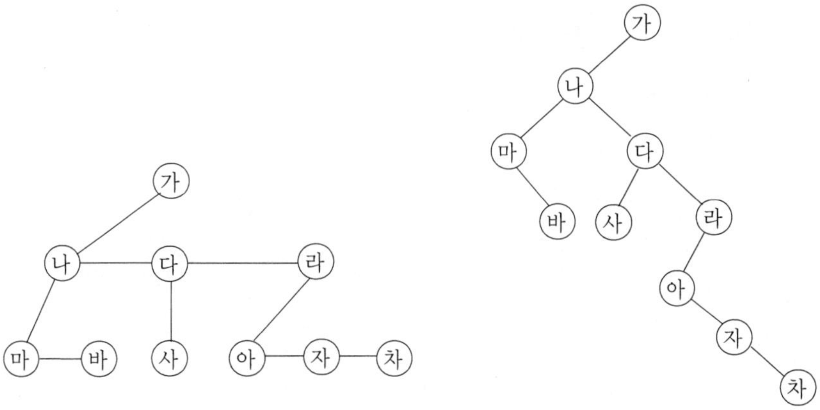

(다) 순수한 그림 표현 (라) 45° 회전한 그림

**그림 5-31 자식과 형제 노드를 이용한 트리의 표현

모든 트리는 이진 트리로 표현될 수 있는데, 모든 노드가 일반 트리에서의 가장 왼쪽 자식 노드와 그 오른쪽 형제 노드를 가지도록 함으로써 가능하다. 즉 모든 노드가 〈그림 5.31〉의 (가)와 같은 노드 구조를 갖는다면, 임의의 차수의 일반 트리를 이진 트리로 변환할 수 있다. 예를 들어 〈그림 5.30〉의 (가)와 같은 3진 트리를 〈그림 5.31〉의 (나)와 같이 표현할 수 있다. (다)는 (나)를 순수한 그림으로 표현한 것이고, 이것을 우측으로 45° 회전시키면 (라)와 같이 차수가 2인 트리가 되는데, 한 가지 주의할 것은 항상 뿌리 노드의 오른쪽 자식 노드는 없다는 것이다.

자바 프로그램

```
public class c이진_트리 {
  private c노드[] 노드들;
  private int 노드수;

    // 배열로 표현된 완전 이진 트리를 이용, 빈 노드는 '$'로 표현
  public c노드 이진트리_생성 (String[] 자료들, int 크기) {
    c노드 왼자, 우자;
     int 왼위치, 우위치;

    노드들 = new c노드[크기+1];

    노드들[1] = new c노드(null, 자료들[1], null);          // 뿌리 노드 생성
    노드수++;

    for (int i = 2; i <= 크기; i++) {
      if (!(자료들[i].equals("$"))) {
        노드들[i] = new c노드(null, 자료들[i], null);
        if ((i % 2) == 0) 노드들[i/2].좌자 = 노드들[i];
        else             노드들[i/2].우자 = 노드들[i];

        노드수++;
      }
    }

    return 노드들[1];                          // 뿌리 노드 반환
  }

  public void 전위_순회(c노드 트리) {
    if (트리 != null) {
      System.out.print(트리.자료 + "  ");
      전위_순회(트리.좌자);
      전위_순회(트리.우자);
    }
  }

  public void 중위_순회(c노드 트리) {
    if (트리 != null) {
      중위_순회(트리.좌자);
      System.out.print(트리.자료 + "  ");
      중위_순회(트리.우자);
    }
  }
```

```
    public void 후위_순회(c노드 트리) {
        if (트리 != null) {
            후위_순회(트리.좌자);
            후위_순회(트리.우자);
            System.out.print(트리.자료 + "  ");
        }
    }
}
```

연습문제_

5.1 다음의 트리에 대하여

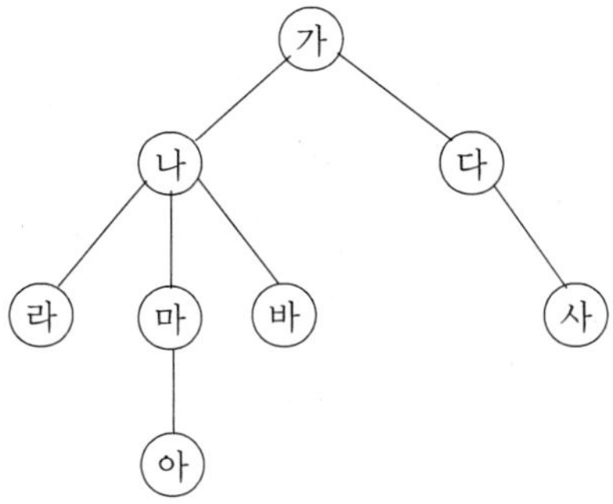

(1) 단말 노드들을 열거하시오.

(2) 각 노드의 수준을 구하시오.

(3) 각 노드의 차수를 구하시오.

(4) 트리의 깊이(높이)를 구하시오.

5.2 1번 문제에서 나타나는 트리에 대하여

(1) 리스트 표현으로 나타내시오.

(2) 고정 크기의 노드로 표현하시오.

(3) 가변 크기의 노드로 표현하시오.

(4) 이진 트리 형태로 표현하시오.

5.3 다음의 트리를 이진 트리로 변환한다고 가정하고 빈 칸을 채우시오.

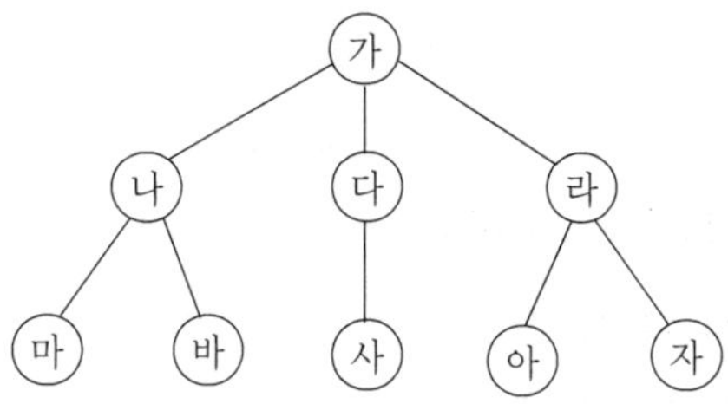

왼쪽 자식									
자료 값	가	나	다	라	마	바	사	아	자
오른쪽 자식									

5.4 다음의 트리가 완전 이진 트리인지 아닌 지를 구별하시오.

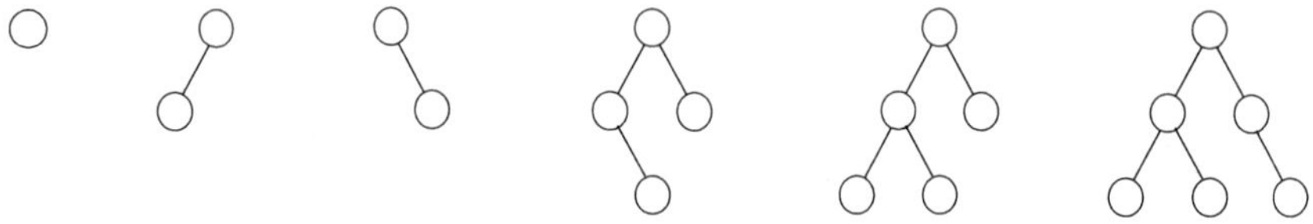

(1) (2) (3) (4) (5) (6)

5.5 깊이가 k인 이진 트리의 최대 노드 수가 2k - 1이 됨을 증명하시오.

5.6 다음의 이진트리에 대해서

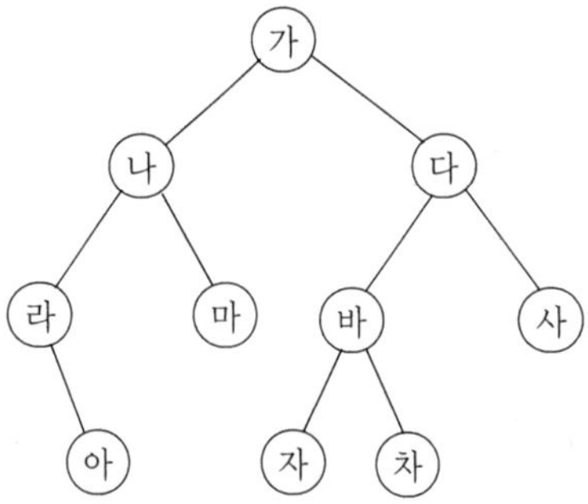

(1) 전위 순회의 결과를 나타내시오.
(2) 중위 순회의 결과를 나타내시오.
(3) 후위 순회의 결과를 나타내시오.

5.7 다음과 같은 결과를 나타내는 이진 트리를 그리시오.

(1) 전위순회 : 사 라 나 가 다 마 아 자 차
(2) 중위순회 : 나 바 라 사 가 마 다 자 아 차
(3) 후위순회 : 가 아 자 나 라 바 사 아 마

5.8 다음 트리에 글자를 넣어서 각 순회에 대한 결과가 '나가라바다마아사'가 되로록 하시오.

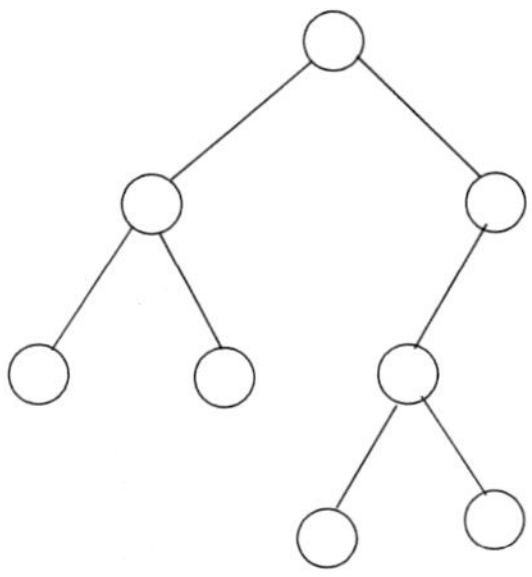

(1) 전위 순회

(2) 중위 순회

(3) 후위 순회

(4) 수준 우선 순회

5.9 '가 * 나 / 다 ** 라 + 마 / 바 * 사 - 아 ** 자 ** 차'를 이진 트리로 나타내고, 전위 및 후위 표기식으로 나타내시오.

5.10 6번 문제의 트리를, 머리 노드와 중위 선행자, 중위 후속자를 가지는 스레드 이진 트리로 변환하시오.

5.11 6번 문제의 트리를, 머리 노드와 후위 선행자, 후위 후속자를 가지는 스레드 이진 트리로 변환하시오.

5.12 스레드 이진 트리에서 새로운 노드 X를 노드 Y의 왼쪽 자식 노드로 삽입하는 알고리즘을 작성하고, 연산 시간을 구하시오.

5.13 스레드 이진 트리를 후위 순회하는 알고리즘을 작성하고, 연산 시간을 구하시오.

5.14 두 자리 정수 값을 갖는 n개의 노드로 구성된 완전 이진 트리를 연결 리스트로 표현한다고 했을 때, 다음에 대한 알고리즘을 작성하시오.

(1) 각 수준별로 왼쪽에서 오른쪽으로 노드의 자료 값을 출력
(2) 단말 노드의 개를 파악
(3) 임의의 노드 번호를 받아들여, 부모노드, 왼쪽/오른쪽 자식 노드의 자료 값을 출력
(4) 순환을 사용하지 않고 각 노드를 후위 순회

(5) 스레드 이진 트리로 변환

(6) 임의의 노드번호 i와 자료 값 d를 받아들여, i 노드의 중위 후속자로 자료 값이 d인 노드의 삽입

5.15 다음과 같은 자료를 왼쪽/오른쪽 자식을 가지는 연결 리스트로 나타낸다고 가정하자.

뿌리 노드: 8

가용 노드: 11

	학번	이름	나이	전화번호	왼쪽 자식	오른쪽 자식
1	9401	전우치	22	567-8846	12	9
2	8901	임꺽정	24	810-9438	0	0
3	9140	이장화	23	238-7925	10	7
4					6	
5	9302	홍길동	25	573-8521	8	1
6					0	
7	9210	박남호	20	642-8734	0	0
8	8903	홍길순	23	573-8521	2	3
9	9409	강찬홍	22	741-4372	0	0
10	9021	오장일	21	463-2983	0	0
11					4	
12	9307	홍영실	23	326-7432	0	0

(1) 중위 순회하시오.

(2) '9305 황일도 24 997-8379'를 전우치의 오른쪽 자식 노드가 되고, 강찬홍을 오른쪽 자식 노드로 갖도록 삽입하시오.

(3) 이장화를 삭제하고, 그 자리에 학번이 빠른 자식 노드가 오도록 하시오.

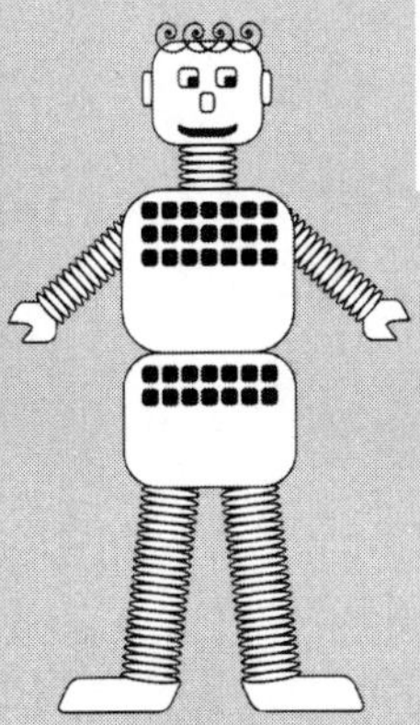

Chapter 06 그래프 (Graph)

이 장에서는 응용 분야가 다양한 그래프에 대해서 다룬다. 그래프 이론이 등장한 배경과 그래프의 정의를 살펴보고, 그래프를 표현하는 방법들을 알아본다. 그래프의 각 정점을 탐색하는 것에 대해 살펴보고, 이중 연결 요소와 분절점에 대해서 다룬다. 신장 트리에 대해서 다루며, 최단 경로와 임계 경로 문제들을 살펴본다.

6-1 그래프의 정의

6.1.1 그래프 이론의 등장

그래프 이론은 1736년에 오일러(Euler)가 Koenigsberg의 다리 문제를 풀기 위해 적용하면서 정립되었다. Koenigsberg에는 Pregal 강이 Kneiphof 섬 주위를 흐르기 때문에, 〈그림 6.1〉 (가)와 같이 네 개의 지역이 일곱 개의 다리를 통해 접해 있다. 그림에서 각 지역은 '가'~'라'로 표시하였고, 이들 지역을 연결하는 7개의 다리는 ①~⑦로 표시하였다. 다리 문제는 "어느 한 지역에서 출발하여, 모든 다리를 한 번씩만 통과하여, 출발한 지역으로 돌아올 수 있는가?"라는 것이다. 오일러는 〈그림 6.1〉 (나)와 같이, 각 지역을 정점으로 나타내고, 각 지역을 잇는 각 다리를 정점 사이의 간선으로 나타내어 문제를 해결하려 하였다. 결론은 "각 정점에 연결된 간선이 짝수 개라야만, 임의의 정점에서 출발하여 모든 간선을 한 번씩만 통과하여 원래의 정점으로 돌아올 수 있다!"는 것이다. 이것을 오일러의 행로(Eulerian walk)라 한다.

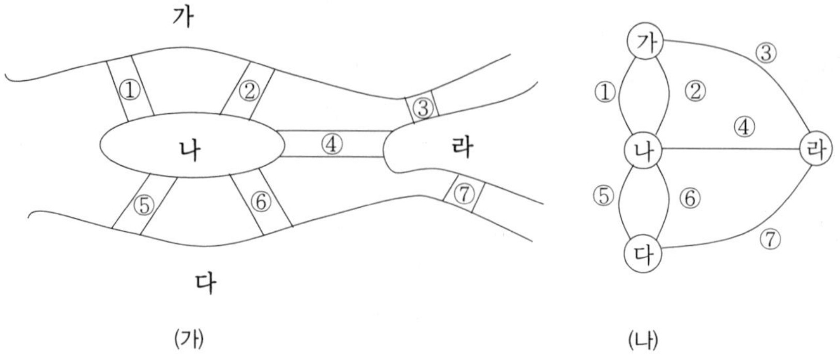

**그림 6-1 Koenigsberg의 다리와 그래프 표현

6.1.2 그래프의 정의

그래프는 정점(vertex)들의 유한 집합과 정점들을 잇는 간선(edge)들의 유한 집합으로 구성된다. 한 가지 주의해야 할 것은, 간선 집합은 원소가 하나도 없는 공집합이라도 상관이 없으나, 정점들의 집합은 공집합이어서는 안된다는 것이다. 이것은 공백 그래프는 인정하지 않는다는 것을 의미한다. V(G)를 G 그래프의 정점들의 집합이라고 하고, E(G)를 G 그래프의 간선들의 집합이라 할 때, G = (V, E)로 나타낼 수 있다. 이것은 G = (V(G), E(G)), V(G) $\neq \varnothing$를 줄여서 표현한 것이다.

그래프에 대한 추상자료형은 〈리스트 6.1〉과 같이 나타낼 수 있다.

'생성( )'은 간선 뿐만 아니라 정점까지도 없는 공백 그래프를 생성한다. 그래프의 정의에서 간선 집합을 공집합이 될 수 있지만, 정점 집합은 공집합이 될 수 없다고 하여, 공백 그래프를 인정하지 않았으나, 그래프에 대한 연산을 수행하다 보면 정점 집합이 공집합이 될 수 있어 공백 그래프를 도입한 것을 유의하여야 한다. '공백?(그래프)'는 '그래프'가 공백 그래프인 지를 묻는 것이기 때문에 참이 아니면 거짓이다. '정점_삽입(그래프, 정점)'은 기존의 '그래프'에 '정점'을 추가하여 새로운 그래프를 만들며, '간선_추가(그래프, 간선)'은 기존의 '그래프'에 '간선'을 추가하여 새로운 그래프를 만든다. '정점_삭제(그래프, 정점)'은 기존의 '그래프'에서 '정점'을 삭제한 새로운 그래프를 만들며, '간선_삭제(그래프, 간선)'은 기존의 '그래프'에서 '간선'을 삭제한 새로운 그래프를 만든다. '인접(그래프, 정점)'은 '그래프'에서 '정점'과 인접한 정점들의 목록을 돌려준다.

```
자료구조 그래프

  선언
    생성()                          → 그래프
    공백? (그래프)                  → 진위
    정점_추가 (그래프, 정점)        → 그래프
    간선_추가 (그래프, 간선)        → 그래프
    정점_삭제 (그래프, 정점)        → 그래프
    간선_삭제 (그래프, 간선)        → 그래프
    인접 (그래프, 정점)             → 정점_목록

  모든 g ∈ 그래프, v ∈ vertex, e ∈ edge, l ∈ 정점_목록에 대해서
    공백? (생성())                  ⇒ 참
    공백? (정점_추가(g, v))         ⇒ 거짓
    공백? (간선_추가(g, e))         ⇒ 거짓
    정점_삭제 (생성(), v)           ⇒ 오류
    간선_삭제 (생성(), e)           ⇒ 오류
    정점_삭제 (정점_추가(g, v), v)  ⇒ 그래프
    간선_삭제 (간선_추가(g, e), e)  ⇒ 그래프
    인접 (생성(), v)                ⇒ 오류
    인접 (간선_추가(g, e), v)       ⇒ l
 종료 그래프
```

리스트 6-1 그래프의 추상자료형 표현

'공백? (생성( ))'은 생성된 공백 그래프가 공백이냐 묻는 것이기 때문에 참이 되며, '공백? (정점_삽입(그래프, v))'는 기존의 '그래프'에 정점 v를 추가한 후에 그 그래프가 공백인 지를 묻는 것이기 때문에 거짓이고, '공백? (간선_추가(그래프, e))'는 기존의 '그래프'에 간선 e를 추가한 후에 그 그래프가 공백인 지를 묻는 것이기 때문에 거짓이다. '정점_삭제 (생성( ), v)'는 공백 그래프에서 존재하지 않는 정점 v를 삭제하려 하기 때문에 오류가 발생되며, '간선_삭제 (생성( ), e)'도 공백 그래프에서 존재하지 않는 간선 e를 삭제하려 하기 때문에 오류가 발생된다. '정점_삭제 (정점_추가(그래프, v), v)'는 기존의 '그래프'에 정점 v를 추가하여 만들어진 그래프에서 정점 v를 삭제하는 것이기 때문에 원래의 '그래프'가 되며, '간선_삭제 (간선_추가(그래프, e), e)'도 기존의 '그래프'에 간선 e를 추가하여 만들어진 그래프에서 간선 e를 삭제하는 것이기 때문에 원래의 '그래프' 가 된다. '인접 (생성( ), v)'는 생성된 공백 그래프에서 존재하지도 않는 정점 v에 인접한 정점들을 찾는 것이기 때문에 오류가 발생되며, '인접 (간선_추가(그래프, e), v)'는 기존의 '그래프'에 간선 e를 추가하여 만들어진 그래프에서 정점 v와 인접한 정점들을

찾는 것이기 때문에 정점들의 목록이 반환된다.

6.1.3 그래프의 기본 용어들

정점은 v_1, v_2, … v_n과 같이 표현하며, 간선은 (v_i, v_j), (v_j, v_i)와 같이 정점의 쌍으로 표현되는데, 무향 (undirected) 그래프는 간선의 방향이 없는 그래프로서, 모든 i, j에 대해서 간선 (v_i, v_j)와 간선 (v_j, v_i)를 구별하지 않고 동일하게 취급한다. 한편, 유향 그래프 (directed graph 또는 digraph)는 간선의 방향이 있는 그래프로서, 간선을 〈v_i, v_j〉, 〈v_j, v_i〉와 같이 표기하는데, 서로 다른 모든 i, j에 대해서, 간선 〈v_i, v_j〉와 간선 〈v_j, v_i〉는 서로 구별되는 다른 간선을 나타내게 된다. 예를 들어, 〈그림 6.2〉에서의 G_1과 G_2는 무향 그래프이고, G_3은 유향 그래프이다. 특히 G_2는 트리를 나타내는데, 트리는 그래프의 특수한 경우로 취급한다. 이들 그래프를 집합으로 표현하면 다음과 같다.

G_1 = ($V(G_1)$, $E(G_1)$)
  $V(G_1)$ = {1, 2, 3, 4}
  $E(G_1)$ = {(1,2), (1,3), (1,4), (2,3), (2,4), (3,4)}

G_2 = ($V(G_2)$, $E(G_2)$)
  $V(G_2)$ = {1, 2, 3, 4, 5, 6, 7}
  $E(G_2)$ = {(1,2), (1,3), (2,4), (2,5), (3,6), (3,7)}

G_3 = ($V(G_3)$, $E(G_3)$)
  $V(G_3)$ = {1, 2, 3 }
  $E(G_3)$ = {〈1, 2〉, 〈2, 3〉, 〈3, 2〉}

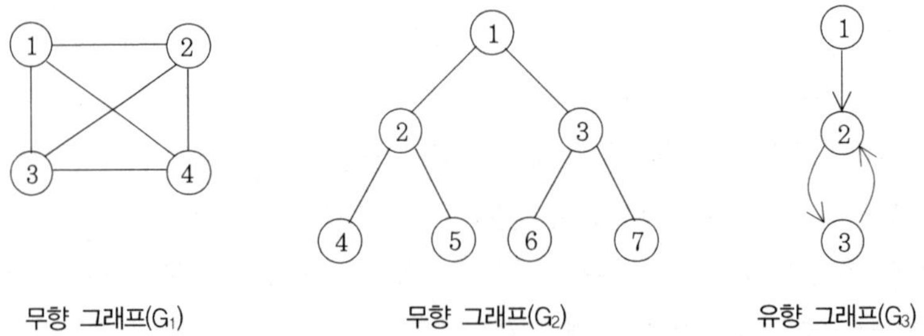

**그림 6-2 그래프(그래프)

무향 그래프에서의 간선은 일반 선으로 나타내며, 유향 그래프에서의 간선은 화살표가 있는 선으로 나타낸다. 유향 그래프의 간선 〈v_i, v_j〉에서, v_i를 간선의 꼬리 (tail)라 하고 v_j를 간선의 머리 (head)라 한다. 따라서 G_1과 G_2에서의 간선 (1, 2)와 (2, 1)은 동일한 간선으로 취급하며, G_3에서의 간선 ⟨1, 2⟩와 ⟨2, 1⟩은 서로 다른 간선으로 취급한다. ⟨1, 2⟩에서 '1'을 간선 ⟨1, 2⟩의 꼬리라 하며, '2'를 간선 ⟨1, 2⟩의 머리라 한다.

무향 그래프에서, 정점 i와 정점 j 사이를 연결하는 간선 (v_i, v_j)가 존재하면, 정점 i와 j는 인접되었다고 하며, 간선 (v_i, v_j)는 정점 v_i와 v_j에 부수 (incident)되었다고 한다. G_1에서 정점 '1'과 정점 '2'는 인접되어 있으며, G_2에서 정점 '2'와 정점 '3'은 인접되어 있지 않다.

한편, 유향 그래프에서, 정점 i와 j 사이를 연결하는 간선 $\langle v_i, v_j \rangle$가 존재하면, 정점 i는 정점 j에 인접되었다고 하며, 정점 j는 정점 i로 부터 인접되었다고 하며, 간선 $\langle v_i, v_j \rangle$는 정점 v_i와 v_j에 부수되었다고 한다. G_3에서 정점 '2'는 정점 '3'에 인접하며, 정점 '3'은 정점 '2'로 부터 인접되었다.

어떤 정점에서 나와 다시 그 정점으로 들어가는 간선이 있다면, 이러한 간선을 셀프 루프 (self loop)라 한다. 그래프가 셀프 루프를 가지지 않으며, 모든 두 정점 사이에는 하나 이하의 간선만이 존재할 때, 이 그래프를 단순 그래프 (simple graph)라 한다. ⟨그림 6.2⟩에 나타나는 G_1, G_2, G_3은 모두 단순 그래프이다. 그래프의 어떤 두 정점 사이에 두 개 이상의 간선이 존재할 때, 이 그래프를 다중 그래프 (multi graph)라 한다. ⟨그림 6.3⟩에 나타나는 그래프는 모두 단순 그래프가 아니다. (가)는 셀프 루프를 포함하는 그래프이며, (나)는 두 정점 사이에 두 개 이상의 간선을 포함하는 다중 그래프이다.

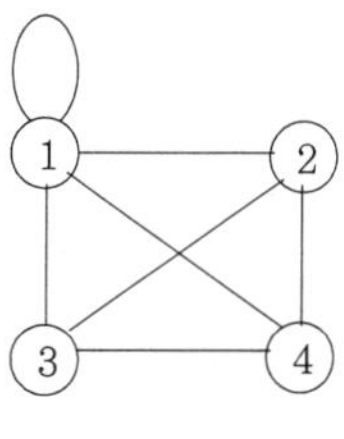

(가) 셀프루프를 포함하는 그래프

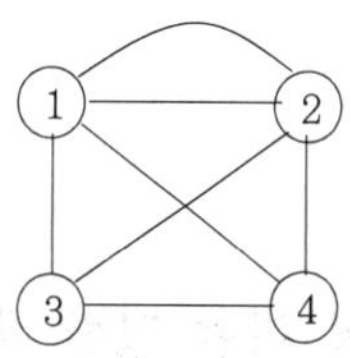

(나) 다중 그래프

**그림 6-3 단순하지 않은 그래프

그래프에 있는 모든 정점들이 인접되었을 때, 이 그래프를 완전 (complete) 그래프라 한다. 즉, 단순 그래프이면서, n개의 정점을 가지는 무향 그래프가 최대수의 간선을 갖는다면, 이 그래프는 완전 그래프이다. 이때의 완전 그래프가 가지는 간선의 최대 개수는 $n(n-1)/2$ 이다. 이것은 각 정점에서 다른 모든 정점까지의 간선을 가짐을 의미한다. n개의 정점을 가지는 유향 그래프에서, 완전 그래프가 가지는 간선의 수는 $n(n-1)$ 이다. G_1은 완전 그래프이고, G_2와 G_3은 완전 그래프가 아니다.

$V(G_j) \subseteq V(G_i)$ 이고, $E(G_j) \subseteq E(G_i)$일 때, G_j를 G_i의 부분 그래프(subgraph 또는 부 그래프)라 한다. 〈그림 6.4〉에서 (가)는 G_1, (나)는 G_2, (다)는 G_3에 대한 부분 그래프의 일부를 보인 것이다.

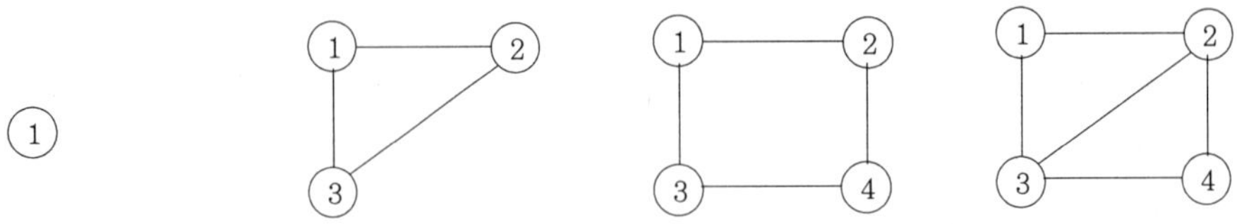

(가) G_1에 대한 부분 그래프들

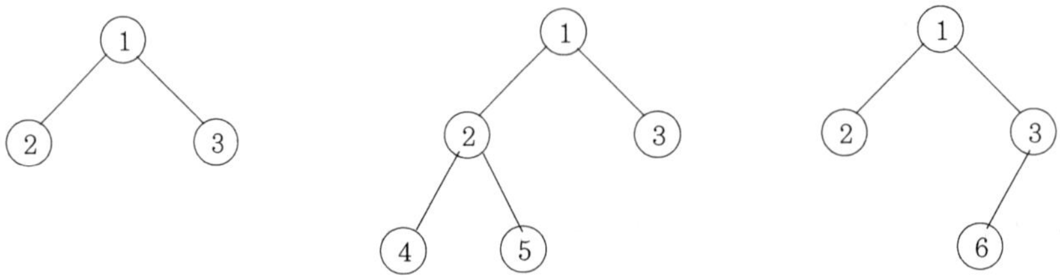

(나) G_2에 대한 부분 그래프들

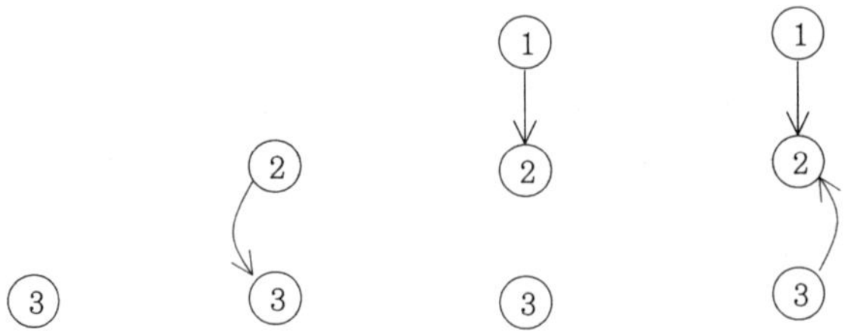

(다) G_3에 대한 부분 그래프들

그림 6-4 부분 그래프

6.1.4 그래프에 대한 일반 용어들

그래프에 존재하는 두 정점 i, j에 대해서, 두 정점을 연결하는 간선들을 순차적으로 나열한 것을 두 정점에 대한 경로(path)라 한다. 이때의 경로를 P(i,j)라고 한다면, 무향 그래프에 대해서는 $P(i,j) = (i,v_1)(v_1,v_2) \cdots (v_{n-1},v_n)(v_n,j)$ 이며, 간단하게 표현하기 위해서, 경로상의 정점열 i, v_1, v_2, …, v_{n-1}, v_n, j로 나타낸다. 유향 그래프에 대해서는 $P(i,j) = \langle i,v_1\rangle\langle v_1,v_2\rangle \cdots \langle v_{n-1},v_n\rangle\langle v_n,j\rangle$ 이며, 역시 i, v_1, v_2 ,…, v_{n-1}, v_n, j로 간단하게 나타낸다. 경로의 길이는 경로상에 나타나는 간선들의 수이다. 무향 그래프 보다는 유향 그래프에서 경로 문제가 많이 나타나기 때문에 앞으로의 예는 유향 그래프에 대한 것들이다.

〈그림 6.5〉의 그래프 G_4에서 정점 '1'에서 정점 '6'까지의 경로 중 '1, 2, 5, 4, 6'은 길이가 4인 경

로이며, '1, 2, 5, 6'은 길이가 3인 경로이다. 한편 '1, 2, 4, 1, 2, 5, 4, 6'은 길이가 7인 경로가 된다.

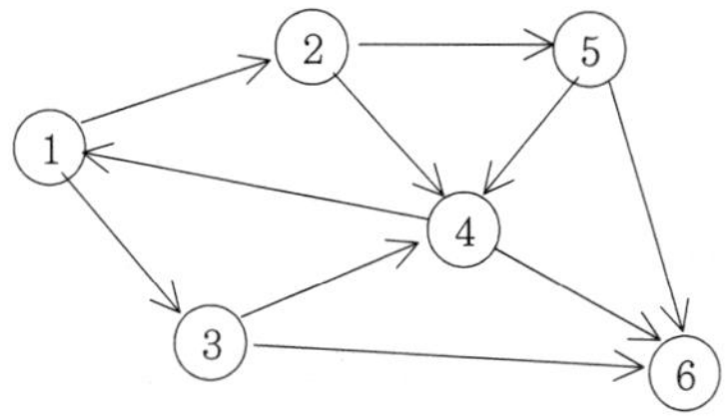

**그림 6-5 그래프 G_4

두 정점 사이에 존재하는 경로 중에, 처음과 끝 정점을 제외하고는, 경로상의 모든 정점들이 서로 다른 경로를 단순경로(simple path)라 한다. G_4에서의 경로 '1, 2, 5, 4, 6'이나 '1, 2, 4, 1' 등은 단순경로이지만, '1, 2, 4, 1, 2, 5, 4, 6'은 정점 1, 2가 중복되어 나타나기 때문에 단순경로가 되지 못한다. '1, 2, 4, 1'과 같이 처음과 끝 정점이 같은 단순경로를 사이클(cycle)이라 한다. 다시 말하면, 처음 시작하는 정점과 끝나는 정점은 같지만, 중복되는 간선이 없는 경로를 사이클이라 한다. 우리가 앞에서 살펴보았던 트리는 사이클이 없는 그래프라고 간주할 수 있다.

그래프에 존재하는 정점 v_i와 v_j에 대해서, v_i에서 v_j까지의 경로가 존재한다면, v_i와 v_j는 연결(connect)되었다고 한다. 무향 그래프에 속하는 모든 정점 v_i와 v_j에 대해서, v_i에서 v_j까지의 경로가 존재할 때, 이 그래프는 연결된 그래프(connected graph)라 한다. 앞에서 살펴본 G_1과 G_2는 연결된 그래프이고, 〈그림 6.6〉의 그래프 G_5는 연결되지 않은 그래프이다.

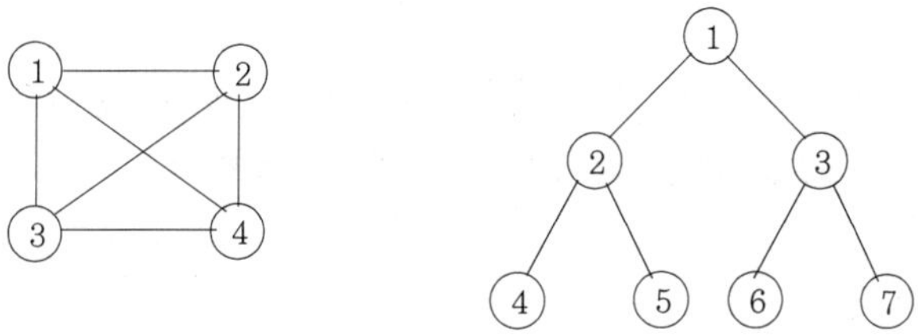

S_1　　　　S_2

**그림 6-6 두 개의 연결요소를 갖는 그래프 G_5

무향 그래프에서 최대연결 부분 그래프(maximal connected subgraph)를 연결요소(connected component)라 한다. G_5는 최대연결 부분 그래프 즉, 연결요소 S_1과 S_2를 가지고 있다.

유향 그래프에 속하는 서로 다른 정점 v_i와 v_j의 모든 쌍에 대해서, v_i에서 v_j로, 또한 v_j에서 v_i로의 경로가 존재할 때, 이 그래프는 강하게 연결되었다(strongly connected)고 한다. 〈그림 6.7〉의 G_6은 강하게 연결된 그래프이고, G_7은 강하게 연결되지 못한 그래프이다.

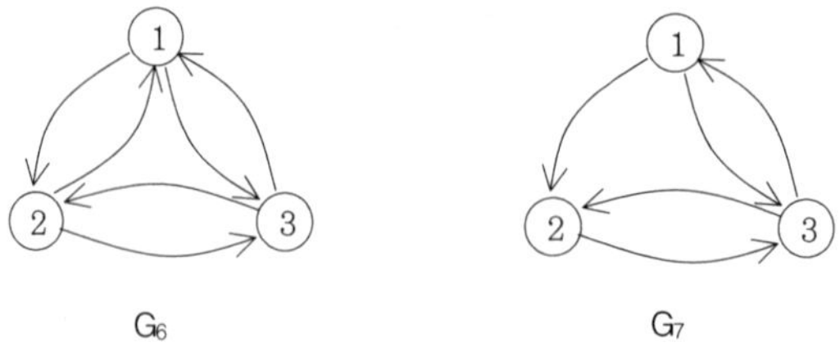

**그림 6-7 강력 / 비강력 연결 그래프

무향 그래프에서, 한 정점의 차수는 그 정점에 연결된 간선의 개수이다. 따라서 G_1의 정점 '1'의 차수는 3이며, G_2의 정점 '2'의 차수는 3이지만, 단말 노드에 해당하는 정점 '4'의 차수는 1이다. 유향 그래프에서, 한 정점의 차수는 그 정점으로 들어오는 간선의 개수(진입 차수)와 그 정점에서 나가는 간선의 개수(진출 차수)의 합으로 나타난다. G_7의 정점 '1'인 경우에 진입 차수는 1, 진출 차수는 2가 되어 정점 '1'의 차수는 3이 되며, 정점 '3'인 경우에는 진입 차수는 2, 진출 차수는 2가 되어 정점 '3'의 차수는 4가 된다.

n개의 정점과 e개의 간선을 갖는 무향 그래프에서, 정점 i의 차수를 d라고 하면, 다음과 같은 식이 성립한다.

$$e = \frac{\sum_{i=1}^{n} d_i}{2}$$

2로 나누는 것은, 각 간선이 두 번씩 계산되기 때문이다.

한편 n개의 정점과 e개의 간선을 갖는 유향 그래프에서, 정점 i의 차수를 d, 정점 i의 진입 차수를 I_i, 진출 차수를 O_i라고 하면, 다음과 같은 식이 성립한다.

$$e = \frac{\sum_{i=1}^{n} d_i}{2} = \frac{\sum_{i=1}^{n} (I_i + O_i)}{2}$$

6-2 그래프의 표현

그래프를 표현하는 방법으로는 인접 행렬, 간선 리스트, 인접 리스트, 다중 연결 리스트 등이 사용된다. 이 중에서 어떤 방법이 다른 방법보다 절대적으로 더 좋다고 말할 수는 없고, 그래프를 사용하는 문제에 따라 상대적인 효율성이 나타난다.

6.2.1 인접 행렬(adjacency matrices) 표현

인접 행렬을 이용한 그래프의 표현은 n개의 정점을 갖는 그래프인 경우에, n×n의 이차원 배열 Array를 준비하여, $(v_i, v_j) \in E(G)$, 또는 $\langle v_i, v_j \rangle \in E(G)$ 즉, 두 정점을 연결하는 간선이 있을 때, Array(i,j) = 1로 하고, 두 정점을 연결하는 간선이 없을 때는 Array(i,j) = 0으로 나타낸다. 〈그림 6.8〉은 앞에서 다루었던 그래프 G_1, G_2, G_3에 대해서 인접 행렬법으로 나타낸 것이다. 무향 그래프인 경우는 대칭 행렬이 되기 때문에, n×n개의 기억공간을 다 사용할 필요없이, 대각선을 중심으로 위 또는 아래의 삼각 행렬만 사용할 수도 있다. 유향 그래프인 경우에는 일반적으로 대칭 행렬이 되지 않는다.

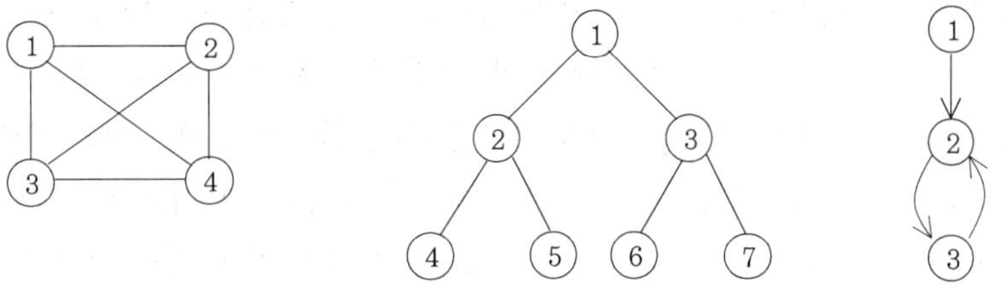

	1	2	3	4
1	0	1	1	1
2	1	0	1	1
3	1	1	0	1
4	1	1	1	0

G_1

	1	2	3	4	5	6	7
1	0	1	1	0	0	0	0
2	1	0	0	1	1	0	0
3	1	0	0	0	0	1	1
4	0	1	0	0	0	0	0
5	0	1	0	0	0	0	0
6	0	0	1	0	0	0	0
7	0	0	1	0	0	0	0

G_2

	1	2	3
1	0	1	0
2	0	0	1
3	0	1	0

G_3

그림 6-8 인접 행렬법에 의한 그래프의 표현

이와 같이 그래프를 인접 행렬법으로 표현하면, 두 정점 사이를 연결하는 간선이 존재하는지는 해당 정점들이 만나는 칸을 조사하면 쉽게 알 수 있다. 예를 들어, 〈그림 6.8〉의 G_2에서, 2행과 4열이 만나는 칸이 1이기 때문에 정점 2와 4 사이에는 간선이 존재한다는 것을 알 수 있다. 또한 어떤 정점에 대한 차수도 간단하게 구할 수 있는데, 무향 그래프인 경우에는 다음과 같이 정점 i의 차수를 구할 수 있다.

$$\text{무향 그래프의 정점 i의 차수} = \sum_{j=1}^{n} Array(i,j)$$

예를 들어, G_2에 대한 인접 행렬에서 2행의 합은 3이므로, 정점 2의 차수는 3이 된다.

한편, 유향 그래프를 인접 행렬로 나타냈을 경우에, 행의 합은 진출 차수가 되며, 열의 합은 진입 차수가 된다. 따라서 유향 그래프의 어떤 정점 i의 차수는 다음과 같이 구할 수 있다.

$$\text{유향 그래프의 정점 i의 차수} = \sum_{j=1}^{n} Array(j,i) + \sum_{j=1}^{n} Array(i,j)$$

위 식에서 '+'의 왼쪽은 i열의 합을 구하는 것이므로 정점 i의 진입 차수를 구하는 것이고, '+'의 오른쪽은 i행의 합을 구하는 것이므로 정점 i의 진출 차수를 구하는 것이다. 예를 들어, G_3에 대한 인접 행렬에서, 2행의 합은 1이므로 정점 2의 진출 차수는 1이고, 2열의 합은 2이므로 정점 2의 진입 차수는 1이 되어, 정점 2의 진입 차수와 진출 차수를 합한 차수는 3이 된다.

그래프를 인접 행렬로 나타냈을 때, 그래프에 존재하는 총 간선수를 알려고 하거나, 그래프가 연결되었는지를 알려고 하면, 인접 행렬에서 대각선상에 존재하는 원소를 제외한 모든 원소를 조사해야 한다. 즉, n^2-n개의 원소를 조사해 보아야 한다. 물론 n을 빼는 것은 대각선상의 원소는 조사할 필요가 없기 때문이다. 또한, 무향 그래프에 대해서는 대각선 위 또는 아래의 삼각 행렬에 대해서만 조사해도 충분하므로, 수행시간은 $O(n^2)$이다. 물론 정점 수에 비하여 간선 수가 비교적 적은 희소 그래프인 경우에는 더 빠른 시간내에 연산을 수행할 수 있다.

6.2.2 간선 리스트(edge list) 표현

간선 리스트는 그래프에 존재하는 간선이 연결하는 두 정점, 즉 시작 정점과 끝 정점을 이용하여 그래프를 나타내는 것이다. 〈그림 6.9〉는 앞에서 살펴 본 G_1과 G_3에 대한 간선 리스트이다. 이전에 살펴 본 인접 행렬과 비교해 보면, 간선 리스트의 원소는, 인접 행렬에서 행과 열이 교차되는 칸의 값이 0이 아닌 정점들로 구성된다.

〈그림 6.10〉은 G_8에 대한 간선 리스트를 변형한 것이다. 제일 왼쪽에 있는 일차원 배열 '정점 이름'은 그래프에 존재하는 정점들의 이름을 수치로 변환하기 위한 것이다. 즉, 정점의 이름이 비수치이거나 비순차적인 수치인 경우에 순차적인 수치로 변환하여 간선을 쉽게 찾을 수 있도록 한다. 중간에 있는 일차원 배열 '지적자'는 해당 정점의 간선들 중에서 처음 나타나는 간선을 가리킨다. 제일 오른 쪽에 나타난 일차원 배열 '간선'은 간선들의 리스트이다.

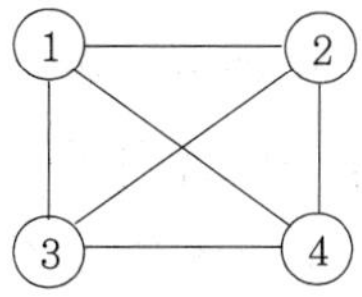

	시작 정점	끝 정점
1	1	2
2	1	3
3	1	4
4	2	3
5	2	4
6	3	4

(가) G_1에 대한 간선 리스트

	시작 정점	끝 정점
1	1	2
2	2	3
3	3	2

(나) G_3에 대한 간선 리스트

**그림 6-9 그래프에 대한 간선 리스트

'지적자(i)'는 '정점이름'에서 i번째에 존재하는 정점에 연결된 간선들 중, '간선'에서 첫 번째로 나타나는 위치를 가리킨다. 예를 들어, '지적자(2)의 값은 4인데, 이것은 '정점이름'의 두 번째 정점, 즉 군산에서 갈 수 있는 대구와 제주에 대한 간선 중 '간선'에서, 먼저 나타나는 군산에서 대구로의 간선을 가리키고 있다. '간선'에서, i번째 정점의 마지막 간선의 위치는 '지적자(i+1)−1' 이 가리키고 있다. 예를 들어, 서울에서의 마지막 간선은 서울에서 제주까지의 간선인데, '지적자(1+1)−1 = 3' 이 되므로, '간선'에서 3번째 나타나는 것이 된다. 이것이 정점 1에서 정점 4, 즉 서울에서 제주까지의 간선을 나타낸다.

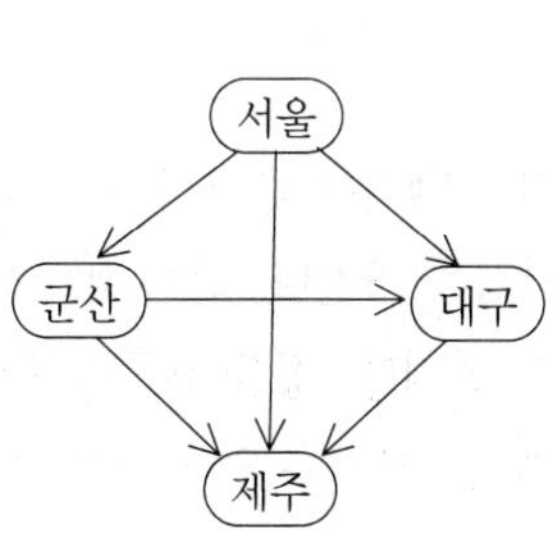

G_8

	정점이름
1	서울
2	군산
3	대구
4	제주

	'지적자'
1	1
2	4
3	6
4	0
5	7

	간선
1	2
2	3
3	4
4	3
5	4
6	4
7	0

**그림 6-10 변형된 간선 리스트

'지적자'의 네 번째에는 0이 있는데, 이것은 4번 정점에서 간선이 없다는 것을 나타낸다. 또한 '간선'의 일곱 번째에도 0이 있는데, 이것은 더 이상의 간선이 없다는 것을 의미한다. 여기에서 한 가지 문제가 되는 것은, 3번 정점(대구)에서의 마지막 간선을 찾기 위하여 '지적자(3+1)'-1의 연산을 수행했을 때, '지적자'의 네 번째에는 0이 있기 때문에, 정확한 값이 나오지 않는다는 것이다. 이것을 해결하기 위해서, 0이 아닌 수치가 나타날 때까지 그 다음 노드들을 계속 찾아보는 방법과, 각 정점별로 간선의 개수를 따로 기억시키는 방법이 있을 수 있다. 여기에서는 첫 번째 방법을 사용한다고 가정하고, 한 정점에 연결된 간선들을 찾는 알고리즘을 〈알고리즘 6.1〉에 소개한다.

```
간선_리스트 (정점, 정점수)
                // 정점에 연결된 모든 간선을 출력,
                // 정점은 수치로 주어졌다고 가정
정점 < 0 또는 정점 > 정점수                    // 정점 값이 유효?
  복귀
  지적자(정점) = 0                             // 간선을 가지는가?
    복귀
    시작 = 지적자(정점)                        // 첫 간선 구하기
    다음 = 정점 + 1
    다음_시작 = 지적자(다음)
    다음_시작 = 0                              // 최종 간선 구하기
      다음 = 다음 + 1
      다음_시작 = 지적자(다음)
    최종 = 다음_시작 - 1                       // 최종 간선 결정
i = 시작, 최종                                 // 모든 간선 출력
  간선(i) 출력
```

알고리즘 6.1 정점과 연결된 정점들 찾기

6.2.3 인접 리스트(adjacency list) 표현

앞에서 그래프에 대한 두 가지 표현 방법을 살펴보았다. 인접 행렬은 간단히 구현할 수 있어서 좋지만, 기억공간의 낭비를 초래할 가능성이 매우 높은 단점을 가진다. 간선 리스트는 존재하는 간선에 대해서만 취급하므로 기억공간의 낭비를 막을 수 있지만, 정점이나 간선이 빈번하게 삽입되거나 삭제될 때 수행 효율성에 크게 떨어지는 문제가 발생할 수 있다. 앞의 두 방법의 장점을 살리면서 단점을 극복하기 위해서, 그래프를 연결 리스트로 표현할 수 있다. 즉, 그래프 상에 존재하는 간선에 대해서만 기억공간이 필요하므로 기억공간의 낭비를 막을 수 있으며, 정점이나 간선을 삽입 또는 삭제하고자 할 때는 그에 따른 연결부만 변경시키면 되기 때문에 수행 효율성이 저하되지 않는다.

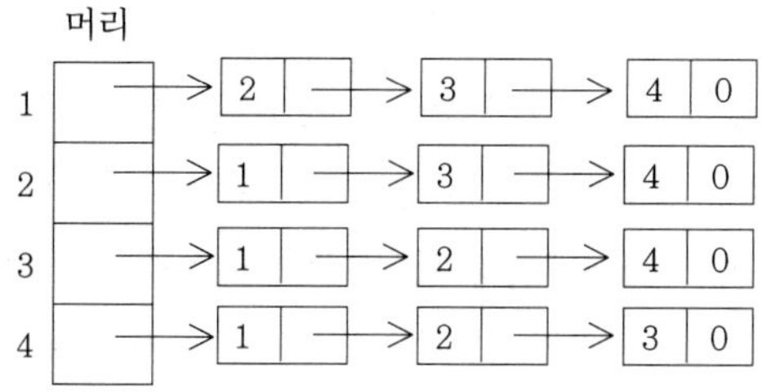

	머리
1	1
2	4
3	7
4	10

	간선	연결부
1	2	2
2	3	3
3	4	0
4	1	5
5	3	6
6	4	0
7	1	8
8	2	9
9	4	0
10	1	11
11	2	12
12	3	0

(가) G_1에 대한 인접 리스트

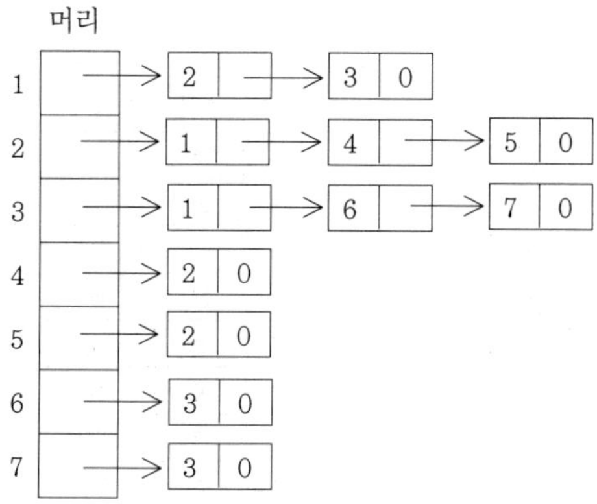

	머리
1	1
2	3
3	6
4	9
5	10
6	11
7	12

	간선	연결부
1	2	2
2	3	0
3	1	4
4	4	5
5	5	0
6	1	7
7	6	8
8	7	0
9	2	0
10	2	0
11	3	0
12	3	0

(나) G_2에 대한 인접 리스트

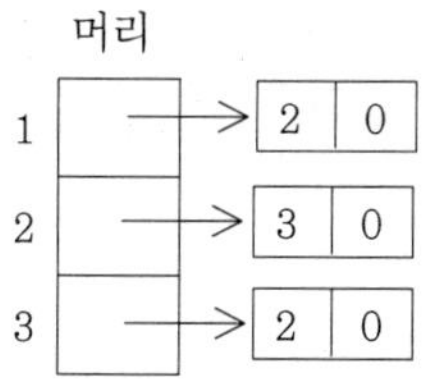

	머리
1	1
2	2
3	3

	간선	연결부
1	2	0
2	3	0
3	2	0

(다) G_3에 대한 인접 리스트

**그림 6-11 인접 리스트에 의한 그래프의 표현

인접 리스트에서는 인접 행렬의 n 행을 n개의 연결 리스트를 이용하여 표현한다. 다시 말하면, 그래프의 각 정점에 대해서 하나의 연결 리스트가 존재한다. 각 연결 리스트는 머리 노드를 가지도록 표현되는데, 이 머리 노드들을 모아 리스트로 표현한다. 〈그림 6.11〉은 G_1, G_2, G_3에 대해서 인접 리스트로 표현한 것인데, 각 리스트의 가장 왼쪽에는 머리 노드들의 리스트가 존재하고, 이 리스트의 i번째에는 정점 i에 연결된 간선 중 연결 리스트에서 먼저 나오는 간선에 대한 연결부가 존재한다.

이것을 앞서의 간선 리스트와 비교해 보면, 간선들이 연결 리스트로 표현되었다는 것만 차이가 있다. 일반적으로 연결 리스트에서 간선들은 정점의 번호가 증가하는 순서로 나타난다. 사실 연결 리스트에서 간선이 나타나는 순서 자체는 중요한 것이 아니지만, 일단 순서가 정해지면, 그래프에 적용되는 모든 연산들은 표현된 순서에 따라야 한다는 것을 주의해야 한다.

앞에서 인접 리스트에 나타나는 간선의 순서는 중요하지 않다고 설명했는데, 여기서는 간선이 입력되는 순서에 따라 인접 리스트를 구성하는 것에 대해서 알아보자. 만일에 G_1에 대한 간선이 (2, 3), (3, 1), (1, 4), (4, 3), (1, 2), (2, 4)의 순서로 입력된다면, 이에 대한 인접 리스트는 〈그림 6.12〉과 같이 구성되는데, 노드 위의 숫자는 노드가 생겨난 순서이다. 이때에 적용되는 알고리즘은 〈알고리즘 6.2〉와 같다.

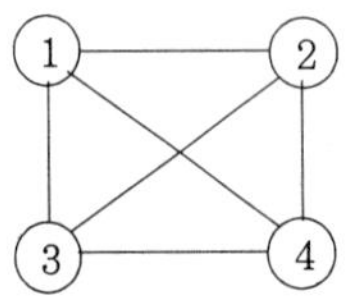

G_1

	머리
1	9
2	11
3	8
4	12

	간선	연결부
1	3	0
2	2	0
3	1	2
4	3	0
5	4	4
6	1	0
7	3	6
8	4	3
9	2	5
10	1	1
11	4	10
12	2	7

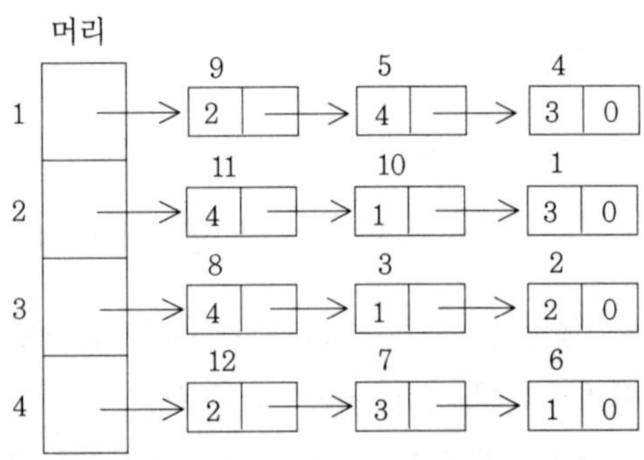

**그림 6-12 간선의 입력에 따라 인접 리스트 구성

```
인접_리스트 (G)
정점수, 간선수 읽음                     // 정점 수와 간선 수 읽음
ptr ← 1
  i ← 1, 정점수                         // 머리 노드 리스트의 초기화
    머리(i) ← 0
  i ← 1, 간선수                         // 간선을 읽고 인접 리스트 구성
    (from, to) 읽음
    연결부(ptr) ← 머리(from)
    간선(ptr) ← to
    머리(from) ← ptr
    ptr ← ptr + 1

    연결부(ptr) ← 머리(to)
    간선(ptr) ← from
    머리(to) ← ptr
    ptr ← ptr + 1
```

알고리즘 6.2 인접 리스트 구성

n개의 정점과 e개의 간선을 갖는 무향 그래프를 인접 리스트로 나타내면, n개의 머리 노드를 가지는 리스트와 2e개의 연결 리스트 노드들이 필요하다. 각 노드는 자료를 나타내는 부분과 다음 간선을 나타내는 연결부로 나뉘어 진다. 이와 같은 인접 리스트 표현방법에서, 어떤 정점의 차수는 그 정점에 대한 인접 리스트에 나타나는 노드들의 수이다. 한편, n개의 정점과 e개의 간선을 갖는 유향 그래프를 인접 리스트로 나타내면, n개의 머리 노드를 가지는 리스트와 e개의 연결 리스트 노드들이 필요하다. 유향 그래프의 어떤 정점의 진출 차수는 그 정점에 대한 인접 리스트에 나타나는 노드들의 수이다. 하지만 어떤 정점에 대한 진입 차수는 인접 리스트를 이용하여 직접 구할 수 없다. 이것은 인접 리스트의 모든 노드를 조사하여, 해당 정점이 나타나는 횟수를 세어야 한다는 것을 의미한다. 이러한 방법은 시간이 많이 걸리고 불편하기 때문에, 유향 그래프의 진입 차수를 계산하기 용이하도록 〈그림 6.13〉과 같은 역 인접 리스트를 사용한다. 이것은 어떤 노드로 들어오는 간선이 있을 때, 이 정점에 대한 리스트를 구성하는 것이다.

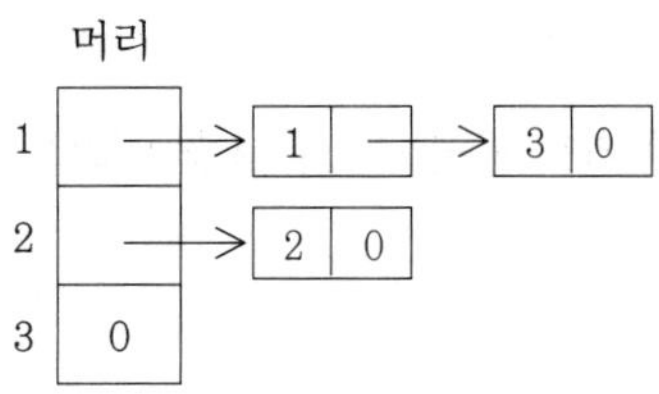

**그림 6-13 G_3에 대한 역 인접 리스트

또 다른 방법은 〈그림 6.14〉와 같이 직교 리스트를 이용하는 것이다. 여기에서 행 연결부는 정점의 진출 차수를 구하는데 사용되고, 열 연결부는 정점의 진입 차수를 구하는데 사용된다 (나머지는 그림 4.41 참조).

꼬리	머리	머리에 대한 열_연결부	꼬리에 대한 행_연결부

(가) 직교 리스트의 노드 구조

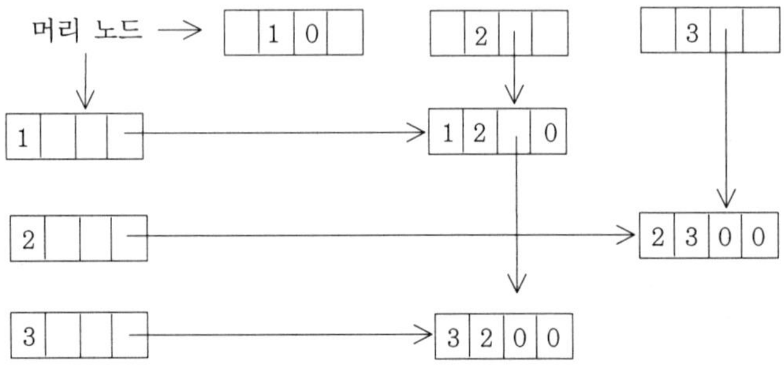

(나) G_3에 대한 직교 리스트

**그림 6-14 직교 리스트에 의한 그래프의 표현

6.2.4 인접 다중 리스트 표현

무향 그래프를 인접 리스트에 의해서 표현하면, 간선 (v_i, v_j)는 두 개의 리스트에서 나타난다. 즉, 정점 v_i에 대한 리스트에서 한 번 나타나고, 정점 v_j에 대한 리스트에서 다시 한 번 나타난다. 인접 다중 리스트에 의한 그래프의 표현에서는, 모든 간선은 한 번만 나타나도록 하고, 한 번만 나타난 노드를 여러 리스트에서 공유하도록 한다. 즉, 간선에 대한 노드는 하나만 있으나, 이 간선 노드는 간선이 연결된 두 정점의 리스트에서 공유하도록 한다. 이를 위해서 간선 (v_i, v_j)에 대한 노드에는 두 개의 연결부가 있는데, 하나는 v_i에 대한 연결부이고 나머지 하나는 v_j에 대한 연결부이다. 이것을 다음과 같이 나타낼 수 있다.

v_i	v_j	v_i에 대한 연결부	v_j에 대한 연결부

이와 같은 노드 구조를 이용하여 G_1을 인접 다중 리스트로 표현하면 〈그림 6.15〉와 같다.

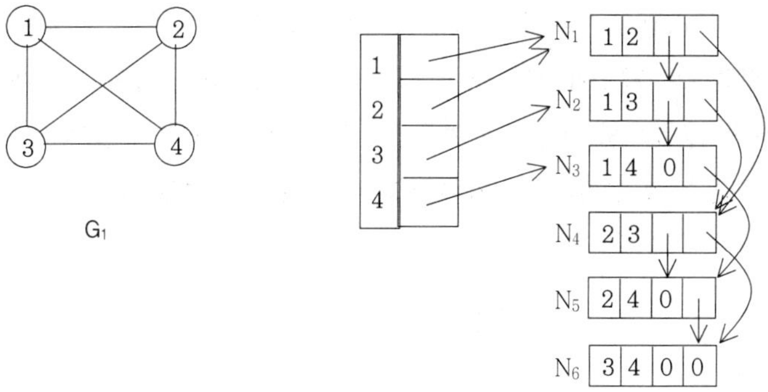

그림 6-15 G_1에 대한 인접 다중 리스트

그림에서 보면 간선 노드의 수는 간선의 수와 같고, 각 간선 노드는 다음과 같이 두 리스트에서 공유되고 있다.

정점 1에 대한 리스트 : N_1 - N_2 - N_3
정점 2에 대한 리스트 : N_1 - N_4 - N_5
정점 3에 대한 리스트 : N_2 - N_4 - N_6
정점 4에 대한 리스트 : N_3 - N_5 - N_6

예를 들어, 정점 2에 대한 리스트를 살펴 보면, N_1은 간선 (1, 2), N_4는 간선(2, 3), N_5는 간선 (2, 4)를 나타내기 때문에, 모든 간선에 정점 2가 포함되고 있어 정점 2에 대한 리스트를 구성하게 되며, N_1은 간선 (1, 2)를 나타내기 때문에 정점 1에 대한 리스트에서 공유되어야 하며, 나머지 노드들도 이와 같다.

6-3 그래프의 탐색

앞 장에서 이진 트리에 있는 모든 노드를 순회하는 것에 대하여 살펴 보았다. 여기에서는 무향 그래프에 있는 모든 정점을 한 번씩만 방문하는 그래프의 탐색에 대하여 살펴 본다. 즉, 그래프의 한 정점이 주어졌을 때, 그 정점을 시작점으로 하여, 그래프의 모든 정점들을 탐색하는 것이다. 앞으로 설명할 그래프의 탐색 방법에는 깊이우선 탐색 방법과 너비우선 탐색 방법이 있는데, 탐색되는 그래프는 인접 리스트에 의해 표현된 것으로 가정한다.

6.3.1 깊이우선 탐색

깊이우선 탐색 (DFS : Depth First Search)은 주어진 정점 v를 방문하고, v에 인접하면서 아직 방문되지 않은 한 정점 w를 취하여, w를 시작점으로 하는 깊이우선 탐색을 계속한다. 만일에 w에 인접된 모든 정점이 방문되었다면, 아직 방문되지 않은 인접 정점을 가지면서 제일 나중에 방문했던 정점 x로 되돌아가서, 정점 x를 시작점으로 하는 깊이우선 탐색을 계속한다. 지금까지 방문한 어떤 정점으로부터도 더 이상 방문할 정점이 없을 때 깊이우선 탐색은 종료된다. 이와 같은 깊이우선 탐색 방법은 〈알고리즘 6.3〉과 같이 표현할 수 있다.

```
깊이우선_탐색 (v)                    // v와 연결되는 모든 정점을 깊이우선으로 찾음
  방문됨(v) ← 1
  w ← 다음_노드(v)                    // v에 인접된 정점 중 w를 선택
  w ≠ 0                               // w가 방문되지 않은 노드인가?
      방문됨(w) = 0
        깊이우선_탐색(w)
      w ← 다음_노드(w)                // w에 인접된 정점 하나를 선택
```

알고리즘 6.3 깊이우선 탐색

위 알고리즘을 예를 들어서 설명해 보자. 〈그림 6.16〉에서 (나)는 (가)에 나타난 그래프의 간선을 임의의 순서로, 인접 리스트를 이용하여 표현한 것이다.

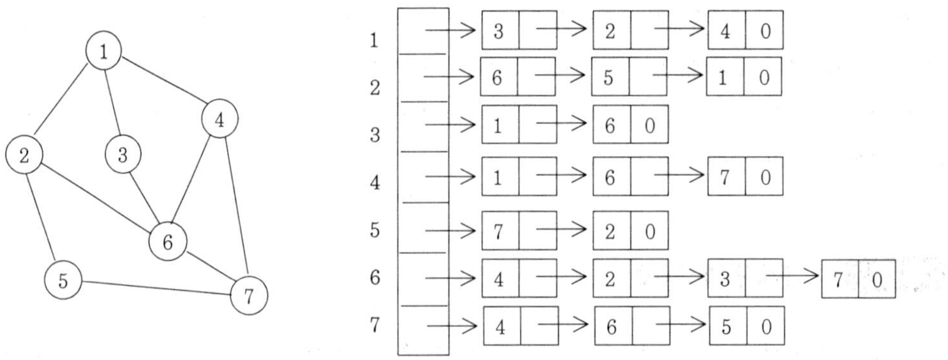

(가) 예제 그래프　　　　(나) 예제 그래프에 대한 인접 리스트

****그림 6-16 예제 그래프와 그 인접 리스트**

여기에서는 정점 2를 먼저 방문하는 것으로 가정하자. 정점 2이 방문되었다고 표시한 후, 정점 2의 간선 리스트에서 첫 번째로 나타나는 간선 (2, 6)에 포함된 정점 6을 선택한다. 정점 6이 방문되었다고 표시한 후, 정점 6의 간선 리스트에서 첫 번째로 나타나는 간선 (6, 4)에 포함된 정점 4를 선택한다. 정점 4가 방문되었다고 표시한 후, 정점 4에 인접한 정점 1을 선택한다. 정점 1이 방문되었다고 표시한 후, 정점 1에 인접한 정점 3을 선택한다. 정점 3이 방문되었다고

표시한 후, 정점 3의 간선 리스트에서 첫 번째로 나타나는 간선에 포함된 정점 1을 선택한다. 하지만 정점 1은 이미 방문되었다고 표지되어 있기 때문에, 간선 리스트에서 다음에 나타나는 간선 (3, 6)에 포함된 정점 6을 선택한다. 정점 6도 이미 방문되었다고 표지되어 있기 때문에, 간선 리스트에서 다음 간선을 찾는데, 더 이상의 간선은 없다. 따라서, 정점 3 바로 전에 방문했던 정점 1로 돌아오지만, 정점 1에 인접된 모든 정점들이 방문되었다. 정점 1 바로 전에 방문했던 정점 4로 돌아와 살펴 보면, 정점 7이 방문되지 않음을 발견하고, 정점 7을 방문한다. 정점 7 후에 정점 5까지 방문한 후에는, 시작했던 정점 2까지 돌아와 그래프내의 모든 정점들이 다 방문되었다는 것을 알고는 탐색 작업을 종료한다. 따라서 방문된 정점의 순서는 '② ⑥ ④ ① ③ ⑦ ⑤'가 된다.

〈그림 6.17〉 (가)는 깊이우선 탐색 과정에 대한 것이다. (나)에서 간선에 붙인 숫자는 정점 2로 시작한 깊이우선 탐색의 순서이다. 위의 설명에서 처음에 시작했던 정점 2번에 인접된 모든 정점들이 다 방문되었다는 것을 알고는 탐색 작업을 종료한다고 했지만, 연결 그래프의 탐색인 경우에는 좀 더 간단하게 종료시킬 수 있다. n개의 정점을 가지는 연결 그래프를 탐색하는 경우에는, 결국 방문하는 정점 수는 시작 정점을 포함하여 n개가 될 것이기 때문에, 탐색 중간에 이미 n 개의 정점을 방문했는지를 조사해 봄으로써, 탐색 종료 시점을 앞당길 수 있다.

간 선	방 문 됨 1 2 3 4 5 6 7	방문된 정점
	0 0 0 0 0 0 0	
(2, 6)	0 1 0 0 0 0 0	2
(6, 4)	0 1 0 0 0 1 0	2 6
(4, 1)	0 1 0 1 0 1 0	2 6 4
(1, 3)	1 1 0 1 0 1 0	2 6 4 1
(4, 7)	1 1 1 1 0 1 0	2 6 4 1 3
(7, 5)	1 1 1 1 0 1 1	2 6 4 1 3 7
(5, –)	0 0 0 0 0 0 1	2 6 4 1 3 7 5

(가) 탐색 과정

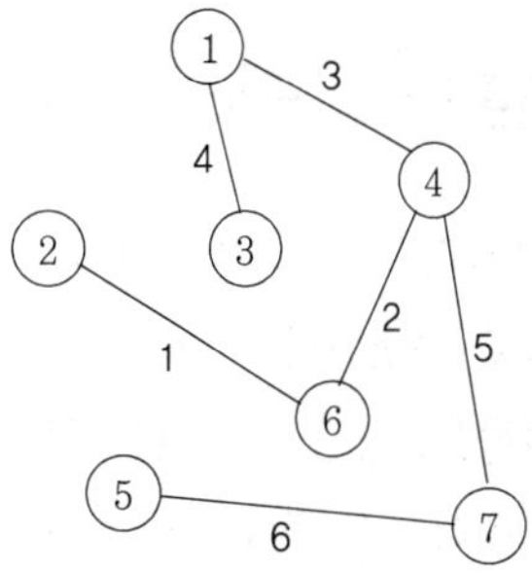

(나) 탐색 결과

**그림 6-17 깊이우선 탐색 과정

그래프를 인접 리스트로 표현하였기 때문에, 정점 v에 인접한 정점들은 정점 v에 대한 인접 리스트에서 찾을 수 있다. 위 알고리즘은 인접 리스트에 있는 노드들을 많아야 한 번씩 조사하기 때문에, 노드의 수를 2e라고 했을 때, 탐색에 걸리는 시간은 O(e)이다. 한편, 그래프를 인접 행렬로 표현한다면, v에 인접한 정점들을 찾는데 n 열을 다 살펴 보아야 하기 때문에, 걸리는 시간은 O(n)이다. 그리고 방문해야 할 정점의 수가 n이기 때문에, 깊이우선 탐색에 걸리는 시간은 $O(n^2)$이다.

6.3.2 너비우선 탐색

너비우선 탐색(BFS : Breadth First Search)은 깊이우선 탐색과는 달리 정점 v에 인접한 모든 정점을 방문한 다음에, v에 인접한 정점 중 하나를 택하여 다시 너비우선 탐색을 계속한다. 깊이우선 탐색 방법이 탐색 중간에 방문한 정점들에 대한 정보를 스택에 저장하는 반면에, 너비우선 탐색에서는 탐색 중간에 방문한 정점들에 대한 정보를 큐에 저장한다. 이러한 너비우선 탐색에 대한 알고리즘은 〈알고리즘 6.4〉에 나타나고 있다.

```
너비우선_탐색 (v)                      // v와 연결되는 모든 정점을 너비우선으로 찾음
  앞 ← 0,  뒤 ← 0
  방문됨(v) ← 1
  큐_추가(v)                           // 방문된 v를 큐에 삽입
  큐(앞) ≠ 0
    v ← 큐_삭제()                      // 큐에서 정점을 꺼냄
    w ← 다음_노드(v)                   // v에 인접된 정점 w를 선택
    w ≠ 0
      방문됨(w) = 0                    // w가 방문되지 않았는가?
        큐_추가(w)
        방문됨(w) ← 1                  // w에 인접된
      w ← 다음_노드(w)                 // 다음 정점을 선택
```

알고리즘 6.4 너비우선 탐색

이 알고리즘을 〈그림 6.18〉 (가)의 그래프를 예로 들어 설명해 보자. 정점 1을 먼저 방문하는 것으로 가정한다. 먼저 정점 1을 방문하고, 방문했다는 표시를 한다. 다음은 정점 1에 연결된 정점들을, 정점 1에 대한 인접 리스트에서 나타나는 순서로, 방문하고 방문 표시를 하고 큐에 저장한다. 즉, 정점 '3, 2, 4'를 차례로 방문하고 이들 정점들을 큐에 저장한다. 정점 '3, 2, 4' 중에서 처음에 방문한 정점 3을 큐에서 꺼내어, 정점 3에 인접된 정점을 방문하는데, 정점 1은 이미 방문했으므로 놔두고, 정점 6을 방문하여 방문 표시를 하고 큐에 저장한다. 이제 정점 3에 인접된 모든 정점을 방문했으므로, 큐의 맨 앞에 있는 정점 2를 꺼내어 정점 2에 인접된 정점들 중에서, 아직 방문되지 않은 정점 5를 방문하여 방문 표시를 하고 큐에 넣는다. 큐에서 맨 앞에 있는 정점 4를 꺼내어, 정점 4에 인접된 정점 중에서 방문되지 않은 정점 7을 방문하여 방

문 표시를 하고 큐에 넣는다. 다시 큐에서 정점 6을 꺼내지만 정점 6에 인접된 '4, 2, 3, 7'은 이미 모두 방문되었다. 이러한 과정을 계속하면 큐가 비게 되어 알고리즘이 종료된다. 따라서 방문된 정점의 순서는 (나)에서와 같이 '① ③ ② ④ ⑥ ⑤ ⑦'이 될 것이다.

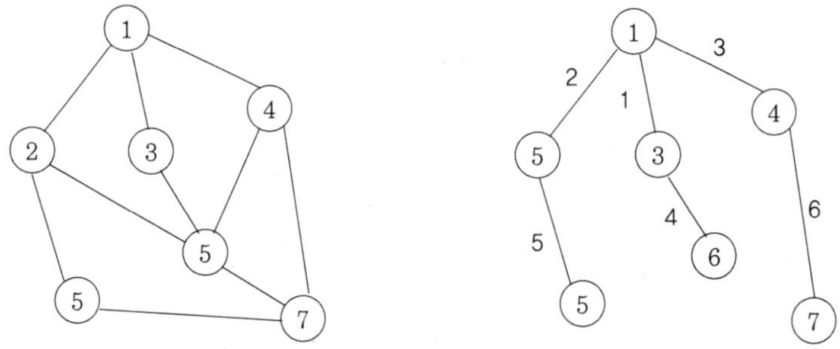

(가) 예제 그래프 (나) 너비우선 탐색 결과

**그림 6-18 너비우선 탐색 예

6-4 이중 연결 요소와 분절점

무향 그래프에서 어떤 정점과 그 정점에 부속되는 간선들을 제거하면, 그래프가 두 개 이상의 연결요소를 가진다면, 그러한 정점을 분절점 (articulation point)이라한다. 예를 들어, 〈그림 6.19〉에 나타나는 그래프에서 어떤 정점과 그 정점에 부속되는 간선들을 제거하더라도, 두 개 이상의 연결요소로 나눠지지 않는다. 하지만 〈그림 6.20〉 (가)의 그래프에서 ④, ⑤, ⑥ 번 정점 중 어느 것이나 그에 부속한 간선들과 함께 제거하면, 그래프는 두 개 이상의 연결요소를 갖게 되는데, (나)에 나타난 것은 (가)에서 정점 ⑤와 그에 부속된 간선을 제거한 예이다. 이때 그래프에는 두 개의 연결요소가 나타난다.

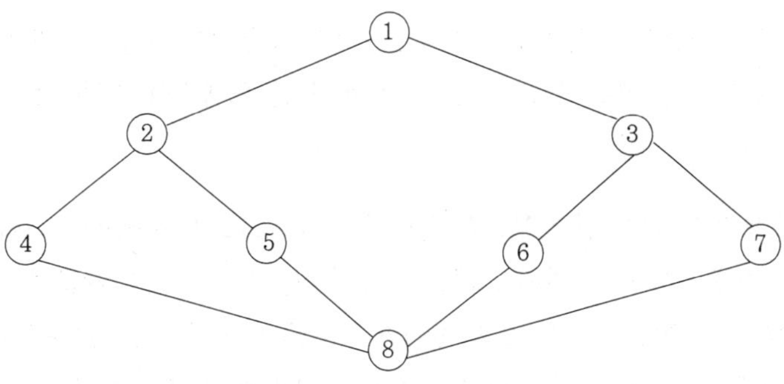

**그림 6-19 연결 그래프 예

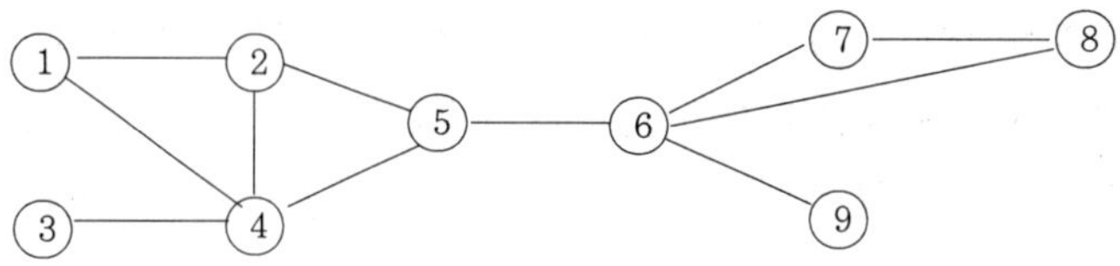

G_{10}

(가) 연결 그래프 예

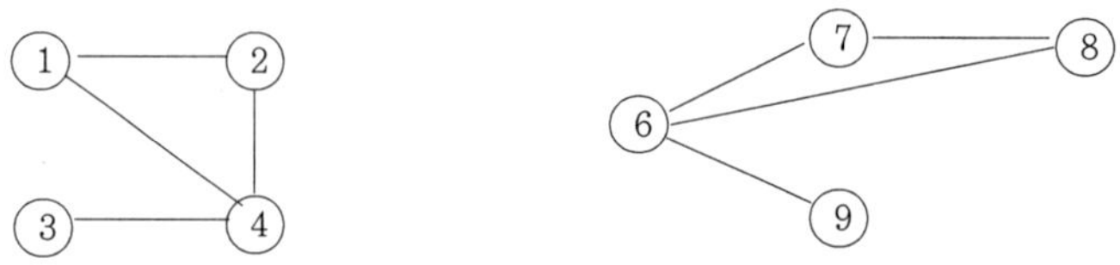

(나) 분절점 ⑤의 제거로 인한 그래프의 분할

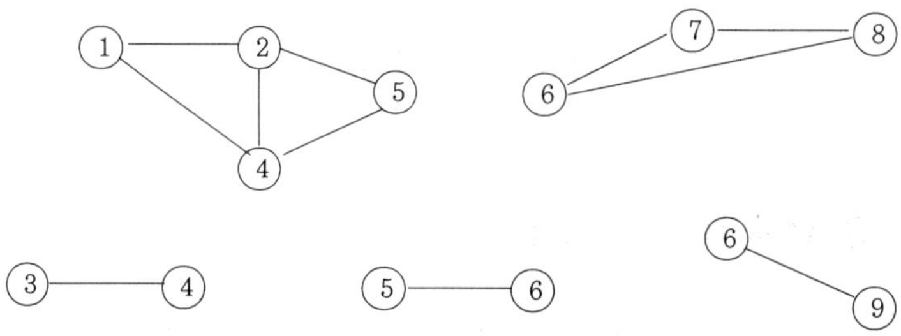

(다) 이중 연결 요소들

**그림 6-20 연결 그래프와 이중 연결 요소들

분절점을 가지지 않는 그래프를 이중 연결 그래프(biconnected graph)라고 하는데, 앞의 〈그림 6.19〉에 나타나는 예제 그래프는 이중 연결 그래프인 반면에, 〈그림 6.20〉 (가)에 나타나는 그래프는 분절점이 존재하기 때문에 이중 연결 그래프가 되지 못한다. 현실 사회에 대한 응용 그래프에서 분절점의 존재는 바람직하지 못하다. 예를 들어, 각 정점이 어떤 도시를 나타내고, 간선이 통신회선을 나타낸다고 할 때, 분절점의 존재는 분절점에 해당하는 도시의 통신시설에 이상이 생기면, 일부 도시끼리는 통신이 가능하지만, 모든 도시로의 통신은 불가능해진다는 의미이다.

연결 그래프에서 최대 이중 연결 부그래프를 이중 연결 요소(biconnected component)라 한다. 예를 들어, 〈그림 6.19〉에 나타난 그래프는 분절점을 가지지 않기 때문에, 그 자체로 이중 연결 요소가 되어, 이중 연결 요소는 오직 하나만 존재한다. 하지만 〈그림 6.20〉 (가)에 나타난 그래프는 여러 개의 분절점을 가지기 때문에, (다)와 같은 다섯 개의 이중 연결 요소들로 구성된다.

6-5 신장 트리

6.5.1 신장 트리의 정의

n개의 정점을 가지는 그래프에서, n개의 정점을 연결하는 최소의 간선 수는 n-1이다. 이유는 두 정점 사이에는 반드시 하나의 간선이 있어야 하기 때문이다. 여기에서는 그래프상에 나타나는 모든 정점을 연결하면서 간선의 수는 최소가 되는 최소 부분 그래프인 신장 트리 (spanning tree)에 대해서 설명한다. 〈그림 6.21〉에서 (나), (다), (라)는 (가)의 그래프에 대한 신장 트리의 일부를 보여주고 있다.

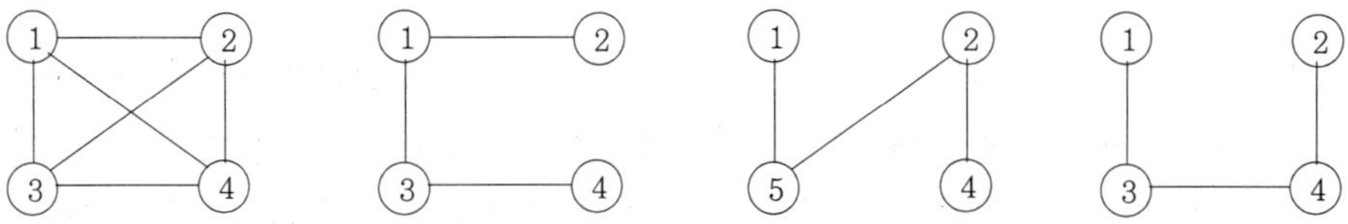

**그림 6-21 그래프와 신장 트리

앞에서, 우리는 그래프의 깊이우선 탐색과 너비우선 탐색을 살펴 보았다. 이와 같은 탐색 방법을 사용하면, 그래프에 있는 모든 정점을 한 번씩 방문하는데, 방문되는 정점들과 탐색에서 사용된 간선 즉, 어떤 정점을 방문하기 직전의 정점과 방문되는 정점을 연결하는 간선을 나타낸다면, 이것이 바로 신장 트리가 된다. 그래프를 깊이우선으로 탐색했을 때 생기는 신장 트리를 깊이우선 신장 트리 (Depth First Spanning Tree)라 하고, 그래프를 너비우선으로 탐색했을 때 생기는 신장 트리는 너비우선 신장트리 (Breadth First Spanning Tree)라 한다. 〈그림 6.22〉는 앞에서 살펴 본 〈그림 6.18〉에 대해, 정점 1을 시작으로 하는 깊이우선 신장 트리와 너비우선 신장 트리를 보이고 있다. 깊이우선 탐색에서도 지적한 바와 같이, 인접 리스트에서 어떤 간선이 먼저 나타나느냐에 따라 정점이 방문되는 순서가 달라진다. 따라서 동일한 그래프에 대한 신장 트리일지라도, 인접 리스트에서의 간선 순서에 따라 그 모습이 달라질 수 있다.

신장 트리의 특성은, 신장 트리에 속하지 않은 간선을 신장 트리에 첨가하면 사이클이 생겨서 트리가 되지 않는다는 것이다. 예를 들어, 〈그림 6.22〉 (가)의 깊이우선 신장 트리에는 없으나 원래의 그래프에는 존재하는 간선 (6, 7)을 깊이우선 신장 트리에 첨가한다면 (4, 6, 7, 4)의 사이클이 생기게 되고, 사이클이 포함되는 그래프는 트리가 될 수 없다. 그리고 신장 트리는 원래 그래프의 최소 부분 그래프가 된다는 것이다. 즉, 신장 트리를 T, 원래의 그래프를 G라 했을 때, $V(T) = V(G)$, $E(T) \subseteq E(G)$가 된다. T의 정점들은 모두 연결되고, 간선의 수는 T의 정점을 연결하는 간선의 수 중 최소가 된다.

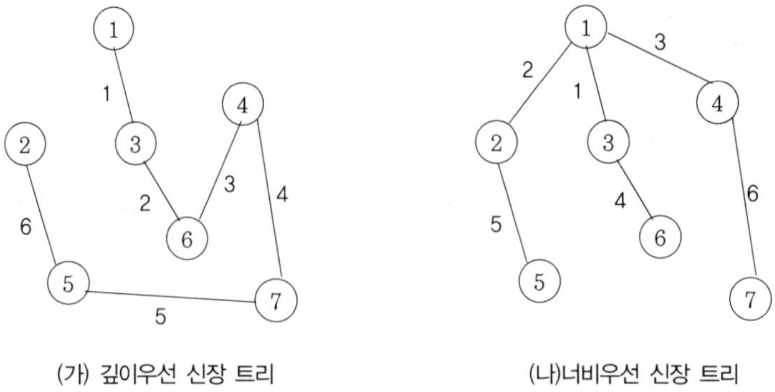

**그림 6-22 신장 트리

최소 부분 그래프는 통신 네트워크 영역에서 중요한 문제이다. 정점이 도시를 나타내고 간선이 통신선로를 나타낸다고 했을 때, 모든 도시를 연결하면서 최소의 선로를 개설하는 문제를 해결할 수 있기 때문이다. 물론 선로의 비용이나 길이 등의 추가적인 문제가 포함된다면, 앞에서 설명한 내용만으로는 해결할 수 없지만, 그래도 기본적인 이론을 제공한다는 측면에서 중요하다.

6.5.2 최소비용 신장 트리

앞에서, 신장 트리가 통신 네트워크 등의 응용영역에서 사용될 수 있으나, 선로의 비용이나 길이 등의 추가적인 정보가 주어졌을 때는 해결에 한계가 있다고 언급하였다. 여기서는 그래프의 간선에 가중치(거리, 비용 등)가 첨가된 가중치 그래프에 대한 이론을 설명한다. 〈그림 6.23〉은 가중치 그래프인데, 정점을 도시라고 생각하고, 간선을 두 도시를 연결하는 비용이라고 생각하자.

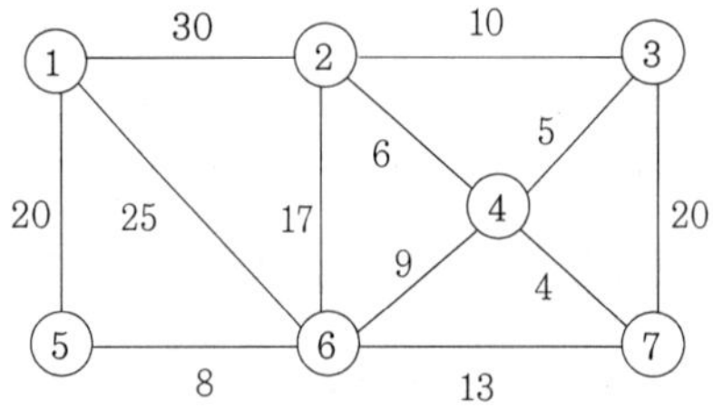

**그림 6-23 가중치 그래프

우리가 관심을 갖는 문제는 어떻게 하면 최소의 비용으로 모든 도시를 연결할 수 있느냐 하는 것이다. 우선 생각해야 하는 것은 모든 도시를 포함해야 한다. 즉, 그래프내의 모든 정점을 포함해야 하기 때문에 최소 부분 그래프를 도출해야 하는데, 그래프내에 있는 간선만 사용해야 한다. 다시 말하면, 그래프에 존재하지 않는 간선의 비용은 무한대라고 생각하여 사용하지 말아야 한다. 그리고 그래프내에 사이클을 있으면 안된다. 최소 부분 그래프는 그래프내의 모든 정점을 포함하면서, 최소의 간선으로 모든 정점을 연결하기 때문에 사이클이 존재할 수 없다. 최소비용 신장 트리를 도출하기 위한 알고리즘은 Kruskal, Prim, Solin의 알고리즘이 있으나, 여기에서는 Kruskal 알고리즘을 따라 설명한다. Kruskal 알고리즘은 처음에 만든 공백 트리에 한 번에 하나씩 간선을 추가하면서 최소비용 신장 트리를 구축한다. 우선 간선들의 집합에서 가장 비용이 적은 간선을 선택하여, 지금까지 구축한 트리에 첨가했을 때 사이클이 발생하는 지를 검사한다. 사이클이 발생하면 버리고 사이클이 발행하지 않으면 트리에 첨가하고 간선 집합에서 제거한다. 다시 간선 집합에서 최소의 비용을 갖는 간선을 선택하여 위와 같은 과정을 계속한다. 그래프에 n개의 정점이 있을 때, 최소 부분 그래프 즉 신장 트리는 n－1개의 간선을 가지므로, 간선을 트리에 첨가하는 과정에서, 간선의 수가 '도시의 수－1'개가 되면 최소비용 신장 트리의 도출 작업이 종료된다. Kruskal 알고리즘은 〈알고리즘 6.5〉와 같다.

최소비용_신장트리 (간선집합, 정점수)

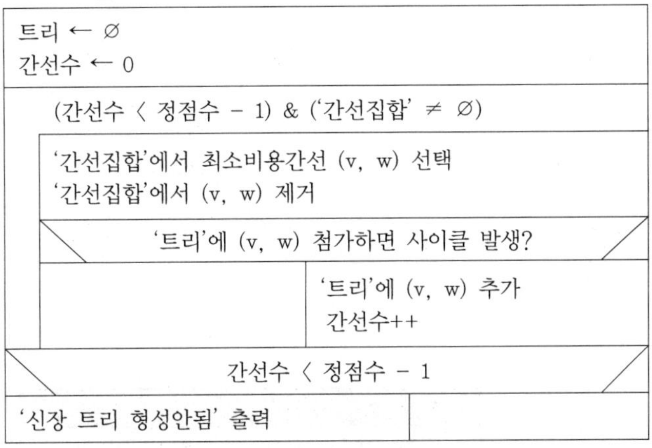

알고리즘 6.5 Kruskal의 최소비용 신장 트리의 도출

최소비용 신장 트리를 도출하는 알고리즘을 〈그림 6.23〉의 그래프를 예로 들어 설명해 보자. 간선 집합에서 최소비용 4를 가지는 간선 (4, 7)을 선택한다. 현재까지는 트리는 공백상태이기 때문에, 이 간선을 첨가하더라도 사이클이 발생하지 않는다. 따라서 〈그림 6.24〉의 (가)처럼 간선 (4, 7)을 트리에 첨가하고, 이 간선을 간선 집합에서 제거한다. 다시 간선 집합에서 최소비용 5를 가지는 간선 (3, 4)를 선택하여, 사이클이 형성되지 않으므로 (나)와 같이 트리에 첨가하고, 간선 집합에서 제거한다. 다시 (다), (라), (마)와 같이 최소비용의 간선 (2, 4), (5, 6), (4, 6)을 차례로 트리에 첨가한다.

다음에 선택되는 간선은 (2, 3)인데, 이 간선을 트리에 첨가하면 (2, 3, 4, 2)와 같은 사이클이 형성되기 때문에, 트리에 첨가하지 않고 버린다. 간선 (3, 7)과 (1, 5)의 비용은 모두 20으로 같은데 이와 같은 경우에는 간선 집합에서 먼저 나타나는 것을 선택하면 된다. 간선 (3, 7)을 트리에 첨가하면 사이클이 형성되기 때문에 버리고, 간선 (1, 5)는 사이클을 형성하지 않기 때문에 (바)와 같이 트리에 첨가한다. 이제 간선의 수가 '정점수 - 1'인 여섯 개 이므로, 최소비용 신장 트리의 도출작업을 종료한다. 따라서 간선 (1, 2)는 전혀 고려하지 않았는데도 종료한다. 이러한 과정을 정리하면, (사)와 같이 된다. 결과는 (바)와 같은 최소비용 신장 트리가 도출된다.

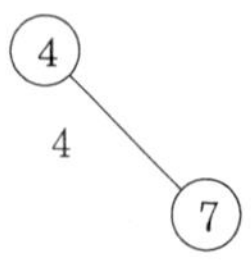

(가)

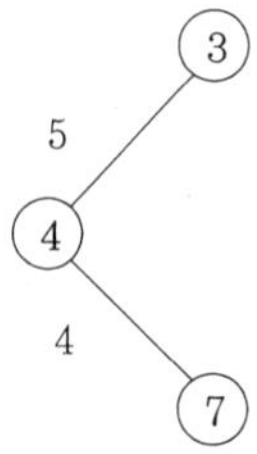

(나)

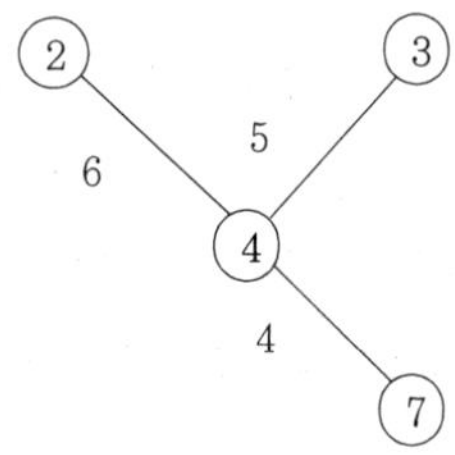

(다)

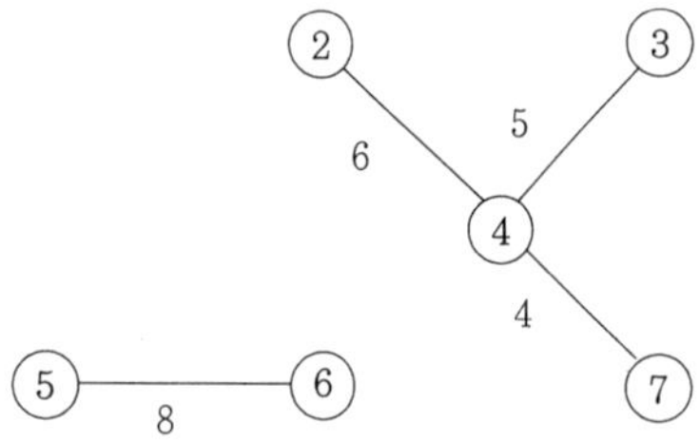

(라)

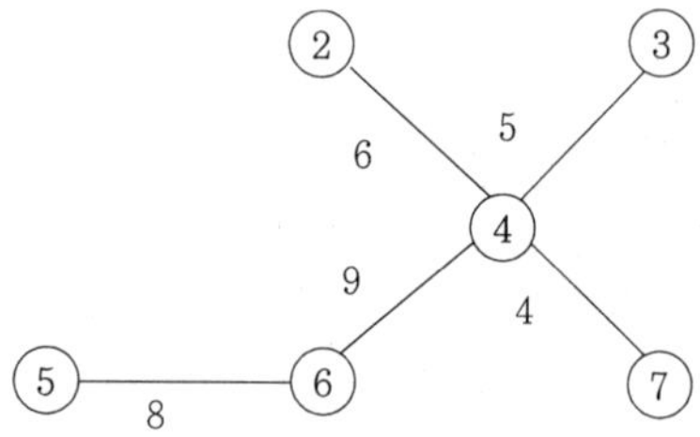

(마)

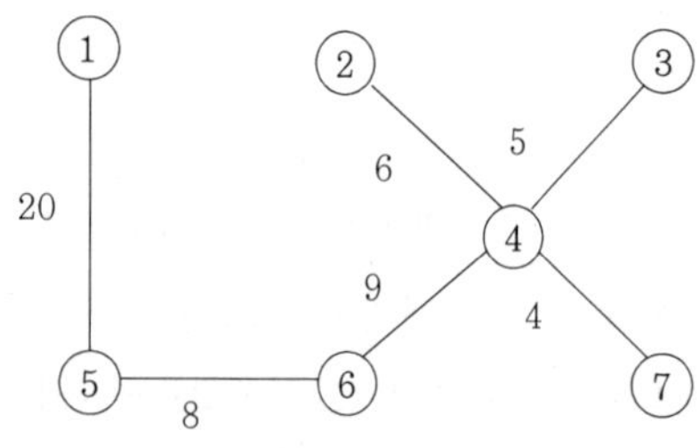

(바)

간선	가중치	조치	그림
(4,7)	4	첨가	(가)
(3,4)	5	첨가	(나)
(2,4)	6	첨가	(다)
(5,6)	8	첨가	(라)
(4,6)	9	첨가	(마)
(2,3)	10	무시	
(3,7)	20	무시	
(1,5)	20	첨가	(바)
(1,2)	30	무시	

(사)

**그림 6-24 최소비용 신장 트리의 도출과정

6-6 그래프의 응용

6.6.1 최단 경로

이번에는 그래프의 간선에 방향이 있고, 정점이 도시를 나타내고, 간선은 두 도시를 연결하는 도로라고 생각하며, 간선에 붙여진 가중치는 두 도시간의 거리라고 생각해 보자. 물론 두 도시 간의 거리라고 가정한 가중치는 한 도시에서 다른 도시까지의 이동시간, 비용 등 다른 것도 될 수 있다. 여기에서의 문제는 한 도시에서 다른 도시로 갈 수 있는가? 갈 수 있는 경로가 여러 개 있다면, 어느 경로가 최단 경로(shortest path)가 될 것인가 하는 것이다.

여기에서는 시작 정점인 출발점이 정해졌고, 이 출발점에서부터 나머지 다른 도시까지의 최단 거리를 구하는 문제만 생각해 보자. 가중치는 두 도시간의 거리이기 때문에 양의 정수라고 가정한다. 〈그림 6.25〉 (가)에서, 출발점을 정점 1이라 한다면, 1번 도시에서 9번 도시로 가는 경로는 여러 개 있지만, 최단경로는 '1 4 5 9'이며, 이때의 거리는 14 + 11 + 8 = 33이 될 것이다. 그 외의 어떤 경로를 통하더라도 거리는 33 보다 클 것이다. (나)는 (가)에 대한 인접 행렬 표현이다.

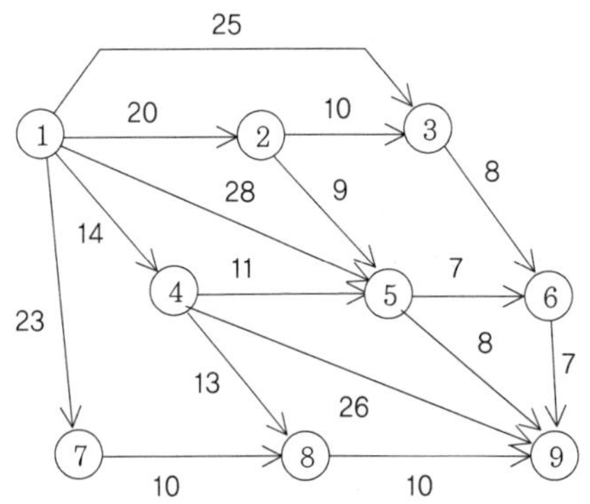

(가) 예제 그래프

	1	2	3	4	5	6	7	8	9
1	0	20	25	14	28	∞	23	∞	∞
2	∞	0	10	∞	9	∞	∞	∞	∞
3	∞	∞	0	∞	∞	8	∞	∞	∞
4	∞	∞	∞	0	11	∞	∞	13	26
5	∞	∞	∞	∞	0	7	∞	∞	8
6	∞	∞	∞	∞	∞	0	∞	∞	7
7	∞	∞	∞	∞	∞	∞	0	10	∞
8	∞	∞	∞	∞	∞	∞	∞	0	10
9	∞	∞	∞	∞	∞	∞	∞	∞	0

(나) 인접 행렬

**그림 6-25 예제 그래프와 인접 행렬

최단 경로를 구하는 문제는 우선 출발지에서 모든 도시까지의 거리를 구한다. 직접 갈 수 있는 길이 있는 도시까지의 거리는 간선상의 가중치를 사용하고, 직접 갈 수 없는 도시까지의 거리는 아주 먼 거리 '∞'라고 가정한다. 이것은 직접 갈 수 없기 때문에, 이러한 경로를 선택하지 않게 하기 위한 것이다. 비용으로 바꾸어서 말한다면, 아무리 많은 비용을 들여도 직접 갈 수 없다는 것을 의미한다. 그 다음은 출발지에서 가장 가까운 거리에 있는 도시를 선택한다. 이 도시를 '이웃 도시'라 한다면, 이제는 출발지에서 이 '이웃 도시'를 경과하여 모든 도시로 가는 최단 거리를 구한다. 이번에는 출발지에서 '이웃 도시'를 통과한 후, 가장 가까운 도시를 선택하여 위의 과정을 되풀이 한다. 모든 도시까지의 최단 거리를 구한 후에 작업을 끝내게 되는데, 이러한 문제에 대한 Dijkstra의 알고리즘은 〈알고리즘 6.6〉과 같다.

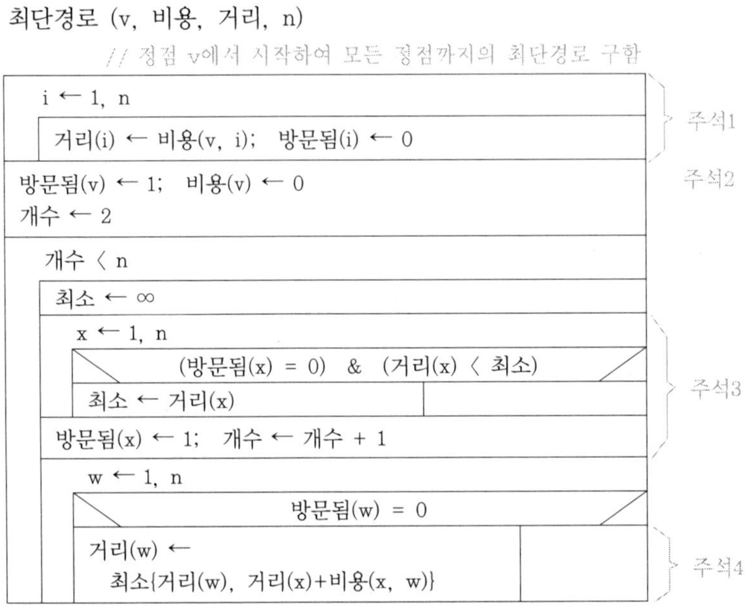

주석1 : 출발지에서 모든 정점까지의 거리를 초기화
주석2 : v를 방문함
주석3 : 방문되지 않은 정점 중에서 최단거리의 정점 x을 선택하고 방문함
주석4 : 방문되지 않은 정점에 대한 거리를 갱신

알고리즘 6.6 최단 경로

위 알고리즘에서, '비용'은 각 도시간의 간선이 존재하면 두 도시간의 실제거리를, 간선이 존재하지 않으면 ∞를 적용하여 구성한 인접 행렬이다. 〈그림 6.25〉 (나)는 (가)에 대한 인접 행렬 표현이다. '거리'는 출발지에서 다른 도시까지의 거리를 저장한다. '방문됨'은 지금까지 방문된 도시에 대해서는 1, 방문되지 않은 도시에 대해서는 0 값을 갖는다.

이제 〈그림 6.25〉의 그래프를 예로 들어서 설명해 보자. 우선은 〈그림 6.26〉에 나타난 표의 첫 줄과 같이 '거리' 배열부터 구성해야 한다. '거리' 배열에서 제일 작은 값을 가지는 1번 도시를 선택하고, '방문됨'의 1번 도시에 해당하는 란에 '방문됨'을 표시한다. 이때에는 1번 도시에서 나머지 다른 도시까지의 거리는 변하지 않는다. 다음은 (1)에서 '방문됨'에는 0이면서 '거리'에서 가장 작은 값을 가지는 4번 도시를 선택한다. 그리고 1번 도시에서 4번 도시까지 14로 가고나서,

나머지 도시까지의 거리를 계산한다. 1번 도시에서 5번 도시까지 직접 가는 거리는 28이었지만, 4번 도시를 거치면 25로 줄어들게 되어 '거리'의 해당 란을 수정한다. 1번 도시에서 8번 도시까지는 직접 가는 길이 없었으나, 이제는 4번 도시를 거쳐서 8번 도시까지 갈 수 있는데, 그 거리는 27이 되어, '거리'의 해당 란을 수정한다. 또한 4번 도시를 거치면, '∞'가 아니라 그보다 작은 40으로 9번 도시까지도 갈 수 있기 때문에 9번 도시에 해당하는 란도 수정한다. (9)행의 '거리'에 나타난 거리들은 1번 도시에서 각 도시까지의 최단거리가 된다.

순서	선택 정점	거리									방문됨								
		①	②	③	④	⑤	⑥	⑦	⑧	⑨	1	2	3	4	5	6	7	8	9
	–	0	20	25	14	28	∞	23	∞	∞	0	0	0	0	0	0	0	0	0
(1)	1	0	20	25	14	28	∞	23	∞	∞	1	0	0	0	0	0	0	0	0
(2)	4	0	20	25	14	25	∞	23	27	40	1	0	0	1	0	0	0	0	0
(3)	2	0	20	25	14	25	∞	23	27	40	1	1	0	1	0	0	0	0	0
(4)	7	0	20	25	14	25	33	23	27	40	1	1	0	1	0	0	1	0	0
(5)	3	0	20	25	14	25	33	23	27	33	1	1	1	1	0	0	1	0	0
(6)	5	0	20	25	14	25	33	23	27	33	1	1	1	1	1	0	1	0	0
(7)	8	0	20	25	14	25	33	23	27	33	1	1	1	1	1	0	1	1	0
(8)	6	0	20	25	14	25	33	23	27	33	1	1	1	1	1	1	1	1	0
(9)	9	0	20	25	14	25	33	23	27	33	1	1	1	1	1	1	1	1	1

**그림 6-26 최단경로를 구하는 과정

6.6.2 중대 경로

이번에는 그래프의 정점은 어떤 작업들의 완료를 나타내는 사건이고, 간선은 어떤 작업을 나타내며, 간선에 붙은 가중치는 어떤 작업에 걸리는 기간을 나타낸다고 가정하자. 이와 같은 그래프를 간선작업(AOE: Activity On Edge)망이라 한다. 어떤 프로젝트의 수행은 그 부분이 되는 작업들의 연속이기 때문에 간선작업망은 유향 그래프로 나타낸다.

〈그림 6.27〉은 간선작업망의 예이다. 1번 정점은 프로젝트의 시작을 나타내고, 9번 정점은 프로젝트의 완료를 나타내는 사건이라고 가정하자. 그러면 프로젝트는 시작 사건과 완료 사건을 포함하여 아홉 개의 사건으로 구성되며, 작업은 a_1 부터 a_{15} 까지 열다섯 개로 구성된다. 2번 정점은 a_1 작업이 완료되는 사건을 나타내고, 5번 정점은 a_1, a_2, a_3, a_5, a_6, a_7, a_8, a_9 의 작업이 완료되는 사건이라고 해석할 수 있다. a_1과 a_2, a_3은 동시에 수행할 수 있으며, a_5는 a_1 작업이 완료되기 전에는 시작할 수 없고, a_9는 a_7, a_8 작업이 완료되기 전에는 시작할 수 없다.

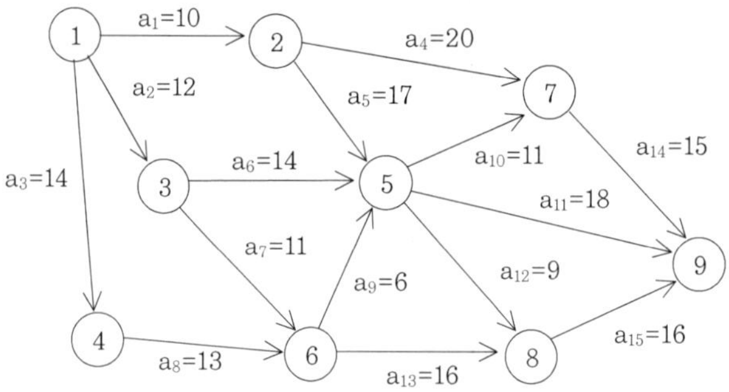

**그림 6-27 간선작업망

이와 같은 간선작업망에 대해서 결정할 수 있는 사항은 첫째, 전체 프로젝트를 완료하는데 최소한의 시간은 얼마인가? 둘째, 어떤 공정을 서둘러야 전체 프로젝트의 완료 시간을 단축할 수 있는가? 셋째, 전체 프로젝트의 완료시간에는 영향을 미치지 않으면서, 어떤 작업을 얼마 만큼 늦출 수 있는가? 넷째, 어떤 작업을 가장 일찍 시작할 수 있는 시간은 언제인가? 등이다. 앞으로의 설명에서는 날짜 단위를 사용하기로 한다.

(가) 중대경로 (critical path)

간선작업망에서 어떤 작업들은 병행적으로 수행할 수 있기 때문에, 그 프로젝트를 완료하는 최소의 시간은 출발점에서부터 완료점까지의 최장경로상에 나타나는 날짜들의 합이다. 이와 같이, 최소의 시간으로 프로젝트를 완료할 수 있도록 하는 최장경로를 중대경로(또는 임계경로)라 하고, 중대경로상에 나타나는 작업을 중대작업(또는 임계작업)이라 한다. 따라서 〈그림 6.27〉의 간선작업망에서의 중대경로는 '1 4 6 5 7 9'와 '1 4 6 8 9' 두 개가 존재하며, 그 기간은 59일이 된다.

(나) 최조시간 (earliest time)

어떤 작업을 시작할 수 있는 가장 이른 시간을 최조시간이라 한다. 작업 a_i의 최조시간을 e(i)로 나타낸다면, a_5 작업은 a_1 작업이 완료된 후에나 시작할 수 있기 때문에 e(5) = 11일이다. 즉, 아무리 빨라도 프로젝트가 시작된 후 11일째가 되어야 a_5 작업을 시작할 수 있다. a_9 작업은 a_2, a_7, a_3, a_8 작업들이 완료된 후에나 시작할 수 있기 때문에, 1번 정점에서 6번 정점까지의 최장경로 1, 4, 6 상의 작업이 완료되어야 한다. 따라서 a_9 작업의 최조시간 e(9) = 14+13+1 = 28일이 된다. 이러한 방식으로 계산하면, e(10) = e(11) = e(12) = 34일이 된다.

(3) 최만시간 (latest time)

전체 프로젝트의 완료 시간에는 영향을 미치지 않으면서, 어떤 작업을 최대로 지연시켜, 가장 늦게 시작할 수 있는 시간을 최만시간이라 한다. 작업 a_i의 최만시간을 $\ell(i)$로 나타낸다면, a_1 작업의 최만시간은 2번 정점에서 9번 정점까지의 최장경로 2, 5, 7, 9 상의 작업 기간이 43일이고, 자신의 작업 기간이 10일이기 때문에, 전체 중대작업들의 작업 기간인 59일에서 이들을 빼서 구할 수 있다. a_1 작업의 최만시간 $\ell(1) = 59 - (43+10)+1 = 7$일인데, 이것은 프로젝트를 시작한 후에 a_1 작업을 아무리 늦게 시작해도 7일째에는 시작해야 전체 일정에 영향을 미치지 않는다는 의미이다. $\ell(2) = 59 - (43+12)+1 = 5$일이고, $\ell(3) = 1$일, $\ell(5) = 17$, $\ell(9) = 28$, $\ell(10) = 34$, $\ell(11) = 42$, $\ell(12) = 34$가 된다.

(4) 임계도 (criticality)

어떤 작업 i에 대한 최만시간에서 최조시간을 뺀 값, 즉 $\ell(i) - e(i)$를 임계도라 하는데, 이것은 전체의 완료시간에는 영향을 미치지 않으면서 해당 작업을 늦게 또는 천천히 수행할 수 있는 기간을 말한다. 예를 들어, 5번 작업의 임계도는 6인데, 이것은 5번 작업을 최조시간 보다 6일 늦게 시작할 수도 있고, 본래 17이라는 기간이 걸릴 것을 할당된 자원을 감소시켜 23이라는 기간동안 천천히 수행할 수도 있다. 10번 작업에 대한 임계도는 0이므로 작업을 늦게 시작하거나 천천히 할 수 없으며, 최조시간에 시작하고 주어진 11이라는 기간동안 완료하여야 한다. 이것은 10번 작업이 중대작업이기 때문이며, 중대작업에 대한 임계도는 0이 된다.

중대작업이 아닌 작업을 계획했던 것 보다 일찍 완료한다 하더라도 중대경로에는 영향을 미치지 못하기 때문에, 전체 완료 시간에는 아무런 영향을 미치지 못한다. 단지 중대작업을 일찍 끝내야 전체 일정을 줄일 수 있다. 그렇다면 중대작업인 10번 작업을 11 이라는 기간에서 5라는 기간으로 단축하여 완료했을 때 전체 완료시간이 6이라는 기간만큼 단축될 것인가? 결과는 그렇지 않다. 분명히 10번 작업은 중대작업이지만, 이 작업을 단축시킨다고 해도 10번 작업을 포함하지 않는 다른 중대경로 '1 4 6 8 9'가 존재하기 때문이다. 다시 말해서, 10번 작업을 단축시킨다면 '1 4 6 5 7 9'는 더 이상 중대경로가 될 수 없고, 중대경로는 '1 4 6 8 9' 하나만 존재하게 된다.

자바 프로그램

```
public class c인접배열_그래프 {                   // 배열을 이용한 인접_리스트 그래프
   private int 정점수, 간선수;
   private int[] 머리들, 간선들, 연결들, 방문표지;

   public void 그래프_생성 (int 정수, int 간수, int[][] 간들) {
      int 색인 = 1, 시정점, 끝정점;
      정점수 = 정수;  간선수 = 간수;

      머리들 = new int[정점수+1];
      간선들 = new int[2*간선수+1];  연결들 = new int[2*간선수+1];

      for (int i = 1; i <= 간선수; i++) {
         시정점 = 간들[i][0];  끝정점 = 간들[i][1];
         연결들[색인] = 머리들[시정점];
         간선들[색인] = 끝정점;
         머리들[시정점] = 색인;
         색인++;

         연결들[색인] = 머리들[끝정점];
         간선들[색인] = 시정점;
         머리들[끝정점] = 색인;
         색인++;
      }
   }

   public void 깊이우선_탐색(int 정점) {
      int 다음_노드, 색인;

      색인 = 머리들[정점];
      방문표지[정점] = 1;
      if (색인 != 0) 다음_노드 = 간선들[색인];
      else           다음_노드 = 0;

      while (다음_노드 != 0) {
         if (방문표지[다음_노드] == 0) {
               깊이우선_탐색(다음_노드);
         }
         색인 = 연결들[색인];
         if (색인 != 0) 다음_노드 = 간선들[색인];
         else           다음_노드 = 0;
      }
   }
```

```
    public void 방문표지_초기화(int 정점수) {
        방문표지 = new int[정점수+1];
        for (int i = 1; i <= 정점수; i++) 방문표지[i] = 0;
    }
}

public class c인접_그래프 {                    // 노드을 이용한 인접_리스트 그래프
    private int 정점수, 간선수;
    c그래프_노드[] 머리들;

    public void 자료_설정(int 정수, int 간수) {
        정점수 = 정수;  간선수 = 간수;
        머리들 = new c그래프_노드[정점수+1];
    }

    public void 간선_추가(int[][] 간선들) {
        int 시점, 끝점;
        c그래프_노드 그래프_노드;

        for (int i = 0; i < 간선수; i++) {
            시점 = 간선들[i][0];  끝점 = 간선들[i][1];
            그래프_노드 = new c그래프_노드();
            그래프_노드.자료부_설정(끝점);
            그래프_노드.연결부_설정(머리들[시점]);
            머리들[시점] = 그래프_노드;

            그래프_노드 = new c그래프_노드();
            그래프_노드.자료부_설정(시점);
            그래프_노드.연결부_설정(머리들[끝점]);
            머리들[끝점] = 그래프_노드;
        }
    }

    public void 간선_추가(int 정수, int 시점, int 끝점) {
        c그래프_노드 그래프_노드;

        그래프_노드 = new c그래프_노드();
        그래프_노드.자료부_설정(끝점);
        그래프_노드.연결부_설정(머리들[시점]);
        머리들[시점] = 그래프_노드;

        그래프_노드 = new c그래프_노드();
        그래프_노드.자료부_설정(시점);
        그래프_노드.연결부_설정(머리들[끝점]);
        머리들[끝점] = 그래프_노드;
```

```
    }
}

public class c그래프_노드 {
    Object        자료부;
    c그래프_노드  연결부;

    public c그래프_노드() { 연결부 = null; }

    c그래프_노드(Object 자료부) {
        this.자료부 = 자료부;
        연결부 = null;
    }

    public void 자료부_설정(Object 자료) { 자료부 = 자료; }
    public void 연결부_설정(c그래프_노드 노드) { 연결부 = 노드; }
    public Object 자료부_얻기() { return 자료부; }
    public c그래프_노드 연결부_얻기()  { return 연결부; }
}
```

연습문제_

6.1 다음의 무향 그래프에서, 각 정점의 차수를 구하시오.

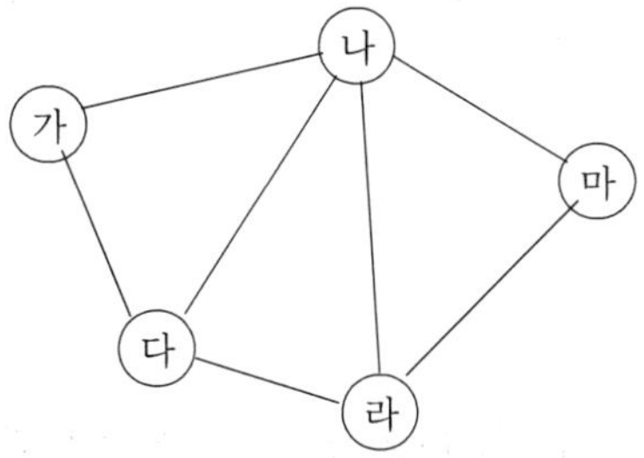

6.2 다음의 유향 그래프에서, 각 정점의 진입 차수와 진출 차수를 구하시오.

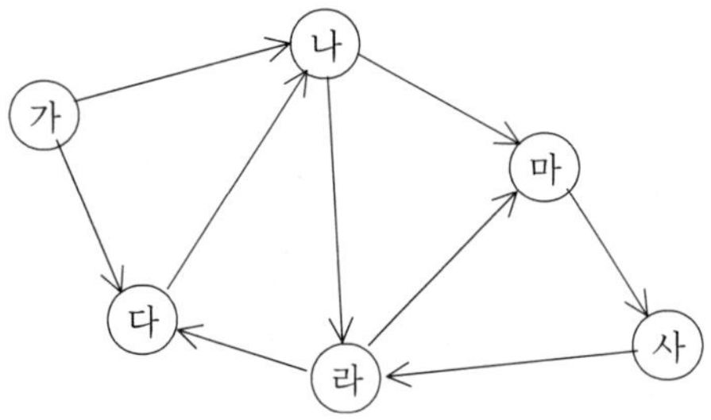

6.3 1번과 2번 문제의 각 그래프에 대하여 (순서를 고려해야 할 때에는 가나다 순으로 처리할 것)

(1) 인접 행렬로 표현하시오.

(2) 인접 리스트로 표현하시오.

(3) 간선 리스트로 표현하시오.

(4) 인접 다중 리스트로 표현하시오.

(5) 역 인접 리스트로 표현하시오.

6.4 2번 문제의 그래프에 대하여

(1) 정점 '가'에서 정점 '사'까지의 단순 경로를 모두 나열하시오.

(2) 사이클이 있으면 모두 나열하시오.

6.5 '가', '나', '다', '라', '마' 의 정점을 가지는 완전 무향 그래프를 그리시오.

6.6 무향 그래프 G가 n개의 정점과 e개의 간선을 가지며, d_i를 i 정점의 차수라고 가정할 때, 다음을 증명하시오.

$$\sum_{i=1}^{n} d_i = 2e$$

6.7 6번 문제가 무향 그래프가 아니고 유향 그래프에 대한 것이라면 어떻게 달라지는가? 결과와 증명을 보이시오.

6.8 다음과 같은 인접 리스트에 대해서

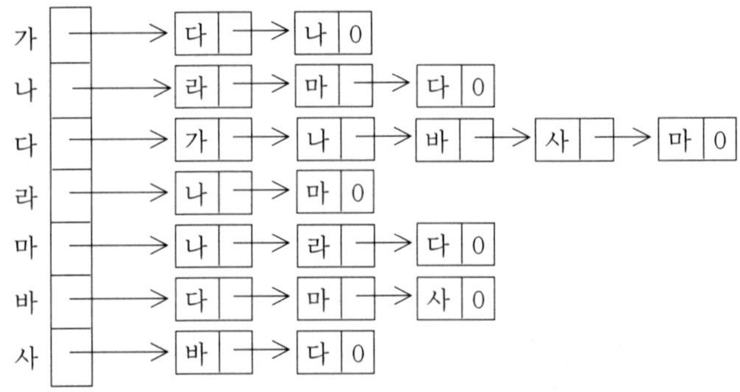

(1) 위 표현이 나타내는 무향 그래프를 그리시오.
(2) 깊이 우선 탐색을 하시오.
(3) 너비 우선 탐색을 하시오.

6.9 다음 그래프들에 대해서 가능한 깊이 우선 신장 트리들을 모두 나타내시오.

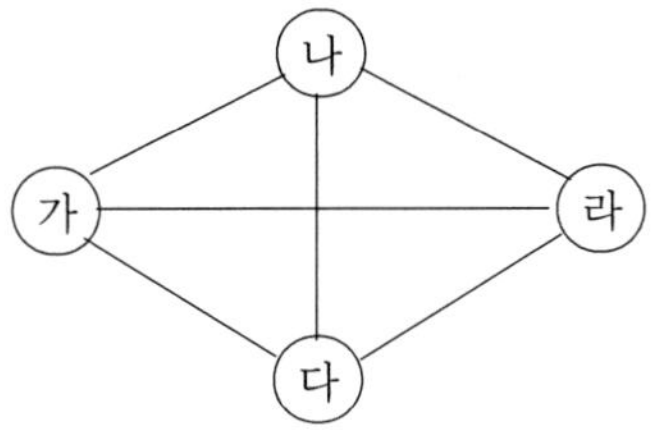

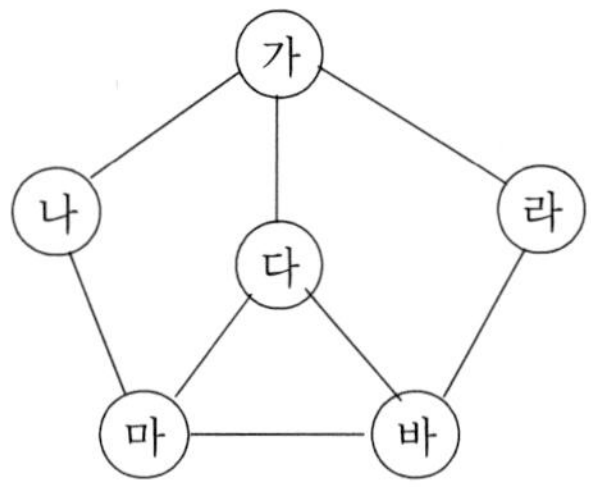

6.10 다음 그래프에 대한 최소 비용 신장 트리를 구하시오.

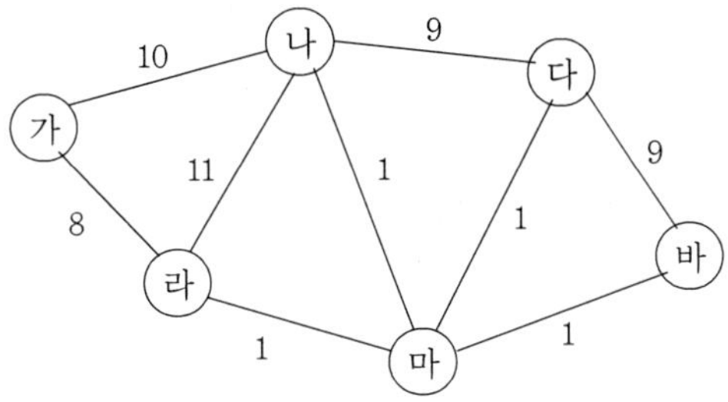

6.11 다음 그래프에서 정점 '가' 에서 각 정점들가지의 최단 경로를 구하시오.

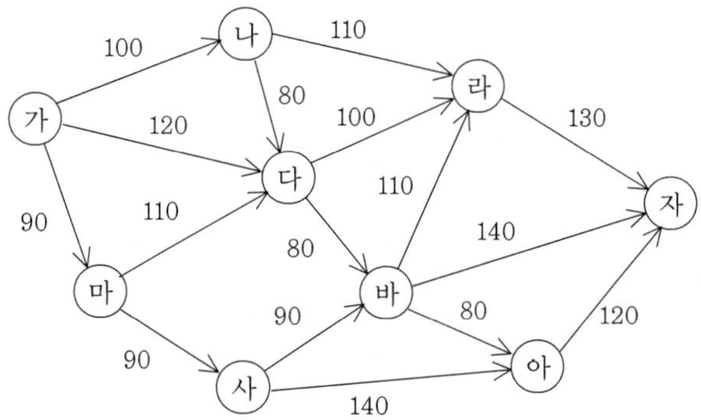

6.12 11번 문제의 그래프를 간선 작업 그래프라 가정하고(단, '가'는 시작공정, '자'는 완료 공정)

(1) 임계 경로를 구하시오.

(2) 공정 '바'와 '라'의 최조 시간을 구하시오.

(3) 공정 '다'와 '마'의 최만 시간을 구하시오.

Chapter 07 탐색과 내부 정렬

탐색과 내부 정렬은 컴퓨터의 응용 분야에서 많이 사용된다. 탐색은 키값을 이용하여 기존의 자료 중에서 원하는 자료를 찾아내는 것이고, 내부 정렬은 보조 기억장치에 저장되는 파일에서가 아니라, 주 기억장치 속에서 자료가 가지는 키값을 이용하여 오름차순 또는 내림차순으로 자료들을 정돈하는 것이다. 탐색에서는 순차 탐색, 이진 탐색, 피보나치 탐색, 보간 탐색 방법을 살펴 본다. 그리고 자료가 보조 기억장치에 저장되어 있을 때, 자료를 저장하고 탐색하는데 많이 사용되는 해싱에 대해서 설명한다. 내부 정렬은 교환 정렬, 삽입 정렬, 버블 정렬, 쉘 정렬, 퀵 정렬, 합병 정렬, 히프 정렬 방법을 살펴 본다. 원래 탐색과 내부 정렬은 자료에 대한 탐색과 내부 정렬을 설명하는 것이 원칙이지만, 설명의 편의를 위해서 자료의 키(key)만을 자료로 취급하며, 자료들은 리스트 즉, 1 차원 배열에 저장된다고 가정한다.

7-1 탐색 (search)

탐색은 자료가 가지는 키값을 이용하여, 주 기억장치 속에 저장된 자료 중에서 원하는 자료를 찾는 것을 말한다.

7.1.1 순차 탐색 (sequential search)

순차 탐색은 n개의 원소를 가지는 1차원 배열의 리스트에서, 원하는 자료가 있는 지를 순차적으로 탐색한다. 즉, 리스트의 처음 원소가 찾고자 하는 자료인 지를 검사하여, 찾는 자료라면 탐색을 끝내고, 찾는 자료가 아니면 다음 원소를 검사하는 것이다. 이와 같은 과정 중에서 원하는 자료를 찾게 되면 탐색을 종료하고, 리스트의 마지막까지 찾아봐도 원하는 자료가 나타나지 않을 경우에는 탐색 실패로 종료한다. 물론 리스트의 처음이 아닌 마지막 원소부터 앞 쪽으로 탐색할 수도 있다. 이때에는 첨자를 증가시키는 것이 아니라 감소시키면 된다. 첫 원소부터 찾는 순차 탐색 알고리즘은 〈알고리즘 7.1〉과 같다.

```
순차_탐색 (리스트, 키값, n)          // n개의 원소를 갖는 '리스트'에서
  i ← 1, n                           //    키값을 순차 탐색
     리스트(i) = 키값                 // i번째 원소가 원하는 자료인가?
     i 반환 |                         // 탐색 성공
  0 반환                              // 탐색 실패
```

알고리즘 7.1 순차 탐색

위의 알고리즘에서, 원하는 자료를 찾았을 경우에는 그 자료가 있는 위치를 되돌려 주고, 리스트의 끝까지 살펴 보았지만 원하는 자료가 나타나지 않았을 때는 '0'을 되돌려 준다. 예를 들어 〈그림 7.1〉과 같은 리스트에서 2를 찾는다면 10번의 비교 후에 탐색이 성공적으로 종료될 것이고, 1을 찾는다면 15번의 비교 후에 탐색이 실패로 종료될 것이다.

1	2	3	4	5	6	7	8	9	10	11	12	13	14	15
11	3	25	7	19	10	13	27	9	2	5	15	6	8	31

**그림 7-1 순차 탐색을 위한 자료들

원하는 자료가 첫 번째 위치에 있었다면 한 번의 비교로 탐색을 종료할 수 있고, i번째 위치에 있는 자료를 찾는 경우라면 i번의 비교를 수행해야 한다. 원하는 자료가 리스트내에 없다면 n번의 비교를 해야 한다. 따라서 최선의 경우는 한 번의 비교로 종료되고, 최악의 경우는 n번의 비교를 수행해야 하기 때문에, 알고리즘의 최악의 연산 시간은 O(n)이 된다. 평균적으로는 $(1+2+\cdots+n)/n=(n+1)/2$번 비교를 수행해야 한다.

만일에 〈그림 7.2〉와 같이 리스트내의 원소가 오름차순 (또는 내림차순)으로 정렬되어 있다면, 보통의 경우에 탐색 시간을 크게 줄일 수 있다. 리스트내의 원소들이 오름차순으로 정렬되어 있을 때, i번째 원소까지 살펴 봐도 원하는 자료가 나타나지 않으며, i번째 원소가 찾고자 하는 자료의 값 보다 크다면 더 이상 탐색을 계속할 필요가 없다. 왜냐하면, i번째 이후에는 i번째 원소 값 보다 큰 값을 갖는 원소들이 나타나기 때문에, 찾고자 하는 자료가 나타나지 않을 것이기 때문이다. 예를 들어 15를 찾는다면 8번의 비교 후에 탐색이 실패로 종료될 것이다.

1	2	3	4	5	6	7	8	9	10	11	12	13	14	15
1	3	5	7	9	11	13	17	19	21	23	25	27	29	31

**그림 7-2 정렬된 자료들

7.1.2 이진 탐색(binary search)

리스트가 포함하는 원소 수가 많아진다면 순차 탐색은 심각한 문제를 야기 시킨다. 예를 들어, 리스트의 원소 수가 100만이라고 하고, 리스트내에는 원하는 자료가 없다고 가정한다면, 순차 탐색에서는 100만 번의 비교를 수행하고 나서야 탐색 실패를 결정할 수 있다. 이러한 100만 번의 비교는 상당히 긴 시간을 요하기 때문에, 원소 수가 많아지면 순차 탐색을 사용하지 않고 이진 탐색을 사용한다. 그러나 이진 탐색은 리스트내의 원소들이 정렬되어 있어야 한다는 선결 조건이 필요하다. 여기에서는 리스트내의 원소들이 오름차순으로 정렬되어 있는 것으로 가정한다.

이진 탐색에서는 우선 리스트의 중간에 있는 원소가 찾고자 하는 자료인 가를 살핀다. 그렇다면 탐색은 성공이고, 그렇지 않다면 중간의 원소 값이 찾고자 하는 자료의 값 보다 큰 지 아니면 작은 지를 결정한다. 만일에 중간의 원소 값이 찾고자 하는 자료의 값 보다 작다면, 리스트의 중간 이전의 원소들은 중간 원소의 값 보다 작은 원소들이기 때문에 살펴볼 필요가 없다. 반대로 중간의 원소 값이 찾고자 하는 자료의 값 보다 크다면, 리스트의 중간 이후의 원소들은 중간 원소의 값 보다 큰 원소들이기 때문에 살펴볼 필요가 없다. 이렇게 결정된 반 쪽의 리스트를 가지고 다시 이진 탐색 방법을 적용하면 된다. 따라서 이진 탐색에서는 한 번 탐색이 실패하면, 다음의 탐색 공간은 원래의 탐색 공간의 절반 정도가 되도록 이분법으로 진행된다. 순차 탐색에서는 탐색이 실패했을 경우에 탐색 공간이 하나만 줄어드는 것과 비교해 보면, 이진 탐색의 효율성을 짐작할 수 있을 것이다. 중간 원소의 값을 '원소값', 찾고자 하는 자료의 키값을 '키값'이라 하여 정리하면 다음과 같다.

- 키값 〈 원소값 : 리스트의 첫 번째 원소부터 리스트의 중간 바로 이전까지의 원소들에 대해 이진 탐색을 계속함
- 키값 = 원소값 : 탐색이 성공적으로 종료됨
- 키값 〉 원소값 : 리스트의 중간 다음 원소부터 리스트의 마지막까지의 원소들에 대해 이진 탐색을 계속함

이와 같은 이진 탐색에 대한 알고리즘은 〈알고리즘 7.2〉와 같다.

이진_탐색 (리스트, 키값, n)

// n개의 원소를 가지고 정렬된 리스트에서 키값을 이진 탐색

<table>
<tr><td colspan="4">시작 ← 1;　끝 ← n</td></tr>
<tr><td rowspan="4"></td><td colspan="3">시작 〈 끝</td></tr>
<tr><td colspan="3">중간 ← ⌊(시작 + 끝) / 2)⌋</td></tr>
<tr><td colspan="3">C A S E</td></tr>
<tr><td>키값 〈 리스트(중간)
끝 ← 중간 - 1</td><td>키값 = 리스트(중간)
중간 반환</td><td>기 타
시작 ← 중간 + 1</td></tr>
<tr><td colspan="4">0 반환　　// 탐색실패</td></tr>
</table>

알고리즘 7.2 이진 탐색

〈그림 7.3〉은 15개의 원소를 갖는 정렬된 리스트에서 15를 찾는 과정을 나타내고 있다. 우선은 중간원소를 찾아야 하기 때문에, 중간 위치가 어디인 지를 결정해야 한다. 리스트의 처음 위치는 1이고 마지막 위치는 15이기 때문에 중간 위치는 $\lfloor (1+15)/2 \rfloor = 8$이 된다. 리스트의 8 번째의 원소는 찾고자하는 15가 아니며 15 보다 큰 값이기 때문에, 다음에 탐색할 때는 리스트의 왼쪽 절반만 찾아보면 된다. 새로운 중간 위치는 4이고, 이곳에 있는 원소는 찾고자 하는 자료 값 보다 작기 때문에, 다음의 탐색 공간은 새로운 리스트의 오른 쪽 절반이 된다. 새로운 중간 위치 6의 원소 값은 11이기 때문에, 다음의 탐색 공간은 13 하나만을 가지는 리스트가 된다. 새로운 리스트의 처음, 중간, 마지막 위치는 모두 7이기 때문에, 중간 위치는 7이 된다. 리스트의 7번째 있는 원소의 값 13은 찾고자 하는 자료 값 15 보다 작기 때문에, 다음의 탐색 공간이 되는 새로운 리스트의 처음 위치는 이전의 중간 위치 보다 하나 큰 8이 되며, 마지막 위치는 변함없이 7이 된다. 이제는 처음 위치가 마지막 위치 보다 크게 나타나기 때문에, 즉, 공백 리스트가 되었기 때문에, 리스트에는 찾고자 하는 자료가 없다고 결정하고 이진 탐색을 종료한다.

1	2	3	4	5	6	7	8	9	10	11	12	13	14	15
1	3	5	7	9	11	13	17	19	21	23	25	27	29	31

시작 = 1　　중간 = 8　　끝 = 15

1	2	3	4	5	6	7
1	3	5	7	9	11	13

시작 = 1　중간 = 4　끝 = 7

5	6	7
9	11	13

시작 = 5, 중간 = 6, 끝 = 7

7
13

시작 = 7, 중간 = 7, 끝 = 7

7
13

시작 = 8, 중간 = 7, 끝 = 7

**그림 7-3 이진 탐색의 예

이진 탐색에서 탐색 시간은 찾고자 하는 자료가 리스트의 어느 부분에 있는 가에 달려있다. 찾고자 하는 자료가 리스트의 중간 위치에 있다면 한 번의 탐색으로 성공할 수 있고, 최악의 경우는 리스트내에 찾고자 하는 자료가 없을 때이다. 이때에는 리스트를 절반씩 분할하면서, 리스트내에 원소가 하나도 남지 않을 때까지 계속하게 된다. 예를 들어, 열다섯 개의 원소를 갖는 리스트에서 한 번 비교 후에는 일곱 개의 원소가 남게 되며, 두 번째 비교 후에는 세 개, 세 번째 비교 후에는 한 개, 네 번째 비교 후에는 하나도 남지 않는다. 따라서 열다섯 개의 원소를 갖는 리스트를 이진 탐색할 때, 최악의 경우의 비교 횟수는 네 번이 될 것이다.

n개의 원소를 갖는 리스트를 이진 탐색할 때, k번 비교 후에는 원소의 개수가 $(n/2^k)$으로 줄게 된다. 원소가 하나도 남지 않으려면 $(n/2^k)$이 1 보다 작아야 한다. 따라서 $n < 2^k$ 이어야 하며, $k > \log_2 n$이 되기 때문에, $k = \lfloor \log_2 n \rfloor + 1$이다. 예를 들어, $n = 15$ 이면 $k = 4$ 이고, $n =$ 100만 이면 $k = 20$이 된다. 이것을 순차 탐색의 최악의 경우인 100만 번의 비교와 견주어 보면, 20번의 탐색으로 종료될 수 있기 때문에, 이진 탐색의 효율성을 가히 짐작할 수 있다.

이진 탐색 과정을 <그림 7.4>와 같은 이진 결정 트리를 이용하여 설명할 수 있다. 이진 결정 트리에서, 왼쪽 부트리의 모든 노드 값은 뿌리 노드 값 보다 작으며, 오른쪽 부트리의 모든 노드 값은 뿌리 노드 값 보다 크다. 이러한 관계는 부트리에서도 마찬가지이다. 찾고자 하는 자료 값과 뿌리 노드 값을 비교하여, 같으면 탐색이 성공한 것이고, 찾고자 하는 자료 값이 뿌리 노드 값 보다 작으면 다음의 탐색은 왼쪽 부트리에서 이루어지고, 반대로 찾고자 하는 자료 값이 뿌리 노드 값 보다 크면 다음의 탐색은 오른쪽 부트리에서 이루어져야 한다. 최악의 경우에는 단말 노드까지 찾아가 보아야 하기 때문에, 최악의 경우의 비교 회수는 트리의 깊이 만큼 될 것이고, 앞 장에서 n개의 노드를 갖는 완전 이진 트리의 깊이는 $\lfloor \log_2 n \rfloor + 1$ 이라는 것을 배웠기 때문에, 최악의 경우의 비교 횟수는 $\lfloor \log_2 n+1 \rfloor$ 이 된다.

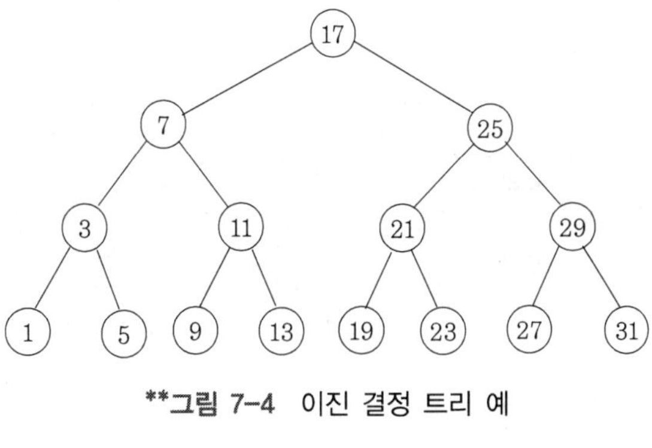

**그림 7-4 이진 결정 트리 예

7.1.3 피보나치 탐색(fibonacci search)

리스트내의 원소들이 정렬되어 있을 경우에 이진 탐색 이외에 피보나치 수열을 이용한 탐색 방법이 있다. 피보나치 수열은 $F_0 = 0$, $F_1 = 1$ 이며, i 〉 1 일 때에는 $F_i = F_{i-1} + F_{i-2}$ 이다. 즉, 색인이 0, 1, 1, 2, 3, 5, 8, … 등과 같이 나타난다. 이와 같은 피보나치 수열을 이용한 탐색은 F_i번째 원소 값과 찾고자 하는 자료 값을 비교하여 같으면 탐색이 성공한 것이고, 찾고자 하는 자료 값이 F_i 번째 값 보다 작으면 i의 왼쪽 리스트에서 탐색을 계속하고, 찾고자 하는 자료 값이 F_i번째 값 보다 크면 i의 오른쪽 리스트에서 탐색을 계속한다. 리스트내의 원소의 개수가 $F_k - 1$ 이라고 가정한 피보나치 탐색을 정리하면 다음과 같다.

- 자료 값 〈 F_{k-1} 번째 값 :
  리스트의 처음부터 $F_{k-1} - 1$ 까지의 부 리스트를 탐색하는데 이때의 부 리스트의 크기는 $F_{k-1} - 1$ 이다.
- 자료 값 = F_{k-1} 번째 값 : 탐색 성공
- 자료 값 〉 F_{k-1} 번째 값 :
  리스트의 $F_{k-1} + 1$ 부터 $F_k - 1$ 까지의 부 리스트를 탐색하는데 이때의 부 리스트의 크기는 $F_k - 1 - (F_{k-1} + 1) + 1 = F_k - F_{k-1} - 1 = F_{k-2} - 1$ 이다.

n개의 원소를 가지는 리스트에서의 피보나치 탐색에 대한 알고리즘은 〈알고리즘 7.3〉과 같다.

피보나치탐색(리스트, 키값, n)

// n개의 원소를 가지는 리스트에서 키값을 피보나치 탐색
// $m = (n + 1) - F_k$, $m \geq 0$, $F_{k+1} 〉 (n + 1)$

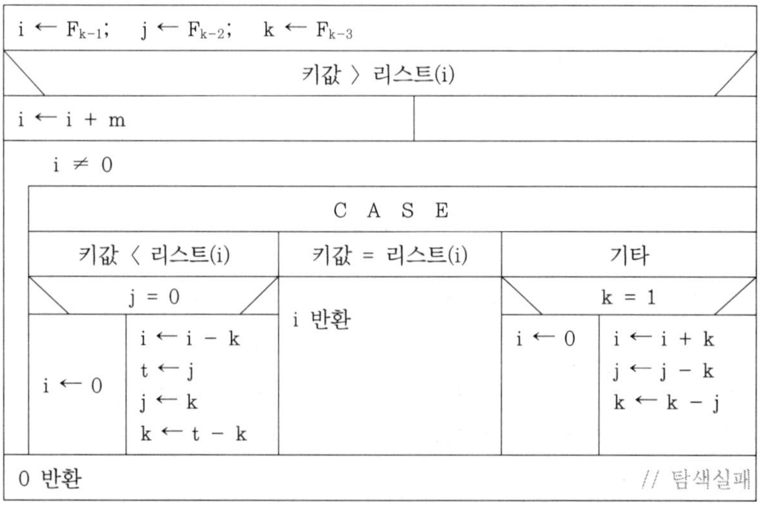

알고리즘 7.3 피보나치 탐색

알고리즘에서는 m값을 먼저 결정해야 한다. $F_k \leq (n+1)$ 〈 F_{k+1} 인 F_k를 (n+1)에서 빼주면 된다. 이것은 '키값 〉 리스트(F_{k-1})' 일 때, 탐색을 계속할 오른쪽 부 리스트의 크기가 F_{k-2}가 되도록 i값을 조정하기 위해서 필요하다. 이것을 예를 들어서 설명해 보자. 〈그림 7.5〉와 같이 원소가 30개인 리스트에서 값이 51인 원소를 피보나치 탐색할 때, F_k = 21, m = 10, i = 13, j = 8, k = 5가 된다. 따라서 i번째 원소 값은 25이고 찾는 자료 값은 51 이기 때문에, i는 23 (i+m = 13+10)으로 조정된다.

1	2	3	4	5	6	7	8	9	10
1	3	5	7	9	11	13	15	17	19
21	23	25	27	29	31	33	35	37	39
41	43	45	47	49	51	53	55	57	59

**그림 7-5 보나치 탐색 자료 예

따라서 23번째 원소를 뿌리노드로 하는 피보나치 트리를 〈그림 7.6〉과 같이 나타낼 수 있다. 그림에서 나타나듯이 피보나치 트리도 이진 결정 트리이다. (가)에 나타난 그림은 리스트에서의 위치가 트리에서 어디에 나타나는 지를 보인 것이고, (나)에 나타난 그림은 실제 원소 값을 이용한 피보나치 트리이다.

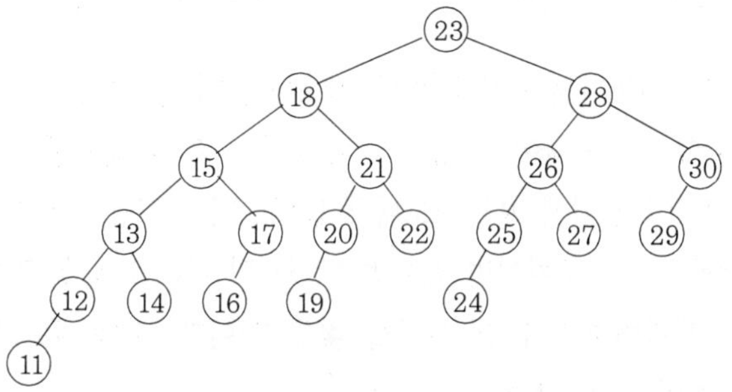

(가) 위치를 이용한 피보나치 트리

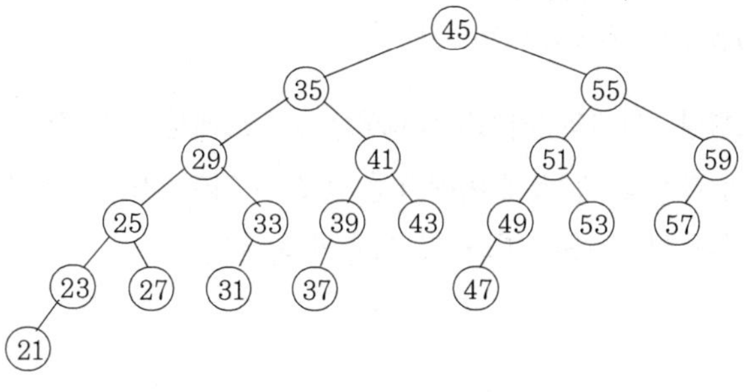

(나) 실제 원소 값을 이용한 피보나치 트리

**그림 7-6 피보나치 트리

특기할 사항은 첫 째, 왼쪽 부 트리가 $F_i - 1$개의 노드들을 가지면, 오른쪽 부 트리는 $F_{i-1} - 1$개의 노드들을 가진다는 것이다. 다시 말해서 왼쪽 부트리의 노드 개수와 부모 노드를 합하면 F_i개가 되고, 오른쪽 부트리의 노드 개수와 부모 노드를 합하면 F_{i-1}개가 된다. 예를 들어, 〈그림 7.6〉 (가)에서 15번 노드는 왼쪽 부트리가 $F_4 - 1$개의 노드들을 가지므로, 오른쪽 부트리는 $F_3 - 1$개의 노드들을 갖는다.

둘째, 부모 노드와 자식 노드의 위치 사이에는 일정한 법칙이 있다는 것이다. 조부모 노드와 부모 노드와의 위치상의 차이가 F_i일 때, 부모 노드가 왼쪽 자식이면 부모 노드와 자식 노드들 간의 위치상의 차이는 F_{i-1}이며, 부모 노드가 오른쪽 자식이면 부모 노드와 자식 노드들 간의 위치상의 차이는 F_{i-2}이다. 예를 들어, 〈그림 7.6〉 (가)에서 18번 노드는 뿌리 노드의 왼쪽 자식 노드이고, 뿌리 노드의 위치와 18번 노드의 위치상의 차이는 $F_4 = 5$가 되기 때문에, 18번 노드와 그 자식 노드들간의 위치상의 차이는 $F_3 = 3$이 된다. 한편 28번 노드는 뿌리 노드의 오른쪽 자식 노드이기 때문에, 28번 노드와 그 자식 노드들간의 위치상의 차이는 $F_2 = 2$가 된다.

피보나치 탐색과 이진 탐색을 비교해 보면, 둘 다 리스트내의 원소들이 정렬되어 있어야 한다는 조건을 갈지만, 이진 탐색이 나누기 연산을 이용하는데 반해, 피보나치 탐색은 더하기와 빼기 연산만 사용한다. 일반적으로 더하기와 빼기 연산이 나누기 연산 보다 신속하게 처리되기 때문에, 평균적으로는 피보나치 탐색이 이진 탐색 보다 더 효율적이다.

이상으로 이진 탐색과 피보나치 탐색 방법에 대해서 설명하였지만, 현실 세계에서는 다른 탐색 방법을 많이 사용한다. 예를 들어, 가입자의 이름 순으로 기재된 전화번호부에서 어떤 사람의 전화번호를 찾을 때, 이진 탐색이나 피보나치 탐색방법을 사용하는 사람은 거의 없을 것이다. 찾고자 하는 사람의 성이 '하'씨이면 전화번호부의 뒷 부분을 찾을 것이고, 찾고자 하는 사람의 성이 '강'씨이면 전화번호부의 앞 부분을 찾을 것이다. 이와 유사한 방법이 보간 탐색(interpolation search)법이다. 이 방법은 처음에

$$i = \frac{(\text{키값} - \text{리스트}(low))}{(\text{리스트}(upper) - \text{리스트}(low))} \times n$$

인 i번째 원소와 비교한다. 이때의 '리스트(low)'는 리스트에서 가장 작은 원소 값이고, '리스트(upper)'는 리스트에서 가장 큰 원소 값이며, n은 원소 수이다. 따라서 보간 탐색은 리스트에 원소들이 어떻게 분포되어 있는 가에 따라 그 효율이 좌우된다.

7-2 해싱 (Hashing)

지금까지의 탐색 방법은 주어진 키와 저장된 자료들의 키를 연속적으로 비교하여 수행하였다. 이 장에서는 키를 직접 비교하여 수행하는 방법이 아닌 다른 방법을 다루고자 한다. 해싱은 각 자료 키의 번지나 위치가 주어지는 것이 아니고 특정 산술 함수를 이용하여 산출한다는 점이 다르다. 산출된 번지에 따라 자료의 저장, 삽입, 탐색, 제거 등을 수행한다.

7.2.1 기본 개념

해싱은 자료 키 K에 대해 특정 산술 함수 f를 이용하여 번지를 산출하고 그 번지에 따라 자료를 처리하는 방법이다. 즉, 〈그림 7.7〉에서 f(K)와 같은 함수를 해싱 함수(hashing function)라 한다.

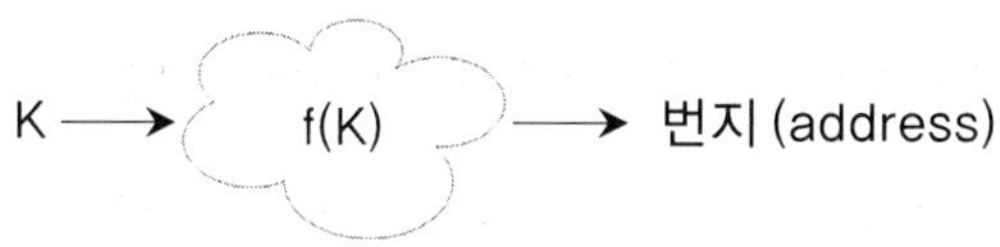

**그림 7-7 해싱 함수

자료들이 저장되는 기억공간을 해쉬표(HT.hash table)라 하며, 한 개 이상의 자료를 저장할 수 있는 버켓(bucket)들로 구성된다. 하나의 버켓은 하나의 자료를 저장할 수 있는 슬롯(slot)들로 구성된다. 자료들을 보조 기억공간에 저장할 때는, 그 공간 내의 번지와 자료키를 한 단위로 해쉬표에 보관하고, 이 해쉬표를 주 기억공간에 보관함으로써, 기억공간을 절약하여 사용하기도 한다. 해쉬표의 각 버켓들을 연속적인 번지를 가지며. 그 시작 번지를 기준으로 상대 번지(relative address)를 산출할 수 있으므로 이 상대 번지를 이용하여 각 버켓을 구분한다. 해쉬표에서 버켓의 수를 b, 버켓에서 슬롯의 개수를 s라 할 때, 각 버켓의 상대 번지는 0, 1s, 2s, ⋯, (b-1)s가 된다. 일반적으로 하나의 버켓은 하나의 자료만을 저장하는 경우가 많다. 따라서 앞으로 특별한 언급이 없는 한 s = 1, 즉 버켓은 하나의 자료만을 저장한다고 가정한다.

해싱 함수 f(K)는 키 K를 해쉬표내의 버켓 번지로 변환시키는 사상(mapping) 함수이다. f(K)는 버켓 번지를 말하며, 이를 해쉬(hash) 또는 집 번지(home address)라고도 한다. 버켓의 크기가 b일 때 해싱 함수 f(K)는 가능한 키들의 집합을 0부터 b-1까지의 정수로 사상시킨다. 예를 들어 FORTRAN에서 사용되는 변수들의 집합을 키로 한다면, 서로 다른 K 값은 $T = \sum_{i=1}^{5} 26 \times 36^{i} > 1.6 \times 109$ 만큼 있을 것이다. 그러나 실제로 프로그램들은 이보다 훨씬 적은 변수들만을 사용한다.

키의 개수를 n이라 할 때, n/(sb)를 적재 밀도(loading density)또는 적재 인자(loading factor)라 한다. 대부분 키 개수 n이 총 개수 T보다 훨씬 적기 때문에, 버켓 수 b도 T보다 훨씬 적다.

따라서 해싱 함수 f는 서로 다른 키값을 같은 버켓으로 사상할 수도 있다. 이와 같이 두 개의 서로 다른 키 K_1, K_2에 대해 $f(K_1) = f(K_2)$이면, 이 두 개의 키를 동의어 (synonym)라고 한다. 서로 다른 동의어는 같은 버켓 내의 슬롯이 비어 있을 경우에는 같은 버켓 내에 저장되지만, 버켓이 꽉 차있는 상태에서 그 버켓으로 사상되면 과잉 상태 (overflow)가 발생한다. 서로 다른 키가 같은 버켓으로 사상되는 것을 충돌(collision)이라 한다. 그러므로 충돌과 과잉 상태를 극소화할 수 있는 해싱 함수를 찾는 것이 바람직하다. 즉 해싱 함수는 여러 키들의 계산 결과 값들이 해쉬표의 정해진 범위에 골고루 분포할 수 있도록 분산시킬 수 있는 것이어야 한다. 이상적인 함수를 찾기는 어려우나 해싱 함수는 다음 두 가지를 만족시켜야 한다.

❶ 계산은 쉽고 빨라야 한다.
❷ 충돌이 적어야 한다.

다음의 예를 통하여 해쉬표의 구성 및 해싱에서 파생될 수 있는 문제점을 살펴보자.

버켓수 b = 10 이고 버켓당 슬롯 수가 2인 해쉬표 HT를 생각해 보자. 이 해쉬표에는 두 자리 이하의 십진수 열 개의 키가 입력된다고 가정하자. 이 표의 적재 인수는 10 / 20 = 0.5이다. 함수 f는 키를 0 ~ 9번 중의 하나와 사상시켜야 한다. 함수 f(K)는 K의 10의 자리 숫자로 버켓 번지를 산출한다고 가정하자. 입력되는 키가 31, 40, 10, 30, 2, 11, 12, 13, 14, 15이면 버켓 번지는 3, 4, 1, 3, 0, 1, 1, 1, 1, 1이 된다. 이때 31과 30은 동의어이며, 10, 11, 12, 13, 14, 15도 동의어이다. 이를 해쉬표로 표현하면 〈표 7.1〉과 같다.

▌표 7-1▐ 해쉬표 예

	슬롯1	슬롯2
0	2	–
1	10	11
2	–	–
3	31	30
4	40	–
5	–	–
6	–	–
7	–	–
8	–	–
9	–	–

-은 공백 슬롯을 나타냄

각 버켓당 슬롯의 개수가 두 개이기 때문에 31과 30은 같은 버켓에 들어가며, 10과 11도 같은 버켓에 들어간다. 키 12는 HT(1)에 사상되지만 이 버켓은 이미 꽉 찼으므로 12는 이 버켓에 있을 수 없다. 따라서 과잉 상태가 발생한다. 과잉 상태의 처리 방법은 7.2.3에서 다룰 것이다. 이 예에서의 해싱 함수는 충돌과 과잉 상태가 너무 많이 발생하기 때문에 적합하지 못하다. 같은 십의 자리 숫자로 시작하는 경우가 많기 때문이다.

7.2.2 해싱 함수

해싱 함수 f는 키 K를 해쉬표내의 버켓 번지로 사상시킨다. 이 함수는 앞에서 설명했듯이 계산이 쉽고 충돌이 적어야 한다. 7.2.1절의 예와 같은 해싱 함수는 계산은 쉬워도 충돌이 많이 발생하기 때문에 함수로는 적합하지 못하다. 그 이유는 함수가 10의 자리 숫자에만 관련되므로 같은 번지가 많이 발생하기 때문이다. 따라서 해싱 함수는 입력 키의 모든 문자와 관련을 가지도록 하여야 한다. 해싱 함수는 임의의 입력에 대하여 해쉬표를 편중되게 사용하여서는 안 된다. 즉 임의의 키 K에 대해 f(K) = i가 될 확률은 모든 버켓 i에 대해 1 / b이 되면 가장 이상적이다. 왜냐하면 b개의 버켓 각각에 대해 임의의 K가 사상될 확률은 모두 같게 되기 때문이다. 이런 특성을 만족하는 해싱 함수를 균일 해쉬 함수(uniform hash function)라 한다.

다음은 균일 해쉬 함수를 생성하는 방법을 설명한 것이다.

(1) 제산 방법 (Division)

키 K를 어떤 정해진 수 m으로 나눈 나머지를 K의 해쉬 번지로 사용하는 방법으로 모듈로(또는 mod) 연산자를 사용한다.

$f_D(K) = K \bmod m$ (m은 양의 정수)

이때 버켓 번지의 범위는 0 ~ (m − 1)이고 해쉬표 크기 b는 적어도 m이다. 이 함수에서는 m을 결정하는 것이 매우 중요하다. m이 2의 거듭 제곱 꼴이면, $f_D(K)$에서 생성되는 값은 K의 최하위 비트에서만 영향을 받는다. 예를 들어 〈그림 7.8〉과 같이 글자를 6 비트로 표현하여, 48 비트의 한 단어에 오른쪽 끝을 기준으로 키를 넣고, 나머지 부분을 0으로 채운다면 $m = 2^i$ $(i \le 6)$일 때 X1, Y1, DATA1 등은 모두 같은 버켓 번지를 갖는다. 또한 $m = 2^j$ $(i \le 6)$이면 XSUM, YSUM, DATUM 등이 모두 같은 번지를 갖는다. 즉 접미사가 같은 키는 모두 충돌이 발생한다. 왼쪽 끝을 기준으로 키를 넣고 0으로 채우는 경우에는 길이가 짧은 키들은 모두 같은 버켓 번지를 가지므로 더욱 심각하다.

그리고 m이 2의 배수라면 짝수의 버켓 번지를, 홀수 값의 키는 홀수의 버켓 번지를 갖게 되므로 해쉬표의 사용이 편중된다. m이 3의 배수가 되는 경우도 곤란하다. 키는 다르나 같은 글자들로 구성된 경우 (예, 34, 43)에는 3의 배수 간격으로 해쉬표에 저장되므로 해쉬표를 균등하게 사용하지 못하게 되어 충돌을 많이 일으키게 된다.

이러한 문제는 m을 소수(prime number)로 택함으로써 해결할 수 있다. 이 경우 m의 약수는 m과 1뿐이다. 일반적으로 m은 20보다 작은 소수로 나누어지지 않는 수이면 충분한 것으로 알려져 있다.

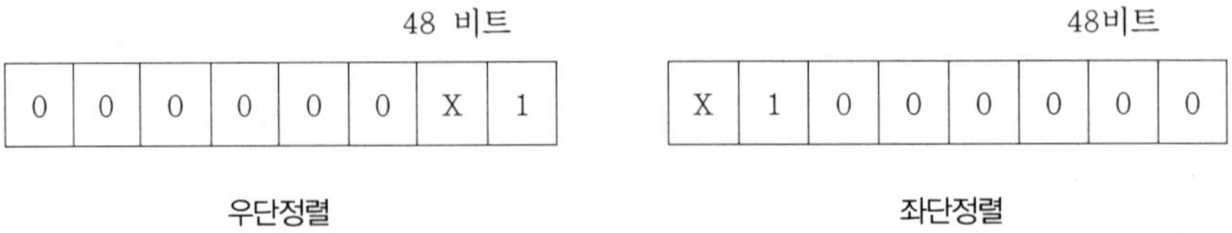

**그림 7-8 키 X1을 우단 및 좌단으로 정렬한 형태

(2) 제곱 중간 방법(Mid-square)

키값을 제곱한 후에 그 결과의 중간 부분에서 적당한 수의 비트를 취하여 버켓 번지로 삼는 방법이다. 제곱 값은 키의 모든 글자들에 의해 결정되는 것이므로, 몇 개의 글자가 같더라도 해쉬표 내에서 서로 다른 버켓 번지가 정해질 가능성이 크다. 해쉬표의 크기에 따라 제곱 값에서 생성된 중간 부분의 자릿수를 정할 수 있다. r비트가 사용된다면 각 값들이 가지는 범위는 2^r이고 해쉬표의 크기도 2^r 만큼이 된다.

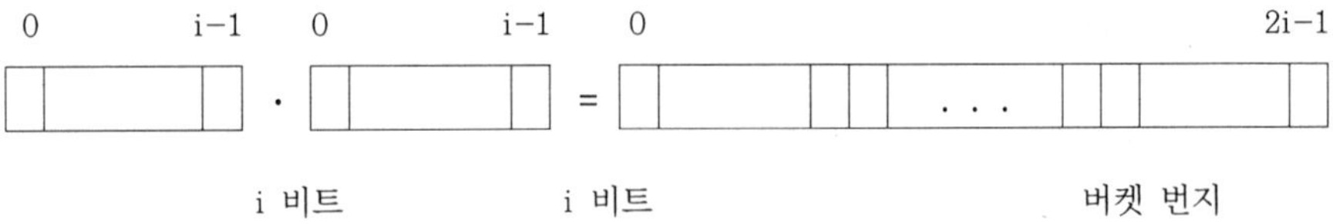

(3) 접기 방법(folding)

키를 여러 부분으로 나누고 각 부분들을 서로 합하여 버켓 번지를 얻는 방법이다. 이때 마지막 부분을 제외하고는 모든 부분을 같게 나눈다. 접기 방법에는 이동 접기와 경계 접기가 있다.

❶ 이동 접기(shift folding)

각 부분을 이동시켜 최하위 비트가 마지막 비트가 되도록 일치시키어 각 부분들의 같은 위치의 숫자를 더하여 값을 얻는 방법이다.

❷ 경계 접기(folding at the boundary)

키의 각 부분들을 종이 접듯이 경계에서 겹친 다음 같은 자리에 위치한 수들을 더하여 값을 얻는 방법이다.

예를 들어 키값이 다음과 같을 때 이동 접기와 경계 접기로 버켓 번지를 구해보자.

1	0	0	2	0	0	3	0	0	4	0	0	5	0

마지막을 제외하고 같은 길이로 이 키값을 다섯 개 부분으로 나누면 다음과 같다.

$P_1 = 100,\quad P_2 = 200,\quad P_3 = 300,\quad P_4 = 400,\quad P_5 = 50$

이를 최하위 비트에 맞추어 더하면 다음과 같다.

	(가) 이동 접기		(나) 경계 접기
P_1	100	P_1	100
P_2	200	P_2	002
P_3	300	P_3	300
P_4	400	P_4	004
P_5	50	P_5	50
	1050		456

$P_r^i = P_i$의 역

(가) 이동 접기 (나) 경계 접기

(4) 숫자 분석 방법 (Digit analysis)

키를 분석하여 불필요한 부분이나 중복 사용되는 부분을 삭제하고 남아있는 부분만으로 버켓 번지를 만드는 방법이다. 해쉬표에 입력될 모든 키들을 특정한 기수(radix)의 숫자로 변화시키고, 이를 분석하여 편향(skewed)되게 사용되는 숫자는 생략한다. 남아 있는 숫자만으로 해쉬표의 버켓 번지를 결정하며, 번지로 사용되는 숫자는 각 숫자들의 값이 균등하게 사용되는 가에 기준을 두고 선택한다. 값은 아주 큰 값이나 작은 값을 갖지 않도록 하고 표준편차(standard deviation)가 적도록 한다.

7.2.3 과잉 상태 처리

앞에서 충돌과 과잉 상태에 대해 예를 들어 설명하였다. 버켓 내의 슬롯의 개수가 1일 경우는 충돌과 과잉 상태가 동시에 발생하므로 슬롯의 개수가 1인 경우를 중심으로 설명한다. 새로운 키가 꽉 찬 버켓에 사상되었을 경우에 과잉 상태가 발생하며, 이때 이 키를 저장할 다른 곳을 찾아야 한다. 다음은 과잉 상태를 처리하는 방법들을 설명한다.

(1) 선형 개방 번지법 (linear open addressing)

❶ 선형 탐색법 (linear probing)

과잉 상태를 처리하는 가장 간단한 방법은 가장 가까이 있는 빈 버켓을 찾는 방법이다. 각 버켓에 한 개의 슬롯이 있고, 열 개의 버켓이 있는 해쉬표 HT를 예로 들어 보자. 키가 31, 10,

30, 2, 11, 12, 90, 91 이고 해쉬 함수 f(K)는 K의 십의 자리 숫자라고 가정하자. 처음의 해쉬표 내의 모든 값들은 '-'이다. f(31) = 3인데, 이 버켓은 비어 있으므로 31과 이 자료를 구성하는 정보는 HT(3)에 저장된다. 편의상 해쉬표에는 키값만 표시하기로 한다. 10은 HT(1)에 저장된다. 다음 키 30의 버켓 번지는 f(30) = 3이다. 여기서 충돌과 과잉 상태가 발생하므로, 다음 빈 슬롯인 HT(4)에 30이 저장된다. 2는 HT(0)에 저장되고, 11은 HT(1)에서 10과 충돌하므로 과잉 상태가 발생하여 HT(2)에 저장된다. 12, 90은 HT(5), HT(9)에 각각 저장된다. 91은 HT(9)에서 90과 충돌하므로 다음 빈곳을 찾아 HT(6)에 저장된다(해쉬표는 순환(circular)이다). 〈그림 7.9〉는 저장이 모두 끝난 뒤의 해쉬표 상태이다.

0	2
1	10
2	11
3	31
4	30
5	12
6	91
7	–
8	–
9	90

**그림 7-9 열 개의 버켓을 가진 선형 탐색법

키 K를 해쉬표에서 찾으려면, f(K)를 계산하고 HT(f(K)), HT(f(K)+1), ⋯, HT(f(K)+i)인 위치에 있는 키를 검사해야 한다. 여기서 HT(f(K)+i)는 K이거나(K가 해쉬표에 있다), 0이거나(K가 해쉬표에 없다). 또는 HT(f(K))이다(해쉬표가 꽉 차있다). 알고리즘은 〈알고리즘 7.4〉와 같다.

```
LINSRCH (K, HT, b, j)
i ← f(K); j ← 1
    HT(j) ≠ K & HT(j) ≠ 0
        j ← (j+1) mod b
        if j ← i then TABLE_FULL
```

알고리즘 7.4 선형 탐색법

〈알고리즘 7.4〉에서 탐색 수는 각각 2에 1, 10에 1, 11에 2, 31에 1, 30에 2, 12에 5, 91에 8, 90에 1씩으로 총 21 버켓이 검사된다. 그러므로 키 당 검색되는 평균 버켓 수는 21/8 ≒ 2.6이다.

앞의 예제에서 보는 것처럼 선형 탐색법으로 과잉 상태를 해결하려면, 키가 한곳으로 밀집하는 경향이 있어 탐색 시간을 증가시킨다. 〈그림 7.9〉에서 키 91의 위치를 정하는데 HT(9), HT(0), …, HT(6)까지 여덟 번의 비교를 해야 한다. 이러한 군집(cluster)들은 키가 늘어날수록 점점 커가는 경향이 있어 결국은 커다란 군집을 형성하게 된다.

❷ 이차 탐색법(quadratic probing)

군집의 크기를 줄이기 위해, 선형 탐색법이 하나씩 차례로 빈 슬롯을 찾는데 반하여, 이차 탐색법은 i의 이차 함수를 증분으로 사용하여 탐색한다. 탐색은 $1 \le I \le (b-1)/2$에 대해 f(K), $(f(K)+i^2) \bmod b$, $(f(K)-i^2) \bmod b$를 검사하면 된다. b가 4j+3 (j는 양의 정수) 형태의 소수라면 이차 탐색 법은 해쉬표의 모든 버켓을 조사할 수 있다는 것이 증명되어 있다. 〈표 7.2〉는 4j+3인 형태의 소수를 나열해 놓은 것이다.

❙표 7-2❙ 4j+3 형태의 소수

소수	j	소수	j
3	0	43	10
7	1	59	14
11	2	127	31
19	4	251	62
23	5	503	125
31	7	1019	254

❸ 임의 탐색법(random probing)

임의 탐색법은 일정한 순서로 해쉬표내의 번지를 찾는 방법과는 달리 난수(random number) 프로그램을 이용하여 다음 번지를 결정하고, 이 번지를 사용하여 과잉 상태를 해결한다. $1 \le I \le (b-1)$에 대해 f(K), $(f(K)+r(i)) \bmod b$를 검사한다. 여기서 r(i)는 난수이다. 즉 f(K) 충돌을 일으키면 난수 r(i)를 계산하여 f(K)에 더하여 사용한다. 이 과정을 빈 버켓을 발견할 때까지 계속 반복한다.

❹ 재 해싱(rehashing)

충돌이 발생했을 때 $1 \le I \le n$에 대해 여러 개의 해쉬 함수 f_1, f_2, …, f_n을 사용하는 방법이다. 버켓 번지 $f_i(K)$는 이 함수들의 순서에 따라 차례로 검사된다.

(2) 연결기법(chaining)

선형 탐색법의 단점은 키를 탐색할 때 서로 다른 해쉬 값을 가진 키들과 비교를 해야 하는데 있다.

즉 앞의 예에서 91을 찾으려면 HT(9) 및 91과는 충돌을 일으키지도 않는 HT(0), HT(1), ···, HT(5)와 비교를 거쳐야 한다. 하나의 버켓을 하나의 리스트로 구성하면 이러한 불필요한 비교를 하지 않아도 된다. 즉, 탐색할 때, 해쉬 번지 f(K)를 계산하여 f(K)에 있는 리스트만 검사하면 된다. 각 리스트들은 크기를 알 수 없기 때문에 연결부로 연결시키는 것이 좋다. 각 슬롯에는 연결부를 위한 부수적인 공간이 필요하다. 여기서 각 체인들은 머리 노드를 가지며, 이 머리 노드들은 순차적인 구조(배열)를 갖는다. 앞의 예를 해쉬 체인(hash chain)으로 나타내면 〈그림 7.10〉과 같다.

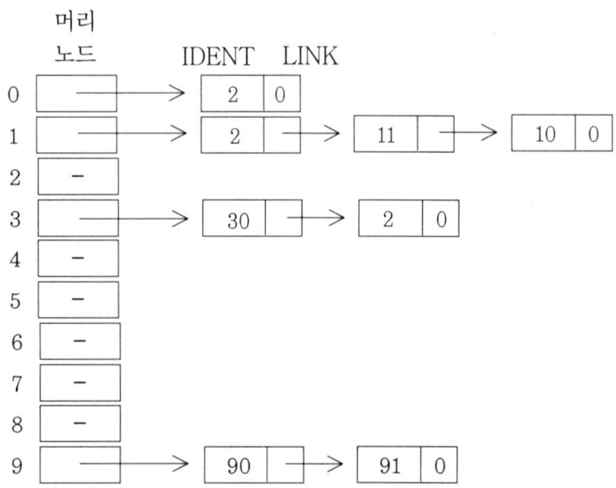

**그림 7-10 연결 기법에 의한 해쉬 표

새로운 키의 삽입은 체인의 어느 한 쪽에서만 일어난다. 이것은 리스트를 탐색할 때, 마지막 노드까지 탐색해야 키 K가 f(K)에 없다는 것을 알 수 있기 때문이다. 그림의 예에서는 체인의 앞 (front)에서 삽입된다. 이 해쉬표의 탐색 알고리즘은 〈알고리즘 7.5〉와 같다.

```
CHNSRCH (K, HT, b, j)
i ← HT(f(K))
    (j ≠ 0 and IDENT(j) ≠ K)
        j ← LINK(j)
```

알고리즘 7.5 체인 탐색 알고리즘

〈그림 7.10〉에서 탐색 횟수를 조사해 보면 2, 12, 30, 91에 대해서는 1번, 11, 31, 90에 대해서는 2번, 10에 대해서는 3번이므로 총 13번이다. 따라서 평균 탐색 횟수는 선형 탐색법보다 훨씬 적은 13/8 ≒ 1.6이 된다. 하지만 연결부를 위해 부수적인 기억공간이 필요하다.

7-3 정렬 (sort)

정렬은 리스트내에 존재하는 원소들을 원하는 순서대로 정돈하는 것을 말한다. 정렬 방법은 크게 내부 정렬 (internal sort)과 외부 정렬 (external sort)로 나눠질 수 있는데, 내부 정렬은 리스트내의 원소들의 수가 많지 않아서, 이들을 주 기억장치 속에 저장하여 정렬하는 것을 말하며, 외부 정렬은 리스트내의 원소들의 수가 많아서 주 기억장치에 모두를 저장할 수 없기 때문에, 보조 기억장치에 저장해두고 정렬하는 것을 말한다. 여기에서는 내부 정렬에 대해서만 다루고, 외부 정렬에 대해서는 8장에서 다루기로 한다. 내부 정렬도 리스트내의 원소들을 키값이 커가는 순서로 정렬하는 오름차순 (ascending) 정렬과 리스트내의 원소들을 키값이 작아지는 순서로 정렬하는 내림차순 (descentding) 정렬로 구분할 수 있는데, 여기에서는 오름차순 정렬에 대해서만 다루기로 한다. 내림차순 정렬은 오름차순 정렬과 반대로 생각하면 되기 때문에, 오름차순 정렬을 이해하면 내림차순 정렬은 자연히 이해될 것이다.

7.3.1 원시 정렬 (primitive sort)

원시 정렬 또는 교환 정렬은 가장 간단하게 수행될 수 있는 정렬 방법이다. 여기에서 정렬될 리스트는 n개의 원소를 가지는 것으로 한다. 첫 단계에서는 리스트의 첫 번째 원소와 그 이후의 원소와 비교하면서, 첫 번째 원소보다 작은 값을 가지는 원소가 나올 때 마다, 두 원소를 교환하여 첫 번째에 작은 값을 가지는 원소가 있도록 한다. 따라서 첫 단계가 완료되면 가장 작은 값을 가지는 원소가 리스트의 첫 번째 위치에 오게 된다. 두 번째 단계는 리스트의 두 번째 원소와 세 번째 이후의 원소들과 비교하여, 두 번째에 있는 원소보다 작은 값을 가지는 원소가 나올 때 마다 두 원소를 교환한다. 따라서 두 번째 단계가 완료되면 리스트내에서 두 번째로 작은 값이 리스트의 두 번째 위치에 오게 된다. 이와 같은 방식으로 n-1 단계까지 진행하면, 리스트내의 원소들이 값이 커가는 순서대로 정돈된다. 이에 대한 알고리즘은 〈알고리즘 7.6〉과 같다.

원시_정렬 (리스트, n)

// n개의 원소를 갖는 리스트를 오름차순으로 정렬

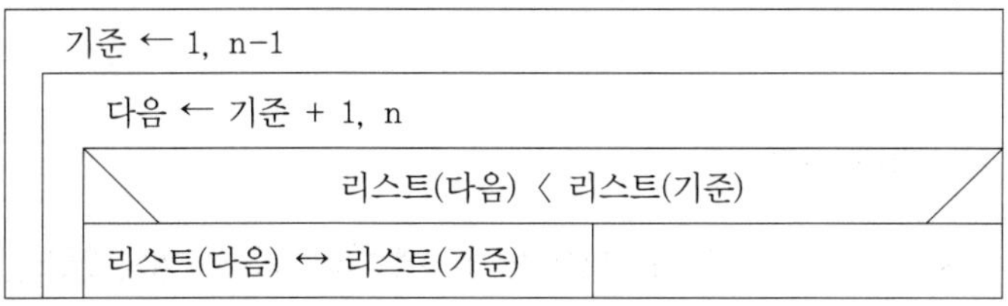

알고리즘 7.6 원시 정렬

이 알고리즘을 예를 들어서 설명해 보자. 〈그림 7.11〉의 최초 리스트의 첫 번째 원소 35와 두 번째 원소 42와 비교하여, 두 번째 원소가 크므로 그대로 지나간다. 첫 번째 원소 35와 세 번째 원소 16과 비교하여, 세 번째 원소가 작으므로 두 원소를 교환한다. 이제는 첫 번째 원소의 값이 16이 되어, 네 번째 원소와 비교하여 첫 번째 원소가 작으므로 그대로 통과한다. 이후의 비교에서도 첫 번째 원소가 작게 되므로 변화가 없다. 이렇게 하여 1 단계가 완료된다. 두 번째 단계에서는, 두 번째 원소인 42와 세 번째 원소 35가 비교되어 두 원소를 바꾼 다음, 두 번째 원소 35와 네 번째 원소 27과 비교하여 두 원소를 바꾼다. 이와 같이 기준 위치의 원소 값과 새로 비교되는 원소 값을 비교하여, 기준 위치의 원소 값 보다 작은 값을 가지는 원소가 나타날 때 마다 두 원소를 교환하면서 진행한다.

위치	1	2	3	4	5	6	7	8	9
최초 리스트	35	42	16	27	89	54	99	71	63
1 단계	16	42	35	27	89	54	99	71	63
2 단계	16	27	42	35	89	54	99	71	63
3 단계	16	27	35	42	89	54	99	71	63
4 단계	16	27	35	42	89	54	99	71	63
5 단계	16	27	35	42	54	89	99	71	63
6 단계	16	27	35	42	54	63	99	89	71
7 단계	16	27	35	42	54	63	71	99	89
8 단계	16	27	35	42	54	63	71	89	99

그림 7-11 원시 정렬 과정

이 알고리즘의 복잡도를 계산해보자. 내부 반복은 외부 반복에서 정해지는 '기준'에 따라서 (n−기준)번 수행된다. 따라서 다음과 같은 계산에 의해서,

$$\sum_{i=1}^{n-1}(n-i) = (n-1)+(n-2)+\ldots+1$$

$$= \frac{(n-1)n}{2}$$

이 되므로, 알고리즘의 수행시간은 $O(n^2)$ 이다.

원시 정렬 방법은 리스트내의 자료들이 어느 정도 정렬되어 있느냐에 따라, 리스트내의 원소들의 교환 빈도가 좌우된다. 이미 오름차순으로 정렬된 리스트를 원시 정렬할 때에는, 원소의 교환이 한 번도 일어나지 않지만, 리스트가 내림차순으로 정렬된 경우에는, 매 단계마다 (n−기준) 회수 만큼의 원소 교환이 있게 된다. 그리고 원소들의 정렬 여부에 관계없이, 이 정렬 방법은 (n−1)

단계를 수행하므로, 최악의 경우는 원소들이 원하는 순서와 반대되는 순서로 정렬되어 있는 리스트를 정렬하고자 할 때이다.

7.3.2 선택 정렬 (selection sort)

선택 정렬의 첫 단계에서는, 리스트내의 원소들을 처음부터 끝까지 조사하여 가장 작은 값을 가지는 원소를 찾아서 (선택하여), 리스트의 첫 번째 원소와 교환한다. 이와 같은 과정이 완료되면, 리스트에서 가장 작은 값을 가지는 원소가 리스트의 첫 번째에 위치하게 된다. 두 번째 단계에서는 리스트의 두 번째 이후의 원소들 가운데 가장 작은 값을 찾아서, 리스트의 두 번째 원소와 교환한다. 따라서 리스트에서 두 번째로 작은 값을 가지는 원소가 리스트의 두 번째에 위치하게 된다. 이와 같은 과정을 계속하면 되는데, 이 방식은 제자리에 올 원소를 선택하여 제자리에 갈 수 있도록 한다는 것이다. 이와 같은 선택 정렬에 대한 알고리즘은 〈알고리즘 7.7〉과 같다.

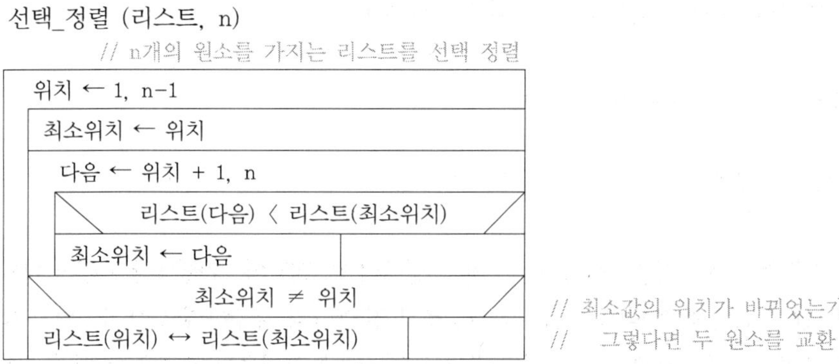

알고리즘 7.7 선택 정렬

이 알고리즘을 예를 들어서 설명해 보자. 〈그림 7.12〉의 최초 리스트의 첫 번째 원소를 가장 작은 원소 값이라고 가정하고 두 번째 원소와 비교하는데, 두 번째 원소가 크기 때문에 그냥 통과 한다. 세 번째 원소는 첫 번째 원소보다 작기 때문에, 최소값을 갖는 원소의 위치는 3이라고 기억한다. 이와 같은 과정을 계속하면, 리스트 중에서 가장 작은 값을 가지는 원소의 위치는 3이고, 이 원소가 위치해야 할 곳은 첫 번째 이므로 두 원소를 바꾼다. 두 번째 단계에서는 리스트의 두 번째 원소 이후에서 가장 작은 값을 가지는 원소 27이 리스트의 두 번째 위치에 오도록 두 번째 원소와 교환한다. 이와 같은 과정을 8 단계까지 계속하면, 리스트의 원소들이 오름차순으로 정렬된다.

위 치	1	2	3	4	5	6	7	8	9
최초 리스트	35	42	16	27	89	54	99	71	63
1 단계	16	42	35	27	89	54	99	71	63
2 단계	16	27	35	42	89	54	99	71	63
3 단계	16	27	35	42	89	54	99	71	63
4 단계	16	27	35	42	89	54	99	71	63
5 단계	16	27	35	42	54	89	99	71	63
6 단계	16	27	35	42	54	63	99	71	89
7 단계	16	27	35	42	54	63	71	99	89
8 단계	16	27	35	42	54	63	71	89	99

**그림 7-12 선택 정렬 과정

이 알고리즘의 복잡도를 계산해보자. 내부 반복은 외부 반복에서 정해지는 '위치'에 따라서 (n－위치) 번 수행된다. 따라서 다음과 같은 계산에 의해서,

$$\sum_{i=1}^{n-1}(n-i) = (n-1)+(n-2)+\ldots+1$$

$$= \frac{(n-1)n}{2}$$

이 되므로, 알고리즘의 수행시간은 $O(n^2)$ 이다. 원시 정렬과 비교할 때, 수행시간은 같게 나타났으나 원소의 교환 빈도가 아주 낮아진다는 점에서 원시 정렬 보다 우수하다고 할 수 있다. 하지만 선택 정렬 방법도 리스트내의 자료들이 정렬되어 있느냐에 관계없이 정렬을 진행하는 문제점이 있다.

7.3.3 삽입 정렬(insertion sort)

삽입 정렬은 이미 정렬된 부분 리스트에 새로운 원소를 제 위치에 삽입하는 방식으로 정렬을 수행한다. 첫 단계에서는 리스트의 첫 원소가 정렬된 것으로 간주한다. 두 번째 단계에서는, 리스트의 두 번째 원소를 앞의 리스트에서 제 위치를 찾아 삽입한다. 즉, 정렬안된 리스트의 두 번째 원소가 정렬된 부분 리스트의 원소보다 크면 뒤에, 작으면 앞에 삽입한다. 세 번째 단계에서는, 리스트의 세 번째 원소를 이미 정렬된 두 개의 원소를 갖는 부분 리스트에서 제 자리를 찾아 삽입한다. 이와 같이 진행되는 삽입 정렬의 알고리즘은 〈알고리즘 7.8〉과 같다.

```
삽입_정렬( 리스트, n)
        // n개의 원소를 갖는 리스트를 삽입 정렬
  단계 ← 2, n
    키값 ← 리스트(단계)                      // 새로 삽입될 원소 선택
    위치 ← 단계 - 1
      위치 > 0 & 리스트(위치) > 키값
        리스트(위치+1) ← 리스트(위치)        // 삽입될 원소보다 큰 원소들은
        위치 ← 위치 - 1                      //   뒤로 한 칸씩 이동
    리스트(위치+1) ← 키값                    // 새로운 원소의 삽입
```

알고리즘 7.8 삽입 정렬

이 알고리즘을 예를 들어서 설명해 보자. 〈그림 7.13〉에서 보는 바와 같이, 첫 단계에서는 리스트의 첫 번째 원소가 이미 정렬되었다고 간주한다. 두 번째 단계에서는 리스트의 두 번째 요소인 42를 앞의 부분 리스트의 원소 35와 비교하여 크기 때문에 35 뒤에 삽입한다. 세 번째 단계에서는 세 번째 요소인 16을 먼저 42와 비교하여 42가 크기 때문에 42를 한 칸 뒤로 이동하고, 다시 35와 비교하여 35도 16 보다는 크기 때문에 한 칸 뒤로 이동시킨다. 이제 더 이상 비교할 대상이 없으므로 비어있는 자리에 16을 삽입한다. 이와 같은 과정을 리스트의 마지막 원소가 제자리를 찾을 때까지 계속 진행하면 원소들이 정렬된다.

이 알고리즘의 복잡도를 계산해 보자. 내부 반복에서, 최선의 경우는 '리스트(위치) 〈 키값' 즉, 새로이 삽입하고자 하는 원소 값이 정렬된 리스트의 마지막 원소보다 큰 경우인데, 이때에는 내부 반복의 조건만 비교할 뿐, 내부 반복 자체는 한 번도 실행하지 않고 외부 반복만 (n−2)번 실행하면 된다. 최악의 경우는 새로이 삽입하고자 하는 원소 값이 정렬된 리스트의 첫 번째 원소 값 보다 작은 경우인데, 이때에는 내부 반복의 조건을 (위치+1)번 비교하고, 내부 반복 자체는 '위치' 번 수행해야 한다. 한편 외부 반복은 내부 반복의 실행횟수와 상관없이 (n−2)번 수행되므로, 이 알고리즘의 전체 연산 시간은 다음과 같은 계산에 의해

위 치	1	2	3	4	5	6	7	8	9
최초 리스트	35	42	16	27	89	54	99	71	63
1 단계	35								
2 단계	35	42							
3 단계	16	35	42						
4 단계	16	27	35	42					
5 단계	16	27	35	42	89				
6 단계	16	27	35	42	54	89			
7 단계	16	27	35	42	54	89	99		
8 단계	16	27	35	42	54	71	89	99	
9 단계	16	27	35	42	54	63	71	89	99

**그림 7-13 삽입 정렬 과정

$$\sum_{i=2}^{n} i = \frac{n(n-2)}{2}$$

$O(n^2)$이다.

이상에서 설명한 삽입 정렬도 리스트가 정렬되어 있는 지에 상관없이 n단계의 수행이 필요하다는 문제가 있다. 또한 리스트가 부분적으로 정렬되어 있느냐에 따라 알고리즘의 효율성이 좌우된다. 만일에 원래 리스트에서 정렬되어 있는 부분에 대해서는 정렬 과정을 수행하지 않고, 정렬이 되어있지 않은 부분 리스트에 대해서만 정렬 과정을 수행한다면, 전체 연산 시간을 줄일 수는 있다.

7.3.4 버블 정렬(bubble sort)

버블 정렬은 리스트의 처음부터 바로 인접한 원소끼리 비교하여 순서가 맞지 않으면 순서대로 배치되도록 두 원소를 교환한다. 이와 같이 하여 한 단계가 완료되면 리스트에서 가장 큰 원소가 리스트의 마지막 위치로 가게 된다. 두 번째 단계에서는 고려할 필요가 없는 리스트의 마지막 원소를 제외하고, 다시 리스트의 처음부터 인접한 원소끼리 비교하여 순서대로 배치하는 작업을 계속한다. 이와 같은 두 번째 단계가 완료되면, 리스트에서 두 번째 큰 원소가 리스트의 마지막에서 두 번째 위치에 오게 된다. 이러한 과정을 반복한다면, n개의 원소를 갖는 리스트에 대해서는 (n - 1) 단계안에 정렬이 완료될 수 있다.

효율성을 높이기 위해서, 두 가지 사항을 추가적으로 고려한다. 첫 번째는 매 단계에서 마지막으로 비교하는 위치는 이전 단계에서 마지막 원소들이 교환된 위치이다. 단계가 하나 씩 증가함에 따라 비교 대상이 하나씩만 감소되는 것이 아니라, 리스트 중간에 정렬되어 있는 부분에 대해서는 다음 단계에서는 고려하지 않아도 된다는 판단을 이용하는 것이다. 둘째는 리스트내의 원소들이 이미 정렬되었는데도, 정렬 과정을 계속하는 것을 방지하기 위하여, 정렬의 각 단계에서 리스트가 이미 순서대로 정렬되었는가를 검사한다. 이미 정렬되었다고 결정되면 더 이상 정렬 과정을 진행시키지 않는다는 것이다. 이와 같은 버블 정렬에 대한 알고리즘은 〈알고리즘 7.9〉와 같다.

```
버블_정렬 (리스트, n)
        // n개의 원소를 갖는 리스트를 버블 정렬
최종 ← n
  단계 ← 1, n-1
    최후 ← 최종
      위치 ← 1, 최후-1
        리스트(위치) 〉 리스트(위치+1)            // 인접원소끼리 비교
          리스트(위치) ↔ 리스트(위치+1)
          최종 ← 위치                          // 최종교환 위치 기억
    최종 = 최후 or 최종 = 1                      // 리스트가 이미 정렬되었는가?
      전체 반복을 끝냄                          // 그렇다면 전체반복을 끝냄
```

알고리즘 7.9 버블 정렬

이 알고리즘을 예를 들어서 설명해 보자. 〈그림 7.14〉의 첫 단계에서는 우선 첫 번째 원소 35와 두 번째 원소 42를 비교하여 두 번째 원소가 크기 때문에 그대로 통과하고, 두 번째 원소 42와 세 번째 원소 16을 비교하여 세 번째 원소가 작기 때문에 두 원소를 바꾼다. 이제 세 번째 원소 42와 네 번째 원소 27과 비교하여 두 원소를 바꾼다. 네 번째 원소가 된 42와 다섯 번째 원소 89를 비교하여 다섯 번째 원소가 크므로 그대로 통과한다. 다섯 번째 원소 89와 여섯 번째 원소 54를 비교하여 서로 교환하고, 이제 여섯 번째 원소 89와 여덟 번째 원소 99를 비교하여 그대로 통과하고, 여덟 번째 원소 99와 아홉 번째 원소 77과 비교하여 서로 교환하고, 아홉 번째 원소가 된 99와 열 번째 원소 63을 비교하여 서로 바꾼다. 이제 더 이상 비교할 원소가 없으므로 1단계 과정을 종료하는데, 마지막 교환 위치는 8이다. 두 번째 단계도 첫 단계와 마찬가지로 리스트의 첫 번째 원소와 두 번째 원소의 비교부터 시작하여 과정은 똑 같이 진행되지만, 첫 단계에서 마지막 교환위치인 여덟 번째 원소까지만 비교한다. 4단계에서는 교환되는 원소가 없으므로 3단계의 결과가 이미 정렬된 결과라는 것을 알게 되어 정렬 과정을 종료한다.

위치	1	2	3	4	5	6	7	8	9	
최초 리스트	35	42	16	27	89	54	99	71	63	
1 단계	35	16	27	42	54	89	71	63	99	// 최종 = 8
2 단계	16	27	35	42	54	71	63	89	99	// 최종 = 7
3 단계	16	27	35	42	54	63	71	89	99	// 최종 = 6
4 단계	16	27	35	42	54	63	71	89	99	// 최종 = 6

그림 7-14 버블 정렬 과정

이 알고리즘의 연산 시간을 구해보자. 최선의 경우는 정렬하고자 하는 리스트가 이미 원하는 순서대로 정렬된 경우인데, 이때에는 한 단계의 실행으로 정렬이 완료된다. 최악의 경우에는 정렬하고자 하는 리스트가 원하는 순서의 반대로 정렬되어 있는 경우이다. 이 경우에는 원소의 교환 횟수도 가장 많고, 정렬 단계도 가장 길다. 예를 들면, 〈그림 7.15〉와 같은 경우이다. 첫 단계에서 첫 번째 원소 99는 8의 비교 끝에 아홉 번째 자리로 가고, 두 번째 단계에서 두 번째 원소 89는 7번의 비교 끝에 여덟 번째 자리로 간다. 이와 같이 진행되어, 총 비교 횟수는 36번이다.

위치	1	2	3	4	5	6	7	8	9
최초 리스트	99	89	71	63	54	42	35	27	16
1 단계	89	71	63	54	42	35	27	16	99
2 단계	71	63	54	42	35	27	16	89	99
3 단계	63	54	42	35	27	16	71	89	99
4 단계	54	42	35	27	16	63	71	89	99
5 단계	42	35	27	16	54	63	71	89	9
6 단계	35	27	16	42	54	63	71	89	99
7 단계	27	16	35	42	54	63	71	89	99
8 단계	16	27	35	42	54	63	71	89	99

그림 7-15 최악의 경우의 버블 정렬 과정

일반적으로 n개의 원소를 갖는 리스트가 정렬하려는 순서와 반대로 정렬되었을 때는 다음과 같은 계산에 의해서,

$$\sum_{i=1}^{n-1}(n-i) = (n-1)+(n-2)+\ldots+1 = \frac{(n-1)n}{2}$$

총 연산 시간은 $O(n^2)$이 된다. 이것은 선택 정렬이나 삽입 정렬과 같은 복잡도를 보이고 있

으며, 최악의 경우는 지금까지의 정렬보다도 비효율적이다. 하지만 부분적으로 정렬된 것을 반영할 수 있으며, 정렬 중간에 정렬이 완료될 수 있기 때문에, 평균적으로는 지금까지의 어떤 정렬 방법 보다도 우수하다.

7.3.5 쉘 정렬 (shell sort)

앞에서 살펴본 버블 정렬에서, 제 위치에서 멀리 떨어진 원소인 경우에는 여러 번의 교환이 이루어지기 때문에 효율성이 떨어진다. 이것은 버블 정렬이 인접한 원소들끼리만 비교하기 때문에 자리를 옮기더라도 한 자리 밖에는 옮길 수 없다. 쉘 정렬에서는 멀리 있는 원소들끼리 비교하도록 하여, 자리를 옮기게 될 경우에는 큰 폭으로 자기 자리를 찾아갈 수 있도록 개선하였다. 쉘 정렬에서는 리스트에 있는 원소들이 여러 개의 부 리스트를 구성하도록 하는데, 하나의 부 리스트에 들어가는 원소들은 간격이 멀리 떨어진 원소들로 구성된다. 이러한 부 리스트를 앞에서 설명한 정렬 방법 중 하나를 선택하여 독립적으로 정렬하는데, 정렬이 진행되면서 원소들 간의 간격이 좁아져 부 리스트 수가 줄어들고, 각 부 리스트의 원소 수는 늘어난다. 최종적으로는 원소들 간의 간격을 1로 하여, 전체를 하나의 리스트로 만들어 정렬 수행한다. 이와 같은 쉘 정렬에 대한 알고리즘은 〈알고리즘 7.10〉과 같다.

```
쉘_정렬 (리스트, n)
        // n개의 원소를 가지는 리스트를 쉘 정렬
위치 ← 1
    간격 ← 증가(위치)                  // 부 리스트를 구성하는
                                       //   원소들간의 간격을 결정함
간격 ≥ 1
    각 부 리스트를 정렬
    위치 ← 위치 + 1                    // 새로운 간격 결정
    간격 ← 증가(위치)
```

알고리즘 7.10 쉘 정렬

이 알고리즘을 예를 들어서 설명해 보자. 〈그림 7.16〉의 첫 단계에서는, 원소들간의 간격을 5로 하여 다섯 개의 부 리스트를 독립적으로 버블 정렬하고 있다. 두 번째 단계에서는, 원소들 간의 간격을 3으로 하여 세 개의 부 리스트를 버블 정렬하고, 세 번째 단계에서는, 원소들간의 간격을 1로 하여 버블 정렬을 수행한다. 첫 번째 단계와 두 번째 단계는 부 리스트의 길이가 짧기 때문에 정렬 시간이 길지 않다. 세 번째 단계도 정렬 시간이 많이 걸리지 않는데, 이것은 앞의 두 단계에서 각 원소들이 자기 위치 근방에 와 있기 때문이다.

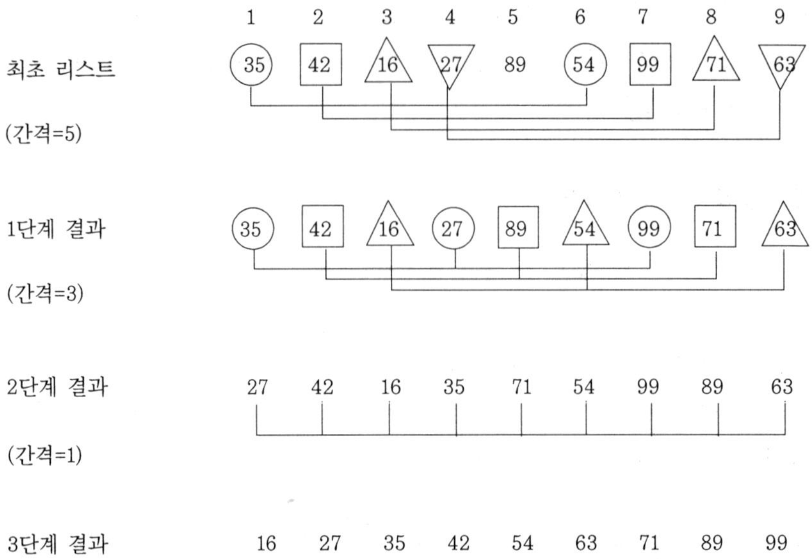

**그림 7-16 쉘 정렬 과정

간격을 어떻게 결정하는 것이 좋은 지에 대한 명확한 방법은 아직 밝혀지지 않고 있지만, 간격 값을 8, 4, 2, 1을 차례로 사용하면 한 단계에서 비교했던 원소들이 다음 단계에서 또 비교하게 되므로 낭비적이다. 따라서 간격 값이 서로 배수가 되지 않도록 하는 것이 바람직한데, 실험에 의하면 i번째 단계에서는 $(2^k - 1)$을 간격의 값으로 사용하는 것이 좋다고 한다. 여기에서 $k = \lfloor \log_2 n \rfloor$ 이며, 결국은 1, 3, 7, 15, 31, …의 역순으로 간격을 결정한다. 그리고 쉘 정렬에서의 복잡도를 구하는 것은 간격을 어떻게 잡느냐 하는 것과 리스트의 원소들의 정렬 상태를 파악해야 하는 아주 난해한 문제이기 때문에 생략한다.

7.3.6 합병 정렬(merge sort)

(1) 정렬된 두 리스트의 합병

합병 정렬을 살펴보기 전에 〈그림 7.17〉에서와 같이 정렬되어 있는 두 개의 리스트를 합병하여, 정렬된 하나의 리스트로 만드는 것에 대해서 살펴보자.

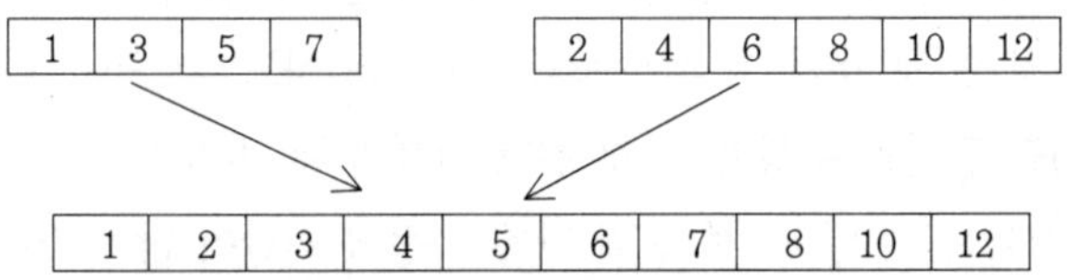

**그림 7-17 리스트 합병 예

두 리스트를 A와 B라고 한다면, A와 B는 모두가 정렬되어 있기 때문에, A의 첫 원소와 B의 첫 원소를 비교하여, A의 첫 원소가 B의 첫 원소보다 작으면 A의 첫 원소를 합병 리스트 C의 첫 원소로 삽입한다. 다음은 A의 두 번째 원소와 B의 첫 번째 원소 중에서 작은 원소를 C에 삽입한다. 이와 같이 정렬된 두 리스트에서 한 원소씩 비교하여, 그 중 작은 원소를 합병 리스트에 삽입하는 방식으로 진행하여, 두 리스트에 있는 모든 원소가 합병 리스트에 삽입되면 합병 작업이 완료된다. 이와 같은 합병 알고리즘은 〈알고리즘 7.11〉과 같다.

```
합병 (A, B, SA, SB, C)
        // 정렬된 A와 B를 합병하여 C를 구성      // A, B, C : 리스트
p ← 1;  q ← 1;  r ← 1                          // p, q, r : 각기 A, B, C에서의 원소의 위치
p ≤ SA & q 〈 SB                                // SA : A의 크기,  SB : B의 크기
    A(p) 〈 B(q)
    C(r) ← A(p)          | C(r) ← B(q)
    p++                  | q++
    r++
p 〈 SA
    C(r) ← A(p)
    p++;  r++
q ≤ SB
    C(r) ← B(q)
    q++;  r++
```

알고리즘 7.11 리스트의 합병

이 알고리즘을 예를 들어 설명해 보자. 〈그림 7.18〉에서와 같은 두 개의 정렬된 리스트가 있다고 할 때, p가 가리키는 A의 첫 번째 원소 1과 q가 가리키는 B의 첫 번째 원소 2를 비교하여 A의 첫 번째 원소가 작으므로, A의 첫 원소 1을 C의 첫 원소로 삽입하고, p와 r값을 1 만큼 증가시킨다. 이제 A의 두 번째 원소 3과 B의 첫 번째 원소 2를 비교하여 작은 2를 C에 삽입한다. 이와 같이 두 리스트의 원소를 비교하여, 그 중 작은 원소를 C에 삽입하다가, (바)에서 처럼 어느 한 쪽 리스트의 모든 원소가 C로 이동된 후에는, (사)에서 처럼 다른 리스트에 남아있는 모든 원소를 비교 작업 없이 C로 옮긴다.

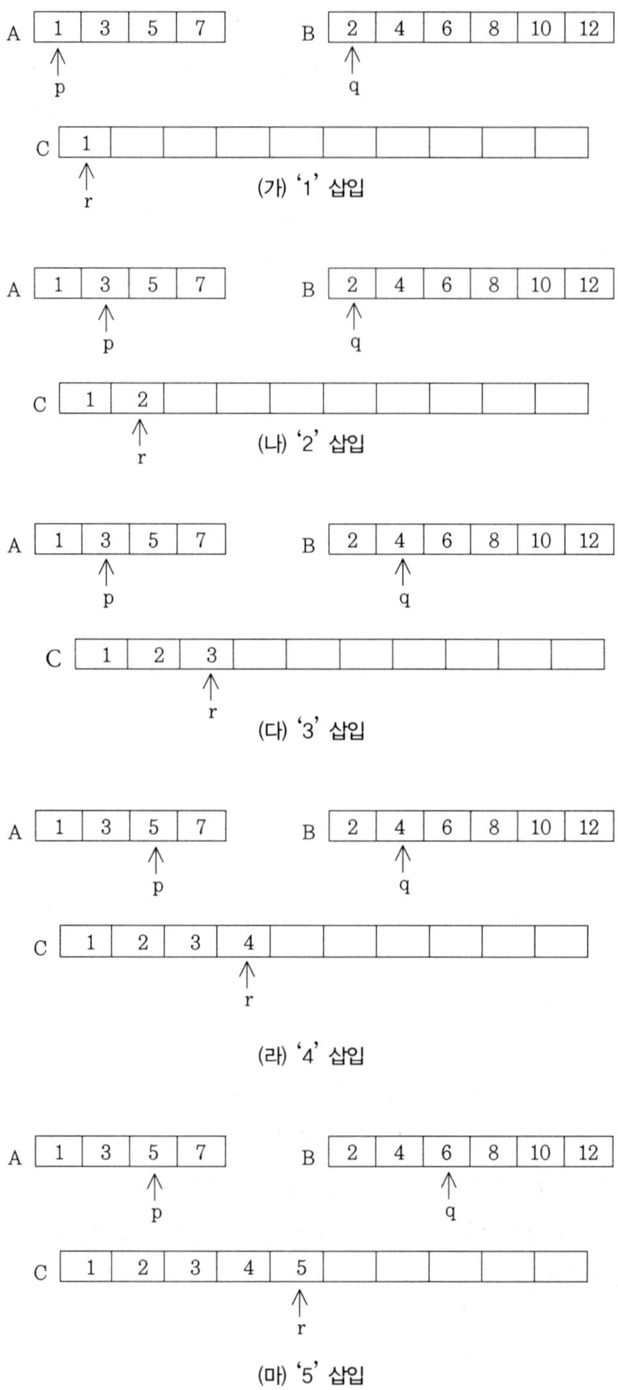

(가) '1' 삽입

(나) '2' 삽입

(다) '3' 삽입

(라) '4' 삽입

(마) '5' 삽입

**그림 7-18 정렬된 두 리스트의 합병 (계속)

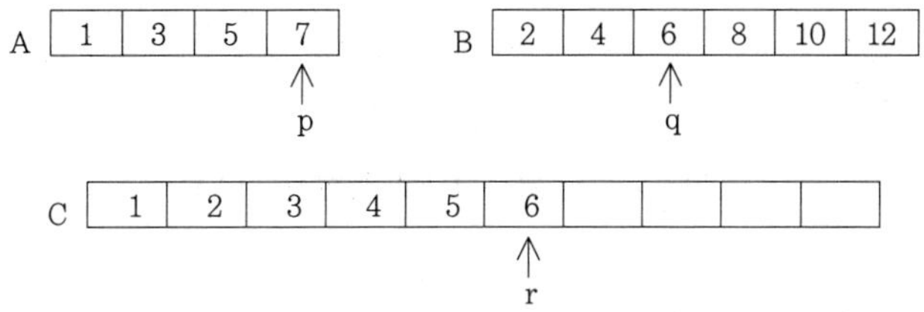

(바) '6' 삽입

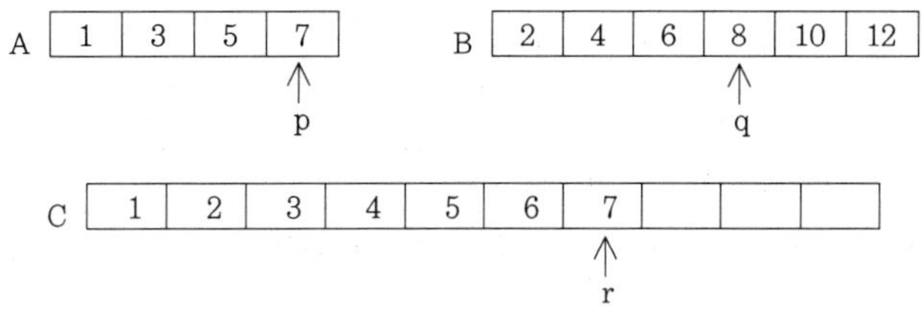

(사) '7' 삽입

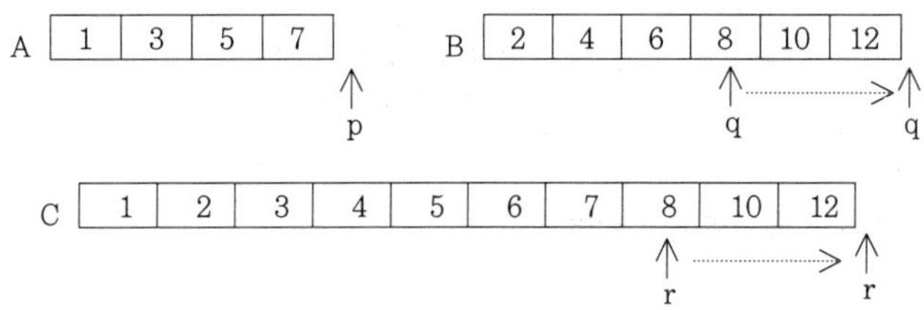

(아) '8', '10', '12' 복사

**그림 7-18 정렬된 두 리스트의 합병

이제 C의 크기 SC = SA + SB = n 이라고 가정하고, 이 알고리즘의 복잡도를 계산해 보자. 반복내에서 두 리스트를 비교하여 작은 원소 하나씩을 합병 리스트에 삽입한다. 어느 한 쪽 리스트의 원소가 모두 합병 리스트로 옮겨지는 경우는, 다른 리스트의 남아있는 모든 원소를 비교없이 합병 리스트로 옮기면 되기 때문에, 가장 많은 비교 횟수가 발생하는 최악의 경우는 두 리스트의 마지막 원소까지 서로 비교해야 하는 경우이다. 이 경우에는 n (SA + SB)번 비교하게 되므로, 이 알고리즘의 복잡도는 O(n) 이다.

이러한 합병 연산은 하나의 리스트에 대해서도 적용할 수 있다. 〈그림 7.19〉에 나타난 것과 같이, 하나의 리스트를 두 개의 정렬된 리스트로 간주할 수 있다. 그러면 앞의 방법에서 q가 p와 동일한 리스트의 원소를 가리키는 것으로 바꾸고, 알고리즘을 약간만 수정하면 되는데, 수정된 알고리즘은 〈알고리즘 7.12〉와 같다.

1	3	5	7	2	4	6	8	10	12
↑ p				↑ q					

**그림 7-19 부분적으로 정렬된 리스트

```
합병 (리스트, 크기, 시작1, 시작2, 결과)
                // '크기' 개의 원소를 가지는 리스트에 존재하는 정렬된 두 개의
                              // 부분 리스트를 합병하여 합병 리스트 결과를 구성
         // 시작1 : 첫 부 리스트의 시작위치, 시작2 : 둘째 부 리스트의 시작위치

첫째 ← 시작1;  둘째 ← 시작2;  색인 ← 시작1
(첫째 ≤ 시작2-1) & (둘째 ≤ 크기)
    리스트(첫째) ≤ 리스트(둘째)
        [참] 결과(색인) ← 리스트(첫째)
             첫째++
        [거짓] 결과(색인) ← 리스트(둘째)
             둘째++
    색인 ← 색인 + 1
첫째 > 시작2-1
    [참] 첨자 ← 둘째, 크기
             결과(색인 + 첨자 - 둘째)
                ← 리스트(첨자)
    [거짓] 첨자 ← 첫째, 시작2-1
             결과(색인 + 첨자 - 첫째)
                ← 리스트(첨자)
```

알고리즘 7.12 하나의 리스트에서 합병

(2) 2원 합병(2_way merge) 정렬

앞에서 설명한 합병은 정렬된 두 개의 리스트를 하나의 리스트로 합병하는 것인데, 이러한 합병을 2원 합병(2_way merge)이라 한다. m개의 리스트를 하나의 리스트로 합병하는 것은 m_원 합병이라 한다. 여기에서는 2원 합병에 대해서만 다루기로 한다.

2원 합병 정렬의 첫째 단계에서는, n개의 원소를 가지는 리스트를 하나씩의 원소를 갖는 n개의 부 리스트로 간주하여 2원 합병을 시도한다. 인접한 리스트끼리 합병하게 되는데, 첫 번째 부 리스트는 두 번째 부 리스트와, 세 번째 부 리스트는 네 번째 부 리스트와, … 합병하여 전체 부 리스트의 개수를 반으로 줄인다. 다음에는 일차 합병된 부 리스트들을 가지고 앞에서와 같은 과정을 반복한다. 결국 모든 부 리스트가 하나의 리스트로 합병될 때까지 합병 과정을 반복함으로써, 리스트내의 원소들을 정렬하게 된다. 이와 같은 알고리즘은 〈알고리즘 7.13〉과 같다.

```
합병_정렬 (리스트, 크기)                              // '크기' 개의 원소를 가지는 리스트를
                                                      //     합병 정렬
* '크기' 개의 원소를 가지는 '임시' 배열 선언          // 보조 리스트의 선언
길이 ← 1                                              // 처음 부 리스트의 길이 = 1
길이 < 크기                                           // 하나의 리스트로 합병될 때 까지 반복
    인접_합병(리스트, 임시, 크기, 길이)               // 리스트에서 임시로 합병
    길이 ← 길이 * 2                                   // 리스트의 길이를 두 배로 늘림
    인접_합병(임시, 리스트, 크기, 길이)               // 임시에서 리스트로 합병
    길이 ← 길이 * 2
```

알고리즘 7.13 2원 합병 정렬

```
인접_합병 (리스트1, 리스트2, 크기, 길이)
                          // '크기' 개의 원소를 가지는 리스트1의 길이가 '길이'인
                          // 인접한 부 리스트들을 리스트2에 합병함
p ← 1
p ≤ (크기 - 길이 * 2 + 1)
    합병 (리스트1, p, p + 길이, p + 길이 * 2 - 1, 리스트2)
    p ← p + 길이 * 2
(p + 길이- 1) < 크기
  [참] 합병 (리스트1, p, p+길이, 크기, 리스트2)
  [거짓] 위치 ← p, 크기
             리스트2(위치) ← 리스트1(위치)

// p ← 1 : 첫 번째 부 리스트는 1 번 위치에서 시작
// p ≤ (크기 - 길이*2 + 1) : 끝에서 두 번째 부 리스트의 위치
// p = p + 길이 * 2 : 한 쌍의 부 리스트에 대한 합병이 완료된 상태에서
//     다음 쌍의 첫 번째 부 리스트의 위치
// (p + 길이 - 1) < 크기 : 길이가 길이*2 보다 작기 때문에 한 쌍의
//     부 리스트를 구성하지 못하고 남은 원소들을 처리하기 위함
```

알고리즘 7.14 인접된 부 리스트를 합병

이제 이 알고리즘을 예를 들어서 설명하자. 설명의 편의상, 알고리즘을 그대로 따르지 않고 합병 정렬의 개념만 설명하고, 구체적인 과정은 독자에게 맡긴다. <그림 7.20>에서의 첫 단계는 리스트를 길이가 1인 아홉 개의 부 리스트로 나누는 것이다. 이러한 아홉 개의 부 리스트를 인접한 쌍끼리 합병 정렬하면 1단계 결과를 얻을 수 있다. 한 가지 주의할 것은 아홉 번째 부 리스트는 쌍을 이루지 못하고 그대로 합병된다는 것이다. 이제 부 리스트의 수는 아홉 개에서 다섯 개로 줄

었다. 이 다섯 개의 부 리스트들을 인접한 것끼리 다시 합병 정렬을 수행하면, 2단계 결과를 얻는다. 여기에서도 마지막 부 리스트는 쌍을 이루지 못하기 때문에 인접된 부 리스트와 정렬하는 과정없이 그대로 합병된다. 다시 2단계 결과인 세 개의 리스트에 대해서, 앞의 두 부 리스트에 대하여 합병 정렬한 다음에, 쌍을 이루지 못한 마지막 부 리스트를 합병하면 3단계 결과를 얻는다. 이제는 두 개의 부 리스트만 존재하므로, 이것을 합병 정렬하면 하나의 결과 리스트를 얻는다.

	1	2	3	4	5	6	7	8	9
최초리스트	35	42	16	27	89	54	99	71	63
최초 부 리스트	[35]	[42]	[16]	[27]	[89]	[54]	[99]	[71]	[63]
1 단계 결과	[35	42]	[16	27]	[54	89]	[71	99]	[63]
2 단계 결과	[16	27	35	42]	[54	71	89	99]	[63]
3 단계 결과	[16	27	35	42	54	71	89	99]	[63]
4 단계 결과	[16	27	35	42	54	63	71	89	99]

**그림 7-20 이원 합병 정렬 과정

이 알고리즘의 복잡도를 계산해 보자. n개의 원소를 갖는 리스트를 합병 정렬할 때 정렬단계는 $\lceil \log_2 n \rceil$ 즉, $\log_2 n$이 정수가 아닐 때는 바로 위의 정수, 정수일 때는 바로 그 값이 된다. 합병 정렬의 각 단계에서의 비교 횟수는 n에 비례하기 때문에, 합병 정렬의 복잡도는 $O(n \log_2 n)$이 된다.

지금까지 설명한 방식 이외에도 〈그림 7.16〉과 같이, 리스트 중에 정렬된 부분들을 모아 부 리스트를 구성할 수도 있다. 따라서 합병 정렬의 첫 부 리스트들의 길이가 1이 아닐 수도 있는 것이다. 이와 같은 경우에 대한 알고리즘은 연습문제로 남긴다.

	1	2	3	4	5	6	7	8	9
최초리스트	35	42	16	27	89	54	99	71	63
최초 부 리스트	[35	42]	[16	27	89]	[54	99]	[71]	[63]
1 단계 결과	[16	27	35	42	89]	[54	71	99]	[63]
2 단계 결과	[16	27	35	42	54	71	89	99]	[63]
3 단계 결과	[16	27	35	42	54	63	71	89	99]

**그림 7-21 부분적으로 정렬된 부분을 이용하는 경우

7.3.7 퀵 정렬(quick sort)

퀵 정렬 또는 분할교환 정렬(partition-exchange sort)도 앞에서 살펴 본 선택 정렬등과 같이, 리스트 중의 한 원소를 제 위치에 갖다 놓는 방식을 취한다. 선택 정렬등은 리스트 중의 한 원소를 제일 마지막 또는 제일 앞에 갖다 놓는데 반해, 퀵 정렬에서는 한 원소가 리스트의 중간에 올 수 있다는 점에서 다르다. 퀵 정렬에서의 첫 단계는 리스트 중의 한 원소를 선택하여, 이 원소가 리스트 내에서의 제 위치를 찾도록 한다. 이와 같이 선택된 원소를 추축(pivot) 원소라 한다. 퀵 정렬 과정에서 추축 원소보다 작은 원소들은 추축 원소의 왼쪽에 위치하여 하나의 부 리스트를 구성하도록 하고, 추축 원소 보다 큰 원소들은 추축 원소의 오른쪽에 위치하여 하나의 리스트를 구성하도록 한다. 따라서 추축 원소가 전체 원소들 중에서 중간 크기라면, 이 원소를 중심으로 같은 크기를 갖는 두 개의 리스트가 좌우로 있게 될 것이다.

다음 단계는 앞에서 분할된 부 리스트들을 독립적으로 퀵 정렬한다. 이와 같은 과정을 부 리스트가 원소를 하나 이하 가질 때까지 계속한 다음에 정렬되지 않고 남아있는 부 리스트를 선택하여 같은 과정을 되풀이 한다. 따라서 현재 정렬되지 않는 부 리스트의 시작과 끝 위치를 기억해두어야 하는데, 이를 위해서 스택을 사용한다. 전체 정렬이 완료되는 것은 부 리스트의 시작과 끝 위치를 저장하는 스택이 비게 되는 경우이다. 두 개의 부 리스트 중 어느 쪽을 먼저 할 것인 지는 사람마다 다르겠지만, 원소 수가 많은 부 리스트를 나중에 하는 것이 좋다. 왜냐하면, 원소 수가 많은 부 리스트를 다시 퀵 정렬하다 보면 부 리스트 수가 많아져서, 스택에 저장해야 되는 자료가 많아지기 때문이다.

여기에서는 설명의 편의상 항상 왼쪽의 부 리스트를 먼저 처리한다고 가정하여 진행한다. 그리고 추축 원소는 가능하면 리스트의 전체 원소 가운데에서 중간 값을 가지는 원소로 하는 것이 이상적이지만, 중간 값을 갖는 원소를 찾는 것이 쉽지 않다. 일반적으로는, 리스트의 첫 번째 원소를 추축 원소로 가정한다. 이와 같은 퀵 정렬에 대한 순환 알고리즘은 〈알고리즘 7.15〉와 같다.

이 알고리즘을 예를 들어서 설명해 보자. 〈그림 7.22〉에서, 퀵 정렬의 첫 번째 단계는 최초 리스트의 첫 번째 원소 35를 추축 원소로 하여, 오른쪽으로 진행하면서 이 값 보다 큰 최초의 원소인 42를 찾고, 다시 뒤에서 왼쪽으로 진행하면서 추축 원소 값 보다 작은 최초의 원소 27을 찾는다. 이때의 '좌첨자'의 값은 2, '우첨자'의 값은 4이므로, '좌첨자'의 값이 '우첨자'의 값 보다 작기 때문에 두 원소를 교환한다. 이것은 추축 원소보다 작은 값은 왼쪽으로, 추축 원소보다 큰 값은 오른쪽으로 옮기는 것이다. 다시 '좌첨자'를 3 부터 시작하여 증가시키면서 추축 원소 보다 큰 첫 번째 원소 42를 찾고, '우첨자'를 3 부터 시작하여 감소시키면서 추축 원소 보다 작은 첫 번째 원소 16을 찾는다. 이때의 '좌첨자'는 4, '우첨자'는 3이다. 이제는 '좌첨자'의 값이 '우첨자'의 값 보다 크기 때문은 두 원소를 교환하는 것이 아니라, 추축 원소 35와 '우첨자'에 위치한 16을 교환하여 1 단계를 완료한다. 그러면 원래의 리스트가 추축 원소였던 35를 중심으로 하여, 추축 원소 보다 작은 원소들은 왼쪽에, 추축 원소 보다 큰 원소들은 오른쪽에 배열되어, 두 개의 부 리스트로 나눌 수 있다.

```
퀵_정렬 (리스트, 시작, 끝)
                                        // n개의 원소를 가지는 리스트를 퀵 정렬
시작 < 끝                                // 리스트에 원소가 남아있다면
    추축원소 ← 리스트(시작)
    좌첨자 ← 시작; 우첨자 ← 끝 + 1
        좌첨자++                          // 추축 원소보다 큰 원소를 찾음
    리스트(좌첨자) > 추축원소
        우첨자--                          // 추축 원소보다 작은 원소를 찾음
    리스트(우첨자) < 추축원소
    좌첨자 < 우첨자
        리스트(좌첨자) ↔ 리스트(우첨자)     // 큰 원소와 작은 원소를 교환
    좌첨자 < 우첨자
    리스트(시작) ↔ 리스트(우첨자)          // 추축 원소와 교환
    퀵 정렬 (리스트, 시작, 우첨자-1)       // 왼쪽 부 리스트에 정렬호출
    퀵 정렬 (리스트, 우첨자+1, 끝)
```

알고리즘 7.15 퀵 정렬

	1	2	3	4	5	6	7	8	9	시작	끝
최초리스트	35	42	16	27	89	54	99	71	63	1	9
1 단계 결과	[16	27]	35	[42	89	54	99	71	63]	4	9
2 단계 결과	16	[27]	35	[42	89	54	99	71	63]	5	9
3 단계 결과	16	27	35	42	[89	54	99	71	63]	5	9
4 단계 결과	16	27	35	42	[71	54	63]	89	[99]	5	7
5 단계 결과	16	27	35	42	[63	54]	71	89	[99]	5	6
6 단계 결과	16	27	35	42	54	63	71	89	[99]	9	9
7 단계 결과	16	27	35	42	54	63	71	89	99		

**그림 7-22 퀵 정렬 과정

두 번째 단계에서는 첫 단계에서 분할된 리스트 중 왼쪽 부 리스트 [16 27]을 선택하여 다시 퀵 정렬을 수행한다. 왼쪽 부 리스트에 대한 정렬이 완료되면, 정렬되지 않은, 방금 정렬을 수행한 부 리스트의 오른쪽 부 리스트가 있으면 바로 그 부 리스트를 선택하고, 오른쪽 부 리스트가 없으면 그 윗 단계에서 오른쪽 부 리스트가 되는 부 리스트를 선택하여 퀵 정렬을 수행한다. 따라서 셋째 단계에서는 부분 리스트 [42 89 54 99 71 63]을, 첫 번째 원소인 42를 추축 원소로 하여, 퀵 정렬한다.

이상에서 살펴본 퀵 정렬에서 한 가지 알아두어야 할 사항이 있다. 부 리스트의 원소 수가 아홉 개 이하인 경우는 퀵 정렬이 버블 정렬 보다 늦어진다는 것이다. 왜냐하면, 퀵 정렬은 부 리스트의 시작과 끝 위치를 스택에 저장하기 때문에, 스택에 대한 처리 작업으로 많은 시간을 소비하기 때문이다. 따라서 부 리스트의 원소 수가 아홉 개 이하인 경우는 다른 정렬 방법을 사용하는 것이 전체적인 효율을 증진시킨다. 〈알고리즘 7.16〉은 퀵 정렬에 대한 반복 알고리즘이다.

```
퀵_정렬 (리스트, n)
                              // n개의 리스트를 가지는 리스트를 퀵 정렬
상단 ← 1;  시작_스택(상단) ← 1;  끝_스택(상단) ← n
상단 〉 0
    시작 ← 시작_스택(상단);  끝 ← 끝_스택(상단)
    상단 ← 상단 - 1
    (끝 - 시작) ≥ M
        좌첨자 ← 시작;  우첨자 ← 끝
        추축원소 ← 리스트(시작)
            좌첨자 ← 좌첨자 + 1                 // 주축 원소보다 큰 원소 찾음
        리스트(좌첨자) 〉 추축원소
            우첨자 ← 우첨자 - 1                 // 주축 원소보다 작은 원소 찾음
        리스트(우첨자) 〈 추축원소
                좌첨자 〈 우첨자
            리스트(좌첨자) ↔ 리스트(우첨자)
        좌첨자 〈 우첨자
        리스트(시작) ↔ 리스트(우첨자)
        상단 ← 상단 + 1                          // 부 리스트의 시작과 끝 위치를
        시작_스택(상단) ← 우첨자 + 1               //    스택에 저장
        끝_스택(상단) ← 끝
        끝 ← 우첨자 - 1
    퀵_정렬 (부 리스트(리스트, 시작, 끝))
```

알고리즘 7.16 퀵 정렬에 대한 반복 알고리즘

7.3.8 히프 정렬 (heap sort)

지금까지 살펴본 정렬 방법은 선형 자료구조를 이용한 정렬이었지만, 여기에서 살펴볼 히프 정렬은 5장에서 살펴본 히프라는 비선형 자료구조를 이용하여 자료들을 정렬하는 방법이다. 오름차순으로 정렬하기 때문에 최대 히프를 사용한다.

히프 정렬은 두 단계로 진행된다. 첫 단계에서는 이미 만들어진 히프에서 뿌리 노드의 자료 값과 히프의 마지막 노드의 자료 값을 교환한다. 히프의 뿌리 노드에는 전체 노드의 자료 값 중 가장 큰 값을 가지기 때문에, 이 자료 값을 제일 뒤로 옮기고, 제일 마지막 노드에 있던 값을 뿌리 노드의 자리에 옮긴다. 그리고 나서는 제일 마지막 노드를 히프에서 제외한다. 이것은 원소들 중에서 제일 큰 값이 마지막 위치에 있게 되었으므로, 이후의 정렬 과정에 참여시킬 필요가 없기 때문이다. 이제는 교환된 뿌리 노드의 자료 값 때문에 히프가 되지 않지만, 뿌리 노드의 왼쪽 부트리와 오른쪽 부트리는 히프의 성질을 만족한다. 따라서 이와 같은 완전 이진트리에 조정 작업을 적용하면 다시 히프를 만들어 낼 수 있다. 물론 이때의 노드 수는 원래 히프의 노드 수 보다 하나 적게 된다. 새로 히프가 구성되면 다시 앞서의 과정을 반복하면 되는데, 히프에 노드가 남아있지 않을 때까지 계속 수행하면 된다. 히프 정렬에 대한 알고리즘은 〈알고리즘 7.17〉과 같고, 그 속에서 호출되는 히프 조정에 대한 알고리즘은 〈알고리즘 7.18〉과 같다.

```
히프_정렬 (리스트, n)
        // n개의 원소를 가지는 리스트를 히프 정렬
위치 ← ⌊n/2⌋, 1, -1                         // 최초 히프의 구성
    히프_조정 (리스트, 위치, n)
위치 ← n-1, 1, -1                            // 히프 정렬 수행
    리스트(1) ↔ 리스트(위치+1)
    히프_조정 (리스트, 1, 위치)
```

알고리즘 7.17 히프 정렬

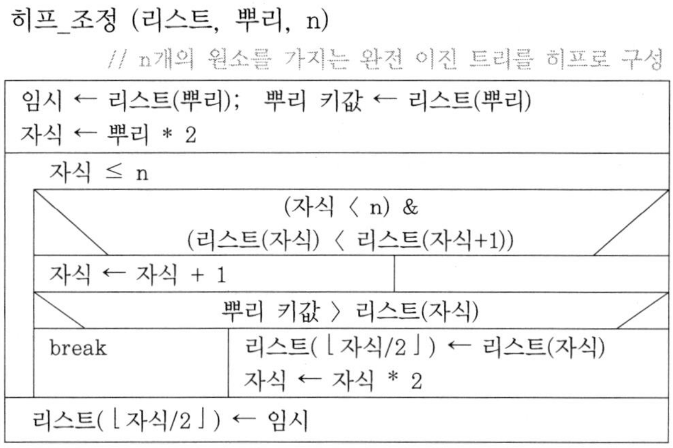

알고리즘 7.18 히프로 조정

이 알고리즘을 예를 들어서 설명해 보자. 〈그림 7.23〉의 (가)에 나타난 원소들을 완전 이진 트리로 표현하면 (나)와 같은 트리가 된다. (나)의 트리는 아홉 개의 노드를 가짐으로, 4 (⌊9/2⌋) 번째 노드를 뿌리 노드로 하는 부 트리를 히프로 구성하는 것으로 시작하여 (다)와 같은 최초 히프를 구성한다. 최초 히프가 구성되면, 뿌리 노드의 자료 값과 마지막 노드의 자료 값을 교환하고 마지막 노드를 트리에서 제거하는데, 결과가 (라)에 나타나 있다. (라)의 트리는 히프가 아니기 때문에 조정 알고리즘을 이용하여 (마)와 같은 히프로 재구성한다. 다시 뿌리 노드의 자료 값과 마지막 노드의 자료 값을 교환하고, 마지막 노드를 트리에서 제거하고 나서 새로운 히프를 생성한다. 이러한 결과가 (바)에 나타나 있고, (사)는 한 단계 더 진행한 결과이다. 이러한 과정을 히프에 하나의 노드가 남을 때까지 계속한다.

1	2	3	4	5	6	7	8	9
35	42	16	27	89	54	99	71	63

(가) 최초 리스트

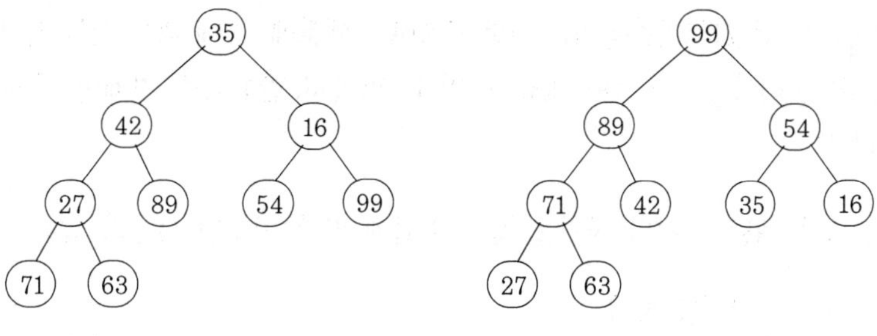

(나) 완전 이진 트리로 표현 (다) 최초 히프

**그림 7-23 히프 정렬 과정 (계속)

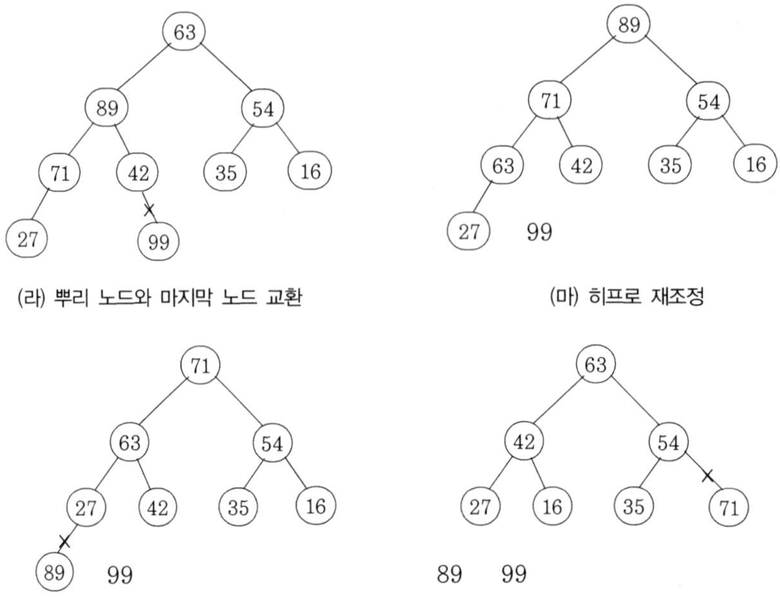

(라) 뿌리 노드와 마지막 노드 교환　(마) 히프로 재조정

(바)　(사)

그림 7-23 히프 정렬 과정

히프 정렬에 대한 복잡도를 구해보자. 리스트가 n개의 원소를 가진다고 했을 때, 이것을 완전 이진 트리로 나타내면, 이 트리의 깊이는 $2^{d-1} \le n < 2^{d}$인 d가 될 것이다. i ($\le$ d) 수준에서의 노드는 기껏해야 2^{i-1}개이다. 알고리즘의 첫 번째 반복은 자식을 가지는 노드에 대해서만 한 번씩 조정 알고리즘을 호출하므로, 이 반복에 걸리는 시간은 그 수준에 있는 노드 수와 노드가 이동될 수 있는 거리를 곱한 결과들의 합으로 나타낼 수 있다. 따라서

$$\sum_{i=1}^{d} 2^{i-1} \times (d-i) = \sum_{i=1}^{d} 2^{d-i-1} \times i \quad \le \; n\sum_{i=1}^{d-1}\left(\frac{i}{2}\right) \; < \; 2n$$

이므로, 알고리즘의 연산 시간은 O(n)이다.

두 번째 반복은 조정_알고리즘을 (n－1)번 호출하기 때문에, 이에 대한 연산 시간은 ((n－1)× 조정_알고리즘의 실행시간) 즉, O(n $\log_2$ n)이다. 따라서 알고리즘 전체의 연산 시간은 O(n $\log_2$ n)이 된다.

이상에서 살펴본 여덟 가지의 정렬을 정렬 방법에 따라 나누면 다음과 같다.

- 삽입법 : 삽입 정렬, 쉘 정렬
- 교환법 : 원시 정렬, 버블 정렬, 퀵 정렬

- 합병법 : 2원 합병 정렬
- 선택법 : 선택 정렬, 히프 정렬

각 정렬 방법에 대한 연산 시간 및 기억장소의 사용에 대해서 비교하면 〈표 7.1〉과 같다.

▌표 7-1▐ 정렬 방법에 대한 연산 시간 및 기억장소 사용

정렬 방법	평균 연산 시간	최악의 연산 시간	기억장소의 사용
원시 정렬	$O(n^2)$	$O(n^2)$	원래의 배열 그대로 사용
선택 정렬	$O(n^2)$	$O(n^2)$	원래의 배열 그대로 사용
삽입 정렬	$O(n^2)$	$O(n^2)$	원래의 배열 그대로 사용
버블 정렬	$O(n^2)$	$O(n^2)$	원래의 배열 그대로 사용
쉘 정렬	$O(n(\log_2 n)^2)$	$O(n\sqrt{n})$	원래의 배열 그대로 사용
합병 정렬	$O(n \log_2 n)$	$O(n \log_2 n)$	n개의 추가 기억장소 필요
퀵 정렬	$O(n \log_2 n)$	$O(n^2)$	$\log_2 n$개의 추가장소 필요
히프 정렬	$O(n \log_2 n)$	$O(n \log_2 n)$	원래의 배열 그대로 사용

자바 프로그램

```
import java.io.*;

class c탐색 {
  public int 순차탐색(int[] 리스트, int 키값, int 크기) {
    int 위치, i;

    for (i = 1; i <= 크기 ; i++)
      if (리스트[i] == 키값) break;
    위치 = i;

    return 위치;
  }

  public int 이진탐색(int[] 리스트, int 키값, int 크기) {
    int 시작 = 1, 중간;
    int 끝 = 크기;
    int 위치 = 0;

    while (시작 < 끝) {
      중간 = (시작 + 끝) / 2;
      System.out.println("시작: " + 시작 + " 중간: " + 중간 + " 끝: " + 끝);
      System.out.println("리스트[중간]: " + 리스트[중간]);
      if (리스트[중간] == 키값) { 위치 = 중간; break; }
      else if (리스트[중간] < 키값) 시작 = 중간 + 1;
      else 끝 = 중간 - 1;
    }
    return 위치;
  }
}


import java.io.*;

class c정렬 {
  public void 원시정렬(int[] 리스트, int 크기) {
    int 기준, 다음, 임시;

    for (기준 = 1; 기준 <= 크기-1; 기준++)
      for (다음 = 기준+1; 다음 <= 크기; 다음++)
        if (리스트[다음] < 리스트[기준]) {
          임시 = 리스트[다음];
          리스트[다음] = 리스트[기준];
          리스트[기준] = 임시;
        }
```

```
    }

    public void 선택정렬(int[] 리스트, int 크기) {
      int 최소점, 위치, 다음, 임시;

      for (위치 = 1; 위치 <= 크기-1; 위치++) {
        최소점 = 위치;
        for (다음 = 위치+1; 다음 <= 크기; 다음++)
          if (리스트[다음] < 리스트[최소점]) 최소점 = 다음;
        if (최소점 != 위치) {
            임시 = 리스트[최소점];
            리스트[최소점] = 리스트[위치];
            리스트[위치] = 임시;
          }
      }
    }

    public void 삽입정렬(int[] 리스트, int 크기) {
      int 단계, 키값, 위치;

      for (단계 = 2; 단계 <= 크기; 단계++) {
        키값 = 리스트[단계];
        위치 = 단계 - 1;
        while (위치 > 0 && 리스트[위치] > 키값) {
          리스트[위치+1] = 리스트[위치];
          위치 = 위치 - 1;
        }
        리스트[위치+1] = 키값;
      }
    }

    public void 버블정렬(int[] 리스트, int 크기) {
      int 단계, 최종, 최후, 위치, 임시;

      최종 = 크기;
      for (단계 = 1; 단계 <= 크기-1; 단계++) {
        최후 = 최종;
        for (위치 = 1; 위치 <= 최후-1; 위치++) {
          if (리스트[위치] > 리스트[위치+1]) {
            임시 = 리스트[위치];
            리스트[위치] = 리스트[위치+1];
            리스트[위치+1] = 임시;
            최종 = 위치;
          }
        }
        if ((최종 == 최후) || (최종 == 1)) break;
```

```
    }
  }

  public void 쉘정렬(int[] 리스트, int 크기) {
    int 위치, 간격;

    위치 = 1;
    간격 = 증가(위치);
    while (간격 >= 1) {
      부_리스트_정렬(리스트, 크기, 간격);
      위치++;
      간격 = 증가(위치);
    }
    버블정렬(리스트, 크기);
  }

  private int 증가(int 위치) {
    int[] 간격 = {0, 5, 3, 1, 0};                // 간격[1] = 5

    return 간격[위치];
  }

  private void 부_리스트_정렬(int[] 리스트, int 크기, int 간격) {
    int i, j, 개수, 첨자;

    개수 = 크기/간격;
    if (크기 % 간격 != 0) 개수++;
    int[] 부_리스트 = new int[개수+1];           // 첨자를 1부터 사용 위해

    for (i = 1; i <= 간격; i++) {
      첨자 = 1;
      for (j = i; j <= 크기; j = j + 간격) {     // 부_리스트 생성
        부_리스트[첨자] = 리스트[j];
        첨자++;
      }
      버블정렬(부_리스트, 첨자-1);              // 첨자-1 : 부_리스트 크기
      첨자 = 1;
      for (j = i; j <= 크기; j = j + 간격) {     // 정렬 결과를 반영
        리스트[j] = 부_리스트[첨자];
        첨자++;
      }
    }
  }

  public void 합병정렬(int[] 리스트, int 크기) {
    int 길이;
```

```
    int[] 임시 = new int[크기+1];

    길이 = 1;
    while (길이 < 크기) {
      인접_합병(리스트, 임시, 크기, 길이);
      길이 = 길이 * 2;
      인접_합병(임시, 리스트, 크기, 길이);
      길이 = 길이 * 2;
    }
  }

  private void 인접_합병(int[] 리스트1, int[] 리스트2, int 크기, int 길이) {
    int 위치;

    위치 = 1;
    while (위치 <= (크기 - 길이*2 + 1)) {
      합병(리스트1, 위치+길이*2-1, 위치, 위치+길이, 리스트2);
      위치 = 위치 + 길이*2;
    }

    if ( (위치+길이-1) < 크기 )
      합병(리스트1, 크기, 위치, 위치+길이, 리스트2);
    else
      for (int i = 위치; i <= 크기; i++)
        리스트2[i] = 리스트1[i];

  }

  private void 합병(int[] 리스트1, int 크기, int 시작1, int 시작2, int[] 리스트2) {
    int 첫째, 둘째, 색인;

    첫째 = 시작1;  둘째 = 시작2;  색인 = 시작1;
    while ((첫째 <= 시작2-1) & (둘째 <= 크기)) {
      if ( 리스트1[첫째] <= 리스트1[둘째] ) {
        리스트2[색인] = 리스트1[첫째];
        첫째++;
      }
      else {
        리스트2[색인] = 리스트1[둘째];
        둘째++;
      }
      색인++;
    }

    if ( 첫째 > 시작2-1 )
```

```
        for (int 첨자 = 둘째; 첨자 <= 크기; 첨자++)
            리스트2[색인+첨자-둘째] = 리스트1[첨자];
    else
        for (int 첨자 = 첫째; 첨자 <= 시작2-1; 첨자++)
            리스트2[색인+첨자-첫째] = 리스트1[첨자];
}

public void 퀵정렬(int[] 리스트, int 시작, int 끝) {
    int 추축, 좌첨자, 우첨자, 임시;

    if ( 시작 < 끝 ) {
        추축 = 리스트[시작];
        좌첨자 = 시작;  우첨자 = 끝 + 1;
        do {
            do { 좌첨자++; } while ( 리스트[좌첨자] < 추축 );
            do { 우첨자--; } while ( 리스트[우첨자] > 추축 );
            if ( 좌첨자 < 우첨자 ) {
                임시 = 리스트[좌첨자];
                리스트[좌첨자] = 리스트[우첨자];
                리스트[우첨자] = 임시;
            }
        } while ( 좌첨자 < 우첨자 );

        임시 = 리스트[시작];
        리스트[시작] = 리스트[우첨자];
        리스트[우첨자] = 임시;

        퀵정렬(리스트, 시작, 우첨자-1);
        퀵정렬(리스트, 우첨자+1, 끝);
    }
}

public void 히프정렬(int[] 리스트, int 크기) {
    int 위치, 임시;

    for (위치 = 크기/2; 위치 >= 1; 위치--)
        히프조정(리스트, 위치, 크기);

    for (위치 = 크기-1; 위치 >= 1; 위치--) {
        임시 = 리스트[1];
        리스트[1] = 리스트[위치+1];
        리스트[위치+1] = 임시;

        히프조정(리스트, 1, 위치);
    }
}
```

```
    private void 히프조정(int[] 리스트, int 뿌리, int 크기) {
        int 임시, 뿌리값, 자식;

        임시 = 리스트[뿌리];
        뿌리값 = 리스트[뿌리];
        자식 = 뿌리 * 2;

        while ( 자식 <= 크기 ) {
            if ( (자식 < 크기) && (리스트[자식] < 리스트[자식+1]) )
                자식++;

            if ( 뿌리값 < 리스트[자식] ) {
                리스트[자식/2] = 리스트[자식];
                자식 = 자식 * 2;
            }
            else
                break;
        }
        리스트[자식/2] = 임시;
    }
}
```

연습문제_

7.1 탐색과 정렬의 필요성을 설명하시오.

7.2 다음 자료에서 '35'를 탐색할 때의 비교 횟수를 구하시오.

12, 18, 20, 25, 28, 34, 36, 39, 41, 43, 47, 54, 56, 65, 70

(1) 순차 탐색

(2) 이진 탐색

(3) 피보나치 탐색

7.3 자료들이 내림차순으로 정렬되어 있을 때, 가장 효율이 좋은 순차 탐색 알고리즘을 제시하시오.

7.4 다음 알고리즘의 수행 과정을 추적하고 연산 시간을 구하시오.

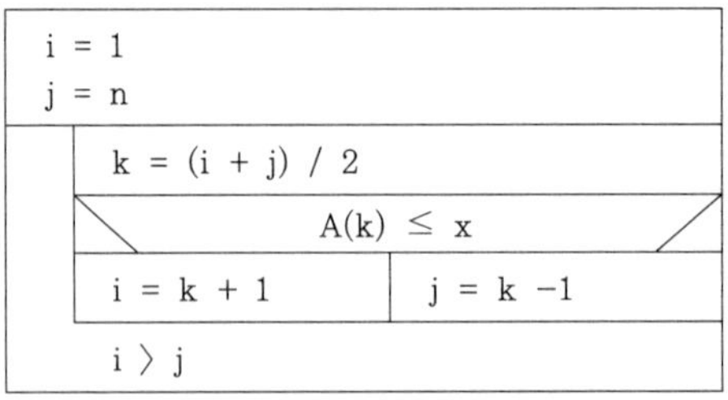

7.5 다음 정렬에 대한 내림차순 알고리즘을 작성하시오.

(1) 버블 정렬

(2) 쉘 정렬

(3) 퀵 정렬

(4) 합병 정렬

(5) 히프 정렬

7.6 다음 자료들을 정렬하는 데에 필요한 단계 수와 비교 횟수를 구하시오.

43, 18, 20, 56, 28, 34, 36, 41, 12, 47, 54, 25, 65, 70

(1) 원시 정렬
(2) 선택 정렬
(3) 삽입 정렬
(4) 버블 정렬
(5) 쉘 정렬 (간격은 7, 5, 3, 1 순으로 적용)
(6) 퀵 정렬
(7) 합병 정렬
(8) 히프 정렬

7.7 다음 자료들을 정렬하는 데에 필요한 단계 수와 비교 횟수를 구하시오.

12, 18, 20, 25, 28, 34, 36, 41, 43, 47, 54, 56, 65, 70

(1) 원시 정렬
(2) 선택 정렬
(3) 삽입 정렬
(4) 버블 정렬
(5) 쉘 정렬 (간격은 7, 5, 3, 1 순으로 적용)
(6) 퀵 정렬
(7) 합병 정렬
(8) 히프 정렬

7.8 정렬하고자 하는 리스트의 원소들을 살펴보니, 중간 중간에 원소들이 정렬되어 있었다. 이러한 리스트에 대한 합병 정렬 알고리즘을 제시하시오.

7.9 어떤 도시에 거주하는 사람들에 대한 레코드가 '출신도, 출신시/군, 이름' 형태로 구성되어 있다. 이러한 자료들을 출신도를 기준으로 사전식으로 정렬한다. 즉, 출신도의 가나다 순으로 정렬하는데, 같은 출신도내에서는 출신시/군이 가나다 순으로 앞서는 쪽이 먼저나오고, 같은 출신도, 출신시/군이면 이름이 가나다 순으로 앞서는 사람이 먼저 나오도록 한다. 이를 위한 알고리즘을 제시하고 연산 시간을 구하시오.

7.10 해싱과 키 비교 검출 방식의 차이점을 설명하라. 또한 해싱의 장단점을 들어라.

7.11 해쉬표의 모든 키들을 사전식으로 나열하는 알고리즘을 작성하라. 해싱 함수 f(K)는 K의 첫 문자이고 선형 탐색을 사용한다고 가정할 때 이 알고리즘의 연산시간은 얼마인가?

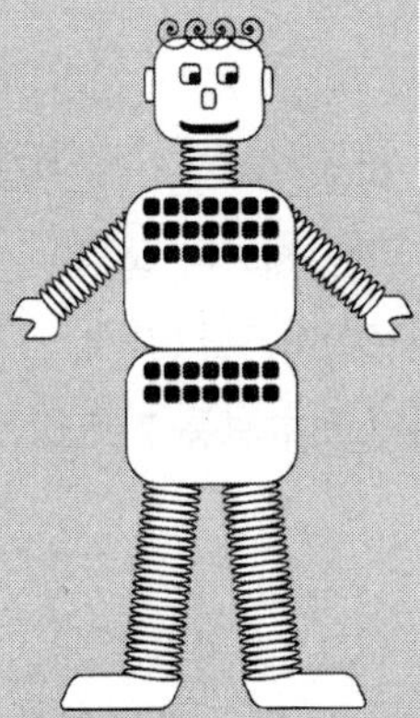

Chapter 08 외부 정렬

지금까지 살펴본 정렬될 자료들은 컴퓨터 주 기억장치내에 저장된다. 이 장에서는 보조 기억장치를 이용한 대형 파일의 자료를 정렬하는 방법을 다루고자 한다. 여기서 다루는 파일은 매우 커서 전체 파일이 컴퓨터의 내부 기억장치에 수록될 수 없기 때문에 내부 정렬은 불가능하다.

외부 정렬(external sorting)에서 사용되는 방법들을 논의하기 전에, 외부 정렬에서 사용되는 보조 기억장치의 특성에 대해 알아본다. 보조 기억장치는 자료의 기억과 접근 방식에 따라 크게 순차 접근 방식과 직접 접근 방식으로 나눌 수 있다. 자기 테이프는 순차 접근 방식의 대표적인 예이고, 직접 접근 방식의 예로는 자기 디스크나 드럼을 들 수 있다. 8.1절에서는 이러한 장치들의 특성을 소개하고 8.2절과 8.3절에서는 이 장치를 이용한 효과적인 정렬 방법을 논의한다.

요즈음은 자기 테이프를 쓰는 곳이 거의 없으므로, 이 장에서 논의하는 자기 테이프를 이용한 외부 정렬은 참고로 여길 수 있다.

8-1 보조 기억장치

주 기억장치의 접근 속도는 매우 빠르나, 값이 비싸고 대용량을 개발하는 기술적인 문제 때문에 주 기억장치의 저장 용량에는 한계가 있다. 따라서 기억 용량을 확장하기 위해서 자기 테이프나 자기 디스크와 같은 보조 기억장치를 사용하게 된다. 보조 기억장치내의 자료를 접근하는 속도는 주 기억장치의 경우에 비하여 상당히 느리다. 따라서 파일을 접근하는 횟수를 최소화하는 것이 중요한 목표가 된다.

8.1.1 자기 테이프

자기 테이프는 플라스틱 필름(plastic film)에 자성물질을 입힌 것이며 사용되는 재료와 모양은 음향 녹음 테이프와 같다. 일반적으로 폭은 1/2인치이고 길이는 2400피트이며, 릴(감개, reel)에 감겨져 있다. 트랙은 〈그림 8.1〉과 같이 테이프의 길이 방향으로 펼쳐있으며 보통 7 또는 9개로 되어 있다.

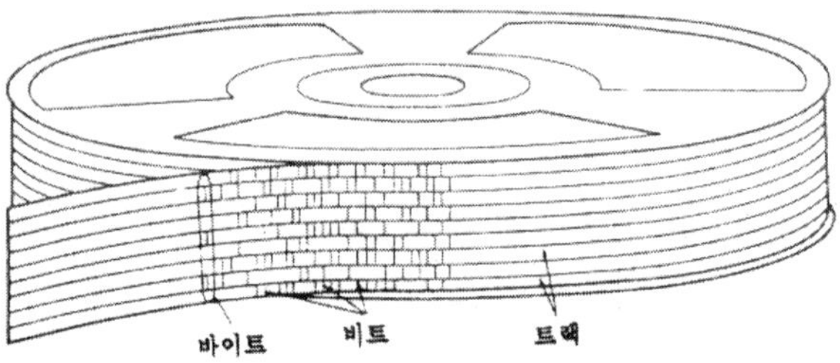

**그림 8-1 자기 테이프

자화된 방향에 따라 트랙의 자화점이 한 비트의 정보인 0이나 1을 표시한다. 테이프 길이 방향의 한 지점에서, 트랙의 조합은 한 개의 문자를 표시한다. 테이프에 기록될 수 있는 자료의 양은 자료의 기록 밀도로 표시하며 인치당 비트수(bit per inch, bpi)로 나타낸다. 이 밀도는 또한 테이프의 인치당 수록할 수 있는 문자수를 나타내는 것이 된다. 일반적인 테이프의 밀도는 800 bpi, 1600 bpi, 6250 bpi 등이다. 〈그림 8.2〉는 이와 같은 것을 나타낸다.

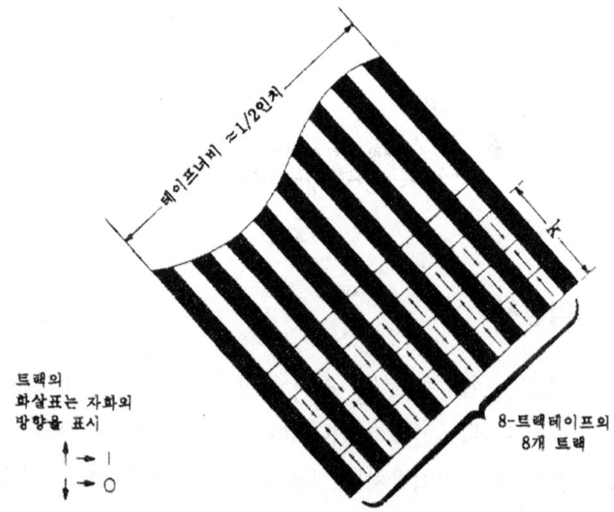

**그림 8-2 자기테이프

앞의 그림에서 테이프의 첫 번째 문자의 코드는 10010111이며 두 번째 코드는 11010101이다. 그리고 이 테이프가 1600 bpi로 수록한다면 k로 표시된 길이는 3 / 1600 인치가 될 것이다.

2400 피트의 테이프를 6250 bpi의 밀도로 기록한다면 6250×12×2400 = 1억8천만 개의 문자를 수록할 수 있으며, 이는 수 십 권의 책을 수록할 수 있는 분량이다. 그러나 실제로는 자료 사이에 갭(gap)을 삽입하여야 하므로 이보다 적은 분량이 수록된다.

테이프는 〈그림 8.3〉에서와 같이 테이프 드라이브(tape drive)에 의하여 작동되는데, 테이프가 읽혀지거나 기록되기 위해서는 송신 릴에서 부터 수신 릴로 감겨지면서 판독/기록 헤드 위를 지나게 된다. 이때 헤드를 통해 자료가 판독되거나 기록되게 된다. 일부 테이프 드라이브는 테이프를 후진 역 방향으로도 판독이나 기록을 할 수 있다. 즉 판독과 기록이 수신 릴에서 원시 릴로 이동할 때도 가능하다.

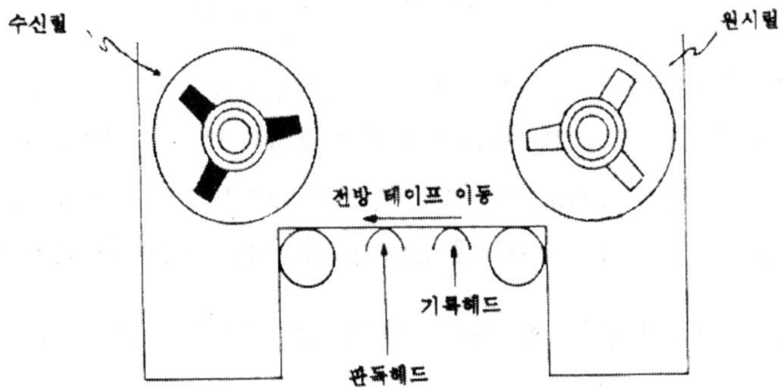

**그림 8-3 테이프 드라이브

판독이나 기록 명령 때 한 블록의 자료만을 메모리로 전송되기 때문에 테이프의 자료를 블록화 할 필요가 있다. 또한 메모리는 한 개의 테이프의 내용을 전부 수록할 만한 기억공간도 갖고 있지 않고, 대부분 전체 테이프를 한 번에 처리하려 하지도 않으므로 테이프의 정보는 여러 블록으로 집단화 하게 된다.

테이프가 정상적으로 처리될 때는 일정한 속도로 움직인다. 그러나 정지 상태에서 읽거나 기록하라는 명령이 있으면 테이프는 일정한 속도에 도달할 때까지 가속이 필요하며 작업이 끝나면 감속이 필요하다. 이와 같이 정상 속도가 아닌 시간에는 가속이나 감속을 위한 공간이 필요하다. 이와 같이 삽입된 부분을 블록간 갭(interblock gap)이라 하며 보통 3/4인치이다. 이 블록 간 갭은 판독/기록 헤드가 다음 블록의 시작점에 도달하기 전에 정상적으로 읽고 쓰는데 필요한 속도를 내는데 걸리는 거리가 된다. 블록을 물리적 레코드(physical record)라 부르는데 이는 연속적인 레코드가 내용에 상관없이 모여 하나의 레코드와 같은 구실을 하기 때문이다. 블록

내의 개개 레코드를 논리적 레코드(logical record)라 한다.

〈그림 8.4〉는 다섯 개의 논리적 레코드가 블록화된 테이프의 한 부분을 나타낸다.

(1) (2) (3)

논리 레코드	논리 레코드	논리 레코드	논리 레코드	논리 레코드	IBG					IBG				

블록 블록 블록

그림 8-4 테이프에서 블록화된 자료

테이프에서 한 블록의 자료를 읽어 들이기 위해서는 블록의 길이와 전송될 메모리의 번지를 명시해야 한다. 마찬가지로 한 블록의 자료를 테이프에 수록하기 위해서는 메모리의 시작 번지와 연속적으로 기록될 자료의 길이를 명시해야 한다. 메모리에서 이러한 입출력 장소를 버퍼라 하며 일반적으로 블록의 크기는 입출력 버퍼의 크기와 대응한다.

한 블록에 저장되는 레코드 수를 블로킹 인수(blocking factor)라 하는데 이 예에서는 블로킹 인수가 5이다. 블로킹 인수가 커지면 테이프의 저장 용량을 더 효율적으로 사용할 수 있게 된다. 만약 하나의 레코드가 80문자로 되어 있고 블로킹 인수가 20이라면 한 블록에는 $80 \times 20 = 1600$ 바이트가 저장되므로 1600 bpi의 테이프라면 한 블록은 1인치를 차지한다.

다음은 블로킹 인수의 크기에 따른 레코드의 저장능력 및 접근속도에 대해 알아보자.

❶ 레코드를 저장하기 위해 필요한 테이프의 길이는 블로킹 인수에 반비례한다.

n개의 레코드를 저장하기 위해 필요한 테이프의 길이는 다음과 같다.

$$(n / BF)(IBG + (BF \times RL) / DEN)$$

이 식에서 BF는 블로킹 인수, IBG(inch)는 블록 간 갭, DEN(bpi)은 기록밀도, RL은 레코드 길이를 각각 나타낸다. 예를 들어 n = 24,000, BF = 5, RL = 80문자, DEN = 800bpi, IBG = 0.75인치이면 $(24000/5)(0.75 + (5 \times 80)/800) = 6000$ 인치 즉 500피트가 필요하다. 이 경우 500피트의 테이프 중에 40%가 자료를 위해 사용되고 60%가 블록 간 갭을 위해 사용되었다. 이 경우 한 블록에 한 개의 레코드를 기억시킨다면(BF = 1), 소요 길이는 1700 피트이며 이 중 12%만이 실제로 자료를 저장하는데 사용되고 88%는 블록 간 갭에 사용된다. 따라서 블로킹 인수가 클수록 테이프에 더 많은 정보를 수록할 수 있게 된다.

❷ 레코드를 읽거나 기록하기 위해 소요되는 시간도 블로킹 인수에 반비례한다.

그 이유는 블로킹 인수를 크게 하면 갭의 개수가 적어지고, 또한 한 명령어에 의해 많은 레코드를 읽거나 기록하므로 정지와 시작이 적게 발생하여 접근 시간이 상당히 빨라질 수 있기 때문이다. 테이프에 기록 판독하는 속도를 초당 20인치라 하고, 블록 간 갭에서 출발과 정지하는데 소요되는 시간을 0.15초라 가정하자.

위 예에서 블록 당 1레코드를 기록했을 때 24,000레코드를 모두 접근하는데 소요되는 시간은 다음과 같다.

$$\frac{80 \times \frac{1}{800} \times 24000}{200} + 24000 \times 0.15 = 3612\text{초}$$

한편, 블록 당 5레코드를 기록했을 때 24,000레코드를 모두 접근하는데 소요되는 시간은 다음과 같다.

$$\frac{(5 \times 80 \times \frac{1}{800}) \times \frac{24000}{5}}{200} + \frac{24000}{5} \times 0.15 = 732\text{초}$$

블로킹 인수가 커지면 블록의 크기가 커지게 된다. 블록이 커지면 입출력 시간이 줄고 테이프를 효율적으로 사용한다는 점에서 바람직하나, 입출력에 사용되는 주기억장치의 양이 블록의 크기에 따라 같이 커져야 하므로 블록의 크기에는 한계가 있다. 즉 블록의 크기를 결정하기 위해서는 테이프 저장 용량 및 접근에 소요되는 시간과 버퍼에 사용될 주기억장치의 저장 장소 사이에 존재하는 상호 절충관계를 고려해야 한다.

자기 테이프는 한 컴퓨터에서 다른 컴퓨터로 쉽게 이동할 수 있으며 많은 자료를 비교적 싸게 저장할 수 있다. 이러한 이유로 자기 테이프는 보조 기억장치로 널리 사용되었다. 자기 테이프의 제한성은 레코드를 테이프에 기록된 순서대로 처리해야 하며 임의적(random)으로 처리하지 못한다는 점이다. 따라서 어떤 하나의 레코드를 처리하기 위해서는 그 레코드 보다 앞에 있는 모든 레코드를 조사하여야 한다. 이러한 자료 접근 방법을 순차적 접근(sequential access)이라 한다. 실제로 처리하고자 하는 자료가 테이프의 끝부분에 있다면 이를 처리하기 위해 많은 시간을 기다려야 한다.

8.1.2 자기 디스크

자기 디스크 장치는 직접 접근 방식의 외부 기억장치이다. 이 장치는 정보를 저장하는 디스크 팩(또는 간단히 디스크)과 디스크에 정보를 읽고 쓰는 기능을 수행하는 디스크 드라이브로 구성된다. 각 디스크는 전축판과 모양이 비슷하나 표면에 자성 물질이 입혀져 있다. 테이프와 마찬가지로 디스크도 디스크 드라이브에 부착시킬 수도 있고 빼낼 수도 있다. 한 개의 팩에서 원반의 개수는 여러 가지이나 〈그림 8.5〉는 여섯 개의 원반을 갖는 디스크 팩을 보여주고 있다.

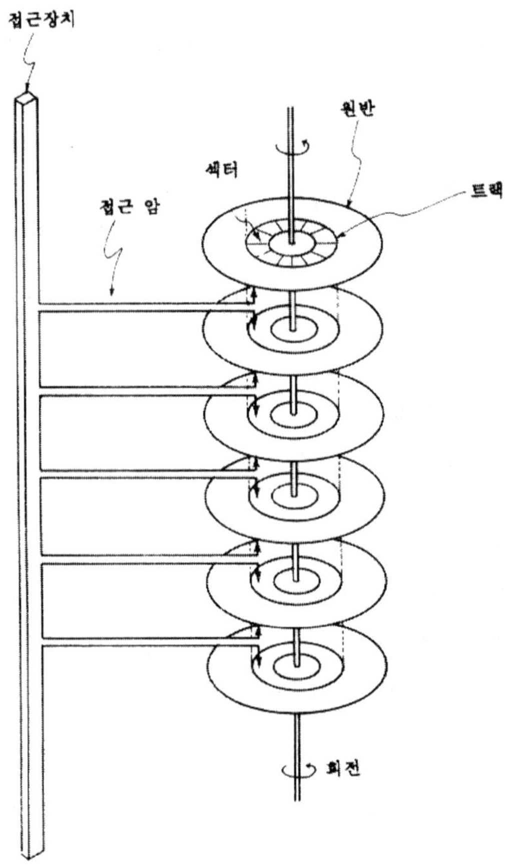

**그림 8-5 디스크 팩과 디스크 드라이브

각각의 원반은 정보가 수록될 수 있는 면을 두 개 가지고 있다. 제일 위 디스크와 제일 아래 디스크는 안쪽 한 면만을 사용하기 때문에 〈그림 8.5〉의 경우에 사용할 수 있는 면은 모두 열 개가 된다. 디스크 드라이브는 디스크가 부착되는 구동축과 여러 개의 판독/기록 헤드로 구성되어 있다. 각 면에는 한 개의 헤드가 있고 읽고 쓰는 동안 헤드는 읽고 쓰기가 행해지는 원반의 위치에 정지해 있게 된다. 그리고 디스크는 빠른 속도로 회전하는데 보통 2000 ~ 3000 rpm(분당 수회전수)의 속도이다. 전축 판의 한 면은 단 하나의 나선형으로 이루어져 있으나 자기 디스크는 트랙(track)이라고 부르는 여러 개의 동심원으로 구성되어 있다. 디스크가 한 회전을 끝내면 전체 트랙이 판독/기록 헤드를 지나게 된다. 트랙은 섹터(sector)로 나누어지며, 한 개의 섹터는 번지가 주어지는 최소 단위이다. 각 원반에서 같은 판독/기록 헤드 아래에 있는 (헤드의 움직임없이 접근) 모든 트랙들의 모임을 실린더(cylinder)라 한다.

자료는 트랙을 따라 블록의 형태로 기록된다. 디스크의 자료를 사용하기 위해서는 면 번호, 트랙 또는 실린더 번호, 그리고 블록이 시작되는 섹터 번호를 지정해야 한다. 자료의 전송이 이루어지기 위해서는 판독/기록 헤드가 올바른 실린더 위치에 놓여진 다음 판독과 기록은 헤드가 정확한 섹터에 도달할 때까지 기다려야 한다. 따라서 디스크에서 자료접근 시간은 다음과 같이 세 가지로 이루어진다.

❶ 탐구시간(seek time): 해당 실린더로 헤드를 이동하는데 걸리는 시간으로 실린더의 수에 관계된다.
❷ 회전 지연 시간(latency time): 헤드가 트랙의 해당 섹터로 오도록 디스크를 회전하는데 걸리는 시간
❸ 전송 시간(transmission time): 디스크로부터 해당 블록을 전송하는데 걸리는 시간

탐구시간은 기계적인 동작에 의한 것이므로 가장 크다. 회전 지연 시간은 디스크의 회전속도에 의해 결정되며, 전송 시간은 회전 속도와 전송될 자료의 양에 의해 결정된다.

8-2 디스크를 이용한 정렬

외부 기억장치를 이용하여 정렬할 때 가장 널리 사용되는 방법은 합병 정렬이다. 이 방법은 다음과 같이 두 단계로 이루어진다.

- 단계 1: 런(Run) 구성 및 분배 단계
  파일로부터 주기억장치에서 처리할 수 있는 레코드 개수만큼을 읽는다. 읽은 레코드를 적절한 내부정렬 방법을 사용하여 정렬한다. 이 정렬된 부분들을 런(run)이라 하며 이 런들이 만들어 지면 바로 외부 기억장치에 저장한다. 이 과정을 반복하여 여러 개의 외부 기억장치에 분배한다.

- 단계 2: 합병 단계
  단계 1에서 만들어진 런들을 하나의 런이 남을 때까지 반복하여 합병한다.

7.2.6절의 합병 알고리즘을 사용하여 큰 런들도 합병하는 것이 가능한데, 여기서는 기본적인 합병 정렬 과정과 전체 연산 시간에 관하여 알아보도록 한다. 예를 들어 3600개의 레코드를 가지고 있는 입력 파일이 단지 600개의 레코드만을 정렬할 수 있는 기억장치의 컴퓨터로 정렬된다고 하자. 입력 파일은 디스크에 저장되어 있고 한 블록은 200개의 레코드로 구성된다. 작업장소로 이용할 여분의 디스크를 가지고 있으며 입력 디스크에는 기록하지 않는다. 이를 정렬하

는 과정을 살펴보자.

❶ 런 구성 및 분배

주기억장치에서는 한 번에 600개의 레코드(3 블록)를 정렬하여 하나의 런을 생성한다. 입력 파일은 이 과정을 반복하여 런1 ~ 런6을 생성한다. 정렬 방법은 7장에서 소개한 내부 정렬 방법을 사용할 수 있다. 이들 여섯 개의 런은 작업 디스크에 각각 기록된다.

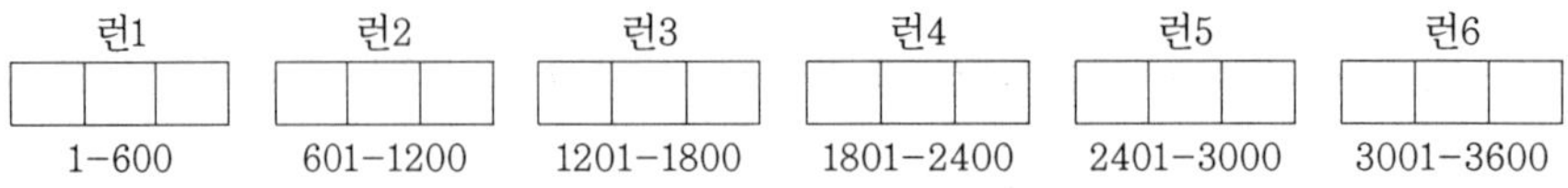

**그림 8-6 내부 정렬후의 블록화된 런

❷ 주기억장치에 세 개의 블록을 할당하여 2블록은 입력 버퍼로 사용하고, 1블록은 출력 버퍼로 사용하여 런1과 런2를 합병한다. 이 과정은 다음과 같이 수행된다. 입력 버퍼에 각 런의 가장 앞 블록(블록 1과 블록 4)을 두 개의 입력 버퍼에 넣고 이를 합병하여 출력 버퍼로 옮긴다. 출력 버퍼가 가득 차면 작업 디스크에 저장하고 입력 버퍼가 비게 되면 동일한 런의 다음 블록을 넣고 합병을 계속한다. 런1과 런2가 합병되면 런3과 런4를 합병하고, 계속해서 런5와 런6을 합병한다. 이 과정이 끝나면 세 개의 런이 생성되며, 각 런들은 여섯 개의 블록 즉 1200개의 정렬된 레코드를 갖게 된다. 다음의 합병 과정에서 이들 런 중에서 두 개는 위와 같은 방법을 사용하여 2400개의 레코드를 갖는 런으로 합병된다. 끝으로 이 런은 1200개의 레코드를 갖는 남아있는 런과 합병하여 3600개의 레코드를 갖는 런이 한 개 만들어 지는 데 이것이 최종으로 정렬된 파일이다. 이 과정은 〈그림 8.7〉과 같다.

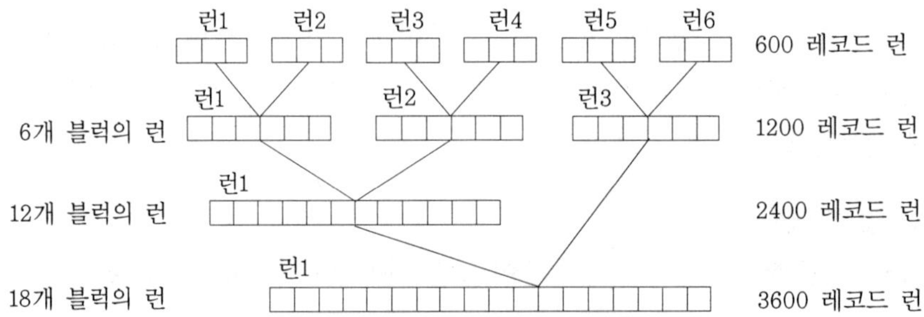

**그림 8-7 여섯 개 런의 합병

위에서 기술한 방법의 소요시간을 분석하여 보자. 이 분석을 위해 다음과 같은 기호를 사용한다.

- t_s = 최대 탐색시간

- t_l l = 최대 회전 지연시간
- t_{rw} = 1 블록(200 레코드)을 읽거나 쓰는데 소요되는 시간
- t_{io} = ts + tl + trw
- t_{is} = 600개의 레코드를 내부 정렬하는데 소요되는 시간
- nt_m = 입력 버퍼에서 출력버퍼로 n개의 레코드를 합병하는데 소요되는 시간

각 절차 별로 소요되는 시간을 계산하여 보면 다음과 같다.

❶ 초기 런의 구성 및 분배

18블록 입력, 6번 내부정렬, 18블록 출력

$T_0 = 18t_{io} + 6t_{is} + 18t_{io} = 36t_{io} + 6t_{is}$

❷ 1회 합병시간

런 1 ~ 런 6을 한 쌍씩 합병

$T_1 = 36t_{io} + 3600t_m$

❸ 2회 합병시간

1200개의 레코드로 된 두 개의 런 합병(12블록 런 생성)

$T_2 = 24t_{io} + 2400t_m$

❹ 3회 합병시간

2400개의 레코드로 된 런을 1200개로 된 레코드 런과 합병

$T_3 = 36t_{io} + 3600t_m$

❶❷❸❹로부터

외부 정렬 총 시간 = $132t_{io} + 9600t_m + 6t_{is}$

위의 결과로 살펴보면 외부 정렬에서 소요되는 시간은 파일의 입출력 시간과 자료처리(합병) 시간에 의존한다는 것을 알 수 있다. 여러 블록을 같은 실린더에 저장하거나 인접한 실린더에 저장하면 탐색시간이 감소하여 파일의 입출력 시간을 감소시킬 수 있다. 버퍼를 더 할당하고 I/O 채널을 활용하면 파일의 입출력과 합병 과정을 병행하여 수행할 수 있다. 이로 인해 버퍼를 채우거나 출력 버퍼가 출력될 때 합병 과정이 중단되는 것을 방지할 수 있다.

8.2.1 K-원 합병(K-way merge)

〈그림 8.7〉에서 소개한 합병 방법은 2-원 합병이었다. m개의 런에 대해서 〈그림 8.7〉과 같은 2-원 합병 트리는 $\lceil \log_2 m \rceil$ 회의 처리를 수행해야 하므로 $\lceil \log_2 m \rceil +1$개의 단계를 갖는다. 자료의 처리 횟수는 더 높은 차수의 합병을 함으로써 줄일 수 있다. 동시에 $k(k \geq 2)$개의 런을 합병할 때 이를 K-원 합병이라 한다. 〈그림 8.8〉은 16개의 런에 대해 4-원 합병을 나타내고 있다. 자료 처리 횟수는 2-원 합병에서는 4회이지만 4-원 합병에서는 2회가 된다. m개의 런에 대해서 k-원 합병을 행하면 자료 처리 횟수는 $\lceil \log_k m \rceil$ 회 이하가 된다. 따라서 고차 합병을 사용하면 입출력 시간이 줄기 때문에 외부 정렬의 시간을 단축시킬 수 있다.

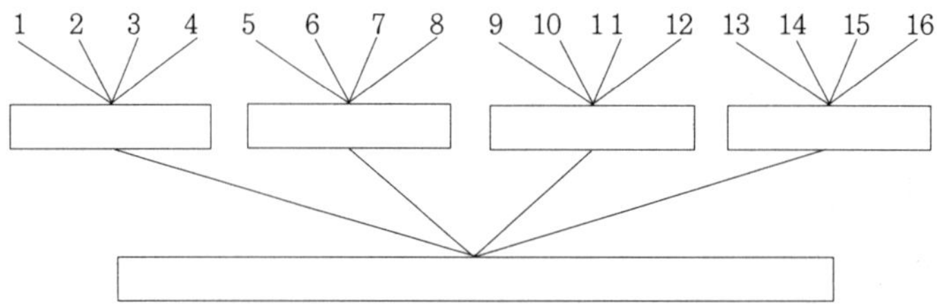

**그림 8-8 16개의 런에 대한 4원 합병

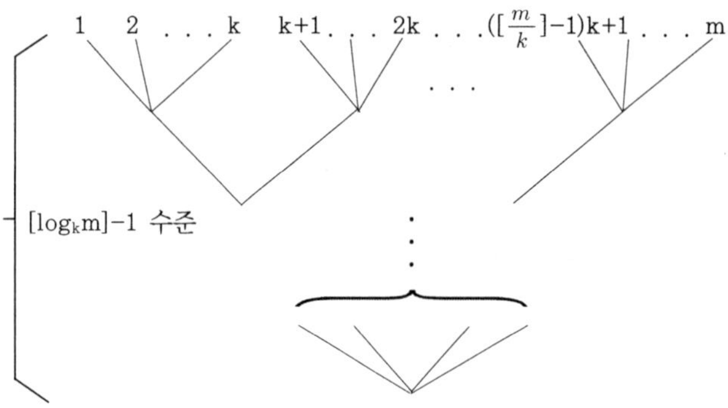

**그림 8-9 k-원 합병

그러나 고차 합병을 할 경우에는 정렬에 영향을 미친다. 크기가 $S_1, S_2, S_3, \cdots, S_k$인 정렬된 런들을 내부적으로 합병할 때 수행시간은 $O(\sum S_i)$이 되지 않는다. K-원 합병에서는 K개의 런에서 가장 작은 레코드를 선택해야하기 때문에 키의 비교 시간이 추가된다.

K개의 런을 합병하는 가장 단순한 방법은 출력할 레코드를 찾기 위해 K-1의 비교를 하는 것이다. 이에 대한 연산 시간은 $O((K-1)\sum S_i)$이다. 그리고 자료 처리 횟수가 $\log_k m$ 이므로 총 키 비교 횟수는 다음과 같다.

총 키 비교 횟수 = $n(k-1)\log_k m = n(k-1)\log_2 m / \log_2 k$, n은 레코드수

위 식에 의하면 k가 증가함에 따라 키의 비교 횟수는 $(k-1)/\log_2 k$배 만큼 증가한다. 따라서 k가 증가하면 합병 시간이 줄어 입출력 시간은 감소하지만 키의 비교 횟수는 증가하게 된다.

〈그림 8.10〉과 같이 각 노드가 두 자식 노드보다 작은 값을 갖도록 이진 트리를 구성함으로써 키의 비교 횟수를 어느 정도 줄일 수 있다. 이러한 트리를 선택 트리 (selection tree)라 한다. 이 트리에서 가장 작은 값은 뿌리 노드가 된다. 이 트리에서 단말 노드는 런의 첫 번째 레코드를 나타내고, 단말 노드가 아닌 것은 레코드의 키값을 비교하여 작은 값이 되며, 뿌리 노드는 가장 작은 키를 갖게 된다. 또한 정렬되는 레코드는 크기가 크기 때문에 각 노드는 레코드의 지적자 (pointer)를 갖도록 한다.

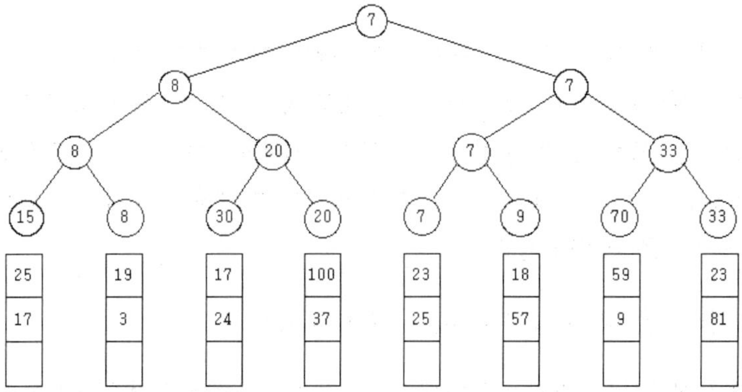

그림 8-10 8원 합병에 대한 선택 트리(여덟 개 런의 처음 세 개 키를 나타낸다.)

선택 트리에서 합병하는 과정을 살펴보자. 뿌리 노드의 레코드는 가장 작은 값을 갖기 때문에 출력될 것이다. 이제 런 5로부터 다음 레코드가 선택 트리에 들어간다. 트리의 재구성 과정은 노드 12에서 뿌리 노드까지 비교하면 된다. 이 과정을 통해 재구성된 트리가 〈그림 8.11〉에 나타나 있다. 비교는 형제 노드에서 행해져서 부모 노드로 올라간다. 〈보조정리 5.4〉의 이진 트리의 표현 방법을 이용하면 번지 계산을 효과적으로 계산할 수 있다.

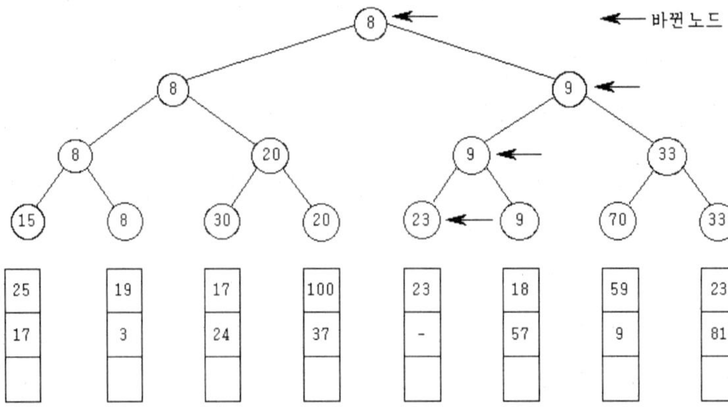

**그림 8-11 그림 8.10에서 하나의 레코드가 출력된 후 재구성한 선택 트리

이 선택 트리에 대한 연산시간을 살펴보자. 이 트리의 단계 수는 $\lceil \log_2 k \rceil + 1$ 이므로 트리를 재구성 하는데 걸리는 시간은 $O(\log_2 k)$이다. 한 개의 레코드가 출력될 때마다 트리를 재구성해야 하므로 n개의 레코드를 합병하는데 걸리는 시간은 $O(n\log_2 k)$이다. 그러므로 합병 트리에서 한 단계 당 소요시간은 $O(n\log_2 k)$가 된다. 이 트리의 합병 단계 수는 $O(\log_k m)$이므로 내부에서 처리되는 총 시간은 다음과 같다.

총 내부 처리시간 = $O(\log_2 k \log_k m) = O(nlog_2 m)$

그러므로 내부 처리시간은 k와 무관하게 된다. 그러나 트리를 유지하는데 필요한 시간 때문에 내부 처리 시간은 실제로는 약간 증가하게 된다.

다음은 입출력과 합병을 병행하는 방법에 대해서 알아보자. k개의 런이 k-원 합병에 의해 합병되기 위해서는 k개의 입력 버퍼와 한 개의 출력 버퍼가 필요하다. 그러나 이 방법에서는 출력 버퍼가 출력될 때 내부 합병은 합병 레코드를 모아 놓을 곳이 없으므로 잠시 중단되어야 한다. 그러므로 파일 출력과 합병을 병행하기 위해서는 최소한 출력 버퍼는 두 개가 필요하다.

입력 버퍼의 경우에도 같은 원리가 적용된다. k-원 합병에서 k개의 입력 버퍼 중에 어느 하나가 비게 되면 그 입력 버퍼가 채워질 때까지 합병 작업은 중단되게 된다. 이러한 현상을 방지하기 위해서는 2k개의 입력 버퍼를 사용하면 파일 입출력과 합병을 병행으로 수행할 수 있다. 그러나 단순하게 한 개의 런에 두 개의 입력 버퍼를 각 런에 대해 할당하면 동시에 여러 개의 입력 버퍼가 비게 될 경우 합병 작업을 잠시 중단하여야 한다. 그러므로 어떠한 런에 대해서도 입력 레코드가 부족함으로써 합병이 중단되는 상황에 이르지 않도록 2k개의 입력 버퍼를 효과적으로 사용하는 방안도 고려해야 한다.

8-3 테이프를 이용한 정렬

테이프를 이용한 정렬의 기본적인 과정은 디스크의 경우와 비슷하다. 입력 파일을 부분적으로 내부 정렬하여 런을 만들어 이를 작업 테이프에 저장한다. 이 런들이 하나의 런이 될 때까지 합병 과정을 반복한다.

디스크를 이용한 정렬과 차이점은 근본적으로 런들이 외부 기억장치에서 처리되는 방법이다. 디스크의 경우에는 임의적으로 접근이 가능하기 때문에 디스크 상에서 읽혀질 다음 블록의 위치에 대해 심각한 영향을 받지 않지만 테이프의 경우에는 순차적 접근만이 가능하기 때문에 인접한 블록들의 저장 위치에 따라 입력 시간은 현저하게 차이가 날 수 있다. 그러므로 테이프를 이용하여 정렬할 경우에는 블록과 런의 저장위치가 기본적으로 고려할 사항이다. 따라서 합병될 블록들이 순차 접근을 통해서 읽혀질 수 있도록 연속적으로 분배하는 방법이 중요한 요인이 된다. 디스크의 경우처럼 예를 통해서 기본적인 합병 과정과 전체 연산 시간을 알아보도록 하자.

예를 들어 700개의 레코드를 처리할 수 있는 메모리를 이용하여 3600개의 레코드를 갖는 파일을 정렬하고자 한다. 입력 테이프의 각 블록은 200개의 레코드로 되어 있으며 사용가능한 테이프는 T_1, T_2, T_3, T_4의 네 개가 있다. 입력 테이프는 네 개의 사용가능한 테이프 드라이브 중 하나에 설치되며 입력 레코드가 모두 읽혀진 후에는 작업 테이프로 교체된다. 처음의 런을 만드는 과정은 퀵 정렬 등 전형적인 내부 정렬 과정을 사용한다고 가정한다. 합병 과정을 위하여 두 개의 입력 버퍼와 한 개의 출력 버퍼를 사용하며 입출력과 CPU는 병행으로 수행되지 않는다고 가정한다. 연산에 소요되는 시간을 계산하기 위하여 다음과 같은 기호를 정의한다.

- T_{is} = 600개의 레코드를 내부 정렬하는데 소요되는 시간
- T_{rw} = 현재 헤드 위치에서 1 블록(200 레코드)을 읽거나 쓰는데 소요되는 시간
- T_{rew} = 테이프 한 블록을 되감는데 소요되는 시간
- nT_m = 2-원 합병으로 입력 버퍼에서 출력 버퍼로 n개의 레코드를 합병하는데 소요되는 시간
- Δ = 테이프를 갈아 끼우는데 소요되는 시간

정렬과정

❶ 테이프 T_1 - T_4를 되감는다.

❷ 내부 정렬에 의한 런 생성

3블록을 정렬하여 길이가 600 레코드인 런을 만들어 T_1, T_2에 번갈아 저장한다.

• 테이프 형태

소요 시간 : $36T_{rw}$ + $6T_{is}$

❸ 1차 합병준비

T_1, T_2, 입력 테이프를 되감고, 입력 테이프를 작업 테이프 T_4로 갈아 끼운다.

소요시간: $9T_{rew}+\Delta$ (모든 테이프는 병렬로 되감는다.)

❹ 1차 합병

T_1과 T_2를 2-원 합병하여 새로 생성된 런을 T_3, T_4에 번갈아 저장한다.

• 테이프 형태

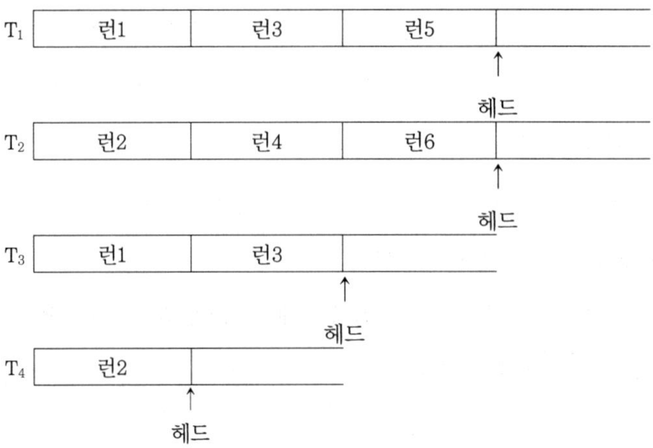

T_3의 런 1은 T_1의 런 1과 T_2의 런 2를 합병하여 생성
T_4의 런 2는 T_1의 런 3과 T_2의 런 4를 합병하여 생성
T_3의 런 3은 T_1의 런 5와 T_2의 런 6을 합병하여 생성

소요 시간 = $36T_{rw}$ + $3600T_m$

❺ 2차 합병 준비

T_1–T_4를 되감는다.

소요 시간 = $12T_{rew}$

❻ 2차 합병

T_3의 런 1과 T_4의 런 2를 합병하여 T_1에 저장한다.

- 테이프 형태

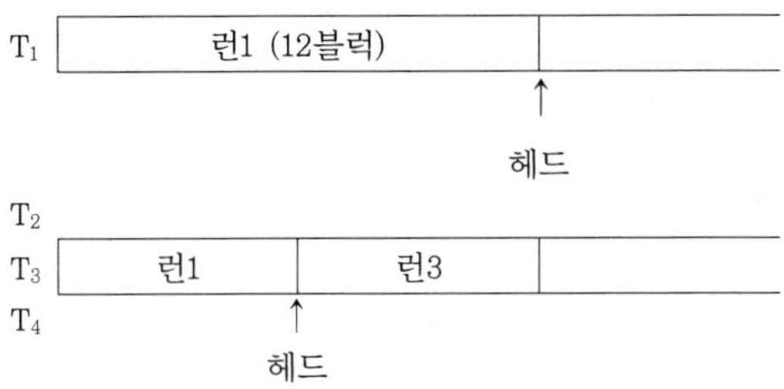

소요 시간 : $24T_{rw} + 2400T_m$

❼ 차 합병 준비

T_1과 T_4를 되감는다.

소요시간 : $12T_{rew} + \Delta$

❽ 3차 합병

T_1의 런과 T_3의 런 3을 T_2에 합병하여 정렬된 파일을 얻는다.

소요 시간 : $36T_{rw} + 3600T_m$

❾ T_1–T_4되감는다. T_2가 출력 테이프이다.

이상의 과정에서 소요된 전체 시간을 구하면 다음과 같다.

총 소요 시간 = $6T_{is} + 132T_{rw} + 9600T_m + 51T_{rew} + \Delta$

이 연산시간 분석은 어떠한 명령도 병렬로 수행되지 않는다고 가정한 것이다.

8.3.1 균형 합병 정렬 (Balanced merge sort)

테이프 정렬의 연산 시간도 디스크 정렬의 경우처럼 자료를 처리하는 횟수에 크게 의존한다. 높은 차원으로 합병함으로써 내부 합병 시간을 크게 변화시키지 않고 자료 처리 횟수를 줄일 수 있다. 테이프를 이용한 k-원 합병에서도 디스크 정렬의 경우와 같이 2k + 2개의 버퍼가 필요하다. 그리고 테이프 탐구 시간을 줄이기 위해서는 합병될 런들은 서로 다른 테이프에 있어야 한다. 그러므로 k-원 합병을 위해서는 적어도 k개의 입력 테이프와 1의 출력 테이프가 필요하다. K + 1개의 테이프를 사용하면 다음 단계의 합병을 위해 출력 테이프를 k개의 테이프에 재분배시켜야 하며, 2k의 테이프를 사용하면 재분배 과정을 피할 수 있다. 이 경우에 k개는 입력 테이프로 사용되고 k개는 출력 테이프로 사용되며 다음 합병 단계에서는 위의 예와 같이 입력과 출력의 역할이 바뀌게 된다. k + 1개의 테이프를 사용하여 k-원 합병을 수행하는 과정을 정리하면 〈알고리즘 8.1〉과 같다.

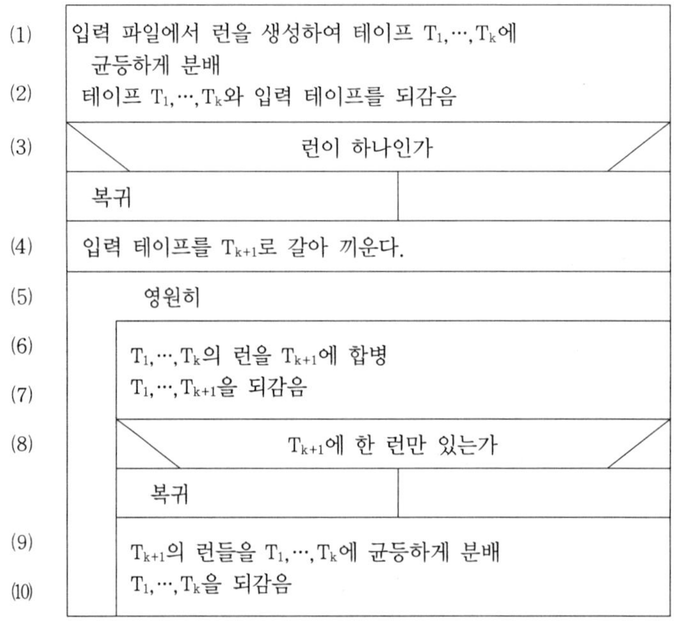

알고리즘 8.1 Merge-1

〈알고리즘 8.1〉을 분석해 보자. 한 횟수는 읽기와 쓰기로 구성된다. (1)에서 만들어진 런의 수를 m이라 할 때 (6) ~ (10)의 반복 횟수는 $\log_k m$의 합병 횟수와 $\log_k m - 1$의 재분배 횟수로 구성된다. (1)에서 수행한 1회를 포함하면 전체 파일에 대해 읽고 쓴 횟수는 $2\log_k m$이 된다. 테이프를 되감는 시간을 T_{rew}라면 전체 되감는 시간은 $2\log_k m \cdot T_{rew}$이다.

다음은 2k개의 테이프를 사용하여 k-원 합병을 수행하는 과정을 알아보자. 2k개를 사용할 경우에는 재분배가 필요 없으므로 파일 전체를 처리하는 횟수는 $\log_k m$이 되며 합병 과정은 〈알고리즘 8.2〉와 같다.

(1) 입력 파일에서 런을 생성하여 테이프 $T_1, \cdots, T_k$에 균등 분배
(2) $T_1, \cdots, T_k$와 입력 테이프를 되감음
(3) 입력 테이프를 T_{2k}로 갈아 끼움
(4) $i \leftarrow 0$;
(5) $T_{ik+1}, \cdots, T_{ik+k}$에 있는 전체 런 수 >1
(6) $j \leftarrow 1 - i$
(7) $T_{ik+1}, \cdots, T_{ik+k}$를 K-원 합병하여 $T_{jk+1}, \cdots, T_{jk+k}$에 균등 분배
(8) $T_1, \cdots, T_{2k}$를 되감음
(9) $i \leftarrow j$

알고리즘 8.2 Merge-2

알고리즘 Merge-2에서 (6)과 (9)의 스위치에 의해 2k개의 테이프가 입력 파일과 출력 파일로서 교대로 기능이 수행된다.

8.3.2 다단계 합병 (Polyphase merge)

균형 k-원 합병에서는 k개의 입력 테이프와 k개의 출력 테이프를 교대로 사용하여 재분배 과정을 방지하였다. 그러나 테이프가 2k개 보다 적은 경우라도 k-원 합병을 효과적으로 수행할 수 있다. 즉 테이프마다 균등하게 런을 배분하지 않고 적당량의 런을 다르게 배분함으로써 재분배 과정이 필요없게 된다.

k + 1개의 테이프를 사용하여 이와 같은 과정을 살펴보기로 하자. 먼저 런의 수 $m = 8$일 때 세 개의 테이프를 사용하여 2-원 합병 과정을 살펴보면 표 8-1과 같다. 전체 과정은 5단계로 이루어진다. 1단계에서 입력 테이프의 자료를 내부 정렬하여 여덟 개를 만들어 T_2에 다섯 개 T_3에 세 개를 분배한다. 편의상 이때의 런의 길이를 1이라고 하고 측정의 기본 단위로 사용한다. 테이프의 런은 n(1)으로 표시되며 1은 런의 크기 n은 런의 개수를 나타낸다. 테이프에 크기가 3인 런이 두 개 있다면 2(3)로 표시한다. 2 단계에서는 T_2와 T_3에서 세 개씩 합병하여 T_1에 크기가 2인 세 개의 런을 저장한다. 이때 T_2에는 다섯 개 중 두 개만 남게 된다. 3단계에서는 T_1에서 크기가 2인 두 개의 런과 T_2에서 크기가 1인 런 두 개씩을 합병하여 T_3에 크기가 3인 두 개의 런을 저장한다. 4단계에서는 T_1에서 크기가 2인 한 개의 런과 T_3에서 크기가 3인 런 한 개씩을 합병하여 T_2에 크기가 5인 한 개의 런을 저장한다. 마지막 단계에서는 T_2에서 크기가 5인 한 개의 런과 T_3에서 크기가 3인 런 한 개씩을 합병하여 T_1에 크기가 8인 한 개의 런을 출력하여 정렬을 완성한다.

이상의 과정에서 전체 파일의 입출력 횟수는 다음과 같다

전체 파일 입출력 횟수 = 1 + 6 / 8 + 6 / 8 + 5 / 8 + 1 = 4.25

8.3.1절의 Merge-1의 알고리즘을 사용하여 k가 2인 균형 2원 합병을 수행하면 전체 파일의 입출력 횟수는 $2 \log_2 8 = 6$이 된다. 또한 네 개의 테이프를 사용한 알고리즘 Merge-2는 $\log_2 8 = 3$이 된다.

표 8-1을 살펴보면 마지막을 제외한 모든 단계에서 하나의 테이프는 비어 있도록 처음부터 분배시켰다. 그래서 두 개의 공백이 아닌 테이프가 입력 테이프로 사용되고 공백 테이프가 출력 테이프로 사용함으로써 런의 재분배 과정을 거치지 않고 다음 단계로 나갈 수 있다. 그러면 런의 분배방법을 결정하기 위해 끝 단계부터 살펴보도록 하자. n개의 단계가 존재 한다면 n번째 단계에서 T_1에는 정확히 한 개의 런이 존재하며 T_2, T_3에는 런이 없어야 한다. 이를 위해서는 T_1의 런은 T_2의 런과 T_3의 런의 합병으로 얻어진 것이 틀림없다. n-1번째 단계에서는 T_2와 T_3에 단지 한 개의 런만이 있을 것이다. T_2의 런은 T_1의 런과 T_2의 런의 합병으로 얻게 되므로 n-2번째 단계에서는 T_1에는 한 개의 런, T_3에는 두 개의 런이 있어야 한다.

▌표 8-1▌ 세 개의 테이프를 이용한 다단계 합병 (m = 8)

단계	T_1	T_2	T_3	파일 입출력 비율	비고
1	–	5(1)	3(1)	1	초기 분배 상태
2	3(2)	2(1)	–	6/8	T_1에 합병
3	1(2)	–	2(3)	6/8	T_3에 합병
4	–	1(5)	1(3)	5/8	T_2에 합병
5	1(8)	–	–	1	T_1에 합병

표 8-2는 세 개의 테이프를 이용하여 각 단계에서 재분배 과정 없이 합병되도록 하기 위하여 필요한 런의 분배를 나타내고 있다.

표 8-3으로부터 987개의 런이 있다면 첫 번째 단계에서 T_1에 377개, T_3에 610개의 런을 분배함으로써 15단계로 끝나게 된다. n단계 합병에 필요한 런의 수는 피보나치 수인 $F_n + F_{n-1}$이 된다. n = 15 이면 $F_{15} = 610$이고 $F_{14} = 377$이므로 15단계에 필요한 런의 수는 $F_{15} + F_{14} = 987$ 이 된다. 따라서 이와 같이 런을 분배하는 방법을 피보나치 합병 (Fibonacci merge)이라고도 한다. 피보나치 수를 이용하여 K + 1개의 테이프를 사용하는 K-원 합병으로 일반화 시킬 수 있다.

▌표 8-2▌ 다단계 합병의 런 분배 (테이프 = 3)

단계	T_1	T_2	T_3
n	1	0	0
n−1	0	1	1
n−2	1	0	2
n−3	3	2	0
n−4	0	5	3
n−5	5	0	8
n−6	13	8	0
n−7	0	21	13
n−8	21	0	34
n−9	55	34	0
n−10	0	89	55
n−11	89	0	144
n−12	233	144	0
n−13	0	377	233
n−14	377	0	610

▌표 8-3▌ 다단계 합병 때의 런 분배 (테이프 = 4)

단계	T_1	T_2	T_3	T_4
n	1	0	0	0
n−1	0	1	1	1
n−2	1	0	2	2
n−3	3	2	0	4
n−4	7	6	4	0
n−5	0	13	11	7
n−6	13	0	24	20
n−7	37	24	0	44
n−8	81	68	44	0
n−9	0	149	125	81
n−10	149	0	274	230
n−11	423	274	0	504
n−12	927	778	504	0
n−13	0	1705	1431	927
n−14	1705	0	3136	2632

표 8-3은 네 개의 테이프를 사용하는 3-원 합병에 대한 런의 분배를 나타낸다.

예, 런의 수가 57개 일 때 네 개의 테이프를 이용하여 3-원 다단계 합병을 수행할 때 테이프의 상태를 나타내 보자.

단계	T_1	T_2	T_3	T_4	파일 입출력 비율	비고
1	13(1)	–	24(1)	20(1)	1	초기 분배 상태
2	–	13(3)	11(1)	7(1)	39/57	T_2에 합병
3	7(5)	6(3)	4(1)	–	35/57	T_1에 합병
4	3(5)	2(3)	–	4(9)	36/57	T_4에 합병
5	1(5)	–	2(17)	2(9)	34/57	T_3에 합병
6	–	1(13)	1(17)	1(9)	31/57	T_2에 합병
7	1(57)				1	T_1에 합병

이상의 과정에서 파일의 입출력 횟수는 다음과 같다.

$$\text{전체 파일 입출력 횟수} = 1 + 39/57 + 35/57 + 36/57 + 34/57 + 1 = 5\frac{4}{37}$$

네 개의 테이프로 8.3.2의 알고리즘의 균형 2-원 합병을 수행하면 $\log_2 57 = 6$이 된다.

다단계 합병을 적용할 때 처음 런들의 수는 정확히 피보나치 수나 일반화된 피보나치 수가 되어야 한다. 피보나치 수가 되지 않을 경우에는 모조 런(dummy run)을 추가하여 사용하면 된다.

테이프를 이용한 다단계 합병이나 균형 합병 정렬에서 테이프의 수는 적어도 세 개의 테이프가 필요하다. 그리고 이때의 연산시간은 O(n log n)이 된다(n은 레코드 수). 세 개 미만의 테이프를 사용할 경우에는 입력 시간이 과도하게 길어져 n개의 레코드를 정렬하는데 $O(n^2)$이상의 시간이 걸린다고 알려져 있다.

지금까지 논의한 다단계 합병은 테이프의 되감는 시간은 고려하지 않았다. 다음 단계의 합병을 시작하기 전에 출력 테이프는 되감아 놓아야 하며 이 동안 CPU의 합병 작업은 쉬게 된다. 다단계 합병 방식을 수정하여 되감는 시간과 합병 등 내부 작업과 병행하여 수행할 수도 있다. 이 경우에는 적어도 다섯 개의 테이프가 필요하다. 이 수정된 알고리즘 및 테이프를 이용한 다른 정렬 방법은 knuth VOL.3을 참조하기 바란다.

연습문제_

8.1 컴퓨터 시스템에서 여러 종류의 기억장치를 사용하는 이유를 설명하시오.

8.2 블록크기가 컴퓨터 시스템에 미치는 영향에 대하여 설명하시오.

8.3 블록크기가 512바이트인 디스크 드라이브가 다음과 같은 특성을 갖는다고 가정할 때 평균 접근시간을 계산하시오.

- 평균 탐구시간 = 20ms
- 평균 회전 지연시간 = 8ms
- 전송률 = 1048576 바이트 (1MB)/sec

8.4 4500개의 레코드를 저장한 파일이 디스크에 저장되어 있고 250개의 레코드로 블록화되어 있다. 주기억장치는 750개의 레코드만을 정렬할 수 있다.

(1) 정렬과정을 기술하시오.
(2) 소요시간을 계산하시오.

8.5 4번을 테이프에 저장되었을 경우로 바꾸어 정렬과정을 기술하고, 소요시간을 계산하시오.

8.6 다음과 같이 크기가 3인 네 개의 런을 4원 합병할 때 세 개의 자료가 출력될 때까지 선택 트리를 만들어 보시오.

런1 = (5, 10, 11)　런2 = (7, 16, 20)
런3 = (10, 20, 20) 런4 = (5, 10, 15)

8.7 런의 수가 31개일 때 3원 다단계 합병정렬 과정을 나타내시오.

8.8 다음과 같은 키값의 레코드가 있는 파일을 (1) ~ (4)의 방법으로 정렬하시오. 주기억장치

로 읽어 들일 수 있는 레코드의 개수는 세 개이다.

키값 = 100, 230, 130, 20, 200, 70, 300, 70, 240, 120, 140, 50, 270, 160

(1) 2-원 균형 합병정렬 (2) 3-원 균형합병정렬
(3) 2-원 다단계 합병정렬 (4) 3-원 다단계 합병정렬

8.9 선택트리를 구성할 때 비 단말 노드가 패자(선택된 값이 아닌 값)들에 대한 지적자를 갖게 함으로써 트리를 유지하는데 필요한 시간을 줄일 수 있다. 이와 같이 구성한 선택트리를 패자트리라 한다. 〈그림 8.10〉에 대한 패자트리를 구성하여 보시오.

8.10 표 8-4를 참조하여 여섯 개의 테이프를 사용하는 5-원 다단계 합병에 필요한 피보나치 분배표를 작성하시오.

Chapter 09 탐색 트리 (search tree)

앞의 7장에서 이진 탐색을 설명할 때, 정렬된 이진 탐색 트리를 언급한 적이 있다. 즉, 이진 탐색은 주기억장치 속에 존재하는 자료원소를 탐색하는 방법으로서, 자료원소들의 정렬을 전제 조건으로 하며, 정렬된 자료들을 탐색 트리로 나타냈을 때, 각 노드는 자식 노드를 기껏해야 두 개를 가지는 이진 탐색 트리가 된다는 것이다. 이 장에서는 이진 탐색 트리를 기본으로 하여, 이진 탐색 트리의 장단점을 설명하고, 이진 탐색 트리의 단점을 보완하기 위한 균형 탐색 트리와 m−원 탐색 트리에 대하여 설명한다.

9-1 이진 탐색 트리 (binary search tree)

7장에서 살펴본 바와 같이, 이진 탐색 방법은 상당히 효율이 좋은 탐색 방법이다. 그러나 자료원소들의 삽입과 삭제가 빈번한 경우에는 어떤 문제가 발생할까? 리스트의 중간에 자료를 삽입하는 경우에는, 삽입되는 자료원소를 제 위치에 두기 위해서, 많은 자료들을 뒤로 이동시켜야 한다. 리스트의 중간에서 자료를 삭제하는 경우에는, 삭제되는 자료원소의 뒤에 위치한 모든 자료원소들을 하나씩 앞으로 이동시켜야 한다. 이것은 리스트를 배열을 이용하여 나타내기 때문에, 배열의 단점이 그대로 표출된 결과이다. 그렇다고 자료의 삽입과 삭제를 효율적으로 하기 위해서 자료원소들을 연결 리스트로 표현한다면, 어떤 자료를 찾는 데 최악의 경우에는 자료원소의 수에 비례하게 되어, 탐색 효율성이 떨어지게 된다. 여기에서는 탐색을 효율적으로 하면서, 자료의 삽입/삭제도 효율적으로 할 수 있는 이진 탐색 트리에 대하여 설명한다.

9.1.1 이진 탐색 트리의 정의

이진 탐색 트리

이진 탐색 트리 T는 이진 트리로서 다음과 같은 성질을 갖는다.

1) T의 각 노드가 가지는 자료 값은 유일하다.
2) T의 뿌리 노드의 자료 값은 왼쪽 부트리의 모든 노드의 자료 값 보다 크다.
3) T의 뿌리 노드의 자료 값은 오른쪽 부트리의 모든 노드의 자료 값 보다 작다.
4) T의 부트리도 이진 탐색 트리이다.

〈그림 9.1〉의 트리에서 (가)는 이진 트리이지만 이진 탐색 트리는 아니다. 왜냐하면, 48을 자료 값으로 가지는 노드의 오른쪽 자식 노드가 그 보다 작은 자료 값 45를 가지기 때문이다. 한편, (나)의 트리는 이진 탐색 트리가 된다.

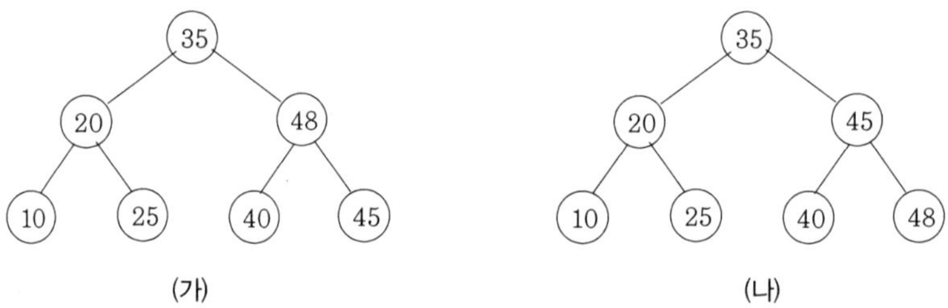

**그림 9-1 이진 트리와 이진 탐색 트리

9.1.2 이진 탐색 트리의 중위 순회

5장에서 설명한 것처럼, 이진 탐색 트리를 전위, 중위, 후위 순회할 수 있다. 이 중에서 중위 순회는 특별한 의미를 가지는데, 이진 탐색 트리에 있는 노드들을 중위 순회한다면, 각 노드가 가지는 자료 값을 정렬하는 효과가 있다. 예를 들어, 〈그림 9.1〉 (나)〉의 이진 탐색 트리를 중위 순회한 결과는 10, 20, 25, 35, 40, 45, 48이 되어 자료들이 정렬되어 나타난다. 이것은 부모 노드의 자료 값 보다 작은 자료 값은 왼쪽 자식 노드가 가지고, 부모 노드 보다 큰 값은 오른쪽 자식 노드가 가지도록 이진 탐색 트리가 구성되기 때문이다. 이진 트리의 중위 순회는 부모 노드를 방문하기 전에 왼쪽 자식 노드를 방문하고, 부모 노드를 방문한 후에 오른쪽 자식 노드를 방문한다. 따라서 이진 탐색 트리의 중위 순회는 부모 노드보다 작은 값을 가지는 왼쪽 자식 노드를 먼저 방문하고, 부모 노드를 방문한 다음에, 부모 노드보다 큰 값을 가지는 오른쪽 자식 노드를 방문하기 때문에, 그 결과는 자료가 정렬된 형태로 나타날 수 밖에 없다. 물론 이진 탐색 트리의 중위 순회 알고리즘은 이진 트리의 중위 순회 알고리즘과 같다.

9.1.3 이진 탐색 트리에서의 탐색

이진 탐색 트리에 있는 자료원소를 탐색하고자 하는 경우에는, 우선 이진 탐색 트리의 뿌리 노드가 가지는 자료 값과 찾고자 하는 자료 값을 비교한다. 만일에 같다는 사실이 판명되면 탐색은 성공적으로 종료되지만, 같지 않다면 뿌리 노드의 자료 값이 찾고자 하는 자료 값 보다 큰지 아니면 작은 지를 판단한다. 뿌리 노드의 자료 값이 찾고자 하는 자료 값 보다 작다면, 다음의 탐색 공간은 오른쪽 부트리가 된다. 왜냐하면, 뿌리 노드의 왼쪽 부트리에 있는 모든 자료원소 값은 뿌리 노드의 자료 값 보다 작고, 뿌리 노드의 오른쪽 부트리에 있는 모든 자료원소 값은 뿌리 노드의 자료 값 보다 크기 때문에, 뿌리 노드의 왼쪽 부트리에서는 찾고자하는 자료 값이 나타날 가능성이 전혀 없기 때문이다. 부트리에 대해서도 위의 과정을 계속하는데, 중간에 원하는 자료를 찾으면 탐색이 성공적으로 종료되고, 원하는 자료를 찾지 못했는데, 더 이상의 찾아볼 노드가 없을 때는 탐색이 실패한다. 이러한 이진 탐색 트리에서의 탐색 알고리즘은 〈알고리즘 9.1〉과 같다.

트리_탐색(TREE, X, nod)
// 이진 탐색 트리 TREE에서 X 값을 가지는 노드를 찾음

<table>
<tr><td colspan="4">nod = TREE</td></tr>
<tr><td rowspan="4"></td><td colspan="3">nod ≠ 0</td></tr>
<tr><td colspan="3">CASE</td></tr>
<tr><td>X 〈 자료(nod)</td><td>X = 자료(nod)</td><td>X 〉 자료(nod)</td></tr>
<tr><td>노드 = 왼쪽자식(nod)</td><td>노드 반환</td><td>노드 = 오른쪽자식(nod)</td></tr>
</table>

알고리즘 9.1 이진 탐색 트리에서의 탐색

탐색 알고리즘을 예를 들어서 설명해 보자. 〈그림 9.1 (나)〉의 이진 탐색 트리에서 40을 찾는다고 할 때, 우선은 뿌리 노드의 35와 비교한다. 뿌리 노드에 있는 자료 값이 찾고자 하는 자료 값이 아니며, 뿌리 노드에 있는 자료 값이 찾고자 하는 자료 값 보다 작기 때문에, 오른쪽 부트리를 다시 탐색하게 된다. 오른쪽 부트리의 뿌리 노드의 자료 값은 45로서, 찾고자 하는 자료 값 보다 크기 때문에, 그 왼쪽 부트리로 가서 탐색을 계속한다. 그 왼쪽 부트리에는 40을 자료 값으로 가지는 노드가 있기 때문에 탐색은 성공적으로 종료된다. 한편, 15를 찾고자 할 때에는, 마지막 수준의 노드까지 비교해 보고 더 이상 찾는 자료가 없다고 판단한다.

이 알고리즘의 효율성은 이진 탐색 트리의 깊이가 어떠냐에 달려 있다. 깊이가 3인 이진 탐색 트리에서, 최악의 경우는 3번 비교 연산이 수행되고, 깊이가 k인 이진 탐색 트리에서는, 최악의 경우는 k번 비교 연산이 수행된다. 따라서, n개의 노드를 가지는 이진 탐색 트리가 완전 이진 트리가 된다면, 트리의 깊이는 $\lfloor \log_2 n \rfloor + 1$이 될 것이고, 최악의 탐색시간은 $O(\log_2 n)$이 될 것이다.

9.1.4 이진 탐색 트리에서 노드의 삽입

자료 값이 X인 새로운 원소를 이진 탐색 트리에 삽입하는 것은 탐색 과정과 유사하다. 우선은 이진 탐색 트리의 뿌리 노드의 자료 값과 비교하여 같은면 자료의 중복으로 삽입이 실패한다. 같지 않다면, 삽입하고자 하는 원소의 자료 값이 뿌리 노드의 자료 값 보다 큰지 아니면 작은지를 결정한다. 작다면 왼쪽 부트리 쪽으로 가고, 크다면 오른쪽 부트리 쪽으로 가서 위의 과정을 계속한다. 그러다가 더 이상의 비교 대상이 없을 때, 즉 최하위 수준까지 진행된 후에, 삽입하고자 하는 원소의 자료 값이 바로 전 노드의 자료 값 보다 작으면 왼쪽 자식 노드로, 크면 오른쪽 자식 노드로 삽입한다. 따라서, 삽입되는 새로운 원소는 항상 원래 이진 탐색 트리의 단말 노드가 된다. 이러한 삽입 알고리즘은 〈알고리즘 9.2〉와 같다.

노드_삽입 (TREE, X)

// 이진 탐색 트리 TREE에 X를 자료 값으로 가지는 새로운 원소를 삽입

```
nod = TREE
nod ≠ 0
    CASE
    X 〈 Data(nod):
        왼쪽자식(nod) = 0
        예:
            노드-얻기(NEW)
            왼쪽자식(NEW) = 0
            자료(NEW) = X
            오른쪽자식(NEW) = 0
            왼쪽자식d(nod) = NEW
            복귀
        아니오:
            노드 = 왼쪽자식(nod)
    X = Data(nod):
        "중복" 출력
        복귀
    X 〉 Data(nod):
        오른쪽자식(nod) = 0
        예:
            노드-얻기(NEW)
            왼쪽자식(NEW) = 0
            자료(NEW) = X
            오른쪽자식(NEW) = 0
            오른쪽자식(nod) = NEW
            복귀
        아니오:
            노드 = 오른쪽자식(nod)
```

알고리즘 9.2 이진 탐색 트리에서 노드의 삽입

삽입 알고리즘을 예를 들어서 설명해 보자. 〈그림 9.2〉의 (가)에 15를 자료 값으로 가지는 새로운 원소를 삽입하려고 할 때, 우선은 뿌리 노드의 35와 비교한다. 뿌리 노드의 자료 값이 15가 아니며 15보다 크기 때문에 왼쪽 부트리로 간다. 왼쪽 부트리의 뿌리 노드는 20을 자료 값으로 갖기 때문에 다시 왼쪽 부트리로 간다. 이제는 단말 노드에 도달하였고, 단말 노드의 자료 값이 삽입하려고 하는 원소의 자료 값보다 작은 값 10을 가지기 때문에, (나)와 같이 삽입하려는 원소를 10을 자료 값으로 갖는 노드의 오른쪽 자식 노드로 삽입한다.

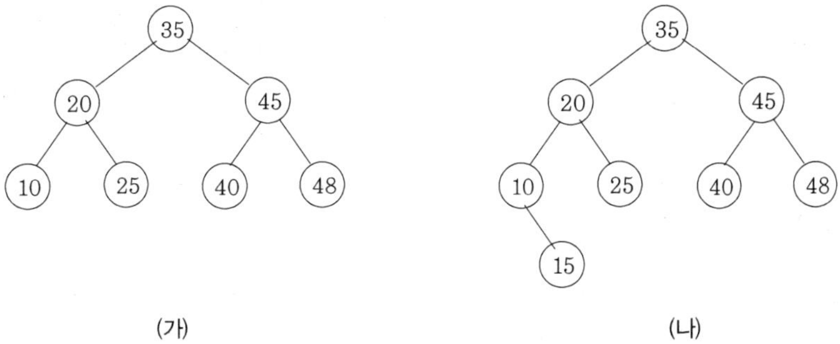

**그림 9-2 새로운 노드의 삽입

9.1.5 이진 탐색 트리에서 노드의 삭제

이진 탐색 트리에서의 노드의 삽입은 트리의 단말에서만 발생하기 때문에 처리하기가 용이하였지만, 삭제는 어느 수준에서든 발생할 수 있기 때문에, 몇 가지 경우를 생각해야 한다. 첫째, 삭제될 노드가 자식 노드를 가지지 않는 경우이다. 이때에는 삭제될 노드를 삭제하기만 하면 된다. 둘째, 삭제될 노드가 왼쪽 또는 오른쪽 자식 노드 하나만 갖는 경우이다. 이때에는 삭제되는 노도의 위치에 그 자식 노드를 이동시키면 된다. 셋째, 삭제될 노드가 왼쪽 및 오른쪽 자식 노드를 가지는 경우이다. 이때에는 삭제되는 노드의 위치에 그 노드의 중위 선행자 또는 중위 후속자를 이동시킨다. 왜냐하면 이진 탐색 트리를 중위 순회하면 자료가 정렬되어 나오도록 하는 것이 좋기 때문이다. 트리의 표현 방법으로 볼 때 중위 선행자보다는 중위 후속자를 찾기가 용이하기 때문에, 여기에서는 중위 후속자를 이동시키는 것으로 한다. 이러한 삭제 알고리즘이 〈알고리즘 9.3〉에 나타나 있다.

```
노드_삭제 (TREE, X)
                // 이진 탐색 트리 TREE에 X를 자료 값으로 가지는 노드를 삭제
노드 = TREE
노드 ≠ 0
    CASE
    X < 자료(노드):
        부모 = 노드
        노드 = 왼쪽자식(노드)
        방향 = "좌"
    X = 자료(노드):
        삭제(TREE, 노드, 부모, 방향)
        복귀
    X > 자료(노드):
        부모 = 노드
        노드 = 오른쪽자식(노드)
        방향 = "우"
"X를 발견할 수 없음" 출력
```

```
삭제 (TREE, 노드, 부모, 방향)
                // 이진 탐색 트리 TREE에서 노드를 삭제
CASE
  왼쪽자식(노드) = 0:
      대치 = 오른쪽자식(노드)
  오른쪽자식(노드) = 0:
      대치 = 왼쪽자식(노드)
  기 타:
      선행 = 오른쪽자식(노드)
      왼쪽자식(pred) = 0
        참:
          왼쪽자식(선행) = 왼쪽자식(노드)
          대치 = 선행
        거짓:
          후행 = 오른쪽자식(노드)
          왼쪽자식(후행) ≠ 0
              왼쪽자식(선행) = 왼쪽자식(후행)
              후행 = 왼쪽자식(선행)
          왼쪽자식(선행) = 왼쪽자식(후행)
          왼쪽자식(후행) = 왼쪽자식(노드)
          대치 = 후행
방향 = 1
  참: 왼쪽자식(부모) = 대치
  거짓: 오른쪽자식(부모) = 대치
```

알고리즘 9.3 이진 탐색 트리에서의 삭제 알고리즘

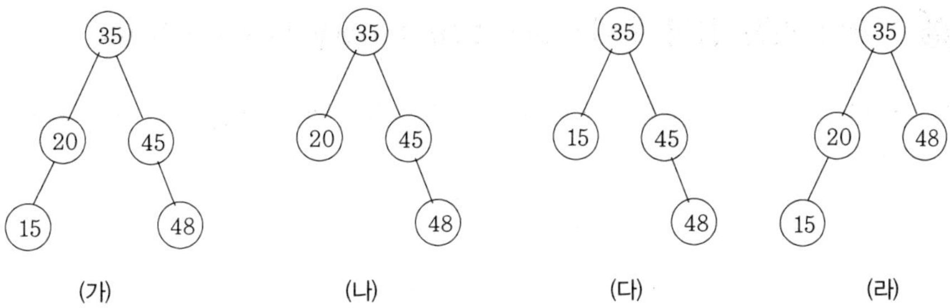

**그림 9-3 이진 탐색 트리에서 노드의 삭제 (1)

삭제 알고리즘을 〈그림 9-3〉을 통해 살펴보자. 〈그림 9-3〉의 (가)와 같은 이진 탐색 트리에서 15를 자료 값으로 갖는 원소를 삭제하는 경우에는, 자식 노드를 가지지 않으므로 단순히 (나)와 같이 해당 노드만 삭제하면 된다. (나)에서 20을 자료 값으로 갖는 원소를 삭제할 경우에는 자식 노드가 하나만 있으므로, 자식 노드의 자료 값을 이동하여 (다)와 같이 삭제하면 된다. (가)에서 45를 자료 값으로 갖는 원소를 삭제할 때에도 자식 노드가 가지는 자료 값을 이동하여 (라)와 같이 삭제하면 된다.

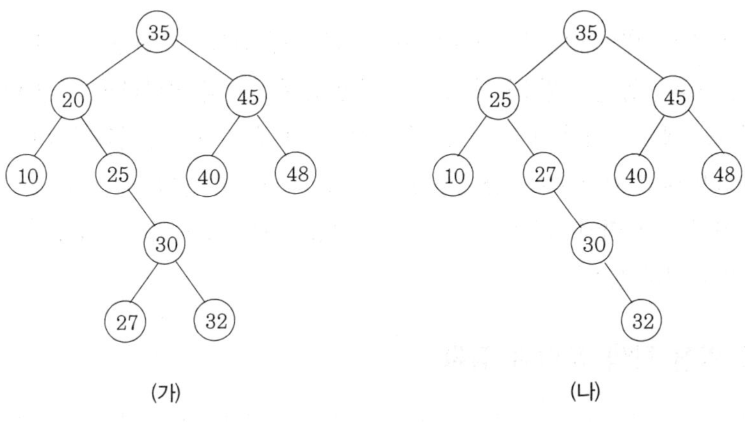

**그림 9-4 이진 탐색 트리에서 노드의 삭제(2)

한편, 〈그림 9-4〉의 (가)와 같은 이진 탐색 트리에서 20을 자료 값으로 갖는 원소(A)를 삭제하는 경우에는, 우선 이 노드의 중위 후속자를 찾아야 한다. A의 중위 후속자(B)는 25를 자료 값으로 가지므로, 이 값을 부모 노드인 A로 이동시킨다. B의 자료 값으로는 B의 중위 후속자가 가지는 27을 가지게 된다. 이러한 결과가 (나)에 나타나 있다.

9-2 균형 이진 탐색 트리(balanced binary search tree)

<그림 9-5>의 (가), (나), (다)에 나타난 트리는 동일한 원소에 대한 이진 탐색 트리인데, 단지 구성 형태만 다를 뿐이다.

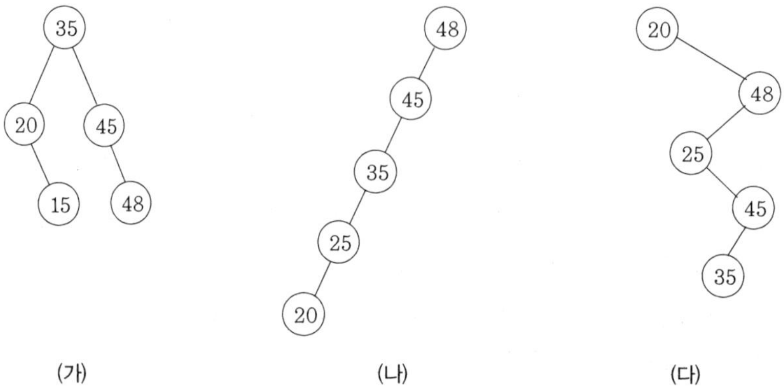

**그림 9-5 균형 / 불균형 이진 탐색 트리

하지만 (가)에서의 최악의 탐색 비교 횟수는 3인데 반해, (나)와 (다)에서는 최악의 탐색 비교 횟수가 5이다. 이것은 동일한 원소로 구성되는 이진 탐색 트리라 하더라도, 구성 형태가 어떠냐에 따라 탐색 효율에서 차이가 생길 수 있다는 것을 보여 주는 단적인 예라 하겠다. (가)를 균형 이진 탐색 트리라 하고, (나)와 (다)를 불균형 이진 탐색 트리라 한다. 여기에서는 탐색 효율 면에서 완전 이진 탐색 트리에 유사하면서, 원소의 삽입/삭제를 효율적으로 수행할 수 있는 균형 이진 탐색트리에 대해 설명한다.

9.2.1 균형 이진 탐색 트리의 정의

균형 이진 탐색 트리는 트리에 있는 어떤 노드의 왼쪽 부트리와 오른쪽 부트리의 깊이 차이가 1보다 작은 트리를 말한다. 이 트리는 발명자 Adelson Vels-kii와 Landis의 이름을 따서 AVL 트리라고도 한다.

균형 이진 탐색 트리

이진 탐색 트리 T의 왼쪽 부트리와 오른쪽 부트리를 각각 T_L, T_R이라 하고, D_L과 D_R을 각각 T_L과 T_R의 깊이라 할 때,

1) $|D_L - D_R| \leq 1$

2) T_L과 T_R도 균형 이진 탐색 트리이다.

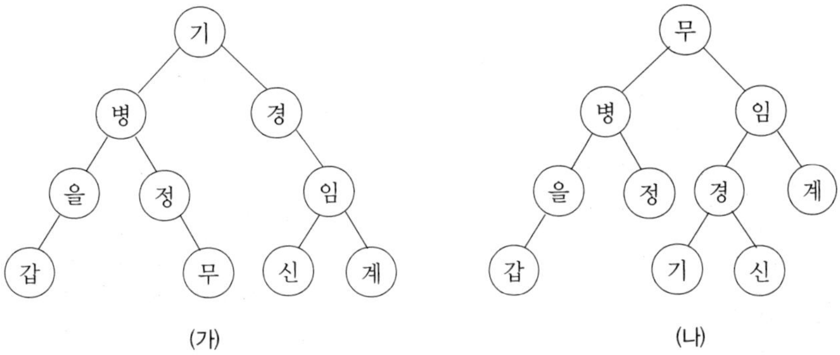

**그림 9-6 균형 이진 탐색 트리와 불균형 이진 탐색 트리

〈그림 9-6〉의 (가)는 불균형 이진 탐색 트리이다. 뿌리 노드에서의 왼쪽 부트리의 깊이는 3, 오른쪽 부트리의 깊이는 3이 되어 균형을 이루지만, '경'을 갖는 노드의 왼쪽 부트리의 깊이는 0, 오른쪽 부트리의 깊이는 2가되어 그 차이가 1을 넘기 때문이다. 한편 (나)에 나타난 트리는 균형 이진 탐색 트리가 된다. 뿌리 노드에서의 양쪽 부트리의 깊이는 모두 3으로 차이가 0이며, '병'를 갖는 노드의 왼쪽 부트리의 깊이는 2, 오른쪽 부트리는 1이 되어 그 차이가 1이고, …

n개의 노드를 가지면서 완전히 균형을 이루는 완전 이진 탐색 트리의 깊이가 $\lfloor \log_2 n \rfloor + 1$인 반면에, n개의 노드를 가지는 균형 이진 탐색 트리의 깊이는 $1.44 \log_2 n$이다. 이 값을 유도하는 과정은 상당히 복잡하기 때문에 생략한다. 따라서 균형 이진 탐색 트리에서의 탐색 시간은 최악의 경우에도 $O(\log_2 n)$이라 할 수 있다.

9.2.2 균형 이진 탐색 트리에서의 삽입

균형 이진 탐색 트리에 새로운 노드를 삽입 하는 것은 두 가지 경우로 나누어 생각해 볼 수 있다. 첫 번째, 삽입되는 노드의 조부모 노드의 균형이 깨지는 경우이다. 〈그림 9-7〉의 (가)의 왼쪽 트리에서, 부트리 부1의 깊이는 n + 1, 부트리 부2의 깊이는 n, 부트리 부3의 깊이는 n이다. 부트리 부1에 '다'를 삽입함으로써 '나'를 뿌리 노드로 하는 부트리의 깊이는 n+1에서 n+2가

되어 '가' 노드를 기준하여 불균형이 발생한다. 이러한 불균형을 조정하기 위해서 트리를 '가'를 중심으로 오른쪽으로 회전하여 (가)의 오른쪽 트리처럼 조정한다. 이때 주의해야 할 점은 '나'의 오른쪽 부트리가 부모 노드였던 '가'의 왼쪽 부트리가 된다는 사실이다. 한편 (나)의 왼쪽 트리와 같은 불균형이 발생하였을 때는 트리를 '가'를 중심으로 왼쪽으로 회전하여 트리를 균형되게 조정한다. 이때에도 '나'의 왼쪽 부트리가 그 부모 노드였던 '가'의 오른쪽 부트리가 된다는 것에 주의해야 한다.

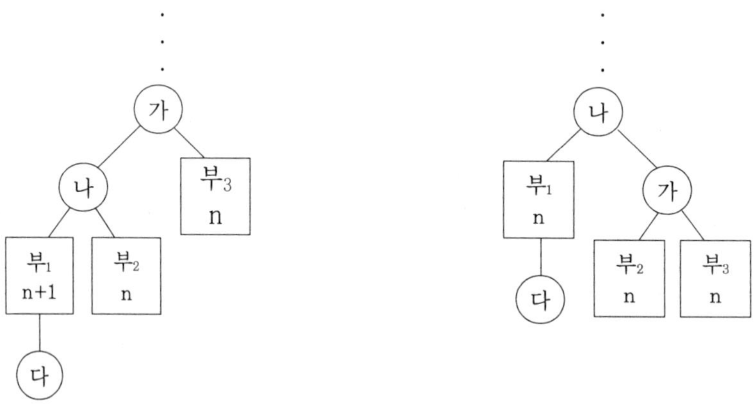

(가) 오른쪽 회전

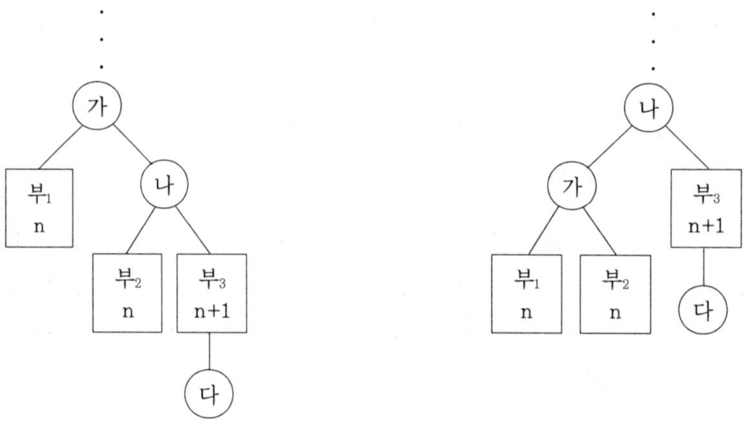

(나) 왼쪽 회전

****그림 9-7 불균형 이진 탐색 트리의 조정 (1)**

두 번째, 새로이 삽입되는 노드의 조부모 노드의 부모 노드의 균형이 깨지는 경우이다. 〈그림 9-8〉의 (가)의 왼쪽 트리에서, 새로운 노드 '라'의 삽입으로 인해 삽입되는 노드의 조부모 노드의 부모 노드의 균형이 깨지고 있다. 이것을 조정하기 위해서, 먼저 삽입되는 노드의 부모 노드를 기준하여 왼쪽으로 회전한 다음에, 삽입되는 노드의 조부모 노드의 부모 노드를 기준으로 오른쪽으로 회전, 즉 이중 회전을 한다. 이때, '다'의 왼쪽 부트리가 조정 후에도 '다'의 왼쪽에 오도록 '나'의 오른쪽 부트리가 되며, '다'의 오른쪽 부트리는 조정 후에도 '다'의 오른쪽에 오도록 '가'의 왼쪽 부트리가 되도록 조정된다는 사실에 주의해야 한다. (나)에서 나타나는 조정은 위와 반대로 생각하면 된다.

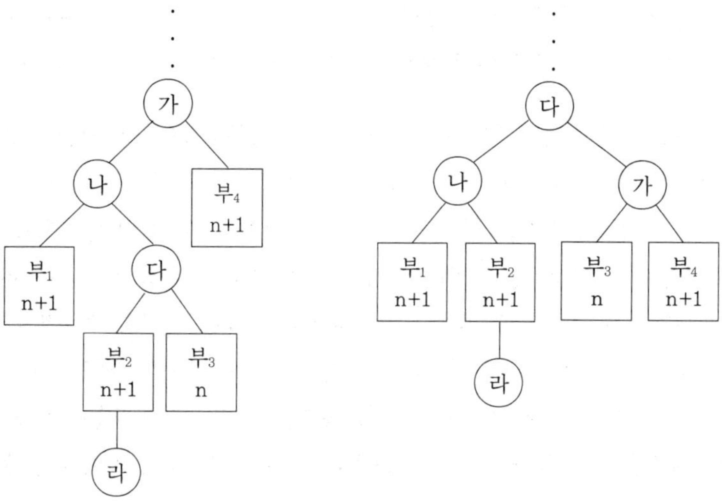

(가) 왼쪽–오른쪽 회전

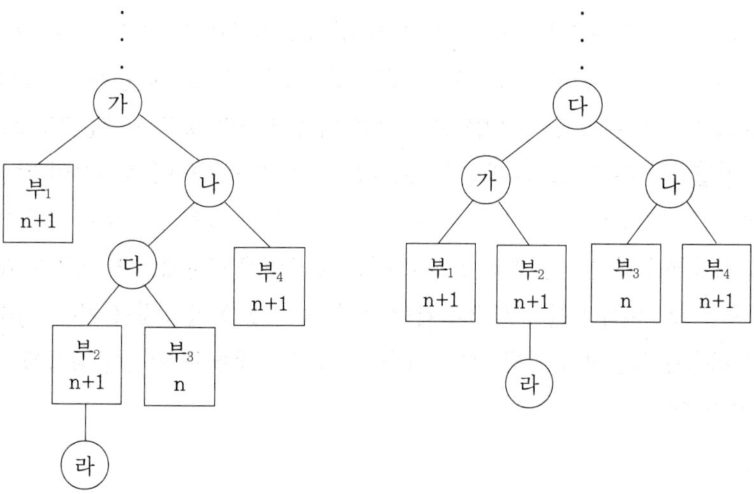

(나) 오른쪽–왼쪽 회전

**그림 9-8 불균형 이진 탐색 트리의 조정 (2)

이상의 균형 이진 탐색 트리에 새로운 원소를 삽입하는 과정을 다시 정리해 보면 다음과 같다.

> 새로 삽입되는 노드 '을'에 가장 가까우면서 균형 인수가 '+2' 또는 '−2'가 되는 노드를 '갑'이라고 할 때,
>
> ❶ '을'이 '갑'의 왼쪽 부트리의 왼쪽 부트리에 삽입 ⇒ 오른쪽 회전
> ❷ '을'이 '갑'의 왼쪽 부트리의 오른쪽 부트리에 삽입 ⇒ 왼쪽-오른쪽 회전
> ❸ '을'이 '갑'의 오른쪽 부트리의 왼쪽 부트리에 삽입 ⇒ 오른쪽-왼쪽 회전
> ❹ '을'이 '갑'의 오른쪽 부트리의 오른쪽 부트리에 삽입 ⇒ 왼쪽 회전

예를 들어, '갑을병정무기경신임계'의 순서인 십간을 '정무기갑을병계경임신' 순으로 삽입하면서 균형 이진 탐색 트리를 구성해 보자. 〈그림 9-9〉에서 '정'과 '무'를 삽입했을 때까지는 균형 상태를 유지한다. '기'를 삽입했을 때는 불균형이 발생하여 (다)와 같이 왼쪽으로 회전시켜서 균형을 유지하도록 한다. 그림에서 노드의 자료 값 아래의 수치는 왼쪽 부트리와 오른쪽 부트리의 깊이의 차이를 나타내는 균형 인수이다. 음수로 나타나는 것은 오른쪽 부트리의 깊이가 깊다는 것이고, 양수로 나타나는 것은 왼쪽 부트리의 깊이가 깊다는 것이며, '0'인 경우에는 양쪽 부트리의 깊이가 같다는 것이다. 따라서 위의 작업은 균형 인수가 '-2'가 되는 '정'을 중심으로 왼쪽으로 회전하여 새로운 뿌리 노드의 왼쪽 부트리와 오른쪽 부트리의 차이를 같게 만들어 준다.

'갑'을 삽입했을 때는 균형을 이루며, '을'을 삽입했을 때 다시 균형이 깨지므로, 이것을 조정하기 위하여 (마)와 같이 뿌리 노드의 왼쪽으로 먼저 회전한 다음에 오른쪽으로 회전한다. 이러한 작업의 결과로 삽입되는 노드에서 가장 가까우면서 균형 인수가 '+2' 또는 '−2'를 갖는 노드의 균형 인수를 '0'으로 만들게 된다. 다시 '병'을 삽입했을 때에도 불균형이 발생하므로 (바)와 같이 뿌리 노드의 왼쪽 부트리를 왼쪽으로 회전한 다음에 뿌리 노드를 중심으로 오른쪽 회전을 한다. '계'를 삽입하면 뿌리 노드의 오른쪽 부트리의 깊이가 증가하여 불균형이 발생하므로 (사)와 같이 뿌리 노드의 오른쪽 부트리를 왼쪽 회전한다. '경'을 삽입했을 때는 불균형이 발생하지 않고, '임'을 삽입했을 때 '계'를 뿌리 노드로 하는 부트리에 불균형이 발생하기 때문에 (자)와 같이 '계'를 중심으로 왼쪽-오른쪽 회전을 하여 조정한다. '신'을 삽입했을 때는 '기'를 뿌리 노드로 하는 부트리에서 불균형이 발생하므로 '임'을 중심으로 오른쪽 회전한 다음에 '기'를 중심으로 왼쪽 회전을 한다.

(가) '정' 삽입　　(나) '무' 삽입

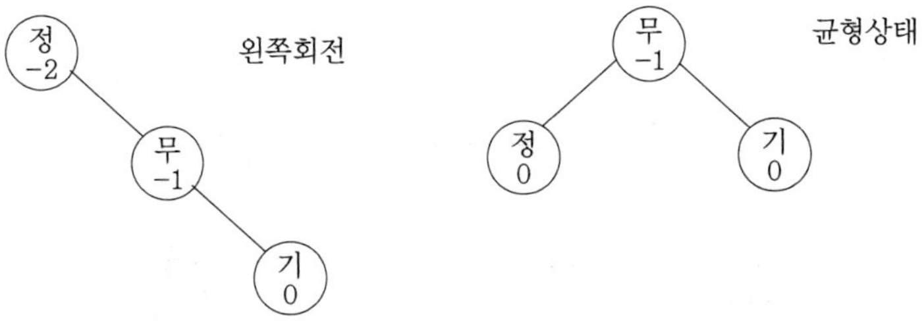

(다) '기' 삽입

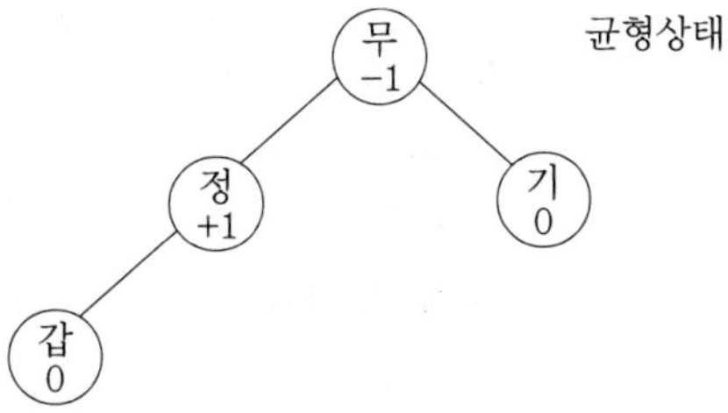

(라) '갑' 삽입

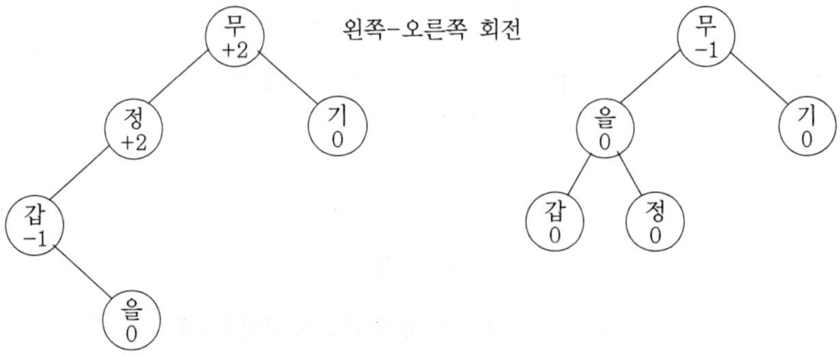

(마) '을' 삽입

**그림 9-9 균형 이진 탐색 트리의 구성 (계속)

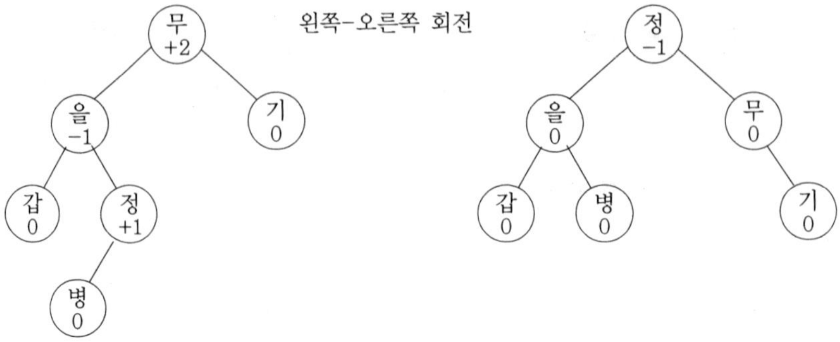

(바) '병' 삽입

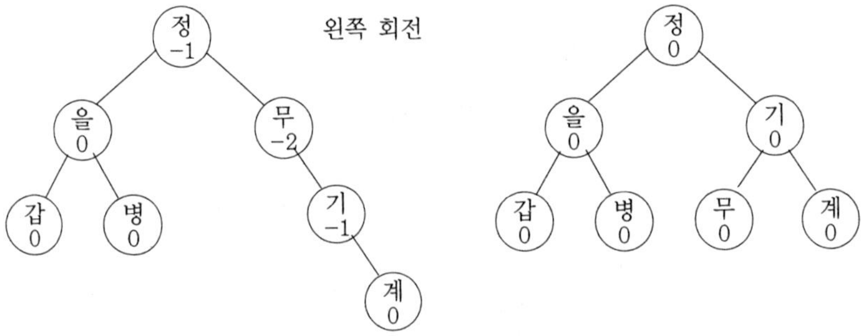

(사) '계' 삽입

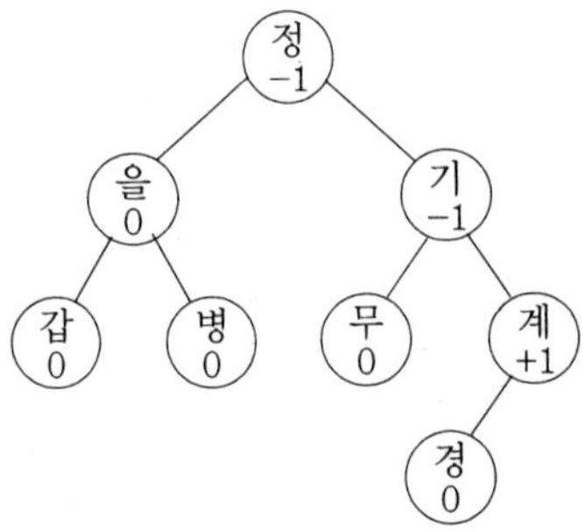

(아) '경' 삽입

**그림 9-9 균형 이진 탐색 트리의 구성 (계속)

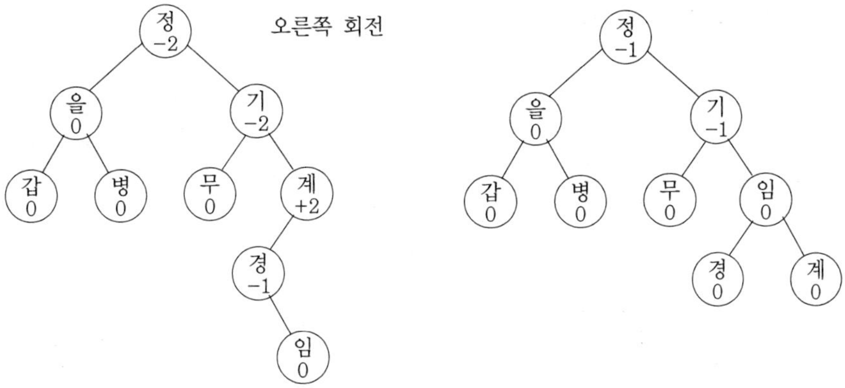

(자) '임' 삽입

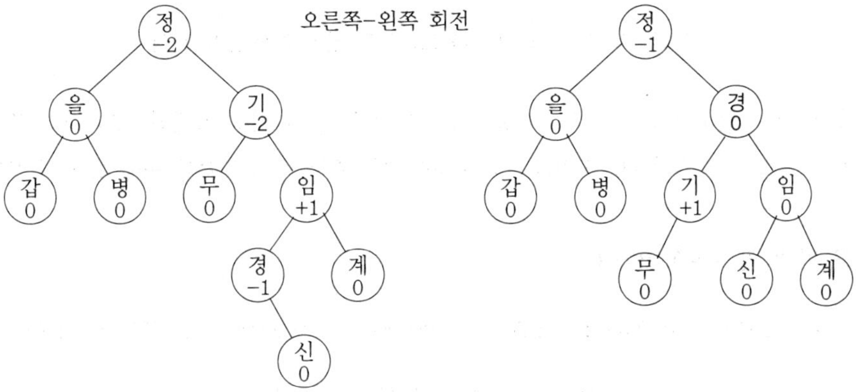

(차) '신' 삽입

**그림 9-9 균형 이진 탐색 트리의 구성

9-3 가중 이진 탐색 트리(weighted binary search tree)

앞에서 균형 이진 탐색 트리에서의 탐색을 효율적으로 수행할 수 있다고 설명하였는데, 한 가지 문제를 더 생각해 보자. 균형 이진 탐색 트리에서 탐색 하고자 하는 자료 값을 갖는 노드가 어느 위치에 있는냐에 따라서 탐색 시간에 영향을 미친다. 탐색하고자 하는 노드가 뿌리 노드이면 한 번의 비교로 탐색이 종료되지만, 2수준에 있다면 두 번의 비교, n수준에 있다면 n번의 비교가 필요하다. 모든 노드의 탐색 확률이 균일하다면 문제가 없지만, 어떤 노드는 자주 탐색되고 어떤 노드는 드물게 탐색된다고 할 때, 자주 탐색되는 노드가 트리의 하위 부분에, 드물게 탐색되는 노드가 트리의 상위 부분에 위치한다면, 탐색 효율이 상당히 떨어질 것이다. 반대로, 자주 탑색되는 노드들은 트리의 상위 부분에, 드물게 탐색되는 노드들을 트리의 하위 부분에 위치한다면, 탐색 효율을 증진시킬 수 있다.

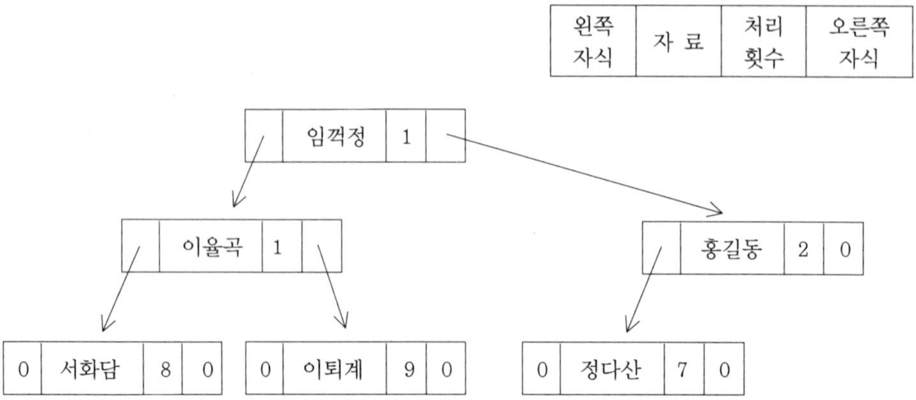

**그림 9-10 처리 빈도를 고려하지 않은 이진 탐색 트리

〈그림 9-10〉의 탐색 트리에서 각 노드는 처리 횟수를 기억한다고 가정해 보자. '임꺽정'은 1회 처리되었고, '이퇴계'는 9회 처리되었다. 이 트리에 대한 평균 탐색 횟수를 구해 보면 다음과 같다.

$$\text{평균 탐색 횟수} = \sum_{i=1}^{n} \mathrm{P(i)L(i)}$$

$$= (1/28) * 1 + (1/28) * 2 + (2/28) * 2 + (8/28) * 3 + (9/28) * 3 + (7/28) * 3 = 2.80$$

여기서
- P(i) = i가 처리될 확률(처리 횟수에 비례)
- L(i) = i의 기준
- n = 트리의 노드 수

〈그림 9-11〉은 〈그림 9-10〉의 트리를 다르게 구성한 것이다. 즉, 처리 빈도가 높은 노드가 트리의 윗 부분으로 오도록 구성한 것이다. 이 트리에 대한 평균 탐색 횟수는 다음과 같다.

$$\text{평균 탐색 횟수} = (9/28) * 1 + (8/28) * 2 + (7/28) * 2 + (1/28) * 3 + (1/28) ** 3 + (2/28) * 3$$

$$= 1.80$$

따라서 나중 트리에 대한 평균 탐색 횟수는 앞의 트리의 평균 탐색 횟수에 비해 약 36%의 개선을 보이고 있다.

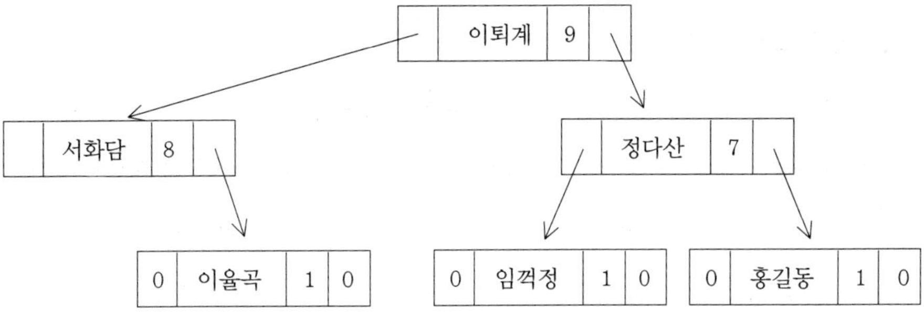

**그림 9-11 처리 빈도를 고려한 이진 탐색 트리

가중 이진 탐색 트리는 다음과 같이 정의할 수 있다.

가중 이진 탐색 트리

1) 이진 탐색 트리이다.

2) 부모 노드는 자식 노드보다 처리 빈도가 높다.

3) 부트리도 가중 이진 탐색 트리이다.

9-4 m-원 탐색 트리

지금까지 살펴본 탐색 트리들은 이진 탐색 트리와 그 변형들이었으며, 주기억장치에서의 탐색에 주로 사용된다. 여기에서는 보조 장치에서의 탐색을 위해, 이진 탐색 트리를 일반화시킨 m-원 탐색 트리에 대해서 설명한다.

이진 탐색 트리인 경우에는 기껏해야 두 개의 자식 노드만 가질 수 있기 때문에, 노드 수가 많아지면 당연히 깊이가 깊어지며, 이에 따라 탐색 시간이 많이 걸리게 된다. 주 기억장치가 아닌 보조 기억장치에 있는 자료를 찾기 위한 색인은 아주 많은 편이기 때문에, 이들 색인을 이진 탐색 트리로 구성하게 되면, 트리의 깊이가 커져서 탐색을 효율적으로 할 수 없다. 따라서 트리의 깊이를 줄일 수 있도록 트리를 구성해야 한다. m-원 탐색 트리는 한 노드가 최대 $m(\geq 2)$개의 부트리를 가질 수 있도록 하여 트리의 높이를 줄일 수 있다. m-원 탐색 트리에 대한 정의는 다음과 같다.

m-원 탐색 트리

m-원 탐색 트리는 다음과 같은 성질을 갖는 탐색 트리이다.

1) 트리에 있는 각 노드는 최대 m개의 부트리를 가지며, 각 노드의 구조는 다음과 같다.

n	P(0)	K(1)	P(1)	K(2)	P(2)	…	P(n−1)	K(n)	P(n)

n : 키값의 개수, $n \le (m-1)$
P(i) : 부트리에 대한 연결부(혹은 지적자)
K(i) : 키값

2) 한 노드 속에 있는 키값들은 오름차순으로 정렬되어 있다.

3) K(i) 〈 P(i)가 가리키는 부트리의 모든 키값들 〈 K(i + 1), i = 1, 2, …, n - 1
P(0)이 가리키는 부트리의 모든 키값들 〈 K(1)
P(n)이 가리키는 부트리의 모든 키값들 〉 K(n)

4) P(i)가 가리키는 부트리도 m-원 탐색 트리이다. (i = 0, 1, 2, …, n)

〈그림 9.12〉는 3-원 탐색 트리의 예이다. 키값과 0이 아닌 연결부만을 나타내고 있으며 레코드의 번지에 대한 지적자도 생략한 형태로 나타나고 있다. 3-원 탐색 트리이기 때문에, 각 노드에 나타날 수 있는 키값의 최대 개수는 2이며, 부트리를 가리키는 지적자의 최대 개수는 3이 된다. 이 탐색 트리에서 키값 '80'을 어떻게 찾는지 살펴보자. 우선은 뿌리 노드에 있는 키값과 비교한다. 찾고자 하는 키값 '80'이 '55' 보다는 크고 '85'보다는 작으므로 중간 지적자를 따라서 3번 노드로 내려간다. '80'은 3번 노드의 '75' 보다 크므로 제일 오른쪽 지적자를 따라서 10번 노드로 내려가서 원하는 키값을 찾게 된다. 그림에서는 나타나지 않았지만, 10번 노드에는 '80'에 대한 레코드 번지를 가지고 있기 때문에 이것을 이용하여 보조 기억장치에서 색인으로 '80'을 갖는 원하는 레코드를 찾을 수 있다

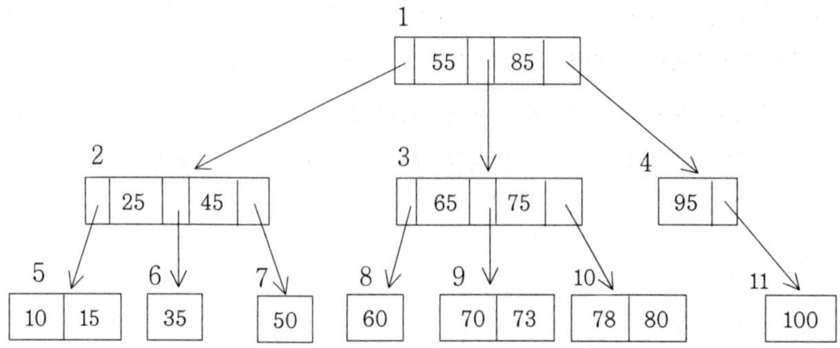

**그림 9-12 3-원 탐색 트리의 예

m-원 탐색 트리에서의 최대 탐색 비교 횟수는 트리의 깊이가 된다. 〈그림 9.13〉은 〈그림 9.12〉에 대한 완전 이진 탐색 트리의 한 예이다. 이 트리에서의 최대 탐색 비교 횟수는 5가 되는데 반해, 앞의 3-원 탐색 트리에서의 최대 탐색 비교 횟수는 3으로 줄어든다.

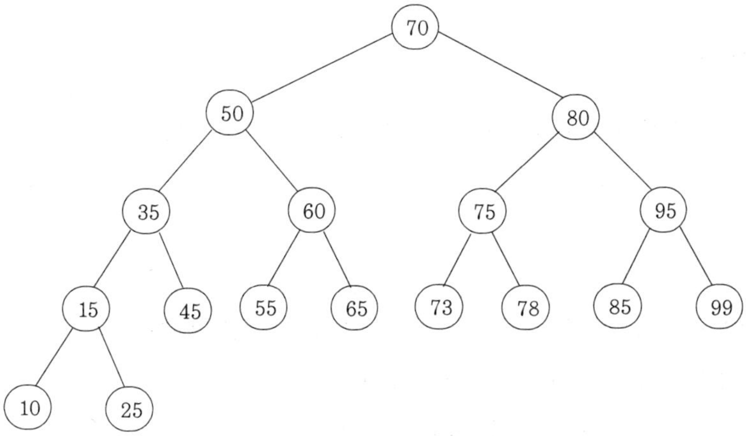

그림 9-13 이진 탐색 트리의 예

깊이가 k인 m-원 탐색 트리가 가질 수 있는 최대 노드 개수는 다음과 같다.

$$\sum_{i=1}^{k} m^{i} = (m^{k}-1)/(m-1)$$

즉, 각 노드가 m개의 부트리를 가질 수 있으므로 깊이가 1만큼 깊어질 때마다 노드 개수는 최대 m배씩 늘어난다. 한편, 각 노드는 최대 $(m-1)$개의 키값을 가지므로, m-원 탐색 트리가 가질 수 있는 최대 키값의 개수는 $(m^{k}-1)$이다. 이것을 바꾸어서 이야기 한다면, n개의 키값을 갖는 m-원 탐색 트리의 최소 높이는 $\lfloor \log_m n \rfloor + 1$ 이며, 이때의 최대 탐색 비교 횟수는 $O(\log_m n)$이다.

전체 키값의 개수가 n이라고 할 때, 깊이가 k인 m-원 탐색 트리를 만들고자 한다면, m의 값은 얼마가 될까? m은 적어도 $(n+1)^{1/k}$ 라야 한다. 예를 들어서, 전체 키값의 개수가 100개이고, 최대 탐색 비교 횟수를 4이하로 하고자 할 때에는 적어도 4-원 탐색 트리를 만들어야 한다. 만일에 전체 키값의 개수가 10,000이고, 최대 탐색 비교 횟수를 4이하로 하고자 할 때에는 적어도 11-원 탐색 트리를 만들어야 한다.

m-원 탐색 트리에서 m 값을 크게 할수록 최대 탐색 비교 횟수가 줄어드는 것은 당연하겠지만, 기억공간의 낭비도 생각해야 한다. m을 무엇으로 결정할 것인가는 응용 업무의 특성에 달렸다고 볼 수 있다.

9-5 균형 탐색 트리 (balanced search tree)

여기에서는 m-원 탐색 트리의 특별한 형태이면서, 균형 이진 탐색 트리의 일반형인 B-트리, B-트리의 변형인 B^*-트리, B^+-트리에 대해서 설명한다.

9.5.1 B-트리

색인 구조를 표현하기 위해서 많이 사용하는 자료구조로 다음과 같이 정의된다.

B-트리

1) m-원 탐색 트리이다.

2) 트리내의 각 노드는 최대 m개, 최소 ⌈m/2⌉ 개의 부트리를 가진다.

3) 뿌리 노드는 최소한 두 개의 부트리를 갖는다.

4) 모든 리프 노드들은 같은 수준에 있다.

첫 번째 조건은 B-트리의 각 노드도 앞에서 살펴본 m-원 탐색 트리와 같이, 키값들과 부트리에 대한 지적자들로 구성되며, 키값들은 오름차순으로 정렬된다는 것을 의미한다. 두 번째 조건은 B-트리내의 각 노드는 적어도 반 이상이 채워져야 한다는 것이다. 즉, 최대 (m-1)개의 키값을 가질 수 있는 노드에 적어도 ⌈m/2⌉ – 1개의 키값들이 존재해야 한다는 것을 의미한다. 세 번째 조건은 두 번째 조건에 대한 예외도 되는 조건으로서, B-트리는 처음부터 분기되어야 한다는 것을 의미한다. 네 번째 조건은 모든 단말 노드들은 뿌리 노드에서 같은 거리에 있어서, 어느 단말 노드를 탐색하든 탐색을 위한 비교 횟수가 동일, 즉 트리가 균형되어 있다는 것을 의미한다.

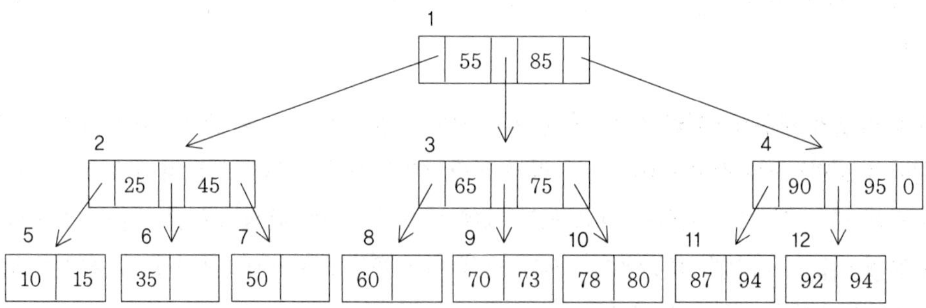

**그림 9-14 3차 B-트리의 예

〈그림 9.14〉는 3차인 B-트리의 예를 보이고 있다. 단말 노드를 제외한 모든 노드들은 2 또는 세 개의 부트리를 가지고 있으며, 모든 단말 노드들의 수준이 3이다. 이 그림에서도 복잡성을

피하기 위하여, 단말 노드들이 가지는 지적자 부분과 레코드에 대한 번지가 생략되어 있다.

9.5.2 B-트리에 대한 연산

(1) 특정 키값의 탐색

B-트리에서의 특정 키값을 탐색하는 것은 앞의 m-원 탐색 트리에서와 동일하다. 뿌리 노드는 최소 두 개의 부트리를 가지며, 1 수준의 노드들은 최소 $\lceil m/2 \rceil$ 개의 자식 노드를 가지므로, 2 수준에는 최소 2 $\lceil m/2 \rceil$ 개의 노드가 존재하게 된다. 3 수준에는 2 $\lceil m/2 \rceil^2$개의 노드가 있어야 하며, … , k 수준에서는 최소 2 $\lceil m/2 \rceil^{k-1}$개의 단말 노드가 있어야 한다. 따라서 m차인 B-트리가 가지는 전체노드의 최소 개수는 다음과 같다.

$$1 + 2 + \sum_{i=1}^{k-1} (2 * \lceil m/2 \rceil^{i})$$

한편 뿌리 노드에는 최소한 하나의 키값이 있고, 그 이외의 노드에는 적어도 $\lceil m/2 \rceil - 1$개의 키값들이 있으므로, B-트리가 가지는 전체 키값의 최소 개수는 다음과 같다.

$$1 + (2 + \sum_{i=1}^{k-1} (2 * \lceil m/2 \rceil^{i}))\ (\lceil m/2 \rceil - 1) = 2 * \lceil m/2 \rceil^{k} - 1$$

따라서 B-트리가 가지는 전체 키값의 최소 개수를 n이라 했을 때, B-트리의 최대 높이는 다음과 같다.

$$2 * \lceil m/2 \rceil^{k} - 1 \le n \Longrightarrow k \le \log_{\lceil m/2 \rceil} ((n+1)/2)$$

결국, B-트리에서의 최악의 탐색 비교 횟수는 $O(\log_{\lceil m/2 \rceil} n)$이 되어 상당히 좋은 효율을 가진다는 것을 알 수 있다.

(2) 키값들의 순차탐색

키값들을 오름차순으로 탐색하고자 할 경우에는, B-트리의 노드들을 중위 순회하면 된다. 그러나 이진 트리의 순차 탐색과는 달리 B-트리의 한 노드에는 여러 개의 키값들이 있기 때문에, 키값 K_i를 읽기 전에 P_{i-1}이 가리키는 부트리에 있는 키값들을 모두 읽어야 하며, K_i를 읽은 다음에는 P_i가 가리키는 부트리의 키값들을 읽어야 하기 때문에, B-트리의 노드들은 중위 순회하는 동안에 여러 번 방문될 수 있다는 것을 주의해야 한다.

(3) 키값의 삽입

B-트리에서의 키값의 삽입은 항상 단말 노드에서만 발생하지만, 단말 노드에만 영향을 미치는 것은 아니다. B-트리에 키값을 삽입한 후에도 전체 트리가 B-트리의 성질을 만족해야 하기 때문에 삽입으로 인해서 최악의 경우에는 단말 노드에서 뿌리 노드까지 영향을 미칠 수 있다. B-트리에 키값을 삽입하는 것은 두 가지 경우로 나누어 생각할 수 있다. 첫째는 단말 노드가 가득 차지 않아서 새로운 키값을 바로 삽입할 수 있는 경우이다. 이 경우에는 키값의 삽입으로 인한 영향이 단말 노드에만 미치게 된다. 둘째는 단말 노드가 가득 차있는 경우이다. 이 경우에는 새로운 단말 노드를 획득하여 기존의 단말 노드에 있는 키값들과 새로이 삽입되는 키값을 합한 것 중에서 중간 키값은 부모 노드로 올라가고, 중간 키값보다 작은 키값들은 기존의 노드에 남고, 중간 키값보다 큰 키값들은 새로운 노드에 들어가게 된다. 그리고 이 두 노드는 부모 노드에 올라간 키값의 왼쪽과 오른쪽 자식 노드가 된다. 중간 키값이 부모 노드로 올라가는데, 부모 노드가 이미 가득 차있다면 부모 노드도 단말 노드에서와 같이 분열하게 되고, 그 위의 수준에서도 마찬가지의 과정을 거치게 된다.

예를 들어서 다음의 키값들을 3차인 공백 B-트리에 차례로 삽입해 보자.

55, 25, 85, 75, 65, 45, 95, 10, 35, 60, 50, 15, 73, 90

먼저 공백 노드를 획득하여 55를 삽입하고, 다음에 빈 공간에 25를 삽입한다. 85를 삽입할 때에는 빈 공간이 없으므로 (4)와 같은 노드 분열이 발생한다. '25 55 85' 중에서 중간 값이 55는 부모 노드로 올라가고 나머지는 두 노드에 나뉘어 저장된다. 75를 삽입한 후에, 65를 삽입할 때도 여유공간이 없으므로 (6)과 같이 노드 분열을 하게 된다. 45와 95를 빈 공간에 삽입하고 나서 10을 삽입할 때는, 단말 노드에 빈 공간이 없으므로, 노드 분열이 발생하여 '10 25 45' 중에서 중간 값은 부모 노드로 올라가고, 나머지는 두 노드에 나뉘어 저장된다. 중간 값 25가 부모 노드에 올라갔을 때, 부모 노드는 이미 가득 차있기 때문에, 부모 노드도 분열되어야 한다. '25 55 75' 중에서 중간 값인 55는 새로운 부모 노드로 올라가고, 나머지는 두 노드에 나뉘어 저장된다. 나머지 키값의 삽입은 그림을 참고하기 바란다.

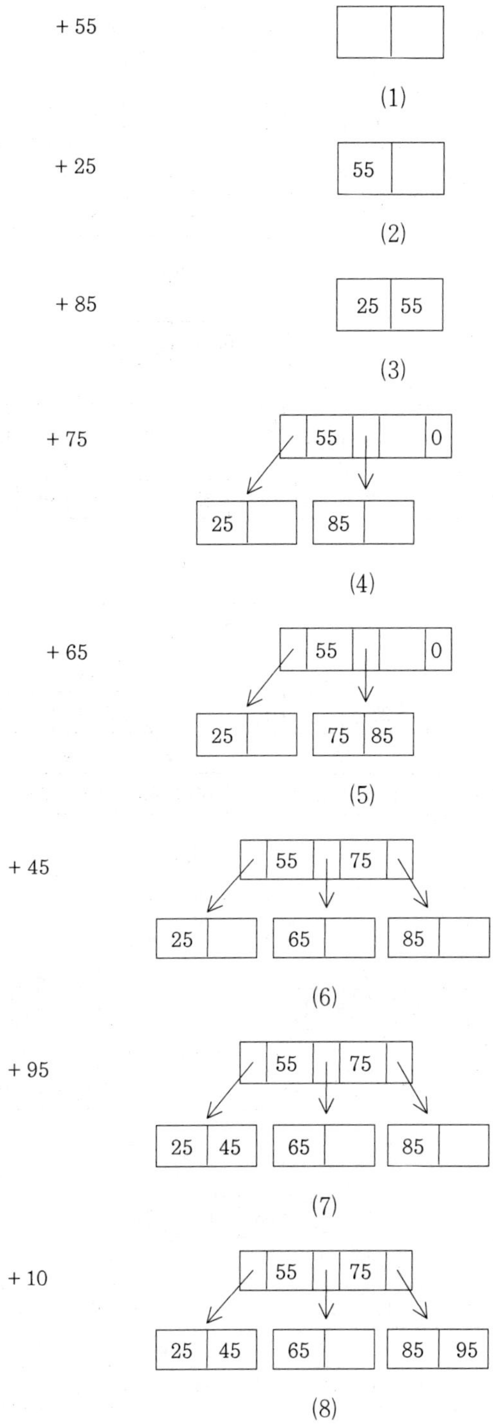

**그림 9-15 3차 B-트리의 생성 예 (계속)

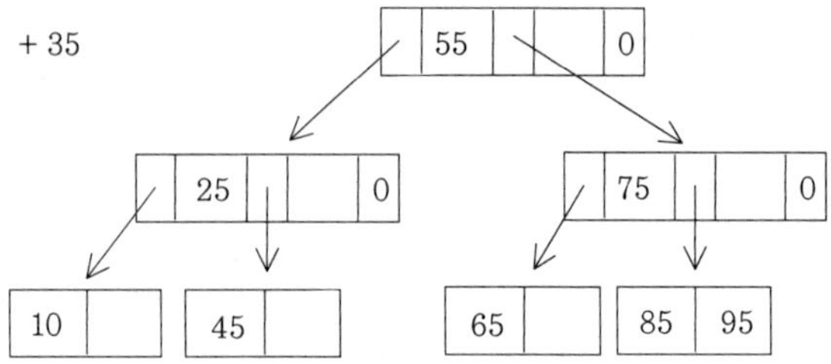

(9)

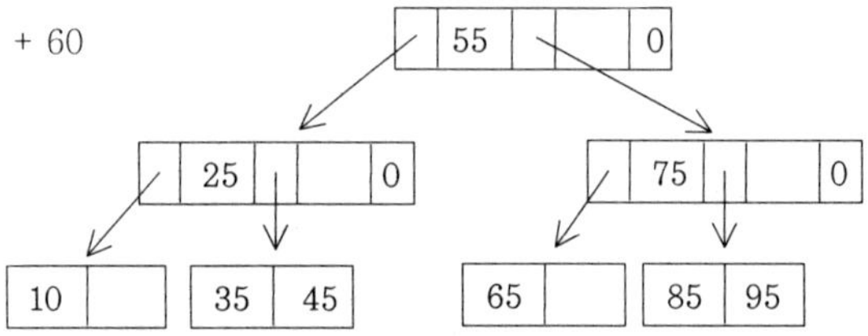

(10)

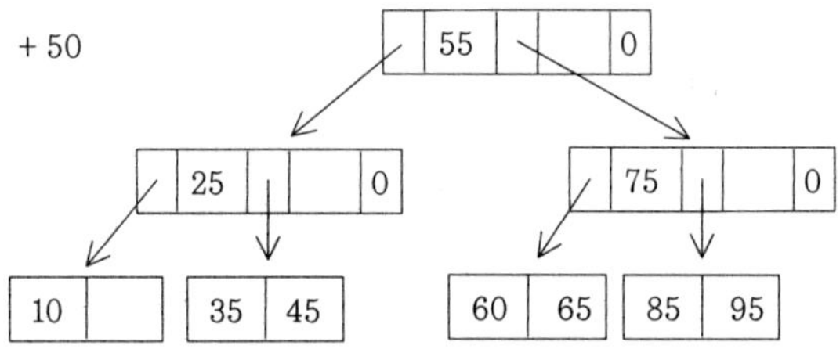

(11)

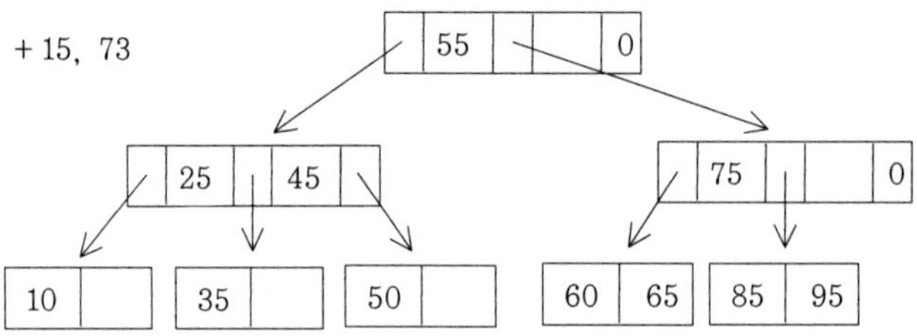

(12)

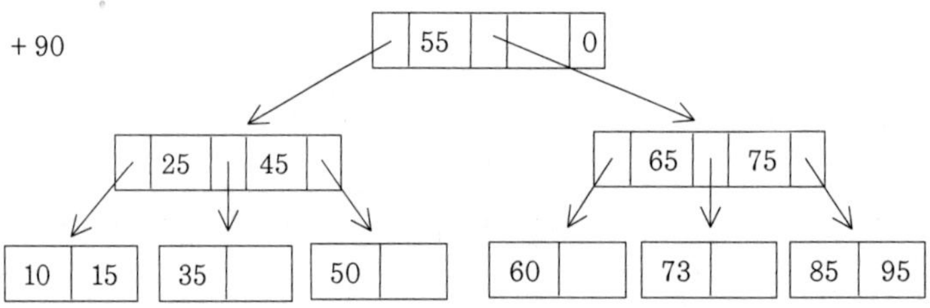

(13)

**그림 9-15 3차 B-트리의 생성 예 (계속)

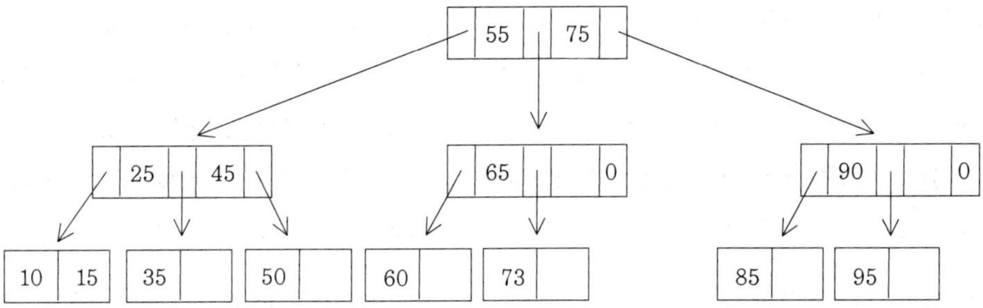

(14)

**그림 9-15 3차 B-트리의 생성 예

일반적인 경우에는 부모 노드에 여유 공간이 존재하여 자식 노드로부터 올라오는 중간 값을 노드 분열 없이 수용할 수 있지만, 최악의 경우에는 단말 노드부터 뿌리 노드까지의 모든 노드가 분열될 수도 있다. 예를 들어 〈그림 9.15〉의 (14)에 5를 삽입하는 경우에는, 〈그림 9.16〉의 결과처럼, 제일 왼쪽의 단말노드에서 시작하여 뿌리 노드까지의 분열이 있어야 한다. 그리고 뿌리 노드가 분열되면 B-트리의 깊이는 1 만큼 증가한다.

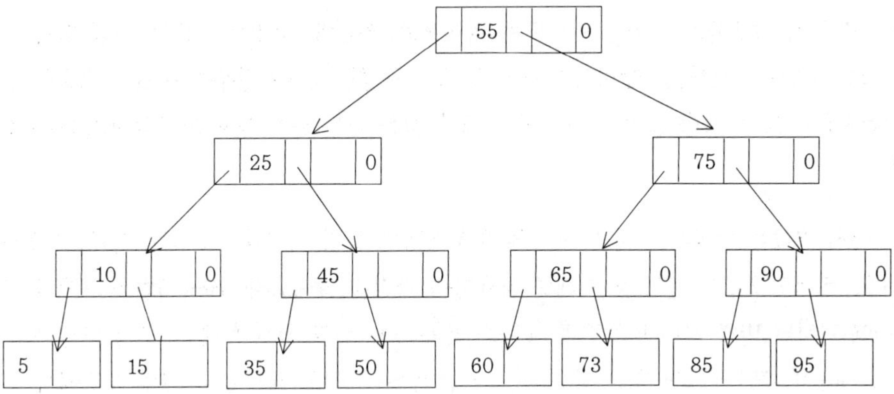

**그림 9-16 새로운 키값의 삽입 결과

(4) 키값의 삭제

m차인 B-트리에서 키값의 삭제는 단말 노드에서만 발생한다고 가정하는 것이 설명이 용이하다. 단말 노드가 아닌 노드에서 키값을 삭제하는 경우는 단말 노드에 있는 중위 후속 키값과 삭제될 키값을 서로 교환한 다음에 단말 노드에서 해당 키값을 삭제한다. 키값을 삭제한 후에도 B-트리의 성질을 만족해야 하기 때문에, 키값의 삭제 과정을 세 가지 경우로 나누어 생각할 수 있다.

첫째는 키값을 삭제한 후에 노드에 남아있는 키값의 개수가 ⌈m/2⌉-1 이상 되는 경우이다. 이때에는 키값을 삭제하고 나서도 B-트리의 성질을 만족시키기 때문에 추가적인 작업이 필요없다. 물론 삭제될 키값이 단말 노드가 아닌 노드에 존재할 때에는, 단말 노드에 있는 중위 후속 키값과 삭제될 키값을 교환한 다음에, 단말 노드에서 해당 키값을 삭제하고 나서도, 단말 노드에 남아있는 키값의 개수가 ⌈m/2⌉-1개 이상 된다는 것이다.

둘째는 키값을 삭제한 후에 노드에 남아있는 키값의 개수가 ⌈m/2⌉-1 보다 작고, 인접한 형제 노드에 남아있는 키값의 개수가 ⌈m/2⌉ 보다 큰 경우이다. 이때에는 부모 노드에 있는 값을 키값을 삭제한 노드로 보내고, 부모 노드의 자리에는 인접한 형제 노드로부터 하나의 키값을 가져온다. 물론 키값을 삭제한 노드와 인접한 형제 노드 및 부모 노드의 키값을 합하여 양분할 수도 있으나, 여기에서는 인접한 형제 노드로부터 하나의 키값만 이동시키는 것에 국한하여 설명한다. 그리고 형제 노드가 양쪽에 있을 때는 왼쪽에서 먼저 빌릴 것을 고려하고, 왼쪽 노드에 여유가 없을 때는 오른쪽 노드에서 빌리는 것을 고려한다.

셋째는 키값을 삭제한 후에 노드에 남아있는 키값의 개수가 ⌈m/2⌉-1 보다 작고, 인접한 형제 노드에 남아있는 키값의 개수도 ⌈m/2⌉-1 보다 작은 경우이다. 이때에는 키값을 삽입하면서 노드 분열이 발생하는 것과는 반대되는 과정으로, 키값을 삭제한 노드와 인접 형제 노드 및 부모 노드에 있는 키값들을 합쳐서 하나의 노드로 구성한다. 이 경우에는 먼저 오른쪽 형제 노드와 합병할 수 있는 가를 살피고, 오른쪽 노드가 없을 때는 왼쪽 형제 노드와 합병하는 것으로 한다.

B-트리에서 키값을 삭제하는 것을 예를 들어서 설명해 보자. 〈그림 9.17〉의 (가)의 B-트리에서, 10, 45, 65, 55, 25, 35, 75, 를 차례로 삭제하는 과정을 살펴보자. 10을 5번 노드에서 삭제해도 (나)에 나타난 바와 같이 B-트리의 성질을 만족한다. 45를 삭제할 때는, 45가 단말 노드에 있지 않기 때문에, 7번 노드에 있는 중위 후속 키값인 50과 서로 교환한 후, 7번 노드에서 45를 삭제한다. 45를 7번 노드에서 삭제하면, 7번 노드에는 키값이 하나도 없어서 B-트리의 조건에 위배된다. 오른쪽 노드가 없으므로 왼쪽에 인접한 6번 노드에 있는 키값을 빌려오려고 하지만, 6번 노드에도 하나의 키값만 있어서, 빌려주면 6번 노드가 B-트리의 조건에 위배된다. 따라서 (다)와 같이 6, 7번 노드에 있는 키값과 부모 노드에 있는 키값들이 합쳐져서 하나의 노드에 들어가게 되고, 남는 7번 노드는 반납하게 된다.

65를 삭제할 때, 65는 73과 교환되어 9번 노드에서 삭제되며, 삭제 후에 9번 노드는 B-트리의 조건을 위배하게 된다. 왼쪽에 인접한 8번 노드에서 키값을 빌리고자 하나 8번 노드는 하나의 키값만 가지고 있어서 빌려줄 여분이 없다. 따라서 8, 9번 노드의 키값과 부모 노드인 3번 노드가 가지게 된 키값 73을 하나로 합치게 된다. 이번에는 3번 노드가 키값을 하나도 갖지 않게 되어 B-트리의 조건을 위배하게 된다. 왼쪽에 인접한 2번 노드는 (다)의 결과로 빌려줄 여력이 없고, 오른쪽에 인접한 4번 노드도 마찬가지이다. 그러므로 (라)와 같이 오른쪽에 인접한 4번 노드와 합병 작업이 진행된다. 즉 3, 4번 노드의 남은 키값들과 부모 노드인 1번 노드의 해당 키값 75를 한 노드(마)에 나타나 있는데, 여기에서 55와 25를 삭제할 때는 단순히 단말 노드에 있는 각 중위 후속 키값과 교환한 후에 단말 노드에서 제거하기만 하면 된다. 그 결과가 (바)에 나타나 있다.

다시 35를 제거하는 과정을 살펴보자. 우선은 중위 후속 키값인 6번 노드의 50과 교환한 다음에 6번 노드에서 35을 제거한다. 그러면 6번 노드에는 키값이 하나도 남지 않게 되어, 좌우의 형제 노드를 살펴보지만 빌려줄 노드는 없다. 따라서 5, 6번 노드와 그 부모 노드인 2번 노드가 새로이 가진 50과 하나로 합치게 된다. 이번에는 2번 노드에 키값이 하나도 없게 되어, 오른쪽에 인접한 형제노드인 4번 노드에서 하나의 키값을 빌려온다. 즉, 1번 노드에 있던 60이 2번 노드로 옮겨오고, 4번 노드에 있던 75가 1번 노드로 이동된다. 그 결과가 (사)에 나타나 있다.

다시 75를 제거하는 과정을 살펴보자. 75와 중위 후속 키값인 85와 교환하여 75를 삭제한다. 10번 노드에는 키값이 하나도 남지 않게 되어 부모 노드와 인접 형제 노드와 합치게 된다. 이번에는 4번 노드에 키값이 하나도 남지 않으므로, 부모 노드와 인접 형제 노드인 2번 노드와 합병하게 된다. 이러한 결과가 (아)에 나타나 있다.

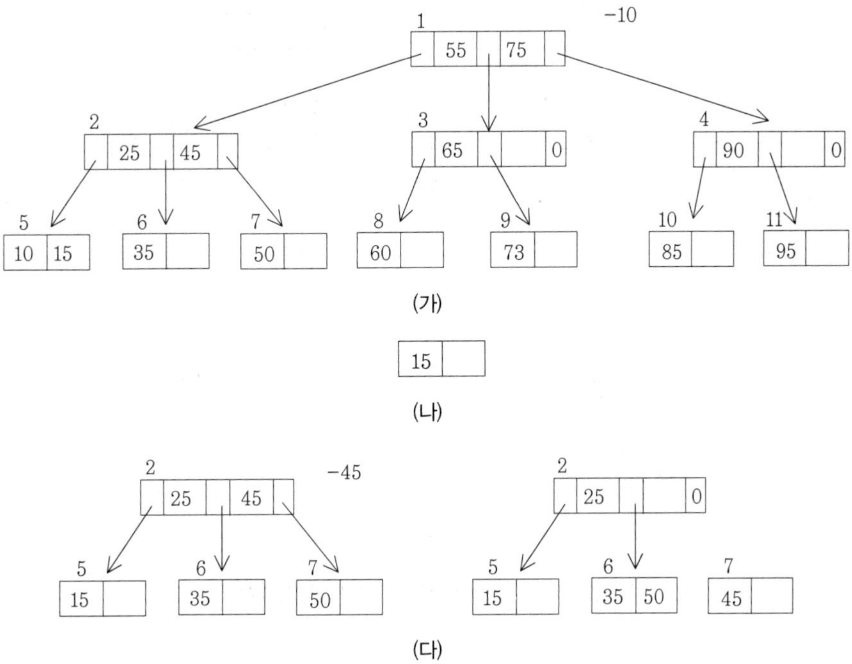

**그림 9-17 B-트리에서의 삭제 과정 (계속)

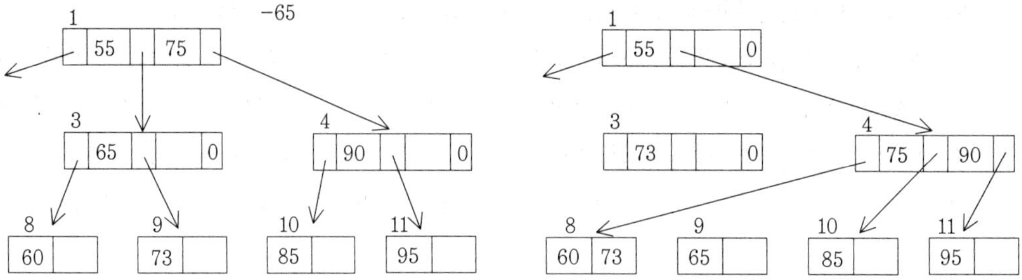

(라)

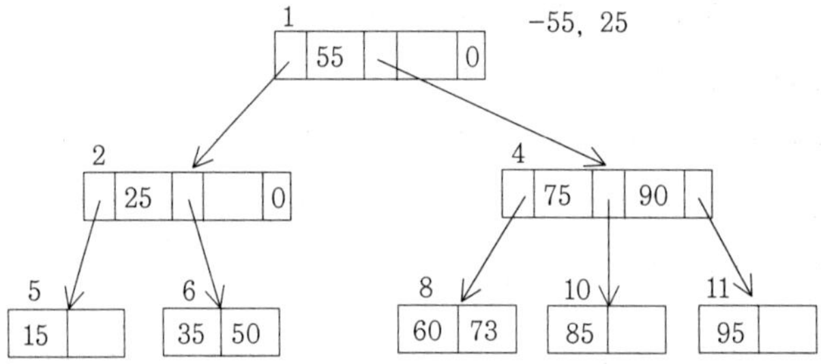

(마)

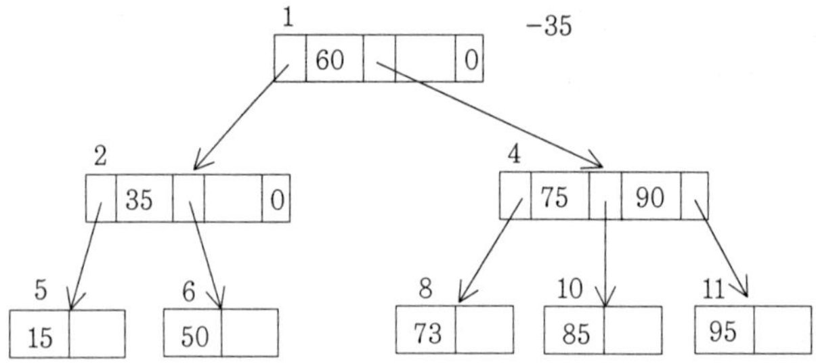

(바)

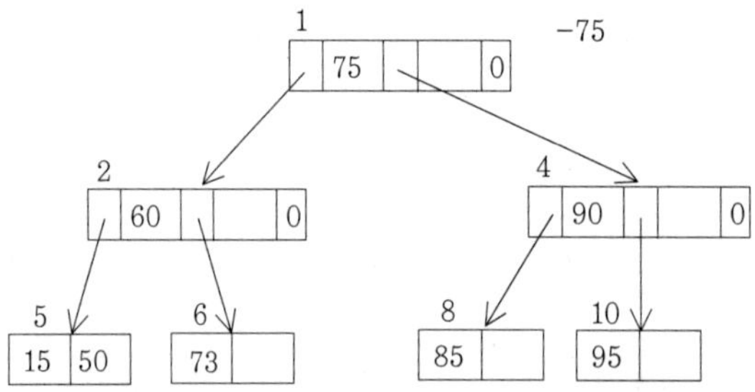

(사)

**그림 9-17 B-트리에서의 삭제 과정 (계속)

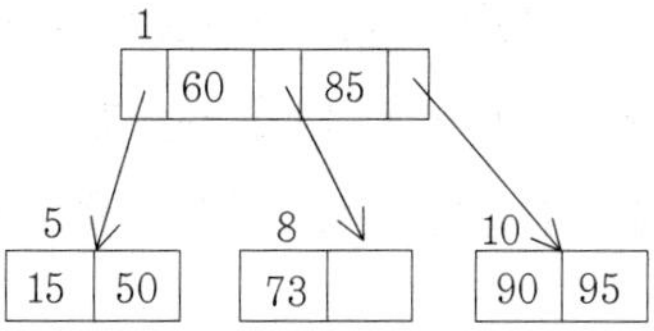

(아)

**그림 9-17 B-트리에서의 삭제 과정

9.5.3 B*-트리

B*-트리는 B-트리의 변형으로써, B-트리의 문제점을 보완하기 위해서 고안되었다. B-트리의 문제점은 노드의 분열과 합병이 자주 나타날 수 있다는 것이다. 즉, 노드가 가득차서 빈 공간이 없는데 새로운 키값을 삽입하려면 노드가 분열되어야 하며, 노드에서 키값 하나를 삭제했을 때 B-트리의 조건을 만족시키기 위해서 인접한 형제 노드와 합병하는 빈도가 높을 수 있다는 것이다.

B*-트리는 B-트리의 삽입/삭제 연산의 빈도를 줄이기 위해서 B-트리를 약간 변형시켰다. B-트리에서의 각 노드는 적어도 절반 정도는 키값으로 채워지도록 요구되었으나, B*-트리에서의 각 노드는 $\lfloor (2m-2)/3 \rfloor$ 정도는 키값으로 채워지도록 요구한다. 그리고 한 노드가 가득 차서 빈 공간이 없는데, 새로운 키값을 삽입하려고 할 때에는 바로 노드를 분열시키는 것이 아니고, 인접한 형제 노드에 재배치시킨다. 만약에 인접한 형제 노드도 가득 차서 빈 공간이 없다면, 두 노드를 세 개의 노드로 분열시킨다. 이 과정을 통해서, 한 노드가 가득 차서 공간이 없어도 인접한 형제 노드에 여유 공간이 있는 한, 노드의 분열을 지연시킬 수 있다. 또한 두 인접 노드가 가득 차서 분열이 발생할 때에는, 두 노드를 세 노드로 분열시키기 때문에, 각 노드에는 약 2/3 정도의 키값으로 채워지게 된다.

〈그림 9.18〉의 (가)에 m차인 B*-트리가 나타나 있다. r 노드는 a와 b 노드의 부모 노드이고, a 노드는 (m-1)개의 키값을 가지고 있으며, b 노드는 n개의 키값을 가지고 있는데, $n \geq \lfloor (2m-2)/3 \rfloor$ 이다. 여기에다 $K_r(i)$ 보다 작은 $K_a(m)$을 삽입한다고 가정하자. 그러면 a 노드에는 더 이상 키값이 들어갈 공간이 없으므로, b 노드에 여유 공간이 있는 지를 살펴본다. b 노드에 여유 공간이 있으므로 키값들을 재배치할 수 있다.

키값들을 재배치하는 방식은 두 가지로 생각할 수 있다. B-트리에서 살펴본 바와 같이, 단지 하나의 키만을 재배치시키는 것과 전체 키값들을 합쳐서 전체적인 측면에서 재배치시키는 것이다. 여기에서는 후자의 방식으로 설명해 보자. a와 b 노드의 키값들과 r 노드의 $K_r(i)$, 새로이 삽입되는 $K_a(m)$ 중에서, 중간 키값에 해당되는 것은 부모 노드인 r 노드에, 즉 $K_r(i)$가 있던 위치에 놓고, 나머지 키들은 절반씩 분할하여 a와 b 노드에 넣는다. 그 결과가 (나)에 나타나 있다. 노드 분열 전의 a 노드에는 (m−1)개의 키값들이 있고, b 노드에는 n개의 키값들이 있으며, 부모 노드에 하나, 새로 삽입되는 키값 하나, 총 (m+n+1)이 되는데, 이 중에서 하나는 부모 노드에 위치해야 하므로, 남는 (m+n)의 키값들을 절반씩 나누어서 양쪽 노드에 넣게 된다. 따라서 (나)에서 나타나는 $j = \lfloor (m+n) / 2 \rfloor$ 이다.

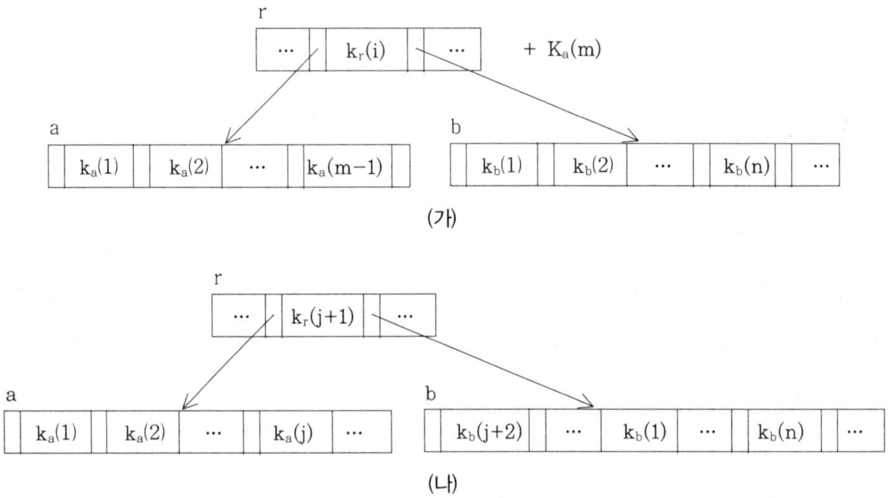

**그림 9-18 B*-트리에서의 삽입

〈그림 9.19〉에는 B^*-트리에서의 노드 분열을 보이고 있다. 즉 a 노드와 b 노드가 가득 차 있는데 새로운 키값 $K_a(m)$을 삽입한다면, 양쪽 노드 모두 여유 공간이 없으므로 노드 분열이 발생한다. a와 b 노드에는 각각 (m−1)개의 키값을 가지고 있고, r 노드에 하나, 새로 삽입되는 키값 하나, 모두 2m개의 노드 중에서, 두 개의 키값은 부모 노드에 위치하고, 나머지 (2m−2)개의 키값들을 세 개의 노드에 골고루 분배한다. a 노드에는 $\lfloor (2m-2) / 3 \rfloor$ 개, b 노드에는 $\lfloor (2m-1) / 3 \rfloor$ 개, c 노드에는 $\lfloor 2m / 3 \rfloor$ 개의 키값을 분배한다. 따라서 $\alpha = \lfloor (2m-2) / 3 \rfloor$, $\beta = \lfloor 2(2m-2) / 3 \rfloor + 1$ 이다.

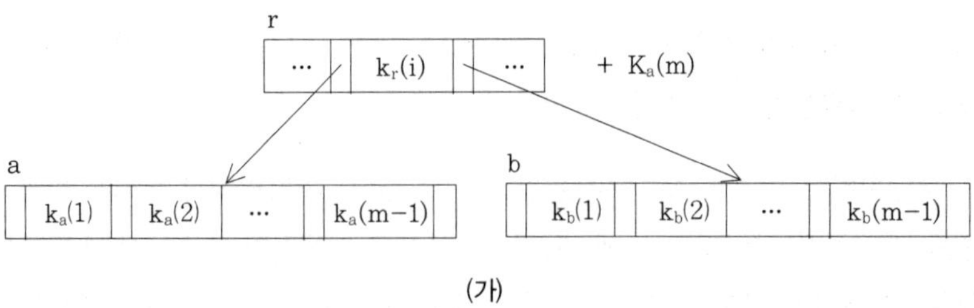

**그림 9-19 B*-트리에서의 노드분열 (계속)

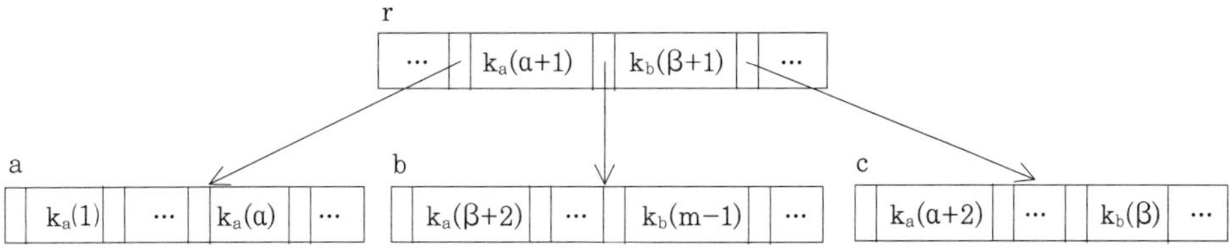

(나)

**그림 9-19 B*-트리에서의 노드분열

예를 들어서 다음의 키값들을 3차인 공백 B*-트리에 차례로 삽입해 보자.

55, 25, 85, 75, 65, 45, 95, 10, 35, 60, 50, 15, 73, 90

〈그림 9.20〉에서 보이는 바와 같이 55와 25를 삽입할 때까지는 별 문제가 없다. 85를 삽입할 때는 B-트리와 동일하게 노드 분열이 발생한다. 75를 삽입할 때도 별 문제가 없다. 65를 삽입할 때는, 삽입할 위치의 노드가 이미 가득 차 있고, 왼쪽 형제 노드는 여유 공간이 있으므로 재배치 과정을 거치게 된다. (6)에서와 같이, '25 55 65 75 85' 중에서 중간 키값인 65는 부모 노드에 위치하고, 나머지 키값들은 절반씩 나누어서 양쪽 노드에 분배된다. 45을 삽입할 때는 양쪽 노드 모두가 여유 공간이 없으므로 노드 분열이 발생한다. (7)에서와 같이, 제일 왼쪽 노드에는 가장 작은 키값 하나가 들어가고, 그 다음 키값은 부모 노드에, 세 번째 키값은 중간 노드에, 네 번째 키값은 부모 노드에, 나머지 두 키값들은 제일 오른쪽 노드에 들어가게 된다. 95를 삽입할 때 노드 분열이 일어나며, 10을 삽입할 때에는 별 문제가 없다.

35을 삽입할 때는, 인접된 두 노드에 여유 공간이 없으므로 다시 노드 분열이 발생한다. (11)과 같이, 우선 단말 노드들 중에서 왼쪽의 두 노드가 세 개의 노드로 분열되고, 부모 노드에는 하나의 키값 대신에 두 개의 키값이 들어오므로 넘치게 된다. 따라서 부모 노드가 분열하게 된다. 부모 노드에 있게 되는 '25 45 75' 중에서 중간 키값인 45를 새로운 부모 노드에 올라가고, 나머지 키값들은 양쪽 노드에 분배된다. 60을 삽입할 때에는 부분적인 노드 분열이 발생하지만, 전체적인 변화는 없다. 다시 50, 15, 73을 삽입할 때까지는 별 문제가 발생하지 않는다.

90을 삽입할 때는, 단말 노드의 오른쪽 두 노드가 분열되어 세 개의 노드로 된다. 이 과정에서 두 개의 키값이 부모 노드로 올라가기 때문에 부모 노드가 넘치게 된다. 이때에는 왼쪽 형제 노드가 여유 공간을 가지고 있으므로 재배치가 진행된다. 양쪽 노드의 키값들 '25 45 60 73 85' 중에서 중간 키값인 60은 부모 노드에 위치하고, 나머지 노드들은 절반씩 나뉘어져 양쪽 노드에 들어가게 된다.

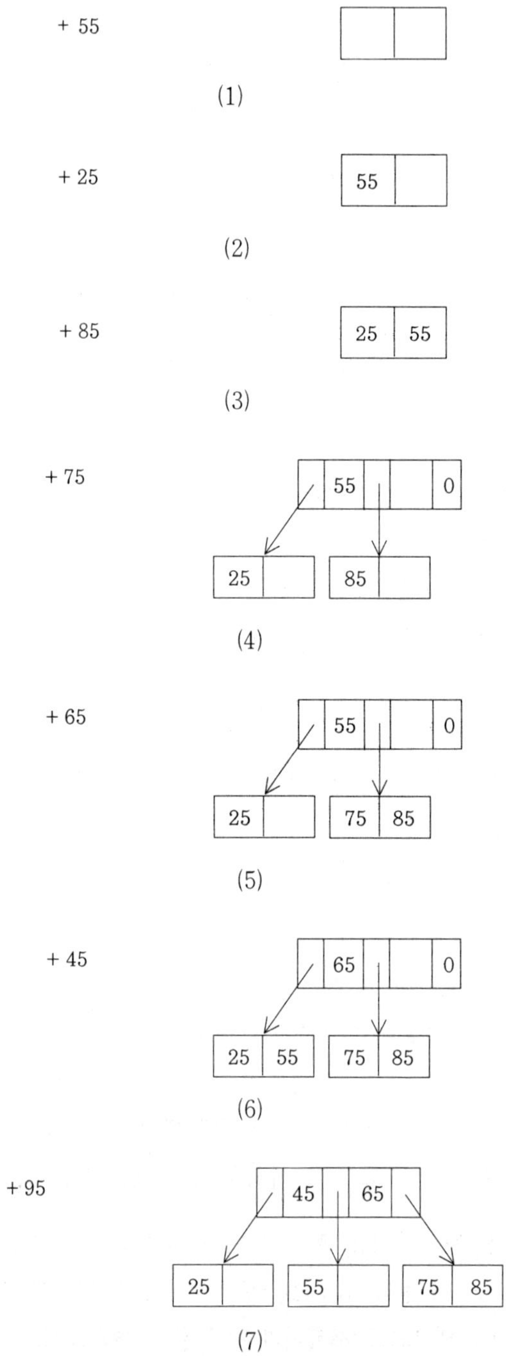

**그림 9-20 B*-트리의 삽입 과정 (계속)

+ 10

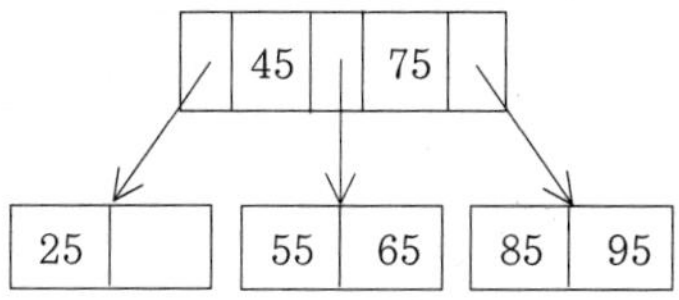

(8)

+ 35

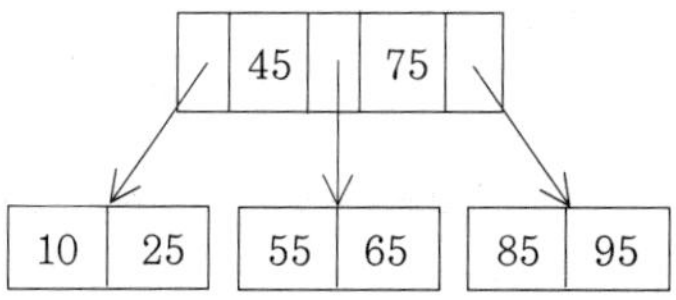

(9)

+ 60

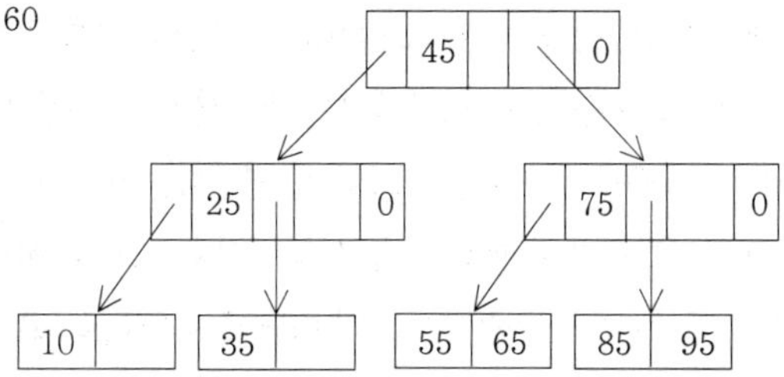

(10)

+ 50, 15, 73

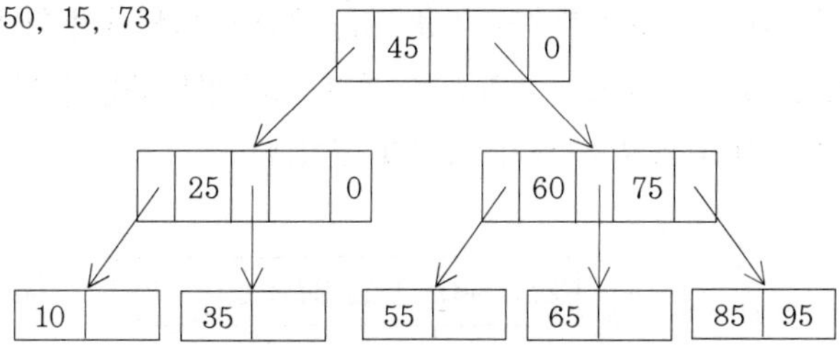

(11)

+ 90

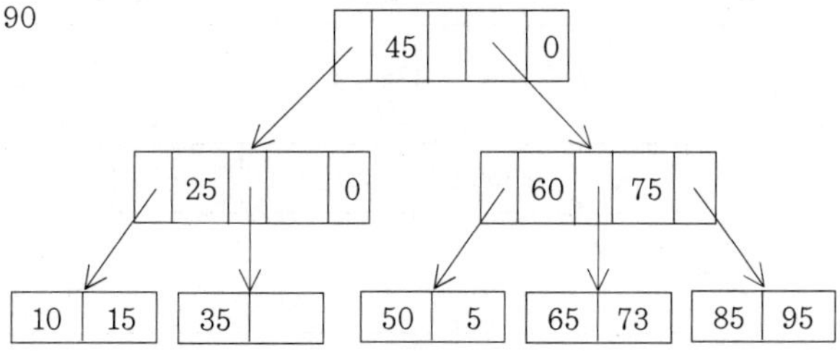

(12)

**그림 9-20 B*-트리의 삽입 과정 (계속)

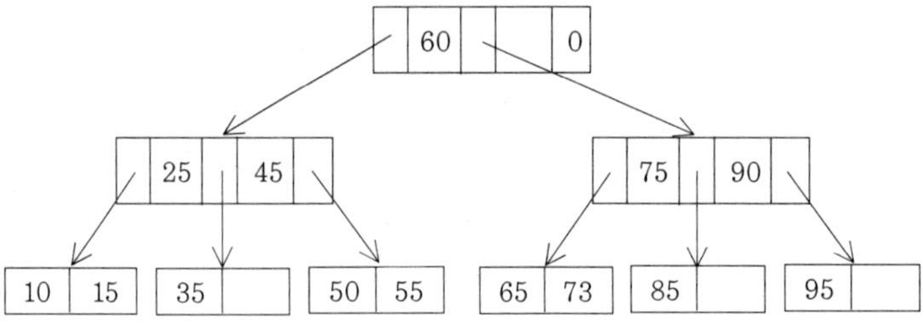

(13)

**그림 9-20 B*-트리의 삽입 과정

B*-트리에서의 삭제 과정은 B-트리에서의 삭제 과정과 유사하다. 즉 키값의 삭제로 인하여 노드에 남아있는 키값의 개수가 노드가 가져야 할 키값의 최소 개수 보다 작을 경우에는, 인접한 형제 노드에서 키값을 빌려오는 것을 먼저 고려하고, 인접한 형제 노드에 여유분이 없을 때는 인접 노드와 합병하는 것을 고려한다. B-트리에서는 두 개의 노드를 하나의 노드로 합병하였지만, B*-트리에서는 세 개의 노드를 두 개의 노드로 합병한다. 하지만 뿌리 노드는 두 개의 자식 노드만 가질 수도 있으므로, 이때에는 예외적으로 두 개의 노드를 하나의 노드로 합병한다. 예외적인 경우가 또 한 가지 있는데, 〈그림 9.21〉의 (가)에 나타나는 B*-트리의 가장 왼쪽에 있는 a 노드 또는 (나)의 B*-트리의 가장 오른쪽에 있는 z 노드에서 키값을 삭제함으로써 키값의 개수가 모자란 경우인데, 전자의 경우를 살펴보자. b 노드에 여유분이 있다면 재배치 방법을 쓰면 되겠지만, b 노드에는 최소의 키값 개수만 있을 때는 우선 b 노드에서 하나의 키값을 부모 노드를 통해서 a 노드로 보내고, b 노드는 c 노드로 부터 재배치를 하든지 아니면 c 노드와 합병을 한다. (나)의 경우에는 위와 반대로 생각하면 될 것이다.

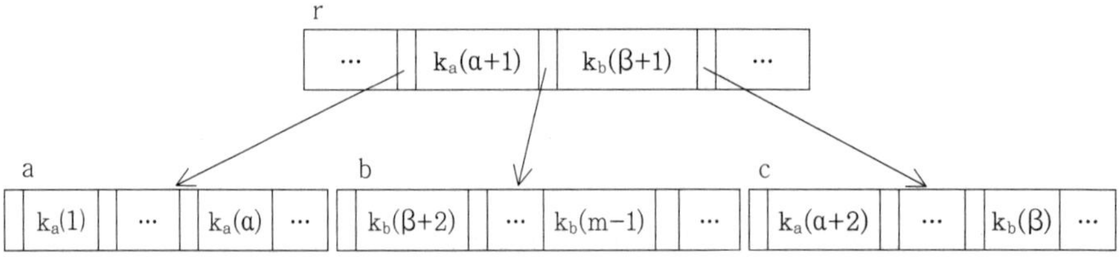

(가)

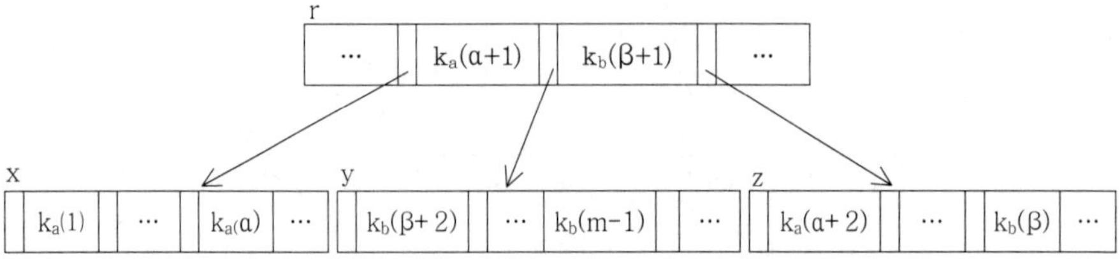

(나)

**그림 9-21 B*-트리에서의 예외적인 삭제의 경우

9.5.4 B⁺-트리

B⁺-트리는 B-트리의 변형이다. B-트리나 B*-트리에서 키값들을 오름차순으로 탐색을 하려면, 트리의 노드를 중위 우선 탐색과 유사하게 방문해야 하는데, B⁺-트리는 키값들의 순차 탐색을 효율적으로 할 수 있도록 구성한 것이다. B⁺-트리는 두 부분으로 나누어지는데, 하나는 단말 노드를 제외한 색인 집합이고, 다른 하나는 단말 노드들인 순차 집합이다. 모든 키값들은 단말 노드에서 순차적으로 나열된다. 따라서 어떤 키값을 직접 탐색할 때에는 색인 집합을 이용하고, 키값들을 순차적으로 접근할 때에는 순차 집합을 이용한다.

〈그림 9.22〉의 1번에서 4번 노드까지는 색인 집합이고, 5번에서 12번 노드까지는 순차 집합이다. 색인 집합은 순차 집합에 있는 키값을 신속하게 찾을 수 있도록 도와주는 역할만 하기 때문에, 색인 집합의 키값들은 순차 집합에서도 나타난다. 순차 집합에 있는 키값들은 키값들의 오름차순으로 연결되어 있다. 색인 집합의 키값(색인)들은 부트리에 있는 키값 중에서 최대치를 가진다는 것을 주의해야 한다. 물론 최소값을 가질 수도 있다.

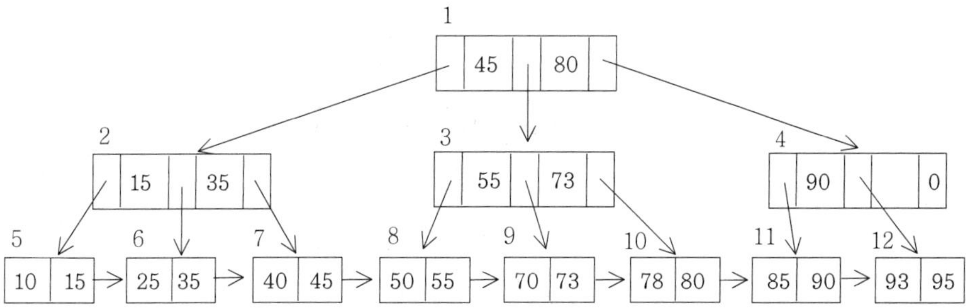

**그림 9-22 B⁺-트리의 예

B⁺-트리에서의 삽입 과정도 B-트리와 유사하다. 단지 B-트리에서 노드가 분열할 때는 중간 키값이 부모 노드로 올라가지만, B⁺-트리에서는 중간 키값이 부모 노드로 올라갈 뿐만 아니라 단말 노드에 그 중간 키값이 존재한다는 것이 다르다. 다음과 같은 키값들을 공백인 3차 B⁺-트리에 삽입하는 과정을 예를 들어서 설명해 보자.

40, 15, 25, 70, 50, 73, 35

〈그림 9.23〉에 나타난 바와 같이, 40과 15를 삽입할 때까지는 별 문제가 없다. 25를 삽입할 때는 (4)과 같이 노드 분열이 일어나고, 중간 값이 부모 노드로 올라가며 단말 노드에도 나타나도록 하며, 단말 노드들을 연결시킨다. 70은 쉽게 삽입되며, 50을 삽입할 때에는 다시 노드 분열이 발생한다. 73의 삽입은 용이하고, 35를 삽입할 때에는, (8)과 같이 우선 단말 노드에서 노드 분열이 발생한다. '35 40 50' 중에서 중간 키값인 40은 부모 노드로 올라가게 되지만, 부모

노드는 이미 가득 차 있어서 부모 노드의 분열이 발생한다. '25 40 50' 중에서 중간 키값인 40이 새로 생긴 부모 노드에 올라가고 나머지 키값들은 양쪽 노드로 분산된다.

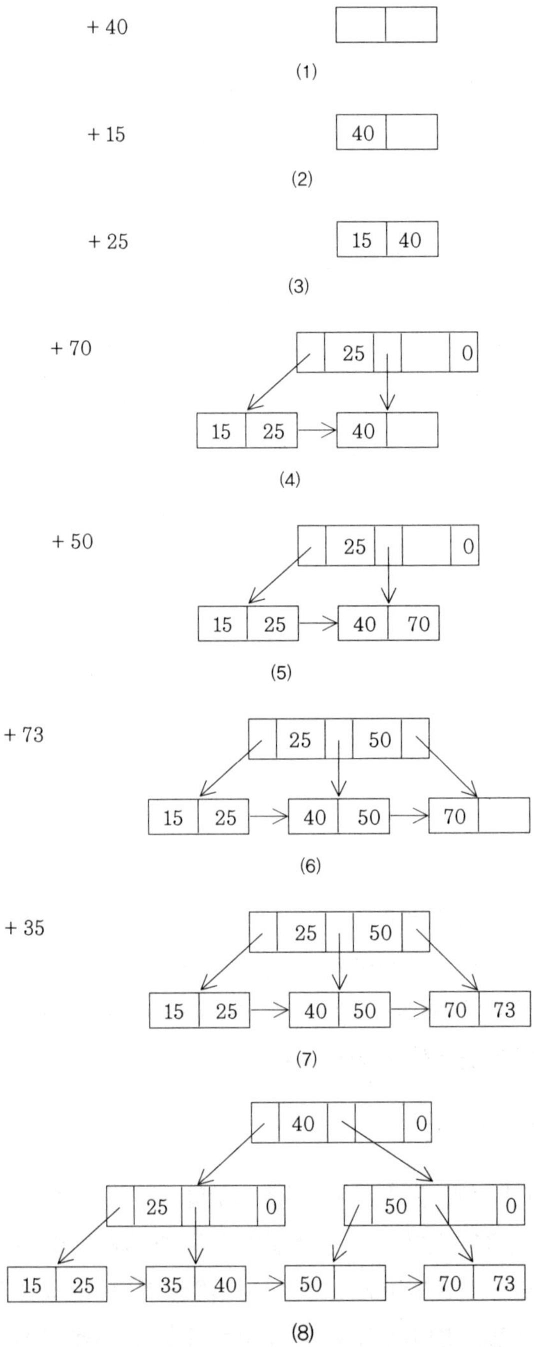

**그림 9-23 B^+-트리에서의 키값의 삽입

B+-트리에서 키값을 삭제하는 것은 B-트리보다 쉽다. 어떤 노드에서 키값을 삭제한 후에 키값이 재배치 또는 노드의 합병이 필요하지 않은 경우에는 단말 노드에서만 해당 키값을 삭제하고, 색인 집합에서는 그대로 놔둔다. 예를 들어서, 〈그림 9.24〉의 (1)에서 40을 삭제하면, (2)와 같이 단말 노드에서만 삭제하고 뿌리 노드에 있는 40은 그대로 둔다. 왜냐하면, 뿌리 노드에 40이 남아있어도 다른 키값들을 탐색하는데 전혀 지장을 주지 않기 때문이다. 50을 삭제하면 키값들의 재배치가 일어난다. 다시 70을 삭제하면 (4)와 같이 노드의 합병이 발생한다.

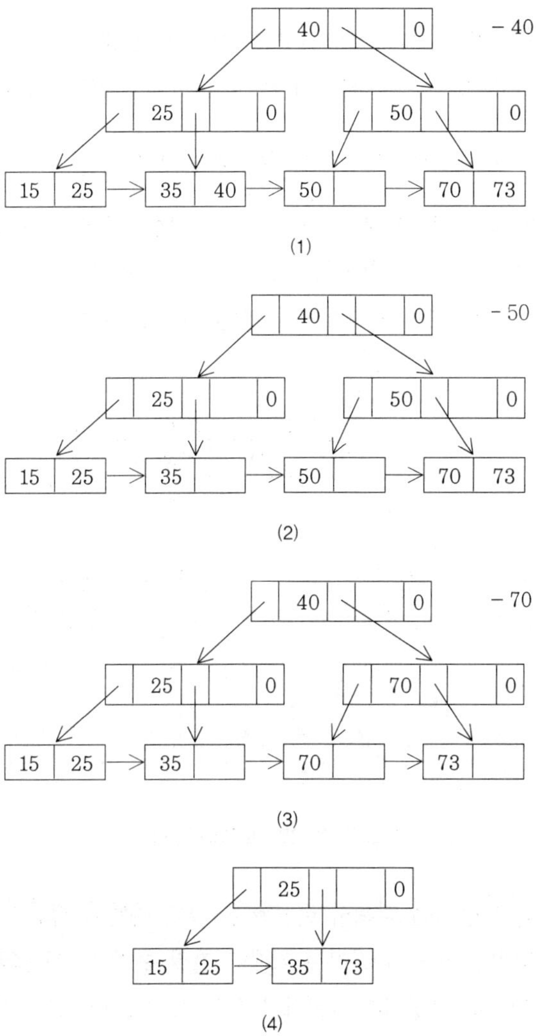

**그림 9-25 B+-트리에서의 키값의 삭제

9.5.6 트라이(reTRIEval)

지금까지 살펴본 탐색 트리는 한 개의 키값 전체를 사용하여 분기하였으나, 트라이에서는 키값의 부분만을 사용하여 분기한다. 트라이는 탐색 트리에는 속하지 않으나 m-원 트리이다. 트라이에서는 다음과 같이, 키값은 나타내지 않고 지적자만이 나타낸다.

P(1)	P(2)	. . .	P(n)

만일에 어떤 회사에서 사원번호를 키로 사용하는데, 사원번호는 십진수 3자리로 구성된다고 하고, 다음과 같은 사원번호가 존재한다고 가정하면, 〈그림 9.25〉과 같이 나타낼 수 있다.

113, 115, 117, 119, 151, 154, 156, 325, 327, 336, 338

즉, 154의 키값에 해당되는 자료는 뿌리 노드 a에서 1번 지적자로 b 노드를 찾아가고, b 노드의 5번 지적자를 따라서 e 노드로 찾아가고, e 노드의 4번 지적자를 따라서 해당 자료를 찾는다. 단말 노드에서 'P'는 실제 자료가 저장되어 있는 위치 또는 번지를 가리킨다.

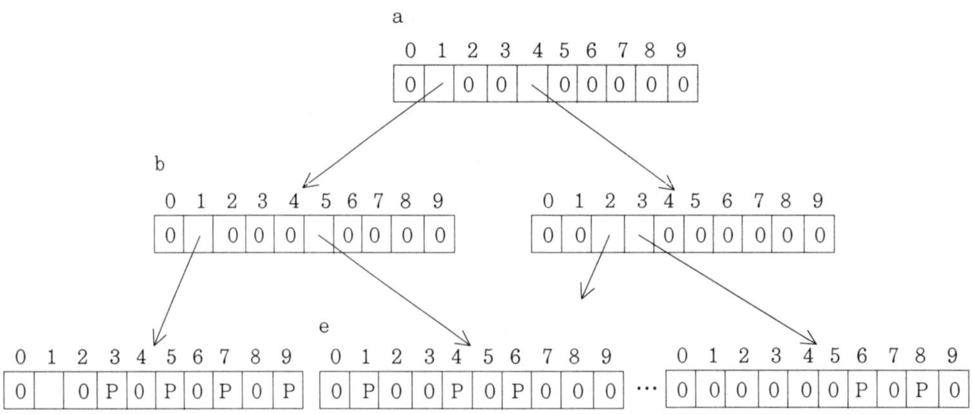

**그림 9-26 트라이의 예

트라이의 깊이는 키값의 길이에 의해서 결정된다. 앞의 예에서 키값의 길이가 3이기 때문에 트라이의 깊이가 3이 되었다. 노드의 길이는 키값이 가질 수 있는 문자의 수에 따라 결정된다. 앞의 예에서 키값이 10진수로 구성되기 때문에 노드의 길이가 10으로 나타났지만, 만일 키값으로 영문자와 공백문자를 사용한다면, 노드의 길이는 27이 될 것이다. i 수준의 노드가 가지는 지적자 P(j)는 키값의 i번째 자리가 j인 모든 키값들을 나타내는 부트리를 가리킨다. 예를 들어서, 〈그림 9.25〉의 2수준에 있는 노드 b의 P(5)는 키값이 두 번째 자리가 5인 키값을 나타내는 모든 부트리들 즉, 키값이 '15x', 다시 말해서 '151 154 156'을 나타내는 부트리를 가리킨다.

탐색 트리에서는 뿌리 노드에 있는 키값에 대해서는 한 번의 탐색 비교로 탐색이 종료되지만, 트라이에서는 어떤 키도 단말 노드까지 찾아가 보아야 한다. 즉, 트라이에서는 키값의 길이만큼 탐색 비교가 발생한다. 하지만 트라이의 뿌리 노드에 0으로 나타나는 키값에 대해서는 뿌리 노드만을 보고, 그 키값은 존재하지 않는다는 것을 결정할 수 있다. 예를 들면, 〈그림 9.25〉의 트라이에서 키값이 584인 자료를 찾으려고 할 때, 뿌리 노드의 P(5)가 0 이기 때문에, 이 키는 트라이에서는 나타나지 않는다고 결정할 수 있다. 따라서 트라이가 나타내지 않는 키값을 탐색하는 경우에는, 단말 노드 이전의 수준에서 탐색을 종료할 수 있는 장점이 있다.

〈그림 9.25〉에서 각 노드의 길이는 10으로 고정했는데, 만일에 사원번호는 1 또는 3 으로만 시작한다고 하면, 1과 3에 해당되는 칸만 남기고 나머지는 모두 생략할 수도 있다. 가령 주민등록번호를 키로 할 때, 1700년대 이전 사람에 대해서는 주민등록번호를 사용할 필요가 없으므로, 현존하는 사람들의 주민등록번호를 나타내는데 필요한 필드들만 남기고 나머지는 생략함으로써 기억공간을 상당히 절약할 수 있다.

연습문제_

9.1 완전 균형 이진 탐색 트리와 균형 이진 탐색 트리의 차이점을 설명하시오.

9.2 다음의 트리들이 균형 이진 탐색 트리가 되는 지를 밝히시오.

(가)

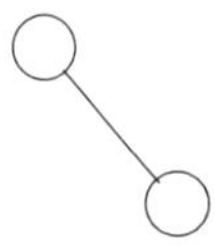

(나)

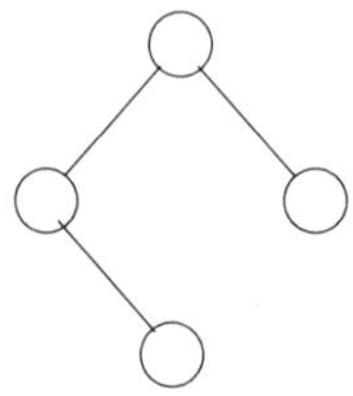

(다)

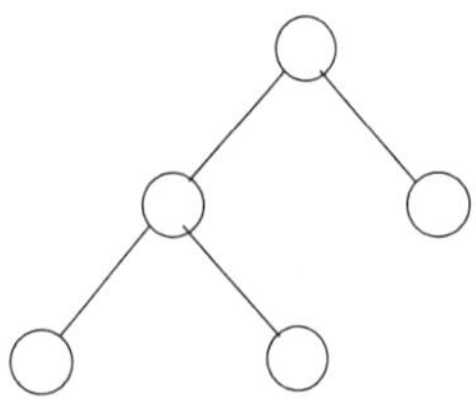

(라)

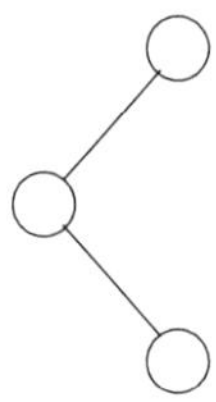

(마)

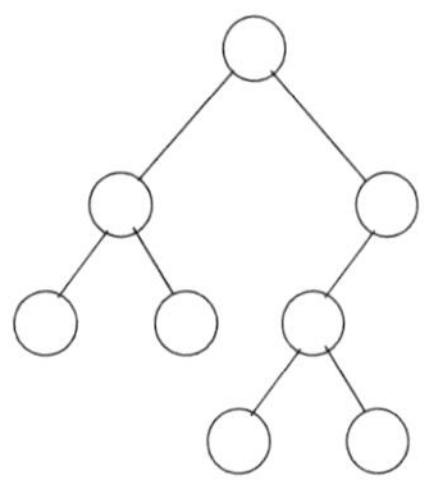

(바)

9.3 다음 자료들에 대하여 완전 균형 이진 탐색 트리 하나를 보이시오.

41, 28, 54, 25, 18, 34, 56, 39, 12, 43, 47, 20, 36, 65, 70

9.4 다음 자료들을 하나씩 삽입하면서 균형 이진 탐색 트리를 구성하시오.

41, 28, 54, 25, 18, 34, 56, 39, 12, 43, 47, 20, 36, 65, 70

9.5 4번에서 작성한 균형 이진 탐색 트리에서, 자료들을 삽입한 반대 순서로 자료들을 삭제하시오.

9.6 m-원 탐색 트리의 필요성을 설명하시오.

9.7 m-원 탐색 트리의 깊이를 k라고 하고, 다음과 같은 경우의 최대 노드 수를 구하시오.

(1) m = 3, k = 3

(2) m = 4, k = 3

(3) m = 4, k = 5

9.8 254개의 키 값을 3-원 탐색 트리와 5-원 탐색 트리로 나타낼 때, 각각의 최소 높이를 구하시오.

9.9 다음 자료에 대하여

41, 28, 54, 25, 18, 34, 56, 39, 12, 43, 47, 20, 36, 65, 70

(1) 3-원 탐색 트리를 구성하시오.

(2) 3차인 B-트리를 구성하시오.

(3) 3차인 B^8-트리를 구성하시오.

(4) 3차인 B^+-트리를 구성하시오.

(5) 트라이를 구성하시오.

9.10 9번 문제의 결과의 각 탐색 트리에서 자료들이 삽입된 반대 순서로 자료들을 삭제하시오.

9.11 9번 문제의 자료들을 가지고 각각 5차인 탐색 트리를 구성하시오.

9.12 B-트리, B^*-트리, B^+-트리의 차이점을 설명하시오.

9.13 다음의 B-트리에 '18'을 삽입하시오.

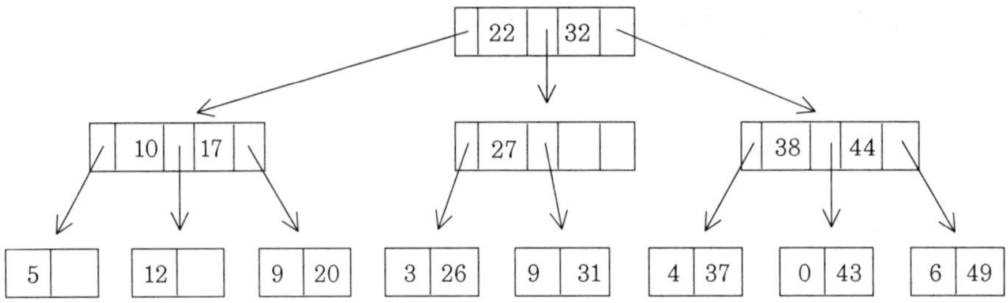

9.14 다음의 B-트리에서 '23'을 삭제하시오.

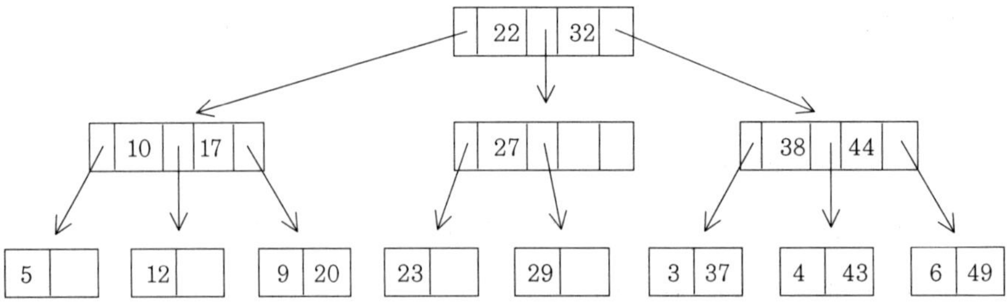

9.15 다음의 B^*-트리에서 '18', '15', '8'을 차례로 삽입하시오.

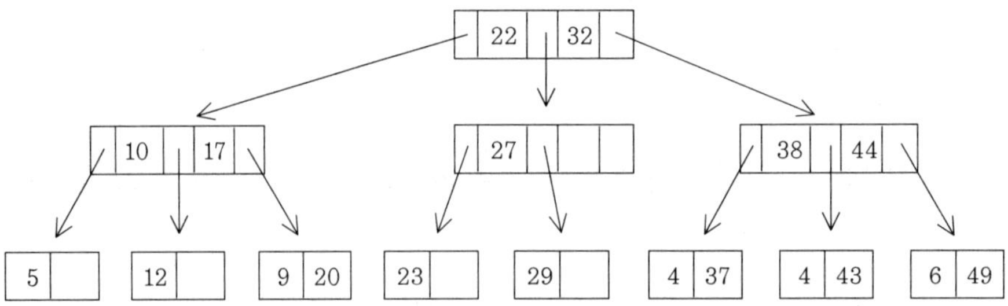

9.16 다음의 B^*-트리에서 '12'를 삭제하시오.

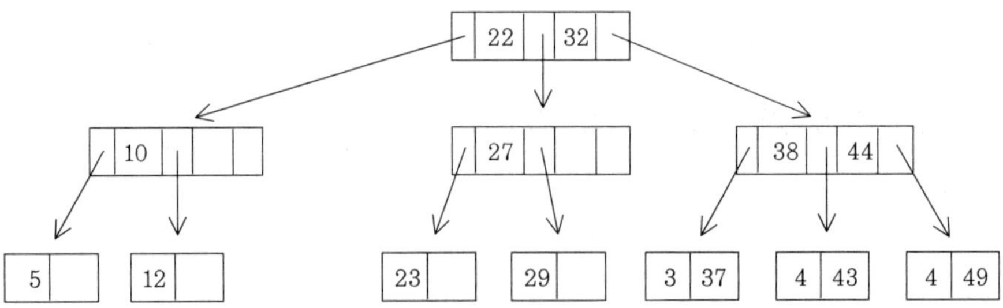

9.17 다음의 B^+-트리에서 '18'을 삽입하시오.

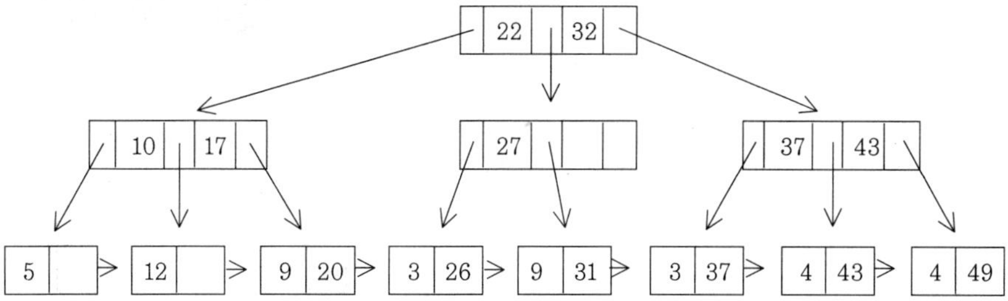

9.18 다음의 B^+-트리에서 '12'를 삭제하시오.

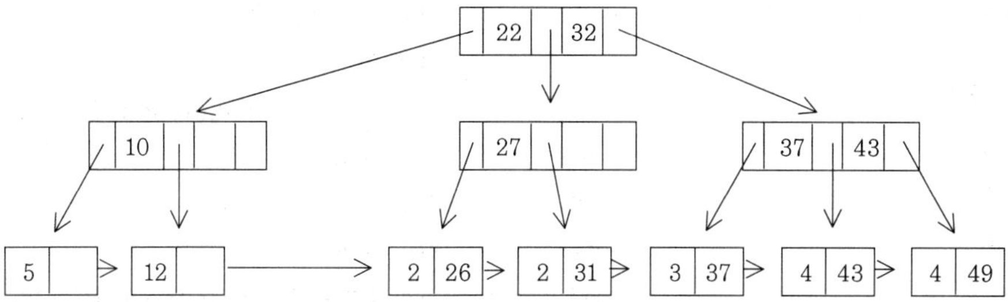

9.19 B-트리와 B^*-트리의 중위 순회 알고리즘을 작성하시오.

9.20 B-트리와 B^*-트리, B^+-트리에서 지정된 키 값을 찾아가는 알고리즘을 작성하시오.

9.21 트라이의 필요성을 설명하시오.

찾아보기

| 저자약력 |

변상용

1987년 중앙대학교 전자계산학과 이학 석사
1991년 중앙대학교 전자계산학과 공학 박사
1991년 ~ 현재 제주대학교 통신컴퓨터 공학부 컴퓨터 공학 전공 교수
[저 서]
1993년 소프트웨어 공학 공저(청문각)
1994년 자료구조론 공저(동일 출판사)
1997년 어셈블리(도서출판 그린)
2001년 C++/비주얼 C++를 이용한 객체지향 프로그래밍 정석(홍릉과학출판사)
2004년 자바와 UML을 이용한 객체지향 프로그래밍 정석(홍릉과학출판사)
[관심분야] 소프트웨어 설계, 웹 공학, 부품 공학, 소프트웨어 재사용

이재완

1987년 중앙대학교 전자계산학과 이학 석사
1991년 중앙대학교 전자계산학과 공학 박사
1996년 ~ 1997년 한국학술진흥재단 정보화 담당 전문위원
2002년 미국 Florida Atlantic University 교환교수
1992년 ~ 현재 군산대학교 컴퓨터정보통신공학부 교수
[저 서]
1994년 자료구조론 공저(동일출판사)
1998년 컴퓨터와 정보통신(상조사)
1999년 Self-Study C 언어(홍릉과학출판사)
2008년 : 운영체제 공저(생능출판사)
[관심분야] 운영체제, 분산시스템, 클라우드 컴퓨팅 등

김행곤

1986년 중앙대학교 전자계산학과 이학 석사
1991년 중앙대학교 전자계산학과 공학 박사
1989년 Bell Lab 연구원
1990년 ~ 현재 대구 가톨릭 대학교 교수
2002년 미 센트럴 미시건 대학 교환연구교수
[저 서]
1993년 소프트웨어 공학 공저(청문각)
1994년 자료구조론 공저(동일 출판사)
2002년 객체 및 컴포넌트기반 소프트웨어 공학(도서출판 그린)
[관심분야] 부품 공학, 소프트웨어 재사용

정가 25,000원

자바 프로그램과 상자도를 활용한 자료구조

2017년 8월 28일 초판 인쇄
2017년 9월 4일 초판 발행
저 자 : 변상용 · 이재완 · 김행곤
발행자 : 우명찬 · 송 준
발행처 : 홍릉과학출판사
주 소 : 서울시 강북구 인수봉로 50길 10
01093
등 록 : 1976년 10월 21일 제5-66호
전 화 : (02) 999-2274~5, 903-7037
팩 스 : (02) 905-6729
e-mail: hongpub@hongpub.co.kr
http://www.hongpub.co.kr
ISBN: 979-11-5600-544-5

저자와의 협의하에 인지생략